JOACHIM WAGNER

Die bundesrepublikanische Industrie auf dem Weltmarkt

Beiträge zur angewandten Wirtschaftsforschung

Herausgegeben von Lothar Hübl

Band 22

Die bundesrepublikanische Industrie auf dem Weltmarkt

Ökonometrische Untersuchungen zu Bestimmungsgründen von Außenhandel und internationaler Produktion

Von

Dr. Joachim Wagner
Privatdozent

Duncker & Humblot · Berlin

Die Deutsche Bibliothek – CIP-Einheitsaufnahme

Wagner, Joachim:
Die bundesrepublikanische Industrie auf dem Weltmarkt: ökonometrische Untersuchungen zu Bestimmungsgründen von Aussenhandel und internationaler Produktion / von Joachim Wagner. — Berlin: Duncker und Humblot, 1991
(Beiträge zur angewandten Wirtschaftsforschung; Bd. 22)
Zugl.: Hannover, Univ., Habil.-Schr., 1990
ISBN 3-428-07184-0
NE: GT

Fotoprint: Werner Hildebrand, Berlin 65
Printed in Germany

ISSN 0720-6682
ISBN 3-428-07184-0

Vorwort

Diese Arbeit ist eine um zahlreiche Tabellen und zwei Abschnitte gekürzte Fassung meiner im Sommersemester 1990 vom Fachbereich Wirtschaftswissenschaften der Universität Hannover angenommenen Habilitationsschrift, deren Abfassung entscheidend durch ein zweijähriges Habilitandenstipendium der Deutschen Forschungsgemeinschaft (Az. Wa 610/1-1) gefördert wurde.

Ich möchte die Gelegenheit nutzen und mich für vielfältige Unterstützung bedanken:

Für die Übernahme der Gutachten danke ich Prof. Dr. Hans-Joachim Heinemann - der, obwohl "Reiner Theoretiker", meine Arbeit immer mit großer Toleranz und viel Interesse verfolgt hat -, Prof. Dr. Walter Krämer - dessen starke Betonung der Notwendigkeit ausführlicher Spezifikationstests bei der Schätzung von ökonometrischen Modellen meine Sichtweise der angewandten Ökonometrie entscheidend geprägt hat - und Prof. Dr. J.-Matthias Graf von der Schulenburg; Prof. Dr. Lothar Hübl danke ich für die Aufnahme dieser Arbeit in die von ihm herausgegebene Reihe.

Mein weiterer Dank gilt insbesonders zwei ehemaligen Kollegen: Ohne die langjährige gemeinsame Arbeit mit Dr. Lutz Bellmann am Themenbereich "Importdruck, Anpassungsstrategien und Beschäftigung" hätte ich weder mit dem Aufbau der umfangreichen Industriedatenbank begonnen, die in dieser Untersuchung mit verwendet wurde, noch den Schritt vom Konsumenten zum Produzenten ökonometrischer Studien vollzogen, und ohne die von Dr. Birgit Gehrke im Rahmen eines gemeinsam bearbeiteten Projekts zu "Beschäftigungswirkungen des weltwirtschaftsinduzierten Strukturwandels" durchgeführte Unternehmensbefragung wären die sich auf Firmendaten stützenden Teile dieser Untersuchungen nicht möglich gewesen.

Danken möchte ich ferner allen, die mir mit Daten und Programmen geholfen haben - insbesonders Prof. Dr. Franz-Josef Bade für seine Daten aus der Sonderaufbereitung der Beschäftigtenstatistik, Jörg Breitung für sein Programm zur Schätzung von Random-Effects-Modellen, Prof. Dr. Peter J. Rousseeuw für die Überlassung von PROGRESS zur Schätzung von Least Median of Squares Regressionen und Prof. Dr. Gerhard Wagenhals für die Unterstützung bei den Spezifikationstests der Logit-Modelle.

Für die gewohnt sorgfältige und zügige Umwandlung des Manuskripts in eine erste Textverarbeitungs-Fassung danke ich Gabriela Töllner herzlich, ebenso Nadja Heinrichs und Dirk Rübesamen (der auch die endgültige Druckvorlage erstellt hat) für die Unterstützung bei der Reinschrift von Tabellen und Übersichten.

Schließlich danke ich meiner Frau Gabi für ihr Verständnis, daß meine Zeit und meine Gedanken während einer langen Periode in sehr großem Maße von diesen Untersuchungen beansprucht wurden, und für ihre Unterstützung in vieler Hinsicht.

Hannover, im Oktober 1990

Joachim Wagner

Inhalt

"The common prestige order in our profession has the theorist leading the way with sceptre and blueprint, the empiricist trudging behind laden with pick and shovel."

Richard E. Caves (1971, 259 f.)

A Einleitung

1 Zielsetzung der Untersuchung

Die Bundesrepublik Deutschland ist eine intensiv über internationale Güter-, Dienstleistungs- und Kapitalströme in die Weltwirtschaft integrierte Volkswirtschaft. Untersuchungen zu ökonomischen Entwicklungen in der Bundesrepublik müssen diese engen internationalen Verflechtungen beachten; hieraus ergibt sich ein hoher Stellenwert von abgesicherten Aussagen über Bestimmungsgründe außenwirtschaftlicher Beziehungen. Für die Analyse des Strukturwandels - ein Themenkreis, der seit einigen Jahren u.a. im Rahmen der Strukturberichterstattung verstärkt behandelt wird - sind hierbei Erkenntnisse über die Erklärungskraft unterschiedlicher theoretischer Ansätze für die sektorale Struktur weltwirtschaftlicher Beziehungen besonders wichtig.

Helmut Hesses vor mehr als 10 Jahren veröffentlichte Einschätzung, daß sich auf der Grundlage von empirischen Untersuchungen nur wenig über die relative Bedeutung vieler Determinanten der Außenhandelsstruktur sowie über wechselseitige Beziehungen dieser Bestimmungsfaktoren untereinander aussagen läßt (vgl. Hesse 1977, 365 und 386) trifft für die Bundesrepublik Deutschland auch heute noch zu - sie gilt ebenfalls entsprechend für die Direktinvestitionen und die unter dem Sammelbegriff "Neue Formen internationaler Unternehmenszusammenarbeit ohne formale Kapitalbeteiligung" zusammengefaßten Arten außenwirtschaftlicher Beziehungen wie z.B. Lizenzverkehr oder Passive Lohnveredelung. Ein Grund hierfür könnte darin bestehen, daß, wie z.B. Deardorff (1984, 512) für den internationalen Handel feststellt, ein großer Teil der vorliegenden empirisch-ökonometrischen Analysen außenwirtschaftlicher Verflechtungen von Industrien auf die USA bezogen ist.

Die vorliegende Untersuchung hat das Ziel zu prüfen, inwieweit

- bei Berücksichtigung neuerer theoretischer Entwicklungen zur Verbindung von industrieökonomischen Ansätzen mit der Theorie internationaler Wirtschaftsbeziehungen sowie
- auf der Grundlage einer gegenüber früheren Untersuchungen für die Bundesrepublik Deutschland umfassenderen Datenbasis für Industrien und Firmen und
- unter Verwendung neuerer ökonometrischer Schätz- und Testverfahren

statistisch "gesicherte" Aussagen über Bestimmungsgründe internationaler ökomischer Verflechtungen von Industrien und Firmen möglich sind. Hierbei werden theoretisch begründete Hypothesen mit Daten aus bundesrepublikanischen Industrien und Firmen konfrontiert, um Hinweise auf die Bedeutung dieser Überlegungen für das Verständnis realer ökonomischer Vorgänge zu bekommen. Da modelltheoretisch unter ceteris paribus Bedingungen hergeleitete ökonomische Aussagen wegen der Unmöglichkeit kontrollierter Experimente im Untersuchungsbereich dieser Arbeit nicht im eigentlichen Sinne "getestet" werden können, kann es hierbei nur um ein *theoriegeleitetes Lernen aus den Daten*, das sich ökonometrischer Methoden bedient, gehen, wobei die Beziehungen zwischen theoretischen Überlegungen einerseits sowie Schätz- und Testergebnissen auf der Grundlage ökonometrischer Modelle andererseits jeweils zu diskutieren sind.

> "A general melancholy law holds: The most sensitive and important data are the most likely to be secreted and/or unreliable."
>
> William G. Shepherd (1985, 409)

2 Datengrundlagen

Jede ökonometrische Untersuchung ist auf Daten angewiesen, wobei Datenschutzbestimmungen, monopolistisches Verhalten von Datensatzbesitzern und Budgetrestriktionen des Untersuchenden jegliches Nachdenken über den idealerweise zu verwendenden Datensatz ("tief disaggregierte Daten für einen langen Zeitraum, die alle theoretischen Konstrukte fehlerfrei messen" usw.) schnell zu wenig sinnvollen Spekulationen werden lassen. Will man trotzdem auf empirische Untersuchungen nicht verzichten, dann ist man darauf angewiesen, verfügbare Informationen heranzuziehen. Die vorliegende Arbeit nutzt hierfür Industrie- und Firmendaten:

Übersicht A.1: In die Untersuchung einbezogene Industrien

IND	Industrien
1	Mineralölverarbeitung
2	Gewinnung und Verarbeitung von Steinen und Erden
3	Eisen und Stahl
4	Nicht-Eisen-Metallindustrie
5	Eisen-, Stahl- und Tempergießerei
6	Ziehereien, Kaltwalzwerke, Stahlverformung
7	Stahl- und Leichtmetallbau
8	Maschinenbau
9	Straßenfahrzeugbau, Reparatur von Kraftfahrzeugen
10	Schiffbau
11	Luft- und Raumfahrzeugbau
12	Elektrotechnik, Reparatur von elektrischen Geräten
13	Feinmechanik, Optik, Herstellung von Uhren
14	Herstellung von Eisen-, Blech- und Metallwaren
15	Herstellung von Musikinstrumenten, Spielwaren, Schmuck, Füllhaltern usw.
16	Chemische Industrie
17	Herstellung von Büromaschinen, Datenverarbeitungsgeräten und -einrichtungen
18	Feinkeramik
19	Herstellung und Verarbeitung von Glas
20	Holzbearbeitung
21	Holzverarbeitung
22	Zellstoff-, Holzschliff-, Papier- und Pappeerzeugung
23	Papier- und Pappeverarbeitung
24	Druckerei, Vervielfältigungen
25	Herstellung von Kunststoffwaren
26	Gummiverarbeitung
27	Ledergewerbe
28	Textilgewerbe
29	Bekleidungsgewerbe

Das Aggregationsniveau der *Industriedaten* - die Bezeichnungen Industrie, Industriezweig und Branche werden hier synonym verwendet - entspricht dem der SYPRO-2-Steller der amtlichen Statistik; die in die Untersuchung einbezogenen 29 Branchen sind in der Übersicht A.1 aufgeführt, sie umfassen das Verarbeitende Gewerbe (mit Ausnahme des Nahrungs- und Genußmittelgewerbes, auf dessen Einbeziehung wegen offensichtlicher Besonderheiten - Stichwort: EG-Agrarmarkt - verzichtet wird) der Bundesrepublik Deutschland.

Für die gesamten Industrien wurden aus einer Vielzahl von - teils unveröffentlichten - Quellen Angaben zu internationalen ökonomischen Verflechtungen, Faktoreinsatz, Marktstruktur etc. zusammengestellt, wobei teilweise eigene Umrechungen und Schätzungen erforderlich waren. Einzelheiten hierzu finden sich kurz jeweils an den Stellen der Arbeit, wo diese Daten verwendet werden; der Anhang G enthält in Teil 1 eine ausführliche Dokumentation zu den einzelnen Variablen.

Die Branchendaten wurden (soweit dies möglich war) für jedes Jahr des Zeitraums von 1977 bis 1984 aufbereitet - neuere Angaben standen bei Abschluß der Datenaufbereitungsarbeiten (Frühjahr 1988) nur in einigen Fällen zur Verfügung, für frühere Jahre fehlen insbesonders wichtige Angaben aus der Direktinvestitionsstatistik der Deutschen Bundesbank und der Beschäftigtenstatistik der Bundesanstalt für Arbeit.

Das hier aufgrund von Restriktionen bei der Datenverfügbarkeit verwendete Aggregationsniveau ist, mißt man es an der Forderung nach möglichst homogenen Untersuchungseinheiten, sicherlich als recht hoch anzusehen. Da wichtige Daten auf einem geringeren Aggregationsniveau nicht zur Verfügung stehen, bleibt hier aber keine Wahl. Es ist jedoch nachdrücklich auf Grenzen der Aussagefähigkeit von Analysen auf der Grundlage solcher Branchendaten hinzuweisen: Die hier verwendeten Industriezweige sind sicherlich zu wenig homogen, um sinnvolle Aussagen über intra-industrielle internationale Beziehungen - sei es über den intra-industriellen Handel (vgl. aus der umfangreichen Literatur z.B. die "klassische" Darstellung von Grubel/Lloyd (1975) und den Survey von Tharakan (1983) sowie als neuere ökonometrische Untersuchung Balassa/Bauwens (1987), über intra-industrielle Direktinvestitionsströme (vgl. hierzu Norman/Dunning (1984) und Juhl (1985)) oder über entsprechende Verflechtungen bei den "Neuen Formen inter-nationaler Unternehmenszusammenarbeit" - zu ermöglichen; die genannten Themenkomplexe bleiben folglich im Rahmen dieser Arbeit unbearbeitet.

Die Verwendung aggregierter Daten in empirischen Untersuchungen zu Bestimmungsgründen internationaler ökonomischer Verflechtungen ist problematisch, wenn firmenspezifische Faktoren hierfür bedeutend sind und sich gleichzeitig die Firmen innerhalb einer Branche im Hinblick auf diese Faktoren stark - eventuell sogar noch stärker als Firmen im inter-industriellen Vergleich - unterscheiden. Dies ist, worauf noch ausführlich einzugehen sein wird, nach vielfach vertretener Auffassung der Fall. Um hier die Tragfähigkeit theoretischer Überlegungen empirisch überprüfen zu können, benötigt man auf einzelne Firmen bezogene Daten.

Die in dieser Arbeit verwendeten *Firmendaten* wurden von B. Gehrke im Rahmen einer Unternehmensbefragung in den Industriezweigen Maschinenbau, Elektrotechnik und Holzverarbeitung in Niedersachsen 1986 erhoben; eine ausführliche Darstellung zu dieser Umfrage findet sich bei Gehrke (1988), die hier herangezogenen Daten werden in den jeweiligen Abschnitten kurz und in Teil 2 des Anhangs G umfassender beschrieben.

Ökonometrische Untersuchungen auf der Basis von Branchendaten einerseits und Firmendaten andererseits werden dabei in dieser Arbeit nicht als konkurrierend, sondern als komplementär angesehen (vgl. hierzu auch Fritsch (1988, 36) sowie Borner/Wehrle (1984, 124)).

Ein letzter Punkt, auf den hier im Zusammenhang mit den Datengrundlagen dieser Untersuchung hinzuweisen ist, betrifft das von Leamer (1984, 127) treffend als "Chronic Measurement Errors" bezeichnete Problem: "It is beyond the wildest stretch of the imagination to suppose that the data ... are perfect measures of their corresponding hypotheticals. God (and very few others) knows how all these countries collect information ... ." (Leamer 1984, 127 f.) Auf solche bei den Variablen möglicherweise unterschiedlich stark ausgeprägten Meßfehler kann nur hingewiesen werden - Aussagen darüber, inwiefern die empirischen Ergebnisse hiervon betroffen sind, sind nicht möglich.

> "The three golden rules of econometrics are test, test and test; that all three rules are broken regularly in empirical applications is fortunately easily remedied."
>
> David F. Hendry (1980, 403)

3 Zu den verwendeten ökonometrischen Verfahren

Im Unterschied zu nahezu allen bisher vorliegenden ökonometrischen Arbeiten zum Thema dieser Untersuchung wird hier besonderer Wert darauf gelegt zu testen, ob die für die Verwendung der ökonometrischen Verfahren jeweils erforderlichen Voraussetzungen auch gegeben sind (vgl. zur Bedeutung solcher Tests Krämer et al. 1985). Eine kurze Darstellung der verwendeten Tests mit Hinweisen auf die Literatur findet sich im Anhang G, Teil 3; hier soll erläutert werden, *welche* Hypothesen *warum* getestet werden und wie die Ergebnisse der Tests zu interpretieren sind.

Für die mit der einfachen Methode der kleinsten Quadrate (ordinary least squares; OLS) geschätzten Modelle werden folgende Hypothesen getestet: Die Störgröße ist normalverteilt und homoskedastisch; die funktionale Form des Modells ist korrekt spezifiziert; es liegen keine Ausreisser vor.

Die Annahme *normalverteiler Störgrößen* könnte durch sehr stark von dem anderer Industrien oder Firmen abweichendes Verhalten einzelner Beobachtungseinheiten verletzt werden, wobei dies zu *Ausreissern* führen kann, die bei einer Schätzung mit OLS ein sehr hohes Gewicht erhalten können. Da die geschätzten Koeffizienten der Regressionsmodelle hiervon stark beeinflußt sein können, ist es einerseits wichtig, dies zu erkennen und andererseits angebracht zu prüfen, inwieweit gegen solche Ausreisser *robuste Schätzverfahren* zu abweichenden Ergebnissen führen.

Die Annahme *homoskedastischer Störgrößen* könnte aus folgenden Gründen problematisch sein: Bei Analysen für Industrien beruhen die Daten jeder Beobachtungseinheit (Industrie) auf der Aggregation von Angaben einer (in der Regel) unterschiedlichen Anzahl von Firmen, so daß man vermuten könnte, daß die Varianz der Störgröße mit der Anzahl der Firmen pro Industrie steigt; ferner unterscheiden sich die Industrien hinsichtlich ihrer ökonomischen Größe - gemessen etwa an der Anzahl der Beschäftigten -, und auch dies könnte zu unterschiedlichen Störgrößenvarianzen führen. Bei Analysen mit Firmendaten könnte man vermuten, daß die Varianz der Störgrößen mit der Unternehmensgröße - gemessen am Umsatz oder an den Beschäftigten - steigt. Auf das Problem der Heteroskedastie wird in ökonometrischen Untersuchungen zu Bestimmungsgründen internationaler ökonomischer Verflechtungen vereinzelt hingewiesen (vgl. z.B. Deardorff 1984, 487 f.), statistische Tests der Hypothese findet man jedoch nur selten. Da bei heteroskedastischen Störgrößen die mit den üblichen OLS-Formeln berechneten Varianzen der geschätzten Parameter verzerrte Schätzungen sind, werden in dieser Arbeit auch *Heteroskedastie-konstistente t-Werte* (nach der Methode von White 1980) ausgewiesen.

Aus theoretischen Modellen lassen sich Angaben über die exakte *funktionale Form* der Beziehung zwischen endogenen und exogenen Variablen in Modellen zur Erklräung von Formen internationaler ökonomischer Verflechtungen nur selten stringent herleiten, daher wird üblicherweise ein linearer (und häufig auch ein doppelt-logarithmischer Ansatz, wobei sich die geschätzten Regressionskoeffizienten dann als - konstante - Elastizitäten interpretieren lassen) verwendet. Dies ist sicher ein geeigneter erster Schritt, da sich nicht-lineare Zusammenhänge zumindest in Teilbereichen oft recht gut durch lineare Beziehungen approximieren lassen. Es ist aber jeweils zu testen, ob *nicht-lineare* Spezifikationen die Informationen in den Daten nicht treffender zusammenfassen.

Mit den Industriedaten werden neben Modellen, die auf Daten jeweils eines Jahres (1977, 1978, ..., 1984) für 29 Branchen beruhen, auch Modelle auf der Basis von Daten aller Industrien und aller Jahre (1977 bis 1984) geschätzt. In solchen Modellen mit *kombinierten (gepoolten) Querschnitts- und Längsschnittsdaten* können aus einer Reihe von Gründen *Zeiteffekte und/oder Industrieeffekte* vermutet werden - hingewiesen sei nur auf den in unseren Untersuchungszeitraum fallenden 'zweiten Ölpreisschock' von 1979 und auf möglicherweise vorhandene und gleichzeitig nicht in den exogenen Variablen abgebildete Besonderheiten bei einzelnen Industrien. Es ist jedoch nicht a priori klar, welche dieser Effekte tatsächlich vorliegen und ob sie gegebenenfalls die Form fixer oder zufälliger Abweichungen annehmen. In dieser Arbeit wird daher jeweils getestet, ob fixe oder zufällige Zeit- und/oder Industrieeffekte in den gepoolten Modellen zu berücksichtigen sind.

Schließlich ist es nahezu eine 'Binsenwahrheit', daß bei ökonomischen Untersuchungen Interdependenzen zu beachten sind und somit oft *simultane Beziehungen* vorliegen; in dieser Arbeit wird daher (in Teil E) auch getestet, ob die Aussagen auf der Grundlage von OLS-Einzelgleichungsschätzungen weiter akzeptiert werden können, oder ob dort als exogen betrachtete Variablen endogene Größen in einem Mehrgleichungs-Modell sind.

So weit dies möglich ist wird für jeden Test der *probvalue*, d.h. die Wahrscheinlichkeit (in v.H.), die Nullhypothese abzulehnen, obwohl sie zutrifft, angegeben. Legt man ein übliches Signifikanzniveau von $\alpha = 0.05$ zugrunde, dann lehnt ein Test immer dann ab, wenn der ausgewiesene Probvalue kleiner als 5 Prozent ist.

In vielen Fällen kann für die ökonometrische Untersuchung im Rahmen dieser Arbeit die einfache Methode der kleinsten Quadrate nicht herangezogen werden, da wichtige Voraussetzungen hierfür nicht erfüllt sind. Wo stattdessen *Verfahren zur Schätzung von Modellen mit im Wertebereich beschränkten endogenen Variablen* oder *Verfahren zur Schätzung simultaner Gleichungssysteme* verwendet werden, wird dies jeweils begründet. Leider ist die Testtheorie für solche Verfahren bei weitem noch nicht so gut entwickelt, wie dies bei dem linearen Regressionsmodell der Fall ist; die mir zur Verfügung stehenden Programmpakete haben zudem vorgeschlagene Tests nicht implementiert. Daher muß hier weitgehend darauf verzichtet werden, diese Modelle zu testen; das Gleiche gilt im Hinblick auf eine Untersuchung der Sensitivität der Ergebnisse hinsichtlich des Einflusses einzelner Extremfälle (Ausreisser), denn eine entsprechende robuste Version der Schätzverfahren steht nicht zur Verfügung. Auf die mangelnde Überprüfung (bzw. Überprüfbarkeit) der diesen Modellen bzw. ihren Schätzverfahren zugrunde liegenden Annahmen wird im folgenden nicht immer erneut ausdrücklich hingewiesen - die hier angebrachte

Mahnung zur entsprechenden Vorsicht bei der Interpretation der Ergebnisse sollte grundsätzlich beachtet werden.

Eine letzte Bemerkung zu den ökonometrischen Methoden und ihrer Verwendung im Rahmen dieser Arbeit betrifft die hier gewählte Vorgehensweise, an vielen Stellen schrittweise aufeinander aufbauende Modelle zu schätzen (und zu testen) und jeweils ausführlich über die Ergebnisse jeder Stufe zu berichten. Ein solches Verfahren fordert von dem Leser sicherlich viel Geduld, und da sich hierbei oftmals herausstellt, daß die Ergebnisse sehr "zerbrechlich" hinsichtlich kleinerer Modifikationen der Modelle sind, mag es für viele sehr unbefriedigend erscheinen. Hier wird allerdings die Auffassung vertreten, daß es weitaus unbefriedigender wäre, einem (zu weit) verbreiteten Verfahren folgend derartige Probleme gar nicht erst durch Tests etc. aufzudecken - oder, schlimmer, sie mit dem Ziel einer möglichst stromlinienförmigen Präsentation der Ergebnisse unter den Tisch zu kehren.

4 Aufbau der Arbeit

Im folgenden werden zunächst getrennt der internationale Handel (in *Teil B*), die Direktinvestitionen (in *Teil C*) und 'Neue Formen internationaler Unternehmenszusammenarbeit' (in *Teil D*) untersucht; hierbei werden jeweils nach einer kurzen Darstellung der theoretischen Grundlagen und einem Überblick über vorliegende empirische Untersuchungen (wobei das Schwergewicht auf Arbeiten mit Bezug zur Bundesrepublik Deutschland gelegt wird und das Ziel im Aufdecken von 'Forschungslücken' liegt) ökonometrische Einzelgleichungsmodelle auf der Basis von Industrie- bzw. Firmendaten geschätzt und getestet sowie die Ergebnisse vor dem Hintergrund theoretischer Überlegungen interpretiert. In *Teil E* wird dann geprüft, ob sich unterschiedliche Formen internationaler ökonomischer Verflechtungen wechselseitig beeinflussen und inwiefern mit ökonometrischen Einzelgleichungsschätzungen gewonnene Ergebnisse von denen aus simultanen Mehrgleichungsmodellen abweichen. Den Abschluß bilden zusammenfassende Überlegungen unter Einschluß von Forschungsperspektiven in *Teil F*; der *Anhang G* enthält Angaben zu den Industrie- und Firmendaten, die in dieser Arbeit verwendet wurden, und Hinweise zu weniger verbreiteten hier verwendeten ökonometrischen Verfahren.

B Internationaler Handel

1 Ansatzpunkte für ökonometrische Untersuchungen zum internationalen Handel des Verarbeitenden Gewerbes der Bundesrepublik Deutschland

> **"What is a 'best theory' of trade? All theories of trade add to our understanding and the best theory is necessarily a composite."**
>
> **Edward E. Leamer (1974,350)**

1.1 Zu den theoretischen Grundlagen

Die theoretische Analyse der Bestimmungsgründe und Folgen des Außenhandels hat eine sehr lange Tradition. Spätestens seit Adam Smith' Ausführungen "Of Restraints upon the Importation from foreign Countries of such Goods as can be produced at Home" im Buch IV, ch. II der 1776 veröffentlichten 'Wealth of Nations' (vgl. Smith 1976, 452ff.) und David Ricardo's Kapitel VII "On Foreign Trade" in seinen 'Principles' von 1817 (vgl. Ricardo 1951, 128ff.) versuchen Ökonomen herauszuarbeiten, warum ein Land bestimmte Güter exportiert und andere (bzw. in bestimmten Fällen sogar - weitgehend - identische) Güter importiert. Den einzelnen Theorieentwicklungen braucht hier nicht nachgespürt werden; es ist auch nicht erforderlich, vorhandenen Versuchen, einen systematisierenden Überblick zu geben, einen weiteren hinzuzufügen (vgl. z.B. als neuere deutsche Lehrbuchdarstellung Siebert (1989, Kap. 3 und 4) und als deutschsprachigen Überblick Hesse (1977); wichtige neuere Survey-Artikel von international bedeutenden Spezialisten sind Jones und Neary (1984), Ethier (1984), Leamer (1984, ch. 1), Deardorff (1985), Chipman (1987), Ethier (1987), Kierzkowski (1987)).

Nach Einschätzung von Helmut Hesse (1977, 365) hat die "Suche nach den Bestimmungsgründen der Warenstruktur der Importe und der Exporte ... ein vielfältiges Ergebnis gehabt. Man hat nicht nur erfahren, daß die Zahl von

Einflußfaktoren groß ist, man hat auch festgestellt, daß meist mehrere von ihnen gleichzeitig auf den Außenhandel eines Landes einwirken ... . Außerdem hat man herausgefunden, daß die relative Bedeutung der einzelnen Bestimmungsgründe für die Warenstruktur des Außenhandels eines einzelnen Landes im Laufe der Zeit wechselt ... ." Interpretiert man die diesem Abschnitt als Motto vorangestellte Aussage von Leamer vor dem Hintergrund dieser Einschätzung, dann folgt hieraus, daß Theorieansätze zur Erklärung der Außenhandelsstruktur weniger als alternative Hypothesen und eher als einander ergänzende Bausteine gesehen werden sollten, zumindest soweit es auch um die theoretische Fundierung empirischer Untersuchungen und nicht ausschließlich um stringente modelltheoretische Herleitung von Theoremen geht. Ein Plädoyer für einen solchen "eklektischen" Ansatz findet sich auch im Überblicksbeitrag der prominenten Außenhandelstheoretiker Ronald Jones und Peter Neary im Handbook of International Economics (vgl. Jones/Neary 1984, 2f.).

Den Ausgangspunkt der Überlegungen zur theoretischen Fundierung der in diesem Teil der Arbeit zu betrachtenden ökonometrischen Modelle zur Erklärung der Außenhandelsstruktur des Verarbeitenden Gewerbes der Bundesrepublik Deutschland bildet der als Heckscher-Ohlin-Theorie oder Faktorproportionen-Theorie bezeichnete Ansatz.[1] Ohlin (1933, 29) faßt die zentrale Aussage so zusammen:

> "The first condition of trade is that some goods can be produced more cheaply in one region than another. In each of them the cheap goods are those containing relatively great quantities of the factors cheaper than in other regions. These cheap goods make up exports, whereas goods which can be more cheaply produced in the other regions are imported. We may say, therefore, that exports are in each region composed of articles into the production of which enter large quantities of cheap factors."

Außenhandel wird damit auf relative Preisunterschiede zwischen In- und Ausland zurückgeführt, die wiederum ihre Ursache in Unterschieden bei den Produktionskosten aufgrund von Faktorpreisunterschieden haben. In der neoklassischen reinen Theorie des Außenhandels wurden im Anschluß an Ohlins Überlegungen die Bedingungen herausgearbeitet, unter denen Differenzen bei der relativen Ausstattung mit Produktionsfaktoren zwischen Ländern bewirken, daß ein Land die Güter relativ billig produziert und exportiert, bei deren Produktion die relativ reichlich vorhandenen Produktionsfaktoren relativ in-

---

[1] Soweit im folgenden Lehrbuch-Standardwissen angesprochen wird, wird auf entsprechende Literaturhinweise verzichtet und hier global auf die genannten Übersichtsdarstellungen verwiesen.

tensiv genutzt werden (und entsprechend die Güter importiert, in deren Produktion die relativ knappen Faktoren vergleichsweise intensiv genutzt werden). Diese Faktorproportionen-Theorie gehört in ihrer 2x2x2-Version (mit zwei Gütern, zwei Produktionsfaktoren - zumeist "Arbeit" und "Land" oder "Kapital" genannt - und zwei Ländern - oft dem "Inland" und dem "Rest der Welt") zum Standard-Lehrbuchstoff, und das Heckscher-Ohlin-Theorem zum Zusammenhang von relativer Faktorausstattung und Struktur des Außenhandels nimmt einen prominenten Platz unter den Erklärungsansätzen für internationalen Handel ein.

Weiterentwicklungen der Modelltheorie haben gezeigt, daß sich im Allgemeinen weder eine strenge noch eine abgeschwächte, auf Korrelationen bzw. Durchschnitte abzielende verallgemeinerte Version des auf die Güterstruktur des Handels bezogenen Heckscher-Ohlin-Theorems im Fall beliebig vieler Güter und Faktoren begründen läßt (vgl. hierzu die gute Darstellung der theoretischen Entwicklung bei Kohler (1988, Kap. 3) sowie den Überblick von Ethier (1984)). Unabhängig davon wurde insbesonders in empirischen Untersuchungen schon früh (mit initiiert durch die Auseinandersetzung um die Erklärung der als "paradox" eingestuften Ergebnisse der Studien von Leontief zum Außenhandel der USA) dazu übergegangen, nicht nur zwei Produktionsfaktoren zu betrachten, sondern Qualitätsunterschiede zu berücksichtigen: "Arbeit" ist kein homogener Faktor, Arbeitskräfte unterscheiden sich u.a. im Hinblick auf ihre Ausbildung (Humankapital); für "Kapital" und "Boden" gelten entsprechende Überlegungen. Für Ansätze, die solche Qualitätsunterschiede berücksichtigen, findet man gelegentlich die Bezeichnung "Neo-Faktorproportionen-Theorem".

Aus diesen Überlegungen folgt, daß ökonometrische Modelle zur Erklärung der Außenhandelsstruktur die Intensität, mit der Produktionsfaktoren bzw. deren unterschiedliche Qualitäten bei der Produktion eingesetzt werden, als erklärende Variablen enthalten sollen - wobei noch zu diskutieren sein wird, inwiefern dies ein "Test" modelltheoretisch abgeleiteter Hypothesen sein kann. Hierbei ist jedoch davor zu warnen, den Begriff "Produktionsfaktor" zu weit zu fassen und faktorproportionentheoretische Überlegungen damit zu reiner Deskription degenerieren zu lassen: Daß Hannover an das Umland die Dienstleistung 'Bundesligaspiele' exportiert (indem Zuschauer aus der Umgebung Eintrittskarten für das Niedersachsenstadion kaufen), weil Hannover verglichen mit dem Umland relativ reichlich mit Vereinen der 2. Fußball-Bundesliga[2] ausgestattet ist, ist gleichzeitig wahr und trivial.

---

[2] Noch (September 1990) - das Beispiel läßt sich aber sofort auf den absehbaren Fall eines Abstiegs übertragen.

Neben relativen Unterschieden in der Ausstattung der Länder mit Produktionsfaktoren können relative Produktivitätsunterschiede Ursache komparativer Kostenunterschiede und damit relativer Preisunterschiede zwischen In- und Ausland sein. Soweit diese Produktivitätsunterschiede auf dem unterschiedlichen Einsatz von technischem Wissen beruhen, besteht eine enge Beziehung zur Faktorproportionen-Theorie, denn auch "Technologie", "technisches Wissen", o.ä. kann als ein Produktionsfaktor gesehen werden, mit dem ein Land - etwa in Form von in Forschung und Entwicklung tätigen Wissenschaftlern - mehr oder weniger reichlich ausgestattet ist. In die ökonometrischen Modelle wird daher eine Variable aufgenommen, die Unterschiede in der Technologieintensität der Branchen abbildet.

Relative Preisunterschiede zwischen In- und Ausland können ferner auf ceteris paribus gegebenen Nachfrageunterschieden sowie auf - wiederum ceteris paribus - unterschiedlichen wirtschaftspolitischen Eingriffen in den Ländern (z.B. durch Zölle, Nicht-tarifäre Handelshemmnisse, Subventionen etc.) beruhen. Beides wird im folgenden nicht explizit berücksichtigt, da die bei einer empirischen Untersuchung zur Güterstruktur des bundesrepublikanischen Außenhandels hierfür erforderlichen Daten (z.B. zu den staatlichen Eingriffen im In- und Ausland in den betrachteten Industrien) nicht verfügbar sind.[3]

Die hier sehr kurz und damit notwendigerweise auch stark verkürzt angeführten Überlegungen zum Zusammenhang von Faktorausstattung, Faktoreinsatz und Außenhandel liefern die Basis für die ökonometrischen Untersuchungen zur Bedeutung des Produktionsfaktoreinsatzes für die Ex- und Importe von Industrien des Verarbeitenden Gewerbes in der Bundesrepublik Deutschland im Abschnitt B.2.

In jüngerer Zeit wurde die Rolle der Marktstruktur bei Bestimmung der Außenhandelsstruktur intensiv untersucht, wobei Skalenerträge, Produktdifferenzierung und unvollständige Konkurrenz im Zentrum der Betrachtungen stehen (vgl. z.B. Helpman (1984) und Helpman/Krugman (1985)). Im Abschnitt B.3 wird der Frage nachgegangen, welchen Beitrag diese Marktstruktur-Dimensionen bei Kontrolle des Faktoreinsatzes für die Erklärung des Außenhandels liefern können; die hierfür relevanten theoretischen Überlegungen finden sich dort im Abschnitt B.3.1.

---

[3] Vgl. zu protektionistischen Eingriffen und ihren Wirkungen auf die Außenhandelsstruktur jedoch den Teil E dieser Untersuchung.

1.2 Empirische Untersuchungen zur Außenhandelsstruktur der Bundesrepublik Deutschland: Ein Überblick

In der Literatur liegen zahlreiche Untersuchungen zu den Bestimmungsgründen internationaler Handelsströme vor. Der folgende Überblick konzentriert sich auf Arbeiten, die auf die Bundesrepublik Deutschland bezogen sind; für andere Länder kann auf Übersichtsbeiträge (vgl. Stern (1975), Bowen (1980a), Deardorff (1984), Leamer (1984, ch. 2) und Tharakan (1985) verwiesen werden. Arbeiten, die den Welthandel insgesamt oder doch wichtige Teile davon untersuchen, sind z.B. Sautter (1983), Leamer (1984) und Balassa/Bauwens (1985, 1987, 1988)).

Für die Bundesrepublik Deutschland finden sich neben zahlreichen deskriptiven Untersuchungen der internationalen Wettbewerbsfähigkeit insgesamt oder in Einzelbereichen wie dem High-Tech-Sektor (vgl. z.B. Grupp/Legler (1987)) und Branchenstudie (vgl. z.B. die bei Horn (1985) genannten Arbeiten) Analysen der Bestimmungsgründe der Güter- bzw. Industriestruktur des Außenhandels, die in drei Gruppen eingeteilt werden können:

- Untersuchungen mit Leontiefs klassischem Input-Output-Ansatz
- Korrelations- und Rangkorrelationsanalysen
- Regressionsanalysen

Für die Arbeiten aus den beiden erstgenannten Gruppen reichen hier sehr kurze Hinweise:

Wassily Leontiefs 1953 und 1956 veröffentlichten klassischen Untersuchungen (vgl. Leontief 1966, ch. 5 und 6), die zur umfangreichen Diskussion um das 'Leontief-Paradox' führten (vgl. Kohler 1988, Kap. 5 zur "Geschichte des Leontief-Paradoxons"), haben auch Untersuchungen mit der von ihm verwendeten Input-Output-Methode für die Bundesrepublik Deutschland angeregt (Roskamp 1963; Gray 1965; Roskamp/ McMeekin 1968; Steinherr/Runge 1978; Schmidt 1981) - auf Einzelheiten braucht hier nicht eingegangen zu werden, da seit der Arbeit von Leamer (1980; vgl. auch Leamer (1984, 50 ff.)) bekannt ist, daß der Debatte um das Leontief-Paradox 'a simple conceptual misunderstanding' zugrunde lag.

Zu der zweiten Gruppe von Arbeiten, den Korrelations- und Rangkorrelationsanalysen, zählen die Untersuchungen von Bodenhöfer (1976), Baumann u.a. (1977, 79 - 90), Rheinisch-Westfälisches Institut für Wirtschaftsforschung (1983, 88 - 94) und Härtel/Langer (1984, 63 - 72). Auch Ansätze und Ergebnisse dieser Studien sollen hier nicht referiert werden, da gegen sie der grundsätzliche Einwand vorgebracht werden kann, daß sie vom methodischen Vorgehen her nicht in der Lage sind, die von einzelnen Einflußgrößen *ceteris paribus* auf den internationalen Handel einer Industrie (oder einer Firma) ausgehenden Effekte zu identifizieren.

Die Arbeiten der dritten Gruppe, in denen Regressionsanalysen auf der Grundlage bundesrepublikanischer Branchendaten mit der (unterschiedlich gemessenen) Außenhandelsverflechtung als endogener Variable und einer Reihe industrieller Charakteristika (Faktoreinsatzintensitäten etc.) als exogenen Variablen durchgeführt werden, sollen im folgenden genauer betrachtet werden. Auf eine vergleichende Gegenüberstellung der Untersuchungs*ergebnisse* soll hierbei verzichtet werden - sie wäre wenig aussagekräftig, da sich die Studien im Hinblick auf Methodik, Zeitbezug, Disaggregationsniveau der Daten, einbezogene Industrien sowie Definition von endogenen und exogenen Variablen mehr oder weniger deutlich voneinander unterscheiden. Wichtig ist hingegen eine Zusammenstellung der Untersuchungs*ansätze* (Datengrundlagen, Methode, endogene und exogene Variablen), da hieraus die bestehenden Forschungslücken erkennbar werden können. In der Übersicht B.1 sind, geordnet nach dem Jahr der Publikation, auf die Bundesrepublik Deutschland bezogene Regressionsanalysen zur Branchenstruktur des Außenhandels unter den genannten Gesichtspunkten überblicksartig zusammengestellt; zur exakten Definition der jeweils verwendeten Variablen sei auf die Originalarbeiten verwiesen.

Eine vergleichende Betrachtung der in der Übersicht B.1 zusammengestellten Regressionsanalysen zur Branchenstruktur des bundesrepublikanischen Außenhandels macht deutlich, daß trotz einer ganzen Reihe einschlägiger Arbeiten *Forschungslücken* bestehen:

- Es fehlen Untersuchungen auf der Basis von Daten aus den 80er Jahren (Ausnahme: Weiss et al. 1988).
- Es wird nicht getestet, ob die für die Anwendung von OLS erforderlichen Annahmen erfüllt sind (vgl. hierzu die Ausführungen in Abschnitt A.3).
- Keine Arbeit enthält Schätzungen auf der Grundlage von Faktoreinsatzgrößen, die unter Beachtung der interindustriellen Vorleistungsverflechtung als 'totale' Faktorintensitäten berechnet wurden.
- Die vorliegenden Studien verwenden - bis auf Clegg (1987) - entweder Daten aus einzelnen Jahren (teilweise auch vergleichend für länger auseinander liegende Perioden) oder Durchschnittswerte eines Zeitraums; lediglich Clegg (1987) schätzt Modelle auf der Basis von gepoolten Querschnitts-/Längsschnittsdaten - er verzichtet aber darauf, das Vorliegen fixer oder zufälliger Zeit- und/oder Industrieeffekte zu testen.
- Variablen, die wichtige Marktstruktur-Dimensionen wie Konzentration, Produktdifferenzierung und Skalenerträge abbilden sollen, werden zwar teilweise berücksichtigt (vgl. die scale-economy Variablen in einigen Ar-

Übersicht B.1: Regressionsanalysen zur Branchenstruktur des bundesrepublikanischen Außenhandels im Überblick*)

Verfasser (Publikationsjahr)	Datengrundlagen (Anzahl Industrien; Untersuchungszeitraum)	Methode	Endogene Variable	Exogene Variable(n)	Bemerkungen
Fels (1972)	19 Industrien (1962; 1969)	OLS	(X-M)/L	- Kapitalintensität (diverse Meßkonzepte) - Effektive Protektionsrate	Handel wird insgesamt und disaggregiert nach Industrie- und Entwicklungsländern untersucht
Stern (1976)	25 Industrien (1962; 1969)	OLS	(X-M)	- Sachkapital - Humankapital - ungelernte Arbeit	
			(X-M)/P	- Sachkapitalintensität - Humankapitalintensität - Ingenieur- und Technikerquote	Handel wird insgesamt und disaggregiert nach Industrie- und Entwicklungsländern untersucht
		WLS		+ - Dummy für natürliche Ressourcen-Industrien - Interakitonsterme mit o.a. Dummy	WLS-Ansatz zur Korrektur von Heteroskedastie aufgrund der Einteilung in zwei Gruppen (vgl. Dummy-Variable)
				- Zölle und effektive Protektionsraten	Ergebnisse werden hierzu nicht berichtet
Runge/ Steinherr (1977)	34 Industrien (1962; 1972)	OLS	(X-M)/P (X-M) RCA-Index	- Sachkapitalintensität - Humankapitalintensität - Bruttoproduktion - Ressourcen-Dummy - Technologie-Dummy	

(Fortsetzung s. nächste Seite)

(Fortsetzung)

Wolter (1977)	- 18 Industrien (1972/73) - 14 Industrien (Diff. 1963/64 und 1972/73)	OLS	RCA-Index	- Humankapitalintensität - Sachkapitalintensität - Rohstoffintensität - Forschungs- und Entwicklungsintensität - Skalenerträge - Effektive Protektionsrate	Handel wird insgesamt und disaggregiert nach westlichen Industrieländern, Entwicklungsländern und sozialistischen Ländern analysiert Neben Niveau (1972/73) auch Veränderung (1963/64 vgl. mit 1972/73)
Baum/Coe (1978)	25 Industrien (1962; 1969)	LOGIT	Netto-Exporte: 0 Netto-Importe: 1	- Sachkapitalintensität - Humankapitalintensität - Ingenieur- und Technikerquote - Natürliche Ressourcen-Dummy - Interaktionsterm(e) mit Dummy	Baum/Coe verwenden den Datensatz von Stern (1976) und auch dessen regionale Untergliederung
Steinherr/ de Souza/ Lemaître (1978)	34 Industrien (1962; 1972)	OLS WLS	(X-M) X M (X-M)/P	- Sachkapitalintensität - Humankapitalintensität - Bruttoproduktion - Ressourcen-Dummy - Technologie-Dummy	Heteroskedastie wird unterstellt (Varianz der Nettoexporte einer Industrie sei proportional zum Quadrat des Anteils der Industrie an der Bruttoproduktion aller Industrien im sample) und WLS entsprechend spezifiziert
Jungnickel/ Schneider (1979)	30 Industrien (1976)	OLS	(X-M)/P (X-M)/(X+M) X/P M/(P-X+M)	- Humankapitalintensität - Sachkapitalintensität - Technologieintensität - Rohstoff-Dummy - Skalenvorteile - Effektive Protektion	Industrien werden gewichtet entsprechend ihrem prozentualen Anteil am Umsatz der einbezogenen Branchen (vgl. dazu: Steinherr/de Souza/Lemaître 1978) Handel wird insgesamt und regional differenziert (Industrie-, EG-, Entwicklungsländer) betrachtet

(Fortsetzung s. nächste Seite)

(Fortsetzung)

Weiss/Wolter (1979)	- 19 Industrien (1974) - 31 Industrien (1970; 1976)		RCA-Index Import-Quote (Definition unklar)	- Humankapitalintensität - Sachkapitalintensität - FuE-Intensität - Skalenerträge - Effektive Protektionsrate - Anteil ungelernte Arbeit - Facharbeiteranteil - Rohstoffintensität - Energieintensität - Umweltintensität	Handel mit sozialistischen Ländern und einer ausgewählten Gruppe von westlichen industrialisierten Ländern wird betrachtet
Danckwerts u.a. (1981)	30 Industrien (1978)	OLS	RCA- Index	- Humankapitalintensität - Sachkapitalintensität - Technologieintensität (FuE) - Skalenerträge - Rohstoffintensität - Energieintensität - Umweltintensität	Gewichtung der Branchen entsprechend ihrem Anteil am Gesamtaußenhandel
Kriegsmann/ Neu (1982)	30 Industrien (1962; 1978)	OLS	RCA-Index	- Humankapitalintensität - Sachkapitalintensität	Handel wird insgesamt und regional disaggregiert untersucht
Yamawaki (1985)	28 Industrien (Durchschnittswerte 1975-1979)	OLS	X/P M/(P+M-X) (X-M)	- Sachkapitalintensität - Facharbeiteranteil - Rohstoffintensität - FuE-Intensität - Konsumquote - Werbeaufwandsvariable - Wertschöpfung je Unternehmen - Skalenertragsvariable - Handelshemmnisvariable	

(Fortsetzung s. nächste Seite)

(Fortsetzung)

Clegg (1987)	9 (?) Industrien(*) (1965; 1970; 1975) (*) in Tabellen keine Angaben; vgl. ch. 3	OLS	X/P M/P	- FuE-Intensität - Sachkapitalintensität - Humankapitalintensität - Angestelltenquote	- Doppel-logarithmischer Ansatz - Schätzung mit gepoolten Daten für 3 Jahre (umgerechnet in konstante Preise für 1970 auf US-Dollar Basis) ohne Prüfung, ob fixe oder zufällige Zeit- und/oder Industrieeffekte vorliegen (vgl. auch die Chow-Tests auf zeitliche Stabilität der Koeffizienten S. 151 ff.)
Weiss et. al. (1988)(*) (*) vgl. p. 118 ff.	28 Industrien (1978; 1985)	OLS	RCA	- Humankapitalintensität - Sachkapitalintensität	- Handel wird insgesamt und gesondert für Handel mit Japan sowie mit Entwicklungsländern untersucht - Humankapitalintensität wird als kapitalisierter Unterschied zwischen Durchschnittslöhnen und Entlohnung ungelernter Arbeit gemessen - Eine gesonderte Untersuchung des Handels mit Japan erfaßt auch die Protektion

*) Erläuterung der verwendeten Abkürzungen (alle Größen beziehen sich jeweils auf die Industrein i, i=1,2,...,n): X=Exporte; M=Importe; L=Beschäftigte; P=Produktion; RCA=Revealed Comparative Advantage (zur jeweiligen Definition vgl. die Studie)

beiten sowie insbesonders die Studie von Yamawaki (1985)), die Operationalisierung dieser Variablen ist jedoch oft nicht überzeugend - so verwendet Yamawaki als Proxy für das Ausmaß der Produktdifferenzierung in bundesrepublikanischen Industrien eine Größe, die auf das Verhältnis von Werbeausgaben zu Umsatz in den entsprechenden US-amerikanischen Industrien zurückgeht.

In den folgenden ökonometrischen Untersuchungen soll versucht werden, die genannten Kritikpunkte aufzugreifen und dazu beizutragen, diese Forschungslücken zu füllen.

Ökonometrische Untersuchungen zu den Determinanten der Exporte auf der Basis von *Firmendaten* liegen in größerer Zahl für andere Länder vor (vgl. als Überblicke hierzu Bilkey (1978) und Reid (1982)). Neben einer Reihe deskriptiver Arbeiten zum Zusammenhang von Unternehmensgröße und Exporten (vgl. hierzu die in Wagner (1985, 39 ff.) genannte Literatur) sind für die Bundesrepublik Deutschland hier jedoch lediglich die Studien von Schlegelmilch (1986a, 1986b) sowie Burton/Schlegelmilch (1987) zu nennen, die aber eine andere Fragestellung behandeln: auf der Grundlage von Firmendaten aus der Bundesrepublik und Großbritannien werden mit multipler Diskriminierungsanalyse Unterschiede im "Profil" zwischen Firmen mit unterschiedlich hohen Exportquoten hinsichtlich verschiedener Dimensionen wie Managementeinstellung und Marketingstrategien ermittelt. Ferner ist auf eine Arbeit von Schlegelmilch (1988) hinzuweisen, in der der Zusammenhang zwischen Exportleistung (gemessen durch Exportintensität und Exportwachstum) und Innovationsneigung (operationalisiert durch zehn Indikatoren für Forschungsinputs, Innovationsoutputs und Managementeinstellungen) mit einer kanonischen Korrelationsanalyse auf der Basis von Daten aus Firmen der bundesrepublikanischen Maschinenbauindustrie untersucht wird; auch hierbei handelt es sich aber nicht um eine ökonometrische Analyse der Bestimmungsgründe der Exportquote von Firmen im engeren Sinne - solche Arbeiten fehlen für die Bundesrepublik Deutschland, und auch diese Forschungslücke soll hier teilweise erfüllt werden.

1.3 Zur Messung der Außenhandelsverflechtung: Die endogenen Variablen der Modelle

Der erste Schritt bei der Spezifikation der ökonometrischen Modelle für die Außenhandelsstruktur besteht in der Definition der endogenen Variablen; hierbei soll zunächst die Außenhandelsverflechtung auf der Ebene von *Industriezweigen* diskutiert werden:

Sowohl theoretische Überlegungen zur Bedeutung von Unterschieden in der relativen Ausstattung mit Produktionsfaktoren zwischen Ländern für den Außenhandel als auch Ergebnisse aus einigen der in der Übersicht B.1 genannte auf die Bundesrepublik Deutschland bezogenen Studien legen es nahe, die Außenhandelsverflechtung nicht nur aggregiert, sondern auch *regional disaggregiert* zu untersuchen. Auf eine Analyse des jeweiligen bilateralen Handels der Bundesrepublik mit anderen Ländern muß hierbei verzichtet werden, um den Rahmen der Untersuchung nicht zu sprengen (vgl. als Beispiele solcher Studien zum bilateralen Handel Bowden (1986) für Spanien und die USA sowie Brecher/Choudhri (1986) für die USA und Canada). Stattdessen wird neben dem Gesamthandel der Branchen auch deren Außenhandel mit drei großen Ländergruppen - den industrialisierten westlichen Ländern (IWL), den Ländern der Europäischen Gemeinschaften (EG) und den Entwicklungsländern (LDC) - betrachtet. Die Gruppe der EG-Länder umfaßt hierbei Frankreich, Belgien und Luxemburg, Niederlande, Italien, Vereinigtes Königreich, Irland, Dänemark sowie (ab 1981) Griechenland; neben den EG-Ländern zählen zu der Gruppe der IWL die übrigen europäischen Länder mit Ausnahme der RGW-Länder, die Republik Südafrika und Namibia, die USA, Kanada, Australien, Neuseeland und Japan; zu den LDC werden alle Länder gezählt, die weder IWL noch RGW-Länder sind.[4] 1980, d.h. etwa in der Mitte des hier untersuchten Zeitraums, betrug der Anteil der genannten Ländergruppen am Gesamtexport (Gesamtimport) der Bundesrepublik Deutschland für die EG-Länder 48% (46.1%), für die IWL 79.3% (74.5%) und für die LDC 14.8% (20.4%) (vgl. Bundesministerium für Wirtschaft (Hrsg.) 1987, 62 f.).

Zu dieser regionalen Disaggregation sind noch zwei Anmerkungen zu machen:

Erstens fehlt beim aggregierten Außenhandel der Handel mit der DDR, da er nicht in den hier als Datengrundlage verwendeten Außenhandelsstatistiken ausgewiesen wird. Eine entsprechende Ergänzung der herangezogenen Angaben um den DDR-Handel wäre möglich; angesichts der geringen Bedeutung für die Gesamtaus- und -einfuhren der Bundesrepublik - der Anteil des DDR-Handels liegt hierbei jeweils bei ca. 1.5% - wurde jedoch hierauf verzichtet (vgl. zum Handel mit der DDR Heinrich 1986).

Zweitens wird der Handel mit der Gruppe der RGW-Länder nicht gesondert analysiert - als Begründung hierfür sei neben der geringen quantitativen Gesamtbedeutung (Export- bzw. Importanteile betragen ca. 5%) auf die systembedingen Sonderfaktoren (Außenhandelsmonopole und fehlende kon-

---

[4] Zur exakten Zuordnung einzelner Länder zu den genannten Ländergruppen vgl. die Angaben in Fachserie 7, Reihe 7 des Statistischen Bundesamtes.

vertible Währungen in RGW-Ländern, hohe Bedeutung von Kompensationshandel, Ausfuhrverbot bestimmter hochtechnologischer Güter aus der Bundesrepublik in diese Länder etc.) verwiesen.

Der - aggregierte bzw. regional disaggregierte - Außenhandel von Industrien kann in *absoluten Werten* oder in Form einer *skalierten Größe* als endogene Variable verwendet werden, wobei als Skalierungsfaktor zu Beispiel der Branchenumsatz oder die Beschäftigung herangezogen werden können. Um Einflüsse, die von der jeweils unterschiedlichen Größe einer Branche (gemessen etwa am Umsatz) ausgehen, auszuschalten, werden in dieser Untersuchung - in Übereinstimmung mit zahlreichen bisherigen Analysen (vgl. die Übersicht B.1) - die Außenhandelswerte entweder auf den Branchenumsatz bezogen, was zu Aussenhandelsquoten führt, oder es wird (auf noch näher zu erläuternde Weise) mit dem Gesamtaußenhandel normiert.

Die Außenhandelswerte können als *Brutto-* oder als *Nettogrößen* herangezogen werden, d.h., es kann z.B. die Exportquote - Exporte/ Umsatz - oder die Nettoexportquote - (Exporte - Importe)/Umsatz - einer Branche verwendet werden. Für die Nettobetrachtung spricht, daß hierbei (zumindest auf den ersten Blick) an Konzepte wie 'komparative Vorteile' und 'internationale Wettbewerbsfähigkeit' angeknüpft wird, wenn von einer Industrie mit einer negativen Nettoexportquote gesagt wird, sie sei offenbar (zumindest im Vergleich mit einer Branche, deren Nettoexportquote positiv ist) wenig wettbewerbsfähig. Aus zwei Gründen ist jedoch davor zu warnen, die Bruttogröße Exportquote mit diesen Argumenten aus der weiteren Analyse auszuschließen: Erstens erfordert die Nettobetrachtung die Saldierung von Exporten und Importen, was bei dem hier zugrunde gelegten Aggregationsniveau der Industrien bedeuten kann, daß sehr unterschiedliche Produkte gegeneinander aufgerechnet werden; die Einwände, die in Abschnitt A.2 gegen eine Untersuchung von Fragen im Kontext des intra-industriellen Handels auf der Datengrundlage, die hier verfügbar ist, vorgebracht wurden, sprechen zumindest gegen eine alleinige Verwendung von Nettogrößen. Zweitens sagen auch Exportquoten etwas über die internationale Wettbewerbsfähigkeit einer Industrie aus, denn keine Branche wird auf Dauer einen hohen Anteil der Produktion im Ausland absetzen, ohne daß dies mit den Zielen der Unternehmen - und das heißt sicherlich auch mit einer verglichen zu alternativen Anlagemöglichkeiten attraktiven Rendite - vereinbar ist. Hier werden daher aggregierte und regional disaggregierte Exportquoten und Nettoexportquoten der Industrien als endogene Variablen der zu schätzenden Modelle herangezogen.[5]

---

[5] Auf eine Transformation der Nettoexportquoten in dichotome Variablen (mit dem Wert 1 für Branchen, die eine positive Quote aufweisen, und dem Wert 0 für die übrigen Industrien) wird hier verzichtet, da der damit verbundene Informationsverlust als größer eingeschätzt wird

Neben diesen Quoten, die den Außenhandel auf die Produktion der Branche beziehen, werden die Nettoexporte auch noch normiert mit dem Gesamthandel in Form eines wie folgt definierten Index des 'revealed comparative advantage' (RCA) verwendet:

Mit x_{ik} = Exporte der Industrie i in Ländergruppe k
m_{ik} = Importe von Erzeugnissen der Industrie i aus der Ländergruppe k
$X_{.k}$ = Gesamtausfuhr in die Ländergruppe k
$M_{.k}$ = Gesamteinfuhr aus der Ländergruppe k

wird der RCA-Wert der Industrie i gemessen als

$$RCA_i = \left[\frac{x_{ik}-m_{ik}}{x_{ik}+m_{ik}} - \frac{X_{.k}-M_{.k}}{X_{.k}+M_{.k}} \right] * \frac{100}{1-\frac{X_{.k}-M_{.k}}{X_{.k}+M_{.k}}}$$

$$\text{wenn } \frac{X_{.k}-M_{.k}}{X_{.k}+M_{.k}} < \frac{x_{ik}-m_{ik}}{x_{ik}+m_{ik}}$$

oder als

$$RCA_i = \left[\frac{x_{ik}-m_{ik}}{x_{ik}+m_{ik}} - \frac{X_{.k}-M_{.k}}{X_{.k}+M_{.k}} \right] * \frac{100}{1+\frac{X_{.k}-M_{.k}}{X_{.k}+M_{.k}}}$$

$$\text{wenn } \frac{X_{.k}-M_{.k}}{X_{.k}+M_{.k}} > \frac{x_{ik}-m_{ik}}{x_{ik}+m_{ik}}$$

als der entsprechende -gewinn.; vgl. für die Bundesrepublik Deutschland Baum/Coe (1978) sowie für die USA Harkness/Kyle (1975), Branson/Monoyios (1977) und Stern/Maskus (1981) als Analysen mit (0,1)-Variablen der Nettoexportquoten.

Die Nettoexporte einer Industrie in eine Region werden hier statt auf die Produktion auf den gesamten Handel der Industrie *und* auf die gesamtwirtschaftliche entsprechend berechnete Nettoexportquote bezogen. Dieser auf Balassa (1965) zurückgehende Index hat in der verwendeten Form (vgl. z.B. Kriegsmann/Neu 1982, 148) einen Wertebereich von -100 bis +100; er wird hier lediglich als eine alternative Form der Normierung der Nettoexporte herangezogen, ohne daß aus den beobachteten Werten auf komparative Vor- oder Nachteile geschlossen wird, denn ob diese aus beobachteten Handelsströmen angesichts branchenmäßig differenzierter Handelshemmnisse abgelesen werden können, ist eher zweifelhaft.

Da die Exportquoten, die Nettoexportquoten und die RCA-Werte der Branchen jeweils für den Außenhandel insgesamt und regional disaggregiert für die Ländergruppen IWL, EG und LDC herangezogen werden, sind 12 unterschiedliche endogene Variablen zu betrachten, die in der Übersicht B.2 zusammengestellt sind.

Übersicht B.2: Die endogenen Variablen der Modelle*

Kurzbezeichnung	Definition
	Exportquoten:
T01	Exporte insgesamt/Umsatz
T02	Exporte in IWL/Umsatz
T03	Exporte in EG/Umsatz
T04	Exporte in LDC/Umsatz
	Nettoexportquoten:
T05	(Exporte insgesamt - Importe insgesamt)/ Umsatz
T06	(Exporte in IWL - Importe aus IWL)/Umsatz
T07	(Exporte in EG - Importe aus EG)/Umsatz
T08	(Exporte in LDC - Importe aus LDC/Umsatz
	RCA-Werte:
T09	RCA-Wert für Außenhandel insgesamt
T10	RCA-Wert für Außenhandel mit IWL
T11	RCA-Wert für Außenhandel mit EG
T12	RCA-Wert für Außenhandel mit LDC

* IWL = industrialisierte westliche Länder; EG = Länder der Europäischen Gemeinschaften; LDC = Entwicklungsländer (zur Abgrenzung der Ländergruppen vgl. Text).

Die Handelsvariablen T01 - T12 wurden für die 29 Industrien und jedes Jahr des Untersuchungszeitraums 1977 bis 1984 berechnet. In einer kürzlich publizierten Untersuchung auf der Basis von Daten für eine größere Anzahl Güter und Länder kommen Ballance/Forstner/Murray (1987) zu dem Ergebnis, daß plausible alternative Formulierunges von Indices des komparativen Vorteils einer Industrie zu Maßen führen, die untereinander "not highly consistent" sind. Um zu überprüfen, inwiefern die hier verwendeten Variablen übereinstimmende oder gegensätzliche Tendenzen aufzeigen, sollen die Korrelationskoeffizienten der Handelsvariablen untereinander betrachtet werden; die entsprechenden Werte für das erste und letzte Jahr des Untersuchungszeitraums sind in den Tabellen B.1 und B.2 abgedruckt.

Tabelle B.1: Korrelationskoeffizienten der Handelsvariablen T01 - T12 (Jahr: 1977)

	T02	T03	T04	T05	T06	T07	T08	T09	T10	T11	T12
T01	.955	.870	.537	.316	.197	.427	.405	.209	.198	.274	.242
T02		.950	.273	.121	.061	.325	.173	.015	.050	.120	.072
T03			.142	-.040	-.128	.242	.116	-.094	-.076	.030	.050
T04				.670	.464	.478	.813	.630	.510	.579	.571
T05					.934	.722	.785	.901	.880	.751	.777
T06						.659	.522	.802	.861	.666	.565
T07							.623	.665	.698	.887	.636
T08								.760	.615	.673	.835
T09									.964	.827	.875
T10										.848	.788
T11											.740

(Quelle: Eigene Berechnungen; zur Definition der Variablen vgl. Übersicht B.2)

Tabelle B.2: Korrelationskoeffizienten der Handelsvariablen T01 - T12 (Jahr: 1984)

	T02	T03	T04	T05	T06	T07	T08	T09	T10	T11	T12
T01	.987	.929	.349	.160	.185	.445	.016	.001	.048	.110	-.045
T02		.951	.205	.073	.122	.417	-.081	-.088	-.021	.063	-.121
T03			.154	.028	.035	.400	-.020	-.110	-.072	.020	-.076
T04				.587	.459	.368	.625	.579	.480	.378	.481
T05					.930	.650	.773	.886	.862	.691	.849
T06						.635	.498	.798	.859	.663	.678
T07							.464	.546	.590	.819	.538
T08								.729	.573	.498	.853
T09									.966	.790	.903
T10										.833	.828
T11											.699

(Quelle: Eigene Berechnungen; zur Definition der Variablen vgl. Übersicht B.2)

Betrachtet man die *Exportquoten*, dann fällt auf, daß T01, T02 und T03 untereinander hoch korreliert sind, während ihre Korrelation mit der Exportquote in LDC jeweils deutlich geringer ist. Eine hohe Korrelation untereinander ist auch für die *Nettoexportquoten* T05, T06, T07 und die *RCA-Werte* T09, T10 und T11 festzustellen; bei beiden Variablengruppen ist auch die durch die Korrelationskoeffizienten gemessene Abweichung der LDC-Handelsstruktur von den übrigen Quoten deutlich weniger ausgeprägt als im Fall der Exportquoten.

Teilweise deutliche Unterschiede zeigen sich, wenn man die Außenhandelsvariablen jeweils für eine der vier regionalen Aggregate miteinander vergleicht: Während die einander entsprechenden Maße auf der Basis von Nettoexportquoten und RCA-Indices (d.h. T05&T09, T06&T10, T07&T11, T08&T12) jeweils sehr hoch miteinander korreliert sind, treten solche ausgeprägten positiven Korrelationen zwischen den Exportquoten und den Nettoexportquoten bzw. RCA-Werten nur für den Handel mit der Gruppe der LDC (d.h. für T04, T08 und T12) auf - für den Handel insgesamt und mit den Gruppen IWL und EG zeigen die oft sehr kleinen und teils sogar negativen Korrelationskoeffizienten der entsprechenden Variablen (T01 mit T05 bzw. T09; T02 mit T06 und T10; T03 mit T07 und T11) deutliche Unterschiede an, was mit darauf zurückzuführen ist, daß der intraindustrielle Handel für den Außenhandel insgesamt und mit den IWL bzw. EG-Ländern eine größere Bedeutung hat als für den Handel mit Entwicklungsländern. Je nach verwendeter endogener Variable wird man für diese Teile des Handels unterschiedliche Ergebnisse für die Modellschätzungen erwarten können.[6]

Die endogene Variable in den Modellen zu den Bestimmungsgründen des Exportverhaltens von *Firmen* ist die Exportquote des Jahres 1985; entsprechende Werte für andere Jahre und regional disaggregierte Angaben liegen nicht vor.[7]

1.4 Aufbau von Teil B der Untersuchung

Die ökonometrischen Untersuchungen zu Bestimmungsgründen der Struktur des internationalen Handels beginnen mit der Analyse auf der Basis von Industriedaten, wobei sich an die Betrachtung von Modellen zum Zusammenahng von Faktoreinsatz und Außenhandel - auf der Basis von Querschnittsdaten sowie auf Grundlage von gepoolten Querschnitts-Längsschnittsdaten - eine Dikussion der Rolle der Marktstruktur (mit den Dimensionen Skalenerträge, Produktdifferenzierung und Konzentration) ebenfalls auf Basis

6 Wertebereichsbeschränkungen der endogenen Variablen stellen hier kein Problem im Hinblick auf die Verwendung der einfachen Methode der kleinsten Quadrate dar, da die Exportquote einer Industrie weder den Wert Null noch der Wert 100% annimmt; vgl. hierzu Kmenta (1986, 561) sowie die Argumentation am Anfang von Anhang G.3.3.

7 Der Datensatz enthält lediglich Angaben darüber, ob die Exportquote seit 1980 gestiegen, gleich geblieben oder gesunken ist; ferner liegen Informationen über die drei jeweils wichtigsten ausländischen Abnehmerländer vor.

von Modellen mit Querschnitts- sowie mit gepoolten Querschnitts-Längsschnittsdaten anschließt. Darauf folgt die Untersuchung der Bestimmungsgründe der Exportquote von Firmen mit Daten aus Betrieben in drei niedersächsischen Industrien.

2 Faktoreinsatz und Außenhandel in Industrien des Verarbeitenden Gewerbes der Bundesrepublik Deutschland

Ansätze zur Erklärung der Stuktur des internationalen Handels, die in der Tradition faktorproportionentheoretischer Überlegungen stehen, betonen die Bedeutung von Sachkapitalintensität, Humankapitalintensität und Technologieintensität der Produktion verglichen mit der relativen Faktorausstattungsposition eines Landes als Bestimmungsgründe des Außenhandels (vgl. die Ausführungen in Abschnitt B.1.1). Anknüpfend an diese Überlegungen werden in diesem Abschnitt Regressionsmodelle zum Zusammenhang von Produktionsfaktoreinsatz und internationalem Handel spezifiziert, geschätzt und getestet.

Die modelltheoretische Fundierung hiervon steht, und dies sei gleich vorweg offen eingestanden, auf wackeligen Füßen. "Daß die Ableitung von Regressionsgleichungen aus den rigorosen Formulierungen der Faktorproportionen-Theorie nicht ganz einfach ist, das ergibt sich schon allein aus dem ... Problem der *Indeterminiertheit* der Güterstruktur des internationalen Handels. Denn es ist genau diese Güterstruktur ..., die in den erwähnten Regressionsanalysen durch Faktorintensitäten und/oder Faktorausstattungen zu erklären versucht wird. (...) Man wird sich wohl eingestehen müssen, daß die Faktorproportionen-Theorie im strengen Sinne des Wortes die *rigorose Ableitung* einer Regressionsfunktion für die Güterstruktur des internationalen Handels nicht erlaubt." (Kohler, 1988, 181 bzw. 185). Um von den modelltheoretischen Ableitungen zu einer Regressionsgleichung zu gelangen, bedarf es "intuitiver Schritte" (Kohler 1988, 185) - auf die hiermit verbundenen Probleme wird in Abschnitt 2.2.3 noch einzugehen sein, wenn die Frage diskutiert wird, inwiefern Modellschätzungen dieser Art als Test theoretischer Überlegungen zu Bestimmungsgründen des internationalen Handels interpretierbar sind.

Wagt man diese "intuitiven Schritte" und formuliert die Hypothese, daß ein Land um so eher Güter exportiert (importiert), je intensiver (weniger inensiv) in deren Produktion die relativ reichlich (knapp) im Land vorhandenen Produktionsfaktoren genutzt werden, so wird deutlich, daß eine empirische Untersuchung dieser Hypothese Informationen über drei Gruppen von Daten erfordert: Außenhandelsstruktur, Faktorintensitäten und Faktorausstattungsposition der Bundesrepublik Deutschland. Während die Außenhandels- und Faktorintensitätsgrößen als endogene bzw. exogene Variable in die Regressionsmodelle eingehen, dienen die unabhängig hiervon gewonnenen Informationen über die relative Faktorausstattungsposition der Bundesrepublik Deutschland als Maßstab dafür, ob ein Produktionsfaktor als relativ reichlich vorhanden gelten kann oder nicht. Sieht man in den Regressionschätzungen einen Test der Faktorproportionen-Theorie, so dienen die Angaben zur Faktorausstattung der "externen Validierung" der Schätzergebnisse (vgl. Kohler 1988, 188). Erhält man z.B. ein signifikantes negatives Vorzeichen für den Faktor Sachkapital, so wird man dies - bei allen Vorbehalten hinsichtlich des Testcharakters der Untersuchung - als einen Widerspruch zu faktorproportionentheoretischen Überlegungen ansehen, wenn das betrachtete Land verglichen mit den Handelspartnern als sachkapitalreich gelten kann. Diese "externe Validierung" kann sowohl durch eine zweite Stufe der Regressionsanalyse als auch durch einen Vergleich der Vorzeichen der Regressionskoeffizienten mit Angaben zur Faktorausstattungsposition (oder allgemein geteilten Vorstellungen hierüber) erfolgen (vgl. Kohler 1988, 188 und 207).

Um einen Eindruck von der relativen Faktorausstattungs-Position der Bundesrepublik Deutschland zu erhalten, wurden für den Beginn der 80er Jahre[8] Angaben zu den auf die BRD entfallenden Anteilen an der "Ausstattung" der EG- bzw. der OECD-Länder[9] mit folgenden "Produktionsfaktoren" berechnet: Sachkapital, modernes Sachkapital, Erwerbstätige, Humankapital, Ausgaben für Forschung und Entwicklung, Beschäftigte in Forschung und Entwicklung sowie Patente. Die Datenbasis für diese Berechnungen ist in Anhang G.4 dokumentiert, die Ergebnisse sind in der Abbildung B.1 graphisch aufbereitet. Ein "Produktionsfaktor" kann dann als relativ reichlich in einem Landvorhanden angesehen werden, wenn sein Anteil am Gesamtbestand der betrachteten Ländergruppe den des entsprechenden Anteils am Bruttoinlandsprodukt übertrifft (vgl. Leamer 1984, 103), wobei allerdings bei einem nichtlinearen Zusammenhang zwischen Ausstattung und Produktion (etwa auf Grund von Skalenerträgen oder bei fehlendem internationalen Faktorpreisausgleich) dieser Vergleich "will not reveal the abundance of the factor compared with other factors on the average. Pairwise comparisons of the abundance ratios are nonetheless appropriate, since they will reveal the relative abundance of the two resources considered." (Leamer 1984, 104)

---

[8] Dies entspricht etwa der Mitte des Untersuchungszeitraums; für Untersuchungen zum Einfluß von Veränderungen, wie sie z.B. Bowen (1980b, 1983) vorgelegt hat, ist die hier betrachtete Zeitspanne zu kurz.

[9] Die Gruppe der OECD-Länder entspricht hierbei weitgehend der in den regional disaggregierten Betrachtungen verwendeten Gruppe der industrialisierten westlichen Länder (IWL). Entsprechende Daten für den 'Rest der Welt' waren nicht verfügbar.

Abbildung B.1: Zur relativen Faktorausstattungs-Position der Bundesrepublik Deutschland am Anfang der 80er Jahre: Anteile (OECD bzw. EG = 100%)*

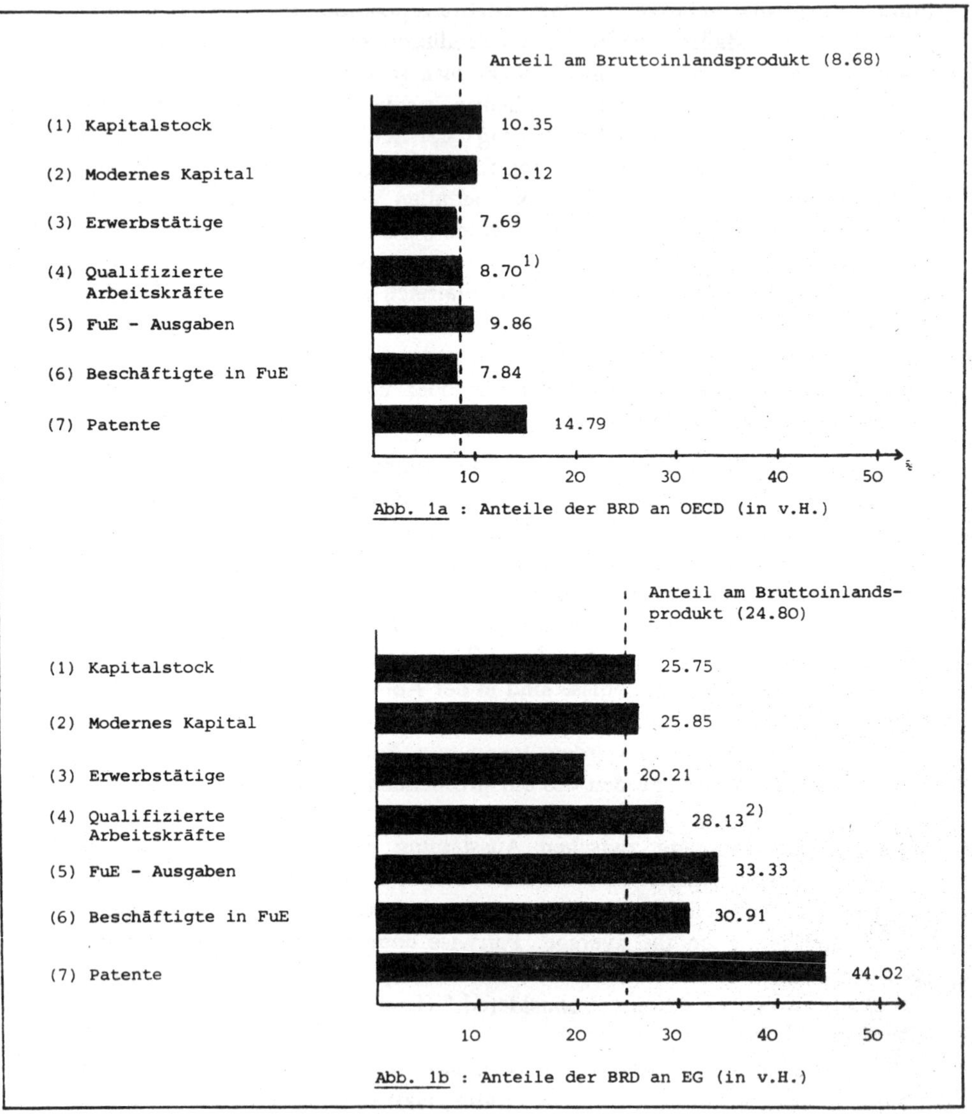

* Quelle: Eigene Berechnungen auf der Basis von OECD- und ILO-Angaben; vgl. Anhang G.4

1) OECD ohne Island, Schweiz und Vereinigtes Königreich (BIP-Anteil BRD: 9.40)

2) EG ohne Vereinigtes Königreich (BIP-Anteil BRD: 30.46

Betrachtet man die entsprechend aufbereiteten Informationen zur Faktorausstattungsposition der Bundesrepublik Deutschland verglichen mit den übrigen Ländern der EG bzw. OECD und bedenkt man hierbei, daß die Daten wegen der in ihnen (in unbekanntem Ausmaß) enthaltenen "Unschärfen" nicht als exakte Meßgrößen, sondern eher als Indikatoren von Größenordnungen angesehen werden sollten, dann ergibt sich folgendes Bild:

Verglichen mit den *OECD-Ländern* erscheint die Bundesrepublik Deutschland als ein Land, das relativ reichlich mit Sachkapital und "Technologie" ausgestattet ist und in dem Arbeitskräfte - auch qualifizierte Arbeitskräfte - relativ knapp sind. Da die Gruppe der OECD-Länder weitgehend der Gruppe der industrialisierten westlichen Länder in der hier verwendeten Abgrenzung entspricht und da mit dieser Gruppe wie oben dargelegt rund drei Viertel des Außenhandels der Bundesrepublik Deutschland abgewickelt wird, kann man mit einiger Berechtigung diese Einschätzung der Faktorausstattungsposition auf den Vergleich (aus bundesrepublikanischer Sicht) mit dem "*Rest der Welt*" übertragen. Ein Blick auf die Abbildung 1.a macht aber zugleich deutlich, daß die genannten relativen "Faktorreichlichkeiten" (mit Ausnahme der Patente) nicht sehr ausgeprägt sind, denn die Anteile unterscheiden sich weder untereinander noch verglichen mit dem Maßstab 'Anteil am OECD-BIP' sehr stark.

Vergleicht man die hier aufbereiteten Daten zur Faktorausstattungs-Position der Bundesrepublik Deutschland mit den Werten für die übrigen *Länder der EG*, so erscheint die BRD erneut als relativ knapp mit Arbeit - auch qualifizierter Arbeit - ausgestattetes Land, das gleichzeitig (und dies recht deutlich) über eine relativ reichliche "Technologie-Ausstattung" verfügt, während eine relativ reichliche Ausstattung mit Sachkapital weniger deutlich zutage tritt.

Ein Vergleich der Faktorausstattung der Bundesrepublik Deutschland mit der der Gruppe der *Entwicklungsländer* kann sich nicht auf entsprechend aufbereitete Daten stützen, da hierfür die Grundlagen entweder völlig fehlen oder lückenhaft bzw. wenig(er) zuverlässig sind. Es erscheint jedoch plausibel zu unterstellen, daß die Ausstattungsunterschiede im Vergleich zu dieser Ländergruppe stärker ausgeprägt sind als im Fall der OECD- bzw. EG-Länder, wobei die Bundesrepublik als relativ reichlich mit Sachkapital, Humankapital und Technologie (und relativ knapp mit ungelernter Arbeit) ausgestattetes Land anzusehen ist.

Die aus den in Abbildung B.1 dargestellten Daten gezogenen Schlußfolgerungen zur Faktorausstattungsposition der Bundesrepublik Deutschland weichen von denen ab, die Härtel und Langer (1984, 65) für 1975 erhalten, denn sie vertreten die Auffassung, daß die Bundesrepublik auch im Vergleich der Industrieländer als sach- und humankapitalintensives Land anzusehen ist.

Ähnlich schätzt auch Siebert (1989, 80) - allerdings global, d.h. ohne regionale Untergliederung der Handelspartner - die Bundesrepublik als humankapitalreich ein, wobei die Datenbasis dieser Einschätzung jedoch nicht erkennbar ist. Die genannten alternativen Ansichten in diesem Punkt sollten weniger als im Widerspruch zu den Daten der Abbildung B.1 und eher als Hinweis darauf gesehen werden, wie wenig abgesichert Aussagen zur Faktorausstattungsposition von Ländern aufgrund der Datenprobleme sind bzw. sein müssen. Im Einklang mit den hier gezogenen Schlußfolgerungen steht die Einschätzung von Pavitt und Patel (1988, 44), wonach "Germany is the dominant technological power in Europe".[10]

Auf der Basis dieser Überlegungen zur relativen Faktorausstattungs-Position der Bundesrepublik Deutschland und nach den oben als erforderlich angesehenen "intuitiven Schritten" können komparative Vorteile für bundesrepublikanische Industrien gegenüber allen Ländern insbesondere dann erwartet werden, wenn die Produktion als technologieintensiv eingestuft werden kann. Ein positiver Einfluß der Sachkapitalintensität ist eher für den Handel mit Entwicklungsländern zu erwarten, während für den Industrieländer-Handel aufgrund der Daten aus Abb. B.1 keine komparativen Vorteile bei humankapitalintensiven Produkten vorliegen.

Zur Überprüfung der empirischen Tragfähigkeit dieser Überlegungen werden Regressionsmodelle zum Zusammenhang von Produktionsfaktoreinsatz und internationalem Handel mit Daten für bundesrepublikanische Industrien geschätzt. Wie die Übersicht B.1 zeigt, liegen Untersuchungen hierzu für die Bundesrepublik Deutschland bereits vor. Über diese Studien hinaus wird hier auf der Grundlage neuerer Daten vergleichend der direkte und totale (unter Beachtung der Vorleistungsverflechtung ermittelte) Produktionsfaktoreinsatz betrachtet (Abschnitt 2.1), die Modelle werden auch mit gepoolten Querschnitts-/Längsschnittsdaten geschätzt (Abschnitt 2.2.2), und es wird jeweils ausführlich getestet, ob die Hypothesen normalverteilter, homoskedastischer jStörgrößen und die einer korrekt spezifizierten funktionalen Form nicht abgelehnt werden können. Ferner wird explizit die Frage diskutiert, inwiefern Modellschätzungen dieser Art als Test theoretischer Überlegungen zu Bestimmungsgründen des internationalen Handels interpretierbar sind (Abschnitt 2.2.3).

---

10 Pavitt und Patel (1988) bieten eine gute kurze Diskussion der Vor- und Nachteile alternativer Technologie-Indikatoren.

2.1 Direkter oder totaler (direkter und indirekter) Produktionsfaktoreinsatz als Bestimmungsgrund des Außenhandels?

Will man die Bedeutung des Faktoreinsatzes in der Produktion der Erzeugnisse eines Industriezweiges für den internationalen Handel dieser Branche herausarbeiten, dann liegt es nahe, hierzu nicht nur Informationen über den Einsatz von Produktionsfaktoren in dieser Industrie heranzuziehen, sondern ferner zu berücksichtigen, daß in die Produktion der Güter auch Erzeugnisse anderer Industrien als Vorprodukte eingehen, die wiederum mit unterschiedlichen Faktorintensitäten unter Einsatz von Vorprodukten produziert werden. In einer Welt der "Warenproduktion mittels Waren" (Sraffa 1960) interessiert daher nicht nur der direkte Faktoreinsatz bei der Herstellungs eines Gutes; es gilt, auch die indirekten Faktorinputs, die in den Vorprodukten "stecken", zu erfassen.

Ein Beispiel soll diesen Punkt illustrieren: Wenn in einem Unternehmen der Spielzeugindustrie ungelernte Arbeitskräfte elektronische Steuerungsteile in Modellfahrzeuge einbauen und die Elektronikteile als Vorleistungen bezogen werden, dann wird man erwarten können, daß die - wie auch immer gemessene - Humankapitalintensität geringer ausgewiesen wird, wenn man lediglich den direkten Arbeitskräfteeinsatz in dem Spielzeugunternehmen betrachtet, als für den Fall, daß auch anteilig der Humankapitaleinsatz bei der Produktion der Vorleistung 'elektronische Steuerungsteile' berücksichtigt wird. Solche Überlegungen haben dazu geführt, daß in ökonometrischen Untersuchungen zu Bestimmungsgründen des internationalen Handels für andere Länder neben direkten auch totale (d.h. direkte und indirekte, unter Berücksichtigung der Vorleistungsverflechung berechnete) Faktoreinsatzintensitäten verwendet wurden (vgl. z.B. die entsprechenden Arbeiten in der Übersicht bei Deardorff (1984, 489)).

Für die Bundesrepublik Deutschland liegen derartige Arbeiten nicht vor. Um die Sensitivität der Ergebnisse hinsichtlich der Verwendung von direkten Faktoreinsatzgrößen einerseits und totalen andererseits zu überprüfen, wurden Werte für den totalen Produktionsfaktoreinsatz mit dem von Sraffa (1960) und Pasinetti (1973) entwickelten *Subsystem-Ansatz* auf der Basis von Input-Output Tabellen geschätzt (vgl. auch Wagner 1986). Die Korrelationskoeffizienten zwischen diesen Größen und den direkten Faktoreinsatzwerten liegen alle sehr nahe bei Eins; die Schätzergebnisse für typische Modelle der unten betrachteten Art unterschieden sich nur geringfügig, wenn statt der direkten die geschätzten totalen Intensitäten verwendet werden.[11] Da totale Intensitäten nur für die wenigen Jahre abgeschätzt werden können, für die Input-Output-Tabellen vorliegen, wird im folgenden ausschließlich auf die Angaben zum direkten Produktionsfaktoreinsatz zurückgegriffen.

2.2 Faktoreinsatz und Außenhandelsstruktur: Ökonometrische Untersuchungen mit Querschnittsdaten und gepoolten Querschnitts-Längsschnittsdaten für 29 Industrien des Verarbeitenden Gewerbes der Bundesrepublik Deutschland (1977 - 1984)

Im folgenden werden Modelle mit den Handelsvariablen T01-T12 als endogener Variable und der auf Branchenebene gemessenen direkten Sachkapital-, Humankapital- und Technologieintensität der Produktion (vgl. zur Variablendefinition die Übersicht B.3) als exogenen Variablen geschätzt. Hierbei werden zwei Formen betrachtet: getrennt geschätzt für jedes Jahr von 1977 bis 1984 in Abschnitt 2.2.1 und auf Basis gepoolter Datensätze für den gesamten Untersuchungszeitraum in Abschnitt 2.2.2.

Übersicht B.3: Die exogenen Variablen der Modelle zum Zusammenhang von Faktoreinsatz und Außenhandelsstruktur

Faktoreinsatzgröße	Definition*
Sachkapitalintensität	Bruttoanlagevermögen nach dem Benutzerkonzept (in Preisen von 1980) je Beschäftigtenstunde
Modernitätsgrad des Anlagevermögens	Anteil des noch nicht abgeschriebenen Anlagevermögens am gesamten Anlagevermögen (in %)
Facharbeiteranteil	Anteil der Arbeiter in der Leistungsgruppe 1 an allen Arbeitern
Beschäftigtenanteil in Forschung und Entwicklung	Anteil der sozialversicherungspflichtig beschäftigten Ingenieure, Chemiker und Naturwissenschaftler an allen sozialversicherungspflichtig Beschäftigten

* Zu Datenquellen und Berechnungsmethoden vgl. Anhang G.1

[11] Diese Tendenzen zeigten sich auch in einer füheren Untersuchung zu Bestimmungsgründen des Importdrucks (vgl. Bellmann/Wagner 1986). Aus Raumgründen wird auf eine Wiedergabe der Ergebnisse verzichtet; Einzelheiten sind auf Anfrage erhältlich.

2.2.1 Modelle mit Querschnittsdaten für die Jahre 1977 - 1984

In einem ersten Schritt bei der Untersuchung von Zusammenhängen zwischen Faktoreinsatz und Außenhandelsstruktur werden für jede der Handelsvariablen T01 - T12 als endogene Variable Modelle mit den Faktoreinsatzgrößen Sachkapitalintensität, Modernitätsgrad des Anlagevermögens, Facharbeiteranteil und Beschäftigtenanteil in Forschung und Entwicklung als exogenen Variablen jeweils für Daten aus jedem Jahr des Untersuchungszeitraums 1977 bis 1984 betrachtet (vgl. Stern/Maskus 1981 für ein solches Vorgehen mit US-amerikanischen Daten). Sämtliche Modelle wurden mit OLS geschätzt und einer Reihe von Tests für die Nullhypothesen normalverteilter und homoskedastischer Störgrößen, einer korrekt spezifizierten funktionalen Form und des Fehlens von Ausreissern unterzogen (vgl. zu diesen Tests den Anhang G.3).

Die Übersicht B.4 enthält eine Synopse[12] der Schätz- und Testergebnisse aus den 96 Modellen mit Querschnittsdaten zum Zusammenhang von Faktoreinsatz und Außenhandel für 1977 bis 1984. Betrachtet man diese zunächst einmal unter ausschließlich statistischen und deskriptiven Gesichtspunkten, dann wird deutlich:

- Die Ergebnisse unterscheiden sich insbesonders zwischen den Ländergruppen IWL und EG einerseits, LDC andererseits.
- Deutliche Unterschiede im Sinne gegensätzlicher und in beiden Fällen statistisch gesicherter Vorzeichen einer Variable in einem für unterschiedliche Jahre geschätzten Modell zur Erklärung einer der Handelsvariablen T01 - T12 sind nicht zu beobachten.
- Während die Modelle zur Erklärung der Nettoexportquoten und der RCA-Werte ähnliche Ergebnisse liefern, gibt es für den Handel insgesamt und mit IWL bzw. EG zwischen diesen Modellen und denen für die Nettoexportquoten einen bemerkenswerten Unterschied bei den entgegengesetzten Vorzeichen der Koefffizienten der Variablen Facharbeiteranteil und Anteil Beschäftigte in Forschung und Entwicklung.
- Eindeutig (im Sinne gleicher Vorzeichen der Koeffizienten in allen 96 Modellen) ist der negative Zusammenhang zwischen Außenhandel und Kapitalintensität sowie - für den Handel insgesamt und mit IWL bzw. EG - der positive mit einem höheren Modernitätsgrad des Sachkapitals.

---

[12] Aus Platzgründen wird auf den Abdruck aller Schätzergebnisse verzichtet; die Tabellen sind auf Anfrage erhältlich.

Übersicht B.4: Synopse der Schätz- und Testergebnisse aus Modellen mit Querschnittsdaten zum Zusammenhang von Faktoreinsatz und Außenhandel für 1977 bis 1984

	Endogene Variable											
	Exportquoten				Nettoexportquoten				RCA-Werte			
Ergebnis	T01	T02	T03	T04	T05	T06	T07	T08	T09	T10	T11	T13
Schätzergebnisse												
Sachkapitalintensität	[-]	[-]	[-]	-	[-]	[-]	[-]	[-]	-	-	-	[-]
Modernitätsgrad des Sachkapitals	[+]	[+]	[+]	[-]	[+]	[+]	(+)	?	[+]	[+]	[+]	?
Facharbeiteranteil	[-]	(-)	(-)	+	[+]	[+]	[+]	+	+	(+)	(+)	(+)
Beschäftigtenanteil in FuE	+	+	+	[+]	[-]	[-]	[-]	?	[-]	[-]	[-]	?
Testergebnisse												
Normalverteilung			[A]				A	[A]			[A]	
Homoskedastie			(A)									
RESET		[A]	(A)	[A]	(A)	[A]	(A)	(A)	[A]	[A]	(A)	[A]
Harvey-Collier					[A]	[A]	[A]	(A)	[A]	[A]	[A]	[A]
Rainbow	[A]	[A]	(A)	A		[A]	A				[A]	
Ausreißer		[A]	(A)	(A)	(A)	[A]	A	[A]			[A]	

Erläuterungen: Bei den Schätzergebnissen zeigt + bzw. - ein für alle acht Jahre mindestens auf dem 5%-Niveau statistisch gesichertes Vorzeichen der geschätzten Koeffizienten, (+) bzw. (-) ein entsprechend gesichertes Vorzeichen für mindestens die Hälfte der Jahre, [+] bzw. [-] ein weniger oft gesichertes Vorzeichen; ? bedeutet wechselnde Vorzeichen zwischen den Jahren.
Bei den Testergebnissen zeigen A bzw. (A) bzw. [A], daß der Test durchgängig bzw. mindestens in der Hälfte der Fälle bzw. vereinzelt die Nullhypothese einer korrekten Spezifikation ablehnt.

- Die häufigen Ablehnungen der Nullhypothese einer korrekt spezifizierten funktionalen Form des Modells sowie des Fehlens von Ausreissern deuten jedoch darauf hin, daß die Modelle in der vorliegenden Form noch nicht befriedigen können.

Setzt man die Ergebnisse trotz der am Anfang des Abschnitts 2 angesprochenen Vorbehalte und trotz der zuletzt genannten statistisch- ökonometrischen Einwände in Beziehung zur oben diskutierten relativen Faktorausstattungsposition der Bundesrepublik Deutschland, dann werden folgende Tendenzen deutlich:

- Obwohl die Bundesrepublik Deutschland verglichen mit den übrigen *industrialisierten westlichen Ländern* und den übrigen *EG-Ländern* als relativ reichlich mit Sachkapital (und relativ knapp mit Arbeit) ausgestattet angesehen werden kann, ergibt sich für die Sachkapitalintensität der Produktion ein durchgängig negativer Zusammenhang mit der auf verschiedene Arten erfaßten Exportintensität. Bei dem in diesem Falle ebenfalls relativ reichlichen "modernen Kapital" zeigt sich hingegen das erwartete positive Vorzeichen. Nimmt man den Facharbeiteranteil als Indikator für die Bedeutung qualifizierter Arbeitskräfte und den Beschäftigtenanteil in FuE als Indikator für die Technologieintensität, dann entsprechen die Ergebnisse für die Exportquoten hier der oben ermittelten relativen Faktorausstattung der Bundesrepublik, während sich für Nettoexportquoten und RCA-Werte gerade ein umgekehrter Zusammenhang ergibt.
- Da für einen Vergleich der Faktorausstattungs-Position der Bundesrepublik Deutschland mit der Gruppe der *Entwicklungsländer* keine Daten vorliegen, ist eine entsprechende Einschätzung der Ergebnisse hier schwieriger. Das negative Vorzeichen der Sachkapitalintensität ist aber sicherlich als überraschend anzusehen.

Die naheliegende Frage, ob bzw. inwiefern die Ergebnisse der in diesem Abschnitt vorgelegten Modellschätzungen somit teilweise im Widerspruch zu theoretischen Überlegungen aus dem Faktorproportionen-Ansatz stehen, soll erst nach weiteren ökonometrischen Untersuchungen diskutiert werden, denn es bleibt vorher zu prüfen, ob eine gleichzeitige Nutzung der in den Daten für alle Untersuchungsjahre enthaltenen Informationen weitere und gegebenenfalls abweichende Ergebnisse liefert.

2.2.2 Modelle mit gepoolten Querschnitts-Längsschnittsdaten für den Zeitraum 1977 - 1984

Beim Schätzen und Testen der im vorigen Abschnitt betrachteten Modelle zum Zusammenhang von Faktoreinsatz und Außenhandel wurden jeweils nur Informationen herangezogen, die sich auf die 29 Industrien in einem Jahr zwischen 1977 und 1984 beziehen. Die Auswertung der Ergebnisse machte u.a. deutlich, daß in einigen Fällen die Schätzungen zwischen den Jahren Unterschiede aufweisen und daß häufig einzelne Industrien ein stark von den übrigen abweichendes Außenhandelsergebnis aufweisen, das nicht hinreichend durch die einbezogenen exogenen Variablen erklärt wird (Ausreißer).

Die gleichzeitige Nutzung der Querschnittsdaten für die Industrien aus den unterschiedlichen Jahren durch die Schätzung von Modellen mit gepoolten (kombinierten) Querschnitts-Längsschnittsdaten - auch Panel-Daten genannt - bietet die Möglichkeit, unbeobachtete Besonderheiten einzelner Jahre (die für alle Industrien identisch sind) und unbeobachtete Besonderheiten einzelner Industrien (die nicht zwischen den Jahren variieren) in den Modellen zu berücksichtigen. Dies geschieht durch die Spezifikation von Modellen mit Zeit- und/oder Industrieeffekten, wofür es eine Vielzahl von Ansätzen gibt (vgl. Hsiao 1986). Beschränkt man sich auf Modelle mit einem variierenden absoluten Glied und vernachlässigt man angesichts der Schätzprobleme, die sich aus dem kurzen Zeitraum von acht Jahren ergeben, Modelle mit zufälligen Zeiteffekten, dann stehen die fünf in der Übersicht B.5 aufgeführten Typen zur Auswahl (eine formale Darstellung hierzu findet sich in Anhang G.3).

Übersicht B.5: Modelltypen für gepoolte Querschnitts-Längsschnittsdaten

Kurzbezeichnung	Beschreibung
M1	Gepooltes Modell ohne Zeit- und Industrieeffekte
M2F	Gepooltes Modell mit fixen Zeiteffekten
M3F	Gepooltes Modell mit fixen Industrieeffekten
M3R	Gepooltes Modell mit zufälligen Industrieeffekten
M4F	Gepooltes Modell mit fixen Zeit- und Industrieeffekten

In M1 werden hierbei jeweils alle Daten für die 29 Industriezweige und die Jahre 1977 bis 1984 in die Schätzung einbezogen; in M2F wird M1 um Dummy-Variablen ergänzt, die jeweils in einem Jahr den Wert 1 und sonst den Wert 0 haben (wobei eine - beliebige - Dummy-Variable nicht einbezogen wird, um vollständige Multikollinearität der Regressormatrix zu vermeiden), um industrieinvariante Zeiteffekte durch ein entsprechend variierendes absolutes Glied abzubilden. Im Modelltyp M3F wird M1 um Industriedummies, d.h. um (0,1)-Variablen für 28 der 29 Industrien, erweitert, die zeitinvariante

Industrieeffekte in Form eines variierenden Absolutglieds modellieren. Bezieht man sowohl Zeit- als auch Industriedummies der oben genannten Art in M1 ein, dann erhält man das Modell M4F. Ob in einem Modell M1 für einen gegebenen gepoolten Datensatz solche Zeit- und/oder Industrieeffekte zu berücksichtigen sind, kann mit Hilfe eines F-Tests auf Signifikanz aller Koeffizienten der Dummy-Variablen und mit einem Lagrange-Multiplikator (LM)-Test geprüft werden (vgl. die formale Darstellung in Anhang G.3).

In den Modellen M2F, M3F und M4F stellen die Zeit- bzw. Industrieeffekte fixe Größen dar; diese Modelle werden daher auch als Fixed-Effects Modelle bezeichnet. Unterstellt man, daß es sich bei diesen unbeobachteten Einflüssen um Zufallsgrößen handelt, die normalverteilt und mit den exogenen Variablen aus M1 unkorreliert sind, dann spezifiziert man Random-Effects Modelle - M3R ist ein solches Modell mit zufälligen Industrieeffekten, das in Anhang G.3 formal dargestellt ist.

Trifft die Nullhypothese des Random-Effects Modells zu, daß die Effekte normalverteilte und mit den exogenen Modellvariablen unkorrelierte Zufallsgrößen darstellen, dann liefert ein entsprechendes Fixed-Effects Modell Ergebnisse, die konsistent aber nicht effizient sind; trifft die genannte Nullhypothese nicht zu, dann führt ein Random-Effects Modell zu inkonsistenten und verzerrten Schätzergebnissen. Ob die Nullhypothese des Random-Effects Modells in einem konkreten Fall abzulehnen ist, kann mit einem Hausman-Test geprüft werden, der hier bei der Wahl zwischen M3F und M3R herangezogen wird (vgl. zur formalen Darstellung den Anhang G.3).

Die in Übersicht B.5 genannten Modelltypen werden auf der Grundlage eines gepoolten Datensatzes für die 29 Industrien und die acht Jahre von 1977 bis 1984 mit jeder Handelsvariable T01 - T12 als endogener Variable geschätzt. Anhand der oben genannten Tests (F-Test, LM-Test, Hausman-Test) wird dann geprüft, welche Modellspezifikation zutrifft, da a priori nicht entschieden werden kann, ob fixe oder zufällige Zeit- und/oder Industrieeffekte vorliegen.[13]

In der Tabelle B.3 sind die Ergebnisse der F- und LM-Tests für die Nullhypothesen, daß keine Zeit- oder/und keine Industrieeffekte vorliegen, abgedruckt.

---

[13] Aus Raumgründen wird hier darauf verzichtet, die Schätzergebnisse für alle Modelltypen abzudrucken. Die Bedeutung des *Tests* auf einzelne Effekte zeigt sich u.a. daran, daß sich Vorzeichen und Signifikanzniveau der geschätzten Koeffizienten zwischen den Modelltypen oft deutlich unterscheiden; ein Vorgehen wie bei Clegg (1987), der Daten aus drei Jahren poolt und ein Modell des Typs M1 schätzt, ohne es gegen die anderen Varianten zu teilen, ist daher abzulehnen.

Tabelle B.3: Tests auf Zeiteffekte und Industrieeffekte in gepoolten Modellen zum Zusammenhang von Faktoreinsatz und Außenhandel (Probvalues)*

Nullhypothese	Test	Endogene Variable											
		T01	T02	T03	T04	T05	T06	T07	T08	T09	T10	T11	T12
H_0: Keine Zeiteffekte	F-Test	1.54	0.07	1.35	62.14	88.28	39.72	8.09	87.62	97.49	56.34	50.73	19.43
	LM-Test	7.41	0.01	6.64	49.76	21.17	76.52	41.31	21.02	10.75	47.95	54.85	80.65
H_0: Keine Industrieeffekte	F-Test	0.00	0.00	0.00	0.00	0.00	0.00	0.00	0.00	0.00	0.00	0.00	0.00
	LM-Test	0.00	0.00	0.00	0.00	0.00	0.00	0.00	0.00	0.00	0.00	0.00	0.00
H_0: Keine Zeiteffekte und keine Industrieeffekte	F-Test	0.00	0.00	0.00	0.00	0.00	0.00	0.00	0.00	0.00	0.00	0.00	0.00
	LM-Test	0.00	0.00	0.00	0.00	0.00	0.00	0.00	0.00	0.00	0.00	0.00	0.00

* Angegeben ist der aus den empirischen Werten der Teststatistik jeweils ermittelte Probvalue, d.h. die Wahrscheinlichkeit, die Nullhypothese fälschlicherweise abzulehnen; für einen Probvalue von kleiner als 5.00 wird die Nullhypothese daher auf einem Niveau von α =0.05 abgelehnt.

Wie man sieht, wird die Nullhypothese fehlender Zeiteffekte auf einem 5%-Niveau mit wenigen Ausnahmen von beiden Tests nicht abgelehnt; hiernach spielen Zeiteffekte lediglich in den Modellen für die Handelsvariablen T01, T02 und T03 eine Rolle.

Anders im Fall der Industrieeffekte: Die Nullhypothese fehlender Effekte wird hier in allen Fällen von beiden Tests deutlich abgelehnt - Industrieeffekte, so kann man folgern, sind daher zu berücksichtigen. Ob dies in Form fixer oder zufälliger Größen geschehen soll (ob also M3R gegenüber M3F vorzuziehen ist), wurde mit einem Hausman-Test überprüft. Da die Nullhypothese, daß die zufälligen Industrieeffekte unkorreliert mit den exogenen Variablen sind, in 10 von 12 Modellen auf dem 5%-Niveau deutlich abgelehnt wurde,[14] wird hier die Form fixer Effekte gewählt.

Ebenfalls durchgängig abgelehnt wird die Nullhypothese, daß weder Zeit- noch Industrieeffekte vorliegen (Test von M1 gegen M4F). Da auch ein F-Test auf Zeiteffekte in einem Modell mit Industrieeffekten (Test von M3F gegen M4F), dessen Ergebnisse hier nicht detailliert wiedergegeben werden sollen, die Nullhypothese fehlender Zeiteffekte auf einem 5%-Niveau nur in einem Fall knapp nicht ablehnt, wird von den betrachteten Spezifikationen die des Types M4F - gepooltes Modell mit fixen Zeit- und Industrieeffekten - gewählt.

Die Schätz- und Testergebnisse der Modelle M4F sind in den Tabellen B.4 (für die Exportquoten T01 - T04), B.5 (für die Nettoexportquoten T05 - T08) und B.6 (für die RCA-Werte) abgedruckt. Vor einer Interpretation der Ergebnisse sind drei Vorbemerkungen angebracht: Erstens wird darauf verzichtet, die geschätzten Koeffizienten für die Zeit- und Industriedummies abzudrucken, da diese nur insgesamt als Kontrollgrößen für unbeobachtete Effekte einbezogen werden und jeweils einzeln nicht von Interesse sind; zweitens ist darauf hinzuweisen, daß die sehr hohen Werte des um die Anzahl der Freiheitsgrade korrigierten Bestimmtheitsmaßes R^2 nicht als Indikator für eine hohe "Erklärungskraft" der Modelle anzusehen sind, da sie lediglich Folge der zahlreichen Dummies sind, die selbst nicht inhaltlich interpretiert werden; drittens konnten nicht alle Tests, die zur Überprüfung der Nullhypothesen der Modelle mit Querschnittsdaten im vorigen Abschnitt herangezogen wurden, auch hier angewendet werden - die Annahme einer korrekt spezifizierten funktionalen Form des Modells M4F wird lediglich mit zwei Varianten der RESET-Prozedur getestet (vgl. hierzu den Anhang G.3).

---

[14] Auf die Wiedergabe der Testergebnisse soll hier verzichtet werden; der Probvalue beträgt für das Modell mit T06 als endogener Variable 5.54% und für T05 48.39% - die Vorzeichen der geschätzten Koeffizienten stimmen im zuletzt genannten Fall zwischen M3R und M4F (dem schließlich gewählten Modell, vgl. unten) überein.

Betrachtet man die Ergebnisse für die aggregierte und regional disaggregierte Exportquote in Tabelle B.4, dann ist zunächst einmal festzustellen, daß in allen Fällen die Tests die Nullhypothese (mindestens einmal) ablehnen - auch in den Modellen mit Zeit- und Industrieeffekten gibt es offenbar "Ausreisser", und (was hiermit zusammenhängen kann) sowohl die Hypothese normalverteilter Störgrößen als auch die einer korrekt spezifizierten linearen Form des Zusammenhangs von exogenen und endogener Variable wird zurückgewiesen. Interpretiert man die Schätzergebnisse trotz dieser Vorbehalte und legt man wegen der Ablehnung der Nullhypothese homoskedastischer Störgrößen einem Signifikanztest für die geschätzten Regressionskoeffizienten die heteroskedastie-konsistenten t-Werte zugrunde, dann zeigt sich folgendes:

In den Modellen für die aggregierte Exportquote und die Exportquoten in IWL und EG-Länder stimmen die Vorzeichen der geschätzten Regressionskoeffizienten mit einer Ausnahme (Sachkapitalintensität bei T01) überein. Es zeigt sich ein positiver Einfluß des Modernitätsgrads des Sachkapitals, des Facharbeiteranteils und des Anteils der Beschäftigten in Forschung und Entwicklung sowie ein (für T02 und T03) negativer Zusammenhang mit der Sachkapitalintensität, wobei aber nur das Vorzeichen der Koeffizienten des Modernitätsgrads des Sachkapitals als statistisch gesichert anzusehen ist. Vergleicht man diese Ergebnisse mit den in der Übersicht B.4 zusammengestellten Tendenzen aus der Schätzung von Modellen mit Querschnittsdaten für einzelne Jahre, dann ist der augenfälligste Unterschied für die Faktoreinsatzvariable Facharbeiteranteil festzustellen, für die in Querschnittsmodellen durchgängig ein (oft statistisch gesicherter) negativer Koeffizient ausgewiesen wird, während sich in den gepoolten Modellen des Typs M4F ein (allerdings nie auf einem üblichen Signifikanzniveau von Null verschiedener) positiver Koeffizient ergibt.

Für die Exportquote in LDC liefert das Modell M4F keinen auf dem 5%-Niveau statistisch signifikanten Koeffizienten; die Ergebnisse des gepoolten Modells weichen hierbei sehr deutlich von denen der Querschnittsdaten-Modelle ab, in denen sich ja ein durchgängig signifikanter negativer Einfluß der Sachkapitalintensität sowie ein positiver des Facharbeiteranteils zeigte.

Auch die gepoolten Modelle für die aggregierte und regional disaggregierte Nettoexportquote werden, wie die in Tabelle B.5 abgedruckten Ergebnisse zeigen, von den Tests auf normalverteilte Störgrößen, korrekt spezifizierte funktionale Form und fehlende Ausreisser durchgängig abgelehnt. Keiner der geschätzten Koeffizienten kann als signifikant auf einem 5%-Niveau angesehen werden; mit Ausnahme der Koeffizienten des Facharbeiteranteils unterscheiden sich die Vorzeichen auch zwischen den Modellen für T05, T06 und

Tabelle B.4: Schätz- und Testergebnisse für gepoolte Modelle mit fixen Zeit- und Industrieeffekten zum Zusammenhang von Faktoreinsatz und Exportquote

Exogene Variable	Endogene Variable	T01	T02	T03	T04
Sachkapital-intensität	$\hat{\beta}$	.14	-.37	-1.50	.61
	|t|	.03	.01	.47	.81
	ATV	.05	.02	.71	1.15
Modernitätsgrad des Sachkapitals	$\hat{\beta}$	1.53	1.63	1.61	-.09
	|t|	3.59**	4.19**	4.73**	1.08
	ATV	3.03**	3.16**	3.09**	.86
Facharbeiter-anteil	$\hat{\beta}$	.08	.16	.06	-.04
	|t|	.32	.69	.29	.76
	ATV	.34	.74	.29	.76
Anteil Beschäf-tigte in FuE	$\hat{\beta}$	3.12	3.77	4.50	-.52
	|t|	1.83	2.43**	3.12**	1.65
	ATV	.88	1.16	1.43	1.32
Konstante	$\hat{\beta}$	-102.22	-115.20	-104.87	6.33
	|t|	2.99**	3.70**	3.85**	1.00
	ATV	2.93**	3.45**	3.27**	1.13
	R^2	.944	.947	.941	.940
	$\bar{R}^2$	.933	.936	.929	.928
Tests					
Normalverteilung		A	A	A	A
Homoskedastie		[A]	[A]	[A]	[A]
korrekte funktionale Form		A	A	A	A
Keine Ausreisser		A	A	A	A

Erläuterungen: $\hat{\beta}$ sind die geschätzten Regressionskoeffizienten, |t| die absoluten t-Werte und ATV die heteroskedastie-konsistenten t-Werte nach White(1980).
Bei den geschätzten Koeffizienzten zeigt ein *(**) Signifikanz bei $\alpha = 0.05$ (0.01) für einen zweiseitigen Test an.
Bei den Tests zeigt ein A eine Ablehnung der Nullhypothese auf dem 5-Prozent Niveau an; [A] besagt, daß die Nullhypothese für eine der beiden Testgrößen auf dem 5-Prozent-Niveau abgelehnt wird.

Tabelle B.5: Schätz- und Testergebnisse für gepoolte Modelle mit fixen Zeit- und Industrieeffekten zum Zusammenhang von Faktoreinsatz und Nettoexportquote

Exogene Variable (Endogene Variable →)		T05	T06	T07	T08
Sachkapitalintensität	$\hat{\beta}$	-1.54	-.44	1.62	-.34
	|t|	.45	.14	.83	.37
	ATV	.64	.20	1.03	.53
Modernitätsgrad des Sachkapitals	$\hat{\beta}$	.34	.20	-.03	.06
	|t|	.92	.61	.16	.62
	ATV	.80	.52	.09	.49
Facharbeiteranteil	$\hat{\beta}$	.11	.07	.08	.03
	|t|	.54	.35	.63	.59
	ATV	.56	.42	.71	.48
Anteil Beschäftigte in FuE	$\hat{\beta}$	-.69	.03	1.27	-.66
	|t|	.47	.02	1.53	1.65
	ATV	.26	.01	.81	1.84
Konstante	$\hat{\beta}$	-29.70	-25.43	-32.01	-2.21
	|t|	1.01	.95	1.92	.28
	ATV	1.03	1.03	1.64	.23
	R^2	.957	.928	.919	.970
	$\bar{R}^2$	.949	.913	.902	.964
Tests					
Normalverteilung		A	A	A	A
Homoskedastie		[A]	[A]	[A]	
korrekte funktionale Form		[A]	[A]	[A]	A
Keine Ausreisser		A	A	A	A

Erläuterungen: $\hat{\beta}$ sind die geschätzten Regressionskoeffizienten, |t| die absoluten t-Werte und ATV die heteroskedastie-konsistenten t-Werte nach White(1980).
Bei den geschätzten Koeffizienzten zeigt ein *(**) Signifikanz bei α = 0.05 (0.01) für einen zweiseitigen Test an.
Bei den Tests zeigt ein A eine Ablehnung der Nullhypothese auf dem 5-Prozent Niveau an; [A] besagt, daß die Nullhypothese für eine der beiden Testgrößen auf dem 5-Prozent-Niveau abgelehnt wird.

T07, was bei den Schätzungen mit Querschnittsdaten nicht der Fall ist. Der in den Modellen mit Querschnittsdaten für die Nettoexportquote in LDC als durchgängig signifikant ausgewiesene positive Einfluß eines höheren Facharbeiteranteils ist in dem Modell M4F nicht mehr statistisch signifikant; die Sachkapitalintensität weist in beiden Fällen ein negatives Vorzeichen auf, während die Vorzeichen vom Modernitätsgrad des Sachkapitals und vom Beschäftigtenanteil in Forschung und Entwicklung in dem gepoolten Modell mit denen der letzten 3 Jahre (bzw. des letzten Jahres) in den Querschnittsmodellen übereinstimmen.

Schätz- und Testergebnisse der gepoolten Modelle für die RCA-Werte sind in der Tabelle B.6 abgedruckt. Die Modelle für die RCA-Werte im Außenhandel insgesamt sowie im Handel mit IWL und EG-Ländern werden durchgängig vom Test auf normalverteilte Störgrößen und nicht-vorliegende Ausreisser abgelehnt, das Modell für T11 besteht zusätzlich auch keine der beiden RESET-Varianten. Die Vorzeichen der geschätzten Regressionskoeffizienten stimmen in den drei Modellen für T09, T10 und T11 jeweils überein, wobei der negative Einfluß einer höheren Sachkapitalintensität und der positive eines höheren Modernitätsgrad des Kapitalstocks als - gemessen an den heteroskedastie-konsistenten t-Werten - statistisch (fast) durchgängig auf die 5%-Niveau gesichert anzusehen ist, während dies für das negative Vorzeichen des Anteils der Beschäftigten in Forschung und Entwicklung nur für das Modell mit dem RCA-Wert für den gesamten Außenhandel gilt. Vergleicht man die Schätzergebnisse der gepoolten Modelle mit denen der Modelle auf der Grundlage von Querschnittsdaten, so zeigt sich ein ausgeprägter Unterschied bei der Faktoreinsatz-Variable Facharbeiteranteil: Statt eines (oft signifikanten) positiven Zusammenhangs wie in den Querschnittsmodellen zeigt sich in den gepoolten Modellen ein (allerdings nie auf einem üblichen Niveau statistisch gesicherter) negativer Einfluß.

Das gepoolte Modell für den RCA-Wert im Handel mit Entwicklungsländern weist bemerkenswerte Besonderheiten auf: Es wird lediglich von RESET abgelehnt, und alle Koeffizienten sind negativ. Wie im Fall der anderen RCA-Werte unterscheidet sich auch hier das Vorzeichen des Facharbeiteranteils zwischen den Querschnittsmodellen und dem gepoolten Modell M4F.

Aus den Schätz- und Testergebnissen der in diesem Abschnitt betrachteten Modelle sind zusammenfassend folgende Schlußfolgerungen zu ziehen: Die Kontrolle unbeobachteter zeitinvarianter Industrieeffekte und industrieinvarianter Zeiteffekte durch Dummy-Variablen in Modellen mit gepoolten Querschnitts- und Längsschnittsdaten führt zu Schätzergebnissen, die in vielen Fällen von denen abweichen, die sich aus Modellen mit Querschnittsdaten für einzelne Jahre ergeben. Gleichzeitig werden die gepoolten Modelle mit weni-

Tabelle B.6: Schätz- und Testergebnisse für gepoolte Modelle mit fixen Zeit- und Industrieeffekten zum Zusammenhang von Faktoreinsatz und RCA-Werten

Exogene Variable \ Endogene Variable		T05	T06	T07	T08
Sachkapital-intensität	$\hat{\beta}$	-5.94	-6.69	-6.54	-19.18
	$\|t\|$	1.68	1.73	1.48	1.64
	ATV	2.56**	2.63**	1.89	2.60**
Modernitätsgrad des Sachkapitals	$\hat{\beta}$	.73	.65	1.11	-2.49
	$\|t\|$	1.93	1.58	2.36**	2.00*
	ATV	2.22*	1.97*	2.24*	2.10*
Facharbeiter-anteil	$\hat{\beta}$	-.04	-.01	-.23	-.23
	$\|t\|$	.20	.03	.86	.32
	ATV	.21	.03	.77	.37
Anteil Beschäftigte in FuE	$\hat{\beta}$	-3.40	-2.38	-2.23	-10.99
	$\|t\|$	2.28*	1.45	1.20	2.22*
	ATV	2.14*	1.53	1.24	2.27*
Konstante	$\hat{\beta}$	-53.27	-52.47	-70.36	236.17
	$\|t\|$	1.77	1.59	1.88	2.37**
	ATV	2.18*	1.97**	1.95	3.17**
	R^2	.985	.972	.961	.943
	$\bar{R}^2$	.982	.967	.953	.932
Tests					
Normalverteilung		A	A	A	
Homoskedastie		[A]	[A]	[A]	
korrekte funktionale Form				A	A
Keine Ausreisser		A	A	A	

Erläuterungen: $\hat{\beta}$ sind die geschätzten Regressionskoeffizienten, $|t|$ die absoluten t-Werte und ATV die heteroskedastie-konsistenten t-Werte nach White(1980).
Bei den geschätzten Koeffizienzten zeigt ein *(**) Signifikanz bei $\alpha = 0.05$ (0.01) für einen zweiseitigen Test an.
Bei den Tests zeigt ein A eine Ablehnung der Nullhypothese auf dem 5-Prozent Niveau an; [A] besagt, daß die Nullhypothese für eine der beiden Testgrößen auf dem 5-Prozent-Niveau abgelehnt wird.

gen Ausnahmen von den ökonometrischen Tests der Nullhypothese normalverteilter, homoskedastischer Störgrößen, einer korrekt spezifizierten funktionalen Form sowie fehlender Ausreisser abgelehnt; auch die gepoolten Modelle können daher in der vorliegenden Form nicht als befriedigend angesehen werden.

Setzt man wie im Fall der Modelle mit Querschnittsdaten auch diese Ergebnisse trotz der am Anfang des Abschnitts 2 angesprochenen Vorbehalte und trotz der zuletzt genannten statistisch-ökonometrischen Einwände in Beziehung zur oben diskutierten relativen Faktorausstattungsposition der Bundesrepublik Deutschland, so zeigt sich für den *Handel mit Industrieländern (IWL bzw. EG)* erneut (mit Ausnahme von T07) ein Widerspruch zu den Erwartungen bezüglich der Einflußrichtung der Kapitalintensität und eine Bestätigung der Erwartungen hinsichtlich des Modernitätsgrades des Sachkapitals - allerdings sind die entsprechenden Regressionskoeffizienten nicht in allen Fällen auf einem üblichen Niveau statistisch gegen Null gesichert. Die - durchweg insignifikanten - Koeffizienten des Facharbeiteranteils und des Anteils von Beschäftigten in FuE widersprechen ebenfalls den entsprechenden Erwartungen.

Auch die Ergebnisse für den Handel mit *Entwicklungsländern* erscheinen im Lichte der oben angestellten Überlegungen zur relativen Faktorausstattungsposition der Bundesrepublik Deutschland überraschend; dies gilt insbesonders für den (bei T04 und T12 statistisch signifikanten) negativen Einfluß der Technologieintensitätsvariable 'FuE-Beschäftigte' sowie für das Modell zur Erklärung von T12 insgesamt.

Bedeutet dies, daß faktorproportionentheoretische Überlegungen den Außenhandel der Bundesrepublik Deutschland nicht erklären können?

"The general proposition that trade depends on resource endowments is not testable. At best one demonstrates that the data can be organized so that there appears to be a relation between trade and some function of a set of measured resources. If the list of resources is 'brief' and 'sensible', if the functional form is 'plausible', and if the relation is 'close', an empirical study will surprise and amuse."

Edward E. Leamer (1984, XVI)

2.2.3 Zum Verhältnis von modelltheoretischen und ökonometrischen Analysen der Zusammenhänge von Faktoreinsatz und Außenhandelsstruktur

Wie in Abschnitt B.1.2 betont, liegen zahlreiche Regressionsanalysen zum Zusammenhang von Außenhandelsstruktur und Produktionsfaktoreinsatz - auch für die Bundesrepublik Deutschland, allerdings nicht mit den hier in dieser Arbeit verwendeten Schätz- und Testansätzen - vor. Viele Autoren interpretieren ihre Untersuchungen als Tests außenhandelstheoretischer Hypothesen; dies ist für die Faktorproportionentheorie (Heckscher-Ohlin Theorie) aus zwei Gründen eine nicht haltbare Sichtweise:

Der *erste* Grund hierfür ist formal ein statistischer, er hat aber seine Wurzeln in der ökonomischen Theorie:

"Formal statistical methods of testing hypotheses presuppose the existence of maintained and alternative hypotheses that are precisely defined, and consequently these formal methods cannot be used in our data analysis, unless they are amended to allow incredible maintained hypotheses and vague alternatives. (...) In the absence of fully articulated alternative models, the best we can do is to measure the accuracy of the maintained hypothesis. A 'test' of the adequacy of this simple maintained hypothesis will remain a matter of aesthetics." (Leamer 1984, 45 und 155)

Akzeptiert man die in Abschnitt B.1.1 vertretene Sichtweise, wonach ein "eklektischer" Ansatz, in dem auch Faktorausstattungsunterschiede zwischen Ländern ihren Platz bei der Erklärung der Außenhandelsstruktur haben, der geeignete Ausgangspunkt für Analysen des internationalen Handels sind, dann macht in der Tat ein formaler statistischer Test von 'H_0: Faktorintensitäten allein bestimmen die Außenhandelsstruktur' gegen 'H_1: Die Außenhandelsstruktur hängt nicht von den Faktorintensitäten, sondern von anderen (zu spezifizierenden) Faktoren ab' keinen Sinn.

Der *zweite* Grund liegt in der Unmöglichkeit der rigorosen Ableitung einer Regressionsfunktion für die Güterstruktur des Außenhandels aus theoretischen Modellen mit vielen Gütern und Faktoren (Problem der Indeterminiertheit; vgl. hierzu Abschnitt B.2 mit dem Verweis auf die ausführliche Diskussion dieser Problematik bei Kohler 1988, Kap. 7). Diese Problematik betrifft allerdings nicht ausschließlich die Faktorproportionentheorie:

> "The intuitive content of most trade theories is quite simple and straightforward. But empirical tests of the theories are often faulted on the grounds that they test propositions that do not derive rigorously from the theories. The reason is not usually that the empirical models are sloppy. Rather, the problem seems to lie in the theories themselves, which are seldom stated in forms that are compatible with the real world complexities that empirical research cannot escape." (Deardorff 1984, 468)

In emprischen Untersuchungen wird dies nicht immer in hinreichendem Maße beachtet. Wird das Problem erkannt, dann führt dies häufig zu einer Haltung, wie sie von Bowden (1986, 258) eingenommen wird: "Inevitably, therefore, one is forced to adopt a rather informal and stylized reading of the theories for the purpose of empirical verification." Setzt man für "verification" "application", dann wird diese Position auch hier geteilt.

Wenn die Regressionsanalysen demnach keinen rigorosen Test außenhandelstheoretischer Überlegungen darstellen können, welchen Sinn haben sie dann? Der Verfasser teilt die Einschätzung von Deardorff (1984, 472), daß "it would be foolish to dismiss them as misguided and therefore meaningless." Die Regressionskoeffizienten können mit Harkness (1981, 1044) als "an *OLS*-computed descriptive statistic summarizing the average, 'partial' relationship between net commodity exports and the *m*th factor intensity" angesehen werden, die wichtige Aufschlüsse über den Zusammenhang von Faktoreinsatzunterschieden und Außenhandelsorientierung im interindustriellen Vergleich liefern. Hierbei sind jedoch zwei Punkte zu beachten:

Erstens darf aus den Vorzeichen der Regressionskoeffizienten nicht auf eine relativ reichliche oder knappe Ausstattung eines Landes mit dem entsprechenden Produktionsfaktor geschlossen werden - dies wäre "intuitively appealing, but nonetheless false" (Leamer 1984, 56)[15] - und zweitens erfor-

[15] Vgl. zur Begründung den Kommentar von Leamer und Bowen (1981) zu Harkness (1978) und den Beweis von Aw (1983); eine ausführliche Diskussion hierzu findet sich bei Kohler (1988, Kap. 7).

dert gerade die Interpretation der Koeffizienten als *ceteris paribus* den Zusammenhang zwischen Faktoreinsatz und Außenhandel wiedergebende Statistik (im oben genannten Sinne) eine umfassende Berücksichtigung möglicher Einflußfaktoren, da die Nicht-Beachtung einzelner Bestimmungsgründe die geschätzten Koeffizienten in den Modellen beeinflussen kann.[16] Anknüpfend an den zuletzt genannten Punkt wird daher im folgenden Abschnitt zu prüfen sein, inwiefern die Erweiterung der Modelle um Marktstruktur-Dimensionen zu anderen als den bisher vorliegenden Ergebnissen führt.

> "Perhaps knowledge of the structure of international trade can be surmounted only if an industrial-organization economist is included in the climbing party!"
>
> Richard E. Caves (1980, 113)

3 Faktoreinsatz, Marktstruktur und Außenhandel in Industrien des Verarbeitenden Gewerbes der Bundesrepublik Deutschland

In den den empirischen Untersuchungen zum Zusammenhang von Faktoreinsatz und Außenhandel im vorangegangenen Abschnitt B.2 zugrundeliegenden theoretischen Überlegungen wurde (explizit oder implizit) davon ausgegangen, daß es sich bei den gehandelten Waren um mit *konstanten Skalenerträgen* bei *vollständiger Konkurrenz* produzierte *homogene Güter* handelt. Jede dieser Grundannahmen ist, betrachtet man den Handel mit Industriegütern, in mehr oder weniger großem Ausmaß verletzt. In diesem Abschnitt soll geprüft werden, inwiefern die Berücksichtigung dieser Abweichungen von der "idealen" Marktstruktur zu einem besseren Verständnis der Bestimmungsgründe der Außenhandelsstruktur beitragen kann. Der Abschnitt 3.1 enthält hierzu theoretische Überlegungen, die Abbildung von Marktstruktur-Dimensionen auf Industrieebene wird in Abschnitt 3.2 erläutert; empirische Untersuchungen mit Querschnittsdaten bzw. kombinierten Querschnitts-Längsschnittsdaten finden sich in Abschnitt 3.3 und 3.4.

---

[16] Vgl. zur formalen Herleitung die Ausführungen zur Problematik der Variablenauswahl in den Standardlehrbüchern der Ökonometrie.

"Most students of international trade have long had at least a sneeking suspicion that conventional models of comparative advantage do not give an adequate account of world trade. This is especially true of trade in manufactured goods."

Paul Krugman (1983, 343)

3.1 Theoretische Überlegungen

Die Tatsache, daß konstante Skalenerträge, homogene Güter und vollständige Konkurrenz eher einen modelltheoretischen Referenzzustand als reale Gegebenheiten für die Analyse des internationalen Industriegüterhandels beschreiben, ist offensichtlich - ihre Berücksichtigung in Modellen der Allgemeinen Gleichgewichtstheorie findet sie aber erst seit Ende der siebziger Jahre. "Today the border country between the theory of international trade and the theory of industrial structure is one of the most active areas in international economics." (Helpman/Krugman 1985, 1) Da hierzu eine Reihe neuerer (jeweils unterschiedliche Schwerpunkte betonende) Überblicksarbeiten vorliegen (vgl. Krugman 1983, Helpman 1984, Caves 1985, Helpman/Krugman 1985, Krugman 1986, Nakao 1986 sowie Kohler (1988, 26 ff.)) kann auf eine zusammenfassende Darstellung dieser Literatur verzichtet werden. Auf zwei Aspekte, die im folgenden *keine* Rolle spielen werden, sei jedoch kurz hingewiesen:

Der erste betrifft die Analyse von Wohlfahrtswirkungen des Außenhandels und, eng damit zusammenhängend, die Debatte um die "strategic trade policy" (vgl. hierzu z.B. Krugman 1986 und die dort zitierte Literatur). Der zweite Aspekt hängt enger mit dem Untersuchungsgegenstand dieser Arbeit zusammen, bleibt aber aus Datengründen (vgl. die Ausführungen zum Aggregationsniveau in Abschnitt A.2) hier unberücksichtigt: der intra-industrielle Handel. Von zahlreichen Autoren wird die eigentliche Stärke von Modellen "mit Marktstruktur" (im Sinne der Berücksichtigung von Skalenerträgen etc.) darin gesehen, daß in ihnen das Auftreten des intra-industriellen Handels im Gleichgewicht nachgewiesen werden kann. "Or to use a terminology that has become widely accepted, we can have a Heckscher-Ohlin view of *inter*industry specialization but a scale economy view of *intra*-industry trade." (Helpman/Krugman 1985, 131) Die in einem solchen Rahmen hergeleiteten theoretischen Implikationen können in einer für empirische Untersuchungen geeigneten Form formuliert werden (vgl. z.B. Helpman/Krugman 1985, 173) und haben auch bereits zu entsprechenden ökonometrischen Untersuchungen geführt (vgl. Helpman 1987).

Von einigen Autoren wird aus den zuletzt angeführten Überlegungen der Schluß gezogen, daß Elemente der Marktstruktur ausschließlich für die Untersuchung des intra-industriellen Außenhandels vernachlässigt werden können. In diesem Sinne argumentiert etwa Kohler (1988, 41 f.) und folgert, "... eine Konzentration auf den Faktorproportionen-Ansatz (erscheint) dann durchaus angebracht, wenn man die *Grobstruktur* des internationalen Handels zu erklären versucht..." (ebenda). Dies ist jedoch, wie noch zu zeigen sein wird, strittig und daher empirisch zu überprüfen, wobei sich allerdings eine große Schwierigkeit dadurch ergibt, daß es *das* umfassende allgemeine Modell hierzu nicht gibt:

> "A characteristic feature of the new models is that they often rely on very special assumptions. This is probably inevitable: given the inherent complexity of the world once the great simplifying device of constant returns is dropped, only special assumptions will yield tractable analysis." (Paul Krugman 1983, 343) "Generality in models of imperfect competition is never easy to come by, and usually turns out to be illusory in any case." (Paul Krugman 1986, 2)

Ein Beispiel kann diese Schwierigkeit illustrieren: Das (1982) betrachtet ein 2-Länder-2-Faktor-2-Güter-Modell mit Skalenerträgen, unvollständiger Konkurrenz (Markteintrittsbarrieren beschränken den Zugang neuer Firmen) und Produktdifferenzierung.

Er leitet unter den von ihm getroffenen Annahmen in diesem Modell die Folgerung ab, daß "the degree of concentration in a sector and its degree of comparative advantage are positively correlated" und sieht hierin "a testable hypothesis which is capable of being refuted" (Das 1982, 692). Diese Schlußfolgerung ist jedoch bereits allein aufgrund der dimensionalen Beschränkungen des ihnen zugrunde liegenden Modells nicht angebracht - man denke hierbei an die oben angesprochenen Probleme der Indeterminiertheit der Güterstruktur des Außenhandels in höher dimensionierten Modellen der Faktorproportionentheorie -, und die weiteren speziellen Modellannahmen lassen es zusätzlich als wenig erfolgversprechend erscheinen, dieses Modell als Ausgangspunkt ökonometrischer Untersuchungen zur Rolle der Marktstruktur für die Bestimmungsgründe des Außenhandels zu wählen. Die beiden angeführten Zitate von Paul Krugman, der selbst entscheidende Beiträge zur Entwicklung der Außenhandelstheorie in diesen Bereichen geleistet hat, deuten darauf hin, daß dies kein Spezifikum des Das-Modells ist, sondern vielmehr allgemein gilt.

Wie im Fall der Faktorproportionentheorie und der Analyse der Zusammenhänge von Faktoreinsatz und Außenhandel kann demnach auch die ökonometrische Untersuchung der Rolle der Marktstruktur nicht auf rigoros aus Modellen der Allgemeinen Gleichgewichtstheorie abgeleiteter Hypothesen aufgebaut werden. Hier soll es vielmehr darum gehen zu prüfen, ob und gegebenenfalls in welchem Maße einerseits die Schlußfolgerungen aus ökonometrischen Modellen zum Zusammenhang von Faktoreinsatz und Außenhandel zu modifizieren sind, wenn die von der Marktstruktur ausgehenden Einflüsse kontrolliert werden, und inwiefern andererseits Dimensionen der Marktstruktur die Struktur des Außenhandels mit beeinflussen. Dieser Blickwinkel läßt sich gut anhand eines Zitats aus einem neuen Lehrbuch der Außenwirtschaft illustrieren: Horst Siebert (1989, 80) argumentiert, es lasse sich "... leicht erkennen, bei welchen Produktionen die Bundesrepublik *keinen* komparativen Preisvorteil hat. Dies ist der Fall bei lohnintensiven Produkten, die in Massenproduktion hergestellt werden. Denn bei diesen Produkten haben lohnreiche [gemeint sind offenbar relativ reichlich mit ungelernten Arbeitskräften ausgestattete (J.W.)] Länder einen komparativen Preisvorteil, *es sei denn, deutschen Firmen gelingt es, sich durch Produktdifferenzierung Marktanteile zu verschaffen.*" [Hervorhebung durch mich, J.W.]

Produktdifferenzierung kann daher einerseits die Wirkung der Faktoreinsatzintensität auf die Handelsstruktur modifizieren oder, wird sie erfolgreich von Industrien mit komparativen Vorteilen (gemessen an der relativen Faktorausstattungsposition) eingesetzt, verstärken und andererseits die Güterstruktur des Außenhandels beeinflussen. Dies gilt ebenso für den *Konzentrationsgrad*, wie die beiden folgenden Zitate verdeutlichen:

> "Suppose that the number of firms competing to produce a good in one country is smaller than the number in another. Other things equal, we would expect the first county to have a higher relative price of the good in the absence of trade and to import the good if trade is possible. If other things are not equal, the difference in concentration will be a separate influence that can actually cause trade to run the 'wrong' way from the point of view of relative costs of production or autarky prices." (Helpman/Krugman 1985, 86)

> "If a country's relatively competitive sector also makes relatively intensive use of the country's abundant factor, the two influences work in the same direction: that commodity will be exported. But if the competitive sector makes intensive use of the scarce factor, the two motives for trade are in conflict." (Ethier 1988, 143)

Und es gilt schließlich auch für steigende *Skalenerträge*:

"In a world where increasing returns are present, however, comparative advantage resulting from differences between countries is not the only reason for trade. Economies of scale provide an additional incentive and will give rise to trade even if countries are identical in tastes, technologies, and factor endowments." (Helpman/Krugman 1985, 261)

Hieraus folgt, daß Marktstruktur-Dimensionen in die ökonometrischen Untersuchungen der Bestimmungsgründe der Außenhandelsstruktur einbezogen werden müssen,[17] auch wenn aus (modell)theoretischen Überlegungen keine Hypothesen über ihre jeweilige Wirkungsrichtung abzuleiten sind und damit erneut wie im Fall der Faktorproportionentheorie kein 'Theorietest' im eigentlichen Sinne möglich ist.

3.2 Zur Abbildung von Marktstruktur-Dimensionen auf Industrieebene

Will man theoretische Überlegungen zur Bedeutung der Marktstruktur für den Außenhandel in ökonometrischen Untersuchungen zu Bestimmungsgründen der Außenhandelsstruktur von Industrien berücksichtigen, dann ist es erforderlich, wichtige Marktstrukturdimensionen auf Branchenebene zu "messen" (oder besser: abzubilden), um entsprechende Variablen in die ökonometrischen Modelle einbeziehen zu können. Hierbei ist es oftmals keineswegs offensichtlich, wie theoretische Konstrukte - man denke etwa an das Ausmaß von Produktdifferenzierung in den Industrien - in Meßvorschriften umzusetzen sind; da zudem eigene Erhebungen auf Industrieebene ohnehin aus Zeit- und Kostengründen unmöglich sind, ist man gezwungen, vorhandene Informationen zu nutzen und aus ihnen Proxy-Variablen zu konstruieren, die den theoretischen Größen möglichst nahe kommen. Anknüpfend an Überlegungen aus der Industrieökonomik werden hier zur Abbildung der Marktstruktur-Dimensionen Konzentration, Produktdifferenzierung und Skalenerträge die in der Übersicht B.6 genannten Proxy-Variablen verwendet:[18]

---

17 Dies gilt auch dann, wenn man sich wie Kohler (1988) für den Zusammenhang von Faktorproportionen und Außenhandel interessiert - und dies muß zusätzlich zu den Faktoreinsatzgrößen geschehen, nicht als alleinige Bestimmungsfaktoren wie bei Pagoulatos/Sorensen (1976).

18 Aus Raumgründen wird hier auf eine ausführliche Auseinandersetzung mit den unterschiedlichen Vorschlägen zur Messung dieser Marktstruktur-Dimensionen verzichtet (eine Ausarbeitung hierzu ist auf Anfrage erhältlich).

Übersicht B.6: Die Marktstruktur-Variablen der Modelle zum Zusammenhang von Faktoreinsatz, Marktstruktur und Außenhandel

Marktstruktur-Dimensionen	Marktstruktur-Variable*
Konzentration	Herfindahl-Hirschmann-Index
Produktdifferenzierung	(A) Anteil Marketing-Beschäftigte (B) Verhältnis Werbeaufwand zu Umsatz
Skalenerträge	Beschäftigte je Unternehmen

* Zu Datenquellen und Berechnungsmethoden vgl. Anhang G.1.

3.3 Modelle mit Querschnittsdaten für die Jahre 1977 bis 1984

Die Bedeutung der Marktstruktur-Dimensionen Konzentration, Produktdifferenzierung und Skalenerträge für den Außenhandel der 29 Industrien des Verarbeitenden Gewerbes der Bundesrepublik Deutschland wird im folgenden anhand ökonometrischer Modelle untersucht. Wie im Kapitel B.2 werden hierzu zunächst Modelle mit Querschnittsdaten für jedes Jahr des Untersuchungszeitraums und anschließend solche auf der Basis gepoolter Querschnitts-Längsschnittsdaten geschätzt und getestet.

In einem ersten Schritt werden für jede der (in Übersicht B.2 definierten) Handelsvariablen T01 - T12 als endogene Variable Modelle mit den Faktoreinsatzgrößen Sachkapitalintensität, Modernitätsgrad des Anlagevermögens, Facharbeiteranteil sowie Beschäftigtenanteil in Forschung und Entwicklung (vgl. Übersicht B.3) *und* den Proxy-Variablen für die drei Marktstruktur-Dimensionen (vgl. Übersicht B.6) betrachtet, wobei jeweils zwei Modellvarianten zu unterscheiden sind, da zur Abbildung der Produktdifferenzierung entweder der Anteil der im Bereich Marketing Beschäftigten an allen Beschäftigten ("Variante A") oder das Verhältnis des Werbeaufwands zum Umsatz ("Variante B") herangezogen wird.

Diese Modelle stellen damit Erweiterungen der Modelle zum Zusammenhang von Faktoreinsatz und Außenhandel aus dem Abschnitt B.2.2.1 um Marktstruktur-Variablen dar. Wie in den theoretischen Überlegungen des Abschnitts B.3.1 begründet, kann so einerseits geprüft werden, ob und gegebenenfalls wie die Kontrolle der von der Marktstruktur ausgehenden Einflüsse den Zusammenhang zwischen Faktoreinsatz und Außenhandel modifiziert, andererseits wird getestet, ob und gegebenenfalls in welcher Richtung Konzentration, Produktdifferenzierung und Skalenerträge selbst die Außenhandelsstruktur beeinflussen. Es sei daran erinnert, daß aus den theoretischen Überlegungen hierzu keine Hypothesen abgeleitet werden konnten, sondern daß lediglich argumentiert wurde, Marktstrukturvariablen *könnten* einen Einfluß haben und hierfür müsse daher kontrolliert werden.

Die Nullhypothese, daß von den Marktstruktur-Variablen *insgesamt kein* Einfluß auf den Außenhandel ausgeht, kann mit einem F-Test der Hypothese, daß die Regressionskoeffizienten aller Marktstruktur-Größen in einem erweiterten Modell gleich Null sind, überprüft werden. Die Ergebnisse dieses F-Tests für die 192 Modelle[19] zeigen, daß die Nullhypothese bei einem Signifikanzniveau von $\alpha = 0.05$ in den Modellen für die RCA-Werte (T09 - T12) nie und für die Nettoexportquoten (T05 - T08) nur bei T05 und T06 im letzten untersuchten Jahr 1984 abgelehnt werden kann. In den Modellen für die Exportquote (T01 - T04) wird die Nullhypothese lediglich bei T03 (Exportquote im Handel mit den EG-Ländern) für jede der Varianten in vier (teils unterschiedlichen) Jahren abgelehnt; setzt man das Signifikanzniveau auf $\alpha = 0.10$, dann kommt es in einigen untersuchten Jahren auch bei T02 und T04 zu Ablehnungen der Nullhypothese.

Aus diesen F-Tests kann der Schluß gezogen werden, daß der Einfluß der Marktstruktur bei Kontrolle der Wirkungen des Faktoreinsatzes in den hier betrachteten ökonometrischen Modellen für die aggregierten und regional disaggregierten Nettoexportquoten und RCA-Werte eher gering ist.[20] Auf eine ausführliche Wiedergabe der Schätz- und Testergebnisse der erweiterten Modelle für T05 - T12 soll daher verzichtet werden, eine synoptische Darstellung erscheint hier ausreichend.

Sämtliche Modelle wurden mit OLS geschätzt und einer Reihe von Tests für die Nullhypothesen normalverteilter und homoskedastischer Störgrößen, einer korrekt spezifizierten funktionalen Form und des Fehlens von Ausreissern unterzogen (vgl. zu diesen Tests den Anhang G.3).

Die Schätz- und Testergebnisse für die Modelle zur Untersuchung der Zusammenhänge von Aussenhandel, Faktoreinsatz und Marktstruktur mit Quer-

---

19 Für jede der 12 endogenen Variablen und jedes der acht Jahres des Untersuchungszeitraums werden zwei Modellvarianten A und B des um Marktstruktur-Dimensionen erweiterten Modells geschätzt; jede der Varianten wird dann mit dem entsprechenden Modell ohne Marktstruktur-Variablen verglichen.

20 Es sei ausdrücklich darauf hingewiesen, daß dies nicht bedeutet, daß nicht *einzelne* Marktstukturdimensionen einen statistisch signifikanten Einfluß haben können oder die Kontrolle für diese Dimensionen die Koeffizientenschätzungen der Faktoreinsatzvariablen nicht beeinflußt. Anzumerken ist ferner, daß die empirischen F-Werte für die Modelle mit den endogenen Vari-

schnittsdaten sind in Form einer Synopse in den Übersichten B.7 (für die "Variante A") und B.8 (für die "Variante B") zusammengestellt.[21]

Eine Gegenüberstellung läßt zunächst einmal erkennen, daß die Schlußfolgerungen aus den Schätzungen für die beiden Modellvarianten, die sich lediglich durch eine andere Proxy-Variable für die Marktstruktur-Dimension Produktdifferenzierung unterscheiden, kaum differieren: Bei den Faktoreinsatzvariablen sind nahezu keine Unterschiede festzustellen - lediglich für T01 weist die Variante B im Jahr 1977 ein insignifikantes negatives Vorzeichen des Modernitätsgrades des Kapitalstocks aus und für T09 - T12 unterscheiden sich bei Facharbeiteranteil in Einzelfällen die Signifikanzen der positiven Vorzeichen zwischen den Varianten A und B -; dasselbe gilt für die Marktstruktur-Dimensionen Konzentration und Skalenerträge. Lediglich für die Produktdifferenzierungs-Proxy selbst zeigen sich größere Abweichungen je nach gewählter Variante; diese betreffen vereinzelt positive Vorzeichen bei T05 und T06 in den Modellen der Variante B sowie unterschiedliche Vorzeichen für beide Varianten in mehreren einander entsprechenden Modellen für die Exportquoten T01 - T04. Hier ist allerdings zu beachten, daß der Koeffizient der Produktdifferenzierungsproxies selbst nur in einem Fall (bei T04 in der Variante A in den Jahren 1977 und 1978) signifikant ist. Bei den Tests ergibt sich ebenfalls ein für beide Varianten sehr ähnliches Bild. Wir beschränken uns daher im folgenden auf eine Interpretation der Modelle der Variante A.[22]

Ein Vergleich der um Marktstruktur-Dimensionen erweiterten Modelle mit denen zum Zusammenhang von Faktoreinsatz und Außenhandel anhand der Übersichten B.4 und B.7 zeigt für drei der Faktoreinsatz-Variablen lediglich geringe Unterschiede: in den erweiterten Modellen sind bei T10 und T11 in einigen Fällen die negativen Vorzeichen der Kapitalintensität nicht signifikant; bis auf T04 ist der Einfluß des Modernitätsgrads des Kapitalstocks hier durchgängig positiv und bei T07 immer signifikant; schließlich liegt ein in einigen Fällen nun insignifikantes (bei T01 im Jahr 1977 sogar positives) Vorzeichen des Facharbeiteranteils vor. Die relativ große Veränderung durch die Modellerweiterung erfuhr die Faktoreinsatz-Variable "Beschäftigtenanteil in Forschung und Entwicklung": bei den Exportquoten T01 - T03 sind die Vor-

---

ablen T05 - T12 im Untersuchungszeitraum tendenziell ansteigen, was auf eine steigende Bedeutung der Marktstruktur hindeutet.

21 Aus Platzgründen wird auf den Abdruck aller Schätzergebnisse verzichtet; Tabellen sind auf Anfrage erhältlich.

22 Die Variante A wurde gewählt, weil der Anteil der Marketing-Beschäftigten an der Gesamtbeschäftigung sicherlich wesentlich genauer erfaßt ist als der Anteil der Werbeausgaben am Umsatz.

Übersicht B.7: Synopse der Schätz- und Testergebnisse aus Modellen mit Querschnittsdaten zum Zusammenhang von Faktoreinsatz, Marktstruktur und Außenhandel für 1977 bis 1984 (Variante A)

	Endogene Variable											
	Exportquoten				Nettoexportquoten				RCA-Werte			
	T01	T02	T03	T04	T05	T06	T07	T08	T09	T10	T11	T13
Ergebnis												
Schätzergebnisse												
Sachkapitalintensität	(-)	[-]	[-]	-	[-]	[-]	[-]	[-]	-	(-)	(-)	[-]
Modernitätsgrad des Sachkapitals	[+]	[+]	[+]	[-]	[+]	[+]	+	[+]	[+]	[+]	[+]	[+]
Facharbeiteranteil	?	[-]	(-)	+	[+]	[+]	[+]	+	(+)	[+]	[+]	(+)
Beschäftigtenanteil in FuE	[+]	[+]	(+)	[+]	?	?	?	?	?	[-]	?	?
Konzentrationsgrad	[+]	(+)	(+)	[-]	[-]	[-]	?	[-]	[-]	[-]	[-]	[-]
Anteil Marketingbeschäftigte	[-]	?	[+]	[-]	[-]	[-]	[-]	[-]	?	?	?	[-]
Beschäftigte je Unternehmen	[+]	[+]	[+]	?	[+]	[+]	[+]	[+]	[+]	[+]	[+]	[+]
Testergebnisse												
Normalverteilung	[A]	[A]				[A]	A	(A)				
Homoskedastie												
RESET			(A)	(A)	[A]	[A]	(A)	[A]	[A]	[A]	[A]	[A]
Harvey-Collier		[A]	[A]	[A]	[A]	[A]	[A]	[A]	[A]	[A]	[A]	[A]
Rainbow			[A]	(A)	[A]	[A]	[A]		[A]	[A]		
Ausreißer	[A]	[A]	(A)	(A)	(A)		A	[A]			[A]	

Erläuterungen: Bei den Schätzergebnissen zeigt + bzw. - ein für alle acht Jahre mindestens auf dem 5%-Niveau statistisch gesichertes Vorzeichen der geschätzten Koeffizienten, (+) bzw. (-) ein entsprechend gesichertes Vorzeichen für mindestens die Hälfte der Jahre, [+] bzw. [-] ein weniger oft gesichertes Vorzeichen; ? bedeutet wechselnde Vorzeichen zwischen den Jahren.
Bei den Testergebnissen zeigen A bzw. (A) bzw. [A], daß der Test durchgängig bzw. mindestens in der Hälfte der Fälle bzw. vereinzelt die Nullhypothese einer korrekten Spezifikation auf dem 5%-Niveau ablehnt.

Übersicht B.8: Synopse der Schätz- und Testergebnisse aus Modellen mit Querschnittsdaten zum Zusammenhang von Faktoreinsatz, Marktstruktur und Außenhandel für 1977 bis 1984 (Variante B)

	Endogene Variable											
	Exportquoten				Nettoexportquoten				RCA-Werte			
Ergebnis	T01	T02	T03	T04	T05	T06	T07	T08	T09	T10	T11	T13
Schätzergebnisse												
Sachkapitalintensität	(-)	[-]	[-]	-	[-]	[-]	[-]	[-]	-	(-)	(-)	[-]
Modernitätsgrad des Sachkapitals	?	[+]	[+]	[-]	[+]	[+]	(+)	[+]	[+]	[+]	[+]	[+]
Facharbeiteranteil	?	[-]	(-)	+	[+]	[+]	[+]	+	(+)	(+)	[+]	[+]
Beschäftigtenanteil in FuE	[+]	[+]	(+)	[+]	?	?	?	?	?	[-]	?	?
Konzentrationsgrad	[+]	[+]	(+)	[-]	[-]	[-]	?	[-]	[-]	[-]	[-]	[-]
Verhältnis Werbeausgaben zu Umsatz	?	?	[-]	?	?	?	[-]	[-]	?	?	?	[-]
Beschäftigte je Unternehmen	[+]	[+]	[+]	?	[+]	[+]	[+]	[+]	[+]	[+]	[+]	[+]
Testergebnisse												
Normalverteilung	[A]	[A]					A					
Homoskedastie	[A]											
RESET			(A)	(A)	(A)	[A]	(A)	(A)	[A]	[A]	[A]	[A]
Harvey-Collier	[A]				[A]	[A]	[A]	[A]	[A]	[A]	[A]	[A]
Rainbow				A	[A]	[A]	[A]	[A]				
Ausreißer		[A]	(A)	(A)	(A)	[A]	A	(A)			[A]	

<u>Erläuterungen</u>: Bei den Schätzergebnissen zeigt + bzw. - ein für alle acht Jahre mindestens auf dem 5%-Niveau statistisch gesichertes Vorzeichen der geschätzten Koeffizienten, (+) bzw. (-) ein entsprechend gesichertes Vorzeichen für mindestens die Hälfte der Jahre, [+] bzw. [-] ein weniger oft gesichertes Vorzeichen; ? bedeutet wechselnde Vorzeichen zwischen den Jahren.
Bei den Testergebnissen zeigen A bzw. (A) bzw. [A], daß der Test durchgängig bzw. mindestens in der Hälfte der Fälle bzw. vereinzelt die Nullhypothese einer korrekten Spezifikation auf dem 5%-Niveau ablehnt.

zeichen statistisch nicht mehr durchgängig gesichert, bei den Nettoexportquoten und RCA-Werten sind auch bei T05 - T07 sowie bei T09 und T11 zwischen den Jahren wechselnde Vorzeichen zu beobachten. Die Unterschiede bezüglich des Abschneidens der Modelltypen bei den Tests können ebenfalls als eher geringfügig erachtet werden. Damit bleibt als ein Ergebnis festzuhalten, daß die Kontrolle für Einflüsse der Marktstruktur in der hier vorgenommenen Form die Schlußfolgerungen hinsichtlich der Bedeutung der Faktoreinsatzvariablen für den Außenhandel allenfalls geringfügig verändern.

Für die Marktstruktur-Variablen selbst gilt, daß sich aus den hier geschätzten Modellen kein sehr deutliches Bild ergibt:

- Der Konzentrationsgrad weist für T01 - T03 ein (in T02-Modellen 1977 bis 1980 und in T03-Modellen bis auf 1981 und 1982) positives Vorzeichen auf, sonst (bis auf T07 in 1977) ein negatives (das jedoch nur für T05 und T06 1983 und 1984 sowie 1984 für T09 - T12 signifikant ist).
- Für die Produktdifferenzierungsvariable zeigt sich ein (allerdings nur für T04 und 1977 sowie 1978 statistisch gesicherter) negativer Einfluß in allen Modellen für den Außenhandel mit Entwicklungsländern; in den Modellen für den Handel mit den anderen Ländergruppen sowie den Gesamthandel waren die - unterschiedlichen - Vorzeichen dieser Variable nie auf dem 5%-Niveau signifikant.
- Die Skalenertragsvariable hatte (bis auf T04 im Jahr 1977) in allen Modellen ein positives Vorzeichen, dies ist jedoch lediglich in einem Fall (T05/1984) signifikant.

Die am Ende des Abschnitts B.2.2.1 aufgrund der Auswertung der Modelle zum Zusammenhang von Faktoreinsatz und Außenhandel formulierten Schlußfolgerungen behalten ihre Gültigkeit. Sie sind zu ergänzen um die Feststellung, daß die Einbeziehung von Marktstruktur-Dimensionen in den erweiterten Modellen zu wenig abgesicherten Aussagen über die Bedeutung der Faktoren Konzentration, Produktdifferenzierung und Skalenerträge führt. Die auch bei den erweiterten Modellen häufig vorzufindenden Ablehnungen der Nullhypothesen einer korrekt spezifizierten funktionalen Form des Modells sowie des Fehlens von Ausreissern deuten erneut darauf hin, daß die Modelle in der vorliegenden Form noch nicht befriedigen können.

3.4 Modelle mit gepoolten Querschnitts-Längsschnittsdaten für den Zeitraum 1977 - 1984

Wie im Fall der Modelle zum Zusammenhang von Faktoreinsatz und Außenhandel sollen im nächsten Schritt auch die um Marktstruktur-Dimensionen erweiterten Modelle auf der Grundlage gepoolter Querschnitts-Längsschnittsdaten geschätzt werden, um unbeobachtete Besonderheiten einzelner Jahre (die für alle Industrien identisch sind) und unbeobachtete Besonderheiten einzelner Industrien (die nicht zwischen den Jahren variieren) berücksichtigen zu können. Aus der Vielzahl hierfür möglicher ökonometrischer Modellspezifikationen werden wiederum die in Abschnitt B.2.2.2 beschriebenen und in Übersicht B.5 aufgeführten fünf Modelltypen herangezogen; diese wurden auf der Grundlage eines gepoolten Datensatzes für die 29 Industrien und die acht Jahre von 1977 bis 1984 mit jeder Handelsvariable T01 - T12 als endogener Variable sowie in jeweils zwei Varianten mit unterschiedlichen Produktdifferenzierungsproxies geschätzt. Anhand der ebenfalls in Abschnitt B.2.2.2 genannten Tests (F-Test, LM-Test, Hausman-Test) kann dann geprüft werden, welche der Spezifikationen (mit oder ohne fixe oder zufällige Zeit- und/oder Industrieeffekte) zutrifft.

In der Tabelle B.7 sind die Ergebnisse der F- und LM-Tests für die Nullhypothesen, daß keine Zeit- und/oder keine Industrieeffekte vorliegen, abgedruckt.

Man erkennt, daß die Nullhypothese fehlender Zeiteffekte auf einem 5%-Niveau mit wenigen Ausnahmen von beiden Tests nicht abgelehnt wurden; Zeiteffekte spielen hiernach lediglich in Modellen für die Handelsvariablen T01, T02 und T03 (sowie T07, falls man lediglich den F-Test heranzieht) eine Rolle.

Anders im Fall der Industrieeffekte: Wie im Fall der Modelle ohne Marktstruktur-Variablen wird hier die Nullhypothese in allen Fällen von beiden Tests deutlich abgelehnt, daher sind Industrieeffekte zu berücksichtigen. Da auf der Grundlage der Ergebnisse eines Hausman-Tests die Nullhypothese, daß die zufälligen Industrieeffekte unkorreliert mit den exogenen Variablen sind, auf dem 5%-Niveau fast immer deutlich abgelehnt wurde,[23] ist M3F (das Modell mit fixen Industrieeffekten) gegenüber M3R (dem mit zufälligen Effekten) vorzuziehen.

---

[23] Auf die Wiedergabe der Testergebnisse soll hier verzichtet werden. Der Probvalue beträgt für die endogene Variable T08 und die Modell-Variante A 8.22%, für Variante B 14.87%; in allen übrigen Fällen liegen die Probvalues unter 1%.

Tabelle B.7: Tests auf Zeiteffekte und Industrieeffekte in gepoolten Modellen zum Zusammenhang von Faktoreinsatz, Marktstruktur und Außenhandel (Probvalues)*

Nullhypothese	Test	Endogene Variable											
		T01	T02	T03	T04	T05	T06	T07	T08	T09	T10	T11	T12
H_0: Keine Zeiteffekte													
Modell-Variante A	F-Test	0.05	0.00	0.12	62.13	59.64	16.17	1.46	95.90	91.68	47.95	76.05	34.53
	LM-Test	0.06	0.00	0.28	51.69	49.76	72.90	7.64	14.26	15.73	54.85	62.42	80.65
Modell-Variante B	F-Test	0.46	0.01	0.01	54.95	60.89	27.67	1.02	97.86	91.68	52.47	34.22	55.12
	LM-Test	3.07	0.01	0.01	56.57	44.63	92.03	8.69	12.29	15.22	45.43	74.01	48.84
H_0: Keine Industrieeffekte													
Modell-Varinte A	F-Test	0.00	0.00	0.00	0.00	0.00	0.00	0.00	0.00	0.00	0.00	0.00	0.00
	LM-Test	0.00	0.00	0.00	0.00	0.00	0.00	0.00	0.00	0.00	0.00	0.00	0.00
Modell-Variante B	F-Test	0.00	0.00	0.00	0.00	0.00	0.00	0.00	0.00	0.00	0.00	0.00	0.00
	LM-Test	0.00	0.00	0.00	0.00	0.00	0.00	0.00	0.00	0.00	0.00	0.00	0.00
H_0: Keine Zeiteffekte und keine Industrieeffekte													
Modell-Variante A	F-Test	0.00	0.00	0.00	0.00	0.00	0.00	0.00	0.00	0.00	0.00	0.00	0.00
	LM-Test	0.00	0.00	0.00	0.00	0.00	0.00	0.00	0.00	0.00	0.00	0.00	0.00
Modell-Variante B	F-Test	0.00	0.00	0.00	0.00	0.00	0.00	0.00	0.00	0.00	0.00	0.00	0.00
	LM-Test	0.00	0.00	0.00	0.00	0.00	0.00	0.00	0.00	0.00	0.00	0.00	0.00

* Angegeben ist der aus den empirischen Werten der Teststatistik jeweils ermittelte Probvalue, d.h. die Wahrscheinlichkeit, die Nullhypothese fälschlicherweise abzulehnen; für einen Probvalue von kleiner als 5.00 wird die Nullhypothese daher auf einem Niveau von α =0.05 abgelehnt.

Die Nullhypothese, daß weder Zeit- noch Industrieeffekte vorliegen (d.h. der Test des Modells M4F gegen das gepoolte Modell M1), wird ebenfalls durchgängig abgelehnt. Da ferner ein F-Test auf Zeiteffekte in einem Modell mit Industrieeffekten (d.h. der Test des Modells M3F gegen das Modell M4F), dessen Ergebnisse hier nicht detailliert wiedergegeben werden sollen, die Nullhypothese fehlender Zeiteffekte auf einem 5%-Niveau in den Modellen der Variante A nur in zwei Fällen (teils knapp) nicht ablehnt, wird von den hier betrachteten Spezifikationen die des Typs M4F - gepooltes Modell mit fixen Zeit- und Industrieeffekten - gewählt.

Die Schätz- und Testergebnisse der Modelle M4F sind in den Tabellen B.8 (für die Exportquoten T01 - T04), B.9 (für die Nettoexportquoten T05 - T08) und B.10 (für die RCA-Werte) abgedruckt. Wie im Fall der gepoolten Modelle ohne Marktstruktur-Variablen werden auch hier die geschätzten Koeffizienten für die Zeit- und Industriedummies nicht abgedruckt, da diese lediglich insgesamt unbeobachtete Effekte kontrollieren sollen. Ferner ist erneut darauf hinzuweisen, daß die sehr hohen Werte des um die Anzahl der Freiheitsgrade korrigierten Bestimmtheitsmaßes R^2 nicht als Indikator für eine hohe "Erklärungskraft" der Modelle anzusehen sind, da sie lediglich auf den zahlreichen Dummy-Variablen beruhen, die wiederum selbst nicht inhaltlich interpretiert werden. Schließlich konnte auch hier die Annahme einer korrekt spezifizierten funktionalen Form des Modells M4F lediglich mit zwei Varianten der RESET-Prozedur getestet werden.

Betrachtet man die Ergebnisse für die gepoolten Modelle zur Erklärung der Handelsvariablen T01 - T12, dann fallen zwei Tendenzen auf:

- Erstens werden auch in diesen Modellen mit Zeit- und Industrieeffekten die Nullhypothesen normalverteilte Störgrößen, einer korrekten funktionalen Form und fehlender Ausreisser sehr häufig abgelehnt, die Interpretation der Ergebnisse hat daher immer unter Vorbehalten zu erfolgen.
- Zweitens sind die Ergebnisse für die beiden Varianten A und B, die sich lediglich durch die verwendeten Proxy-Variablen der Marktstruktur-Dimension Produktdifferenzierung unterscheiden, wie im Fall der im vorigen Abschnitt betrachteten Modelle auf der Basis von Daten einzelner Jahre sehr ähnlich.

Vergleicht man die in den Tabellen B.8 bis B.10 abgedruckten Schätzergebnisse für die Koeffizienten der Faktoreinsatzvariablen mit denen aus den gepoolten Modellen ohne Marktstruktur-Variablen in den Tabellen B.4 bis B.6, so zeigt sich eine dritte Tendenz: Wie im Falle der Modelle auf der Basis von Querschnittsdaten ändert die Erweiterung der Modelle um Marktstruktur-Dimensionen die Ergebnisse für die Faktoreinsatz-Variablen allenfalls gering-

Tabelle B.8: Schätz- und Testergebnisse für gepoolte Modelle mit fixen Zeit- und Industrieeffekten zum Zusammenhang von Faktoreinsatz, Marktstruktur und Exportquote*

		endogene Variable							
		T01		T02		T03		T04	
exogene Variable		Modell A	Modell B	Modell A	Modell B	Modell A	Modell B	Modell A	Modell B
Sachkapital-intensität	$\hat{B}$	-4.57	-4.64	-4.57	-4.52	-5.92	-5.77	0.13	0.06
	|t|	1.27	1.27	1.39	1.34	2.14*	2.02*	0.17	0.07
	ATV	1.57	1.60	1.66	1.67	2.37*	2.40*	0.26	0.11
Modernitätsgrad des Sachkapitals	$\hat{B}$	1.32	1.36	1.42	1.48	1.44	1.52	-0.08	-0.10
	|t|	3.54**	3.54**	4.14**	4.18**	5.00**	5.07**	1.04	1.19
	ATV	3.04**	2.86**	3.08**	2.91**	3.08**	2.91**	0.87	1.01
Facharbeiteranteil	$\hat{B}$	0.42	0.36	0.47	0.41	0.35	0.29	-0.02	-0.01
	|t|	1.94	1.67	2.40*	2.07*	2.10*	1.71	0.34	0.32
	ATV	2.45*	2.23*	2.95**	2.68**	2.45*	2.03*	0.33	0.31
Anteil Beschäftig-te in FuE	$\hat{B}$	0.73	1.52	1.51	2.33	2.38	3.17	-0.65	-0.64
	|t|	0.50	1.04	1.11	1.73	2.07*	2.78**	2.02*	2.07*
	ATV	0.36	0.76	0.81	1.26	1.46	1.90	1.87	2.00*
Konzentrationsgrad	$\hat{B}$	0.25	0.25	0.23	0.23	0.22	0.21	0.02	0.02
	|t|	8.91**	8.20**	8.83**	7.98**	9.95**	8.83**	3.16**	3.23**
	ATV	4.07**	3.73**	3.99**	3.56**	3.80**	3.33**	2.41*	2.63**
Produktdifferen-zierung*	$\hat{B}$	16.25	3.08	16.84	2.51	15.95	1.82	0.23	0.47
	|t|	2.34*	1.10	2.65**	0.97	2.98**	0.83	0.15	0.79
	ATV	1.65	0.87	1.87	0.78	2.07*	0.63	0.16	1.13
Beschäftigte je Unternehmung	$\hat{B}$	-0.002	-0.004	-0.001	-0.002	-0.005	-0.006	-0.001	-0.001
	|t|	0.31	0.46	0.18	0.34	0.74	0.90	0.72	0.75
	ATV	0.32	0.46	0.19	0.35	0.75	0.85	0.70	0.72
Konstante	$\hat{B}$	-109.62	-108.14	-122.01	121.86	-107.88	-108.90	6.44	7.34
	|t|	3.64**	3.50**	4.43**	4.29**	4.65**	4.53**	0.99	1.12
	ATV	4.22**	4.15**	4.70**	4.56**	4.43**	4.29**	1.04	1.18
R^2		0.961	0.960	0.963	0.961	0.961	0.960	0.944	0.944
$\bar{R}^2$		0.952	0.951	0.954	0.953	0.953	0.951	0.931	0.931
TESTS									
Normalverteilung		A	A	A	A	A	A	A	A
Homoskedastie		A	A	A	A	[A]	[A]		
Korrekte funktionale Norm		A	A	A	A	A	A	A	A
Keine Ausreißer		A	A	A	A	A	A	A	A

* In Modell A wird Produktdifferenzierung durch den Anteil der Marketing-Beschäftigten gemessen, in Modell B durch das Verhältnis von Werbeausgaben zu Umsatz.

Erläuterungen: $\hat{B}$ sind die geschätzten Regressionskoeffizienten, |t| die absoluten t-Werte und ATV die heteroskdastiekonsistenten t-Werte nach White (1980).
Bei den geschätzten Koeffizienten zeigt ein * (**) Signifikanz bei α = 0.05 (0.01) für einen zweiseitigen Test an.
Bei den Tests zeigt ein A eine Ablehnung der Nullhypothese auf dem 5%-Niveau an; [A] besagt, daß die Nullhypothese für eine der beiden Testgrößen auf dem 5%-Niveau abgelehnt wird.

Tabelle B.9: Schätz- und Testergebnisse für gepoolte Modelle mit fixen Zeit- und Industrieeffekten zum Zusammenhang von Faktoreinsatz, Marktstruktur und Nettoexportquote*

exogene Variable		endogene Variable: T05 Modell A	T05 Modell B	T06 Modell A	T06 Modell B	T07 Modell A	T07 Modell B	T08 Modell A	T08 Modell B
Sachkapital-intensität	$\hat{\beta}$	-3.55	-3.02	-2.07	-1.69	1.96	1.68	-0.64	-0.53
	|t|	1.00	0.85	0.63	0.52	0.95	0.80	0.65	0.54
	ATV	1.15	0.99	0.68	0.57	0.78	0.69	0.99	0.82
Modernitätsgrad des Sachkapitals	$\hat{\beta}$	0.35	0.44	0.19	0.26	-0.03	-0.10	0.08	0.09
	|t|	0.94	1.18	0.56	0.76	0.15	0.48	0.77	0.87
	ATV	0.78	0.94	0.44	0.58	0.10	0.27	0.63	0.68
Facharbeiteranteil	$\hat{\beta}$	0.22	0.21	0.16	0.15	0.09	0.12	0.05	0.05
	|t|	1.03	1.02	0.82	0.77	0.73	0.95	0.79	0.91
	ATV	1.06	1.13	0.94	0.98	0.81	1.12	0.69	0.80
Anteil Beschäftigte in FuE	$\hat{\beta}$	-1.23	-1.31	-0.51	-0.48	1.38	1.09	-0.66	-0.77
	|t|	0.84	0.93	0.38	0.36	1.61	1.31	1.63	1.96
	ATV	0.68	0.71	0.29	0.26	1.17	0.90	1.72	2.17*
Konzentrationsgrad	$\hat{\beta}$	0.10	0.09	0.09	0.08	0.02	0.02	0.02	0.02
	|t|	3.79**	3.06**	3.30**	2.70**	1.04	1.39	2.46*	1.97
	ATV	1.86	1.59	1.46	1.28	0.32	0.48	2.38*	1.85
Produktdifferenzierung*	$\hat{\beta}$	-2.79	-3.47	0.09	-2.11	-5.23	0.75	-2.49	-1.00
	|t|	0.41	1.28	0.01	0.84	1.31	0.47	1.31	1.32
	ATV	0.32	1.32	0.01	0.91	0.72	0.59	1.39	1.27
Beschäftigte je Unternehmen	$\hat{\beta}$	-0.003	-0.003	-0.002	-0.002	0.004	0.004	-0.0004	-0.0002
	|t|	0.40	0.35	0.31	0.29	0.78	0.84	0.20	0.09
	ATV	0.38	0.34	0.28	0.26	0.79	0.78	0.22	0.10
Konstante	$\hat{\beta}$	-34.55	-40.85	-28.69	-33.06	-39.02	-35.92	-4.06	-5.37
	|t|	1.17	1.36	1.05	1.19	2.26*	2.04*	0.49	0.65
	ATV	1.39	1.60	1.26	1.43	2.19*	1.92	0.45	0.56
R^2		0.961	0.961	0.932	0.932	0.920	0.920	0.972	0.972
$\bar{R}^2$		0.952	0.952	0.916	0.917	0.903	0.902	0.966	0.966
TESTS									
Normalverteilung		A	A	A	A	A	A	A	A
Homoskedastie		[A]	[A]	[A]	[A]	[A]	[A]		
Korrekte funktionale Norm		[A]	[A]		[A]	[A]	[A]	A	A
Keine Ausreißer		A	A	A	A	A	A	A	A

* In Modell A wird Produktdifferenzierung durch den Anteil der Marketing-Beschäftigten gemessen, in Modell B durch das Verhältnis von Werbeausgaben zu Umsatz.

Erläuterungen: $\hat{\beta}$ sind die geschätzten Regressionskoeffizienten, |t| die absoluten t-Werte und ATV die heteroskdastiekonsistenten t-Werte nach White (1980).
Bei den geschätzten Koeffizienten zeigt ein * (**) Signifikanz bei α = 0.05 (0.01) für einen zweiseitigen Test an.
Bei den Tests zeigt ein A eine Ablehnung der Nullhypothese auf dem 5%-Niveau an; [A] besagt, daß die Nullhypothese für eine der beiden Testgrößen auf dem 5%-Niveau abgelehnt wird.

Tabelle B.10: Schätz- und Testergebnisse für gepoolte Modelle mit fixen Zeit- und Industrieeffekten zum Zusammenhang von Faktoreinsatz, Marktstruktur und RCA-Werten*

exogene Variable		endogene Variable: T09 Modell A	T09 Modell B	T10 Modell A	T10 Modell B	T11 Modell A	T11 Modell B	T12 Modell A	T12 Modell B
Sachkapitalintensität	$\hat{\beta}$	-7.57	-7.68	-8.28	-8.34	-5.32	-6.04	-14.34	-14.49
	$\|t\|$	2.08*	2.09*	2.05*	2.05*	1.14	1.28	1.19	1.19
	ATV	3.14**	3.17**	3.21**	3.26**	1.51	1.74	1.79	1.81
Modernitätsgrad des Sachkapitals	$\hat{\beta}$	0.60	0.61	0.56	0.56	1.05	0.88	-3.42	-3.37
	$\|t\|$	1.60	1.57	1.33	1.31	2.15*	1.78	2.72**	2.63**
	ATV	1.79	1.75	1.54	1.55	2.14*	1.69	2.89**	2.75**
Facharbeiteranteil	$\hat{\beta}$	0.11	0.09	0.13	0.12	-0.19	-0.15	0.33	0.25
	$\|t\|$	0.51	0.41	0.55	0.48	0.68	0.53	0.45	0.35
	ATV	0.54	0.43	0.63	0.56	0.63	0.48	0.57	0.43
Anteil Beschäftigte in FuE	$\hat{\beta}$	-4.46	-4.11	-3.30	-3.04	-2.15	-2.56	-13.99	-12.90
	$\|t\|$	2.96**	2.80**	1.97	1.87	1.11	1.36	2.79**	2.65**
	ATV	3.52**	3.25**	2.53*	2.36*	1.09	1.39	3.04**	2.75**
Konzentrationsgrad	$\hat{\beta}$	0.11	0.11	0.10	0.10	0.03	0.05	0.23	0.23
	$\|t\|$	3.79**	3.58**	3.20**	3.00**	0.70	1.13	2.42*	2.27*
	ATV	3.40**	3.30**	3.21**	3.10**	0.76	1.29	2.58*	2.39*
Produktdifferenzierung*	$\hat{\beta}$	7.37	1.83	5.45	1.27	-7.03	2.91	22.65	4.63
	$\|t\|$	1.05	0.65	0.70	0.41	0.78	0.81	0.97	0.50
	ATV	1.21	0.84	0.83	0.58	0.85	1.29	0.96	0.51
Beschäftigte je Unternehmen	$\hat{\beta}$	0.002	0.001	0.001	0.001	0.011	0.011	0.069	0.068
	$\|t\|$	0.24	0.17	0.13	0.08	1.05	1.07	2.54*	2.47*
	ATV	0.27	0.19	0.16	0.10	1.09	1.11	3.05**	3.00**
Konstante	$\hat{\beta}$	-59.39	-57.82	-58.10	-57.12	-86.33	-78.23	159.66	162.43
	$\|t\|$	1.95	1.87	1.72	1.66	2.20*	1.97	1.58	1.58
	ATV	2.56*	2.40*	2.30*	2.23*	2.40*	2.14*	2.23*	2.22*
R^2		0.986	0.986	0.974	0.974	0.961	0.961	0.947	0.947
$\bar{R}^2$		0.983	0.983	0.968	0.968	0.953	0.953	0.935	0.935
TESTS									
Normalverteilung		A	A	A	A	A	A		
Homoskedastie		[A]	[A]	[A]	[A]	[A]	[A]		
Korrekte funktionale Norm						A	A	A	A
Keine Ausreißer		A	A	A	A	A	A		

* In Modell A wird Produktdifferenzierung durch den Anteil der Marketing-Beschäftigten gemessen, in Modell B durch das Verhältnis von Werbeausgaben zu Umsatz.

Erläuterungen: $\hat{\beta}$ sind die geschätzten Regressionskoeffizienten, $|t|$ die absoluten t-Werte und ATV die heteroskdastiekonsistenten t-Werte nach White (1980).
Bei den geschätzten Koeffizienten zeigt ein * (**) Signifikanz bei $\alpha = 0.05$ (0.01) für einen zweiseitigen Test an.
Bei den Tests zeigt ein A eine Ablehnung der Nullhypothese auf dem 5%-Niveau an; [A] besagt, daß die Nullhypothese für eine der beiden Testgrößen auf dem 5%-Niveau abgelehnt wird.

fügig. Auf eine erneute detaillierte kommentierende Wiedergabe dieser Ergebnisse kann daher hier verzichtet werden (vgl. B.2.2.2).

Für den Zusammenhang zwischen den hier betrachteten Marktstruktur-Dimensionen und der Außenhandelsverflechtung folgt aus den gepoolten Modellen (läßt man die häufige Ablehnung der Modelle durch die Tests zunächst einmal unbeobachtet) dreierlei:

- Der Zusammenhang zwischen Konzentrationsgrad und Exportquote, Nettoexportquote und RCA-Wert ist bei aggregierter und regional disaggregierter Betrachtung durchgängig positiv und oft statistisch recht gut abgesichert.
- Für die Produktdifferenzierung ergibt sich kein klares Bild: hier sind die Koeffizienten auf einem üblichen Niveau und unter Beachtung der Ablehnung der Hypothese homoskedastischer Störgrößen nahezu immer als insignifikant anzusehen. Ferner ergeben sich in drei Fällen je nach verwendeter Proxy-Variable unterschiedliche Vorzeichen.
- Ein Einfluß von Skalenerträgen ist lediglich für T12 (RCA-Wert im Handel mit LDC) statistisch gesichert; in den übrigen Modellen finden sich positive und negative Vorzeichen dieser Variablen mit sehr geringen t- und ATV-Werten.

Ein Vergleich dieser Ergebnisse mit denen aus den Schätzungen auf der Grundlage von Querschnittsdaten einzelner Jahre, die in den Übersichten B.7 und B.8 synoptisch dargestellt sind, zeigt deutliche Abweichungen bei *allen* Marktstruktur-Variablen. Dies belegt erneut die Bedeutung der Kontrolle unbeobachteter zeitinvarianter Industrieeffekte und industrieinvarianter Zeiteffekte durch Dummy-Variablen in Modellen mit gepoolten Querschnitts- und Längsschnittsdaten.

Alle bisherigen Interpretationen der Schätzergebnisse haben - worauf an den entsprechenden Stellen hingewiesen wurde - die häufigen Ablehnungen der Modelle durch die Tests auf fehlende Ausreisser, normalverteile Störgrößen und eine korrekt spezifizierte funktionale Form ignoriert. Zu diesem Vorgehen ist zweierlei anzumerken: Erstens können die drei genannten "Modell-Defekte" zusammenhängen: Ausreisser, d.h. Beobachtungen mit deutlich von der überwiegenden Mehrzahl der Fälle abweichenden Werten, können zu sehr hohen Residuenwerten führen und damit eine Ablehnung durch den Test auf normalverteilte Störgrößen bewirken, und sie können gleichzeitig für die Ablehnung der Nullhypothese einer korrekt spezifizierten funktionalen Form verantwortlich sein, wenn das Modell für die anderen Fälle korrekt und lediglich für diese "Sonderfälle" fehlspezifiziert ist. Zweitens können sehr wenige solcher Ausreisser die mit OLS geschätzten Koeffizienten in beliebigem Ausmaß beeinflussen - im Extremfall können sich, enthält ein Datensatz einen entsprechenden Ausreisser, die Regressionskoeffizienten aus Schätzungen mit und ohne Berücksichtigung dieses Falles hinsichtlich Vorzeichen und Signifikanz so stark voneinander unterscheiden, daß aus beiden Ergebnissen vollständig konträre Schlußfolgerungen gezogen werden können (vgl. hierzu den Anhang G.3.4).

Für eine sorgfältige ökonometrische Untersuchung und eine entsprechend vorsichtige Ergebnisinterpretation ist es daher notwendig, einen Eindruck davon zu vermitteln, wie stark die Schätzungen der Koeffizienten von den Ausreissern abhängen. Für eine solche Sensitivitätsanalyse werden hier alle gepoolten Modelle mit fixen Zeit- und Industrieeffekten erneut mit einem gegenüber Ausreissern robusten Verfahren[24] geschätzt. Die Ergebnisse sind in den Tabellen B.11 - B.13 abgedruckt:[25]

Vergleicht man die Ergebnisse der OLS-Schätzungen aus den Tabellen B.8 - B.10 mit denen dieser robusten Schätzungen, so zeigen sich in einigen Fällen ausgeprägte Abweichungen:

Bei den Modellen zum Zusammenhang von *Faktoreinsatz, Marktstruktur und Exportquote* erhält man statistisch recht gut gesicherte positive Koeffizienten der Sachkapitalintensität für die T02- und T03-Modelle bei Verwendung des robusten Verfahrens, während OLS hier teils signifikante negative Koeffizienten liefert. Auffällige Unterschiede zeigen sich ebenfalls beim Modernitätsgrad des Sachkapitals im Falle von T04, beim Facharbeiteranteil in den T01-Modellen und bei der Produktdifferenzierung (anstelle signifikant positiver Koeffizienten erhält man für die Variante A bei dem robusten Verfahren teils signifikante negative Koeffizienten). In den Schätzungen für die Modelle zum Zusammenhang von *Faktoreinsatz, Marktstruktur und Nettoexportquote* fallen Unterschiede zwischen OLS und robustem Verfahren besonders in folgenden Fällen auf: Sachkapitalintensität bei Variante A für T05 und Variante B für T07; Konzentrationsgrad bei Variante A für T05. Im Gegensatz zu den OLS-Schätzungen liefern die robusten Schätzungen hier häufig statistisch gesicherte Koeffizienten, wobei diese in sechs von 26 Fällen andere Vorzeichen haben. Auch in den Modellen für die *RCA-Werte* kommt es in Einzelfällen zu unterschiedlichen Ergebnissen je nach verwendetem Schätzverfahren; diese Unterschiede sind jedoch deutlich weniger ausgeprägt als im Falle der Modelle für die Exportquoten bzw. Nettoexportquoten.

---

[24] Das Verfahren der Reweighted Least Squares auf Basis des Least Median of Squares ist im Anhang G.3.4 dargestellt.

[25] Die Anzahl der hier als Ausreisser identifizierten und daher aus der Schätzung ausgeschlossenen Fälle liegt zwischen 3 (Variante B für T12) und 40 (Variante B für T06); durchschnittlich waren hiervon 26.54 Fälle bzw. 11.44 v.H. der Beobachtungen betroffen.

Tabelle B.11: Ergebnisse robuster Schätzungen für gepoolte Modelle mit fixen Zeit- und Industrieeffekten zum Zusammenhang von Faktoreinsatz, Marktstruktur und Exportquote*

Exogene Variable \ Endogene Variable		T01 Mod. A	T01 Mod. B	T02 Mod. A	T02 Mod. B	T03 Mod. A	T03 Mod. B	T04 Mod. A	T04 Mod. B
Sachkapitalintensität	$\hat{\beta}$	-5.92	-3.31	3.20	2.72	3.37	5.00	.04	-.10
	|t|	1.97*	1.88	2.18*	1.82	2.73**	3.37**	.12	.26
Modernitätsgrad des Sachkapitals	$\hat{\beta}$	.59	.62	.46	.58	.29	.42	.003	.09
	|t|	3.35**	3.35**	2.82**	3.77**	2.18*	2.85**	.07	2.27*
Facharbeiteranteil	$\hat{\beta}$	-.01	-.04	.26	.26	.18	.18	.03	.005
	|t|	.11	.36	3.07**	3.26**	2.23*	2.34*	1.21	.21
Anteil Beschäftigte in FuE	$\hat{\beta}$	1.01	-.26	2.59	1.40	2.19	4.47	-.52	-.48
	|t|	1.35	.34	4.17**	2.36*	3.75**	6.11**	3.39**	3.25**
Konzentrationsgrad	$\hat{\beta}$	.09	.18	.06	.06	-.03	.03	.03	.02
	|t|	5.89**	9.83**	3.15**	3.36**	1.09	1.77	7.44**	4.94**
Produktdifferenzierung*	$\hat{\beta}$	-7.47	6.64	-3.00	8.08	-.19	-.58	-1.06	-.36
	|t|	2.28*	3.66**	1.02	4.58**	.08	.55	1.38	1.27
Beschäftigte je Unternehmen	$\hat{\beta}$	.0004	-.017	.002	.016	.001	.027	.001	-.0003
	|t|	.11	2.80**	.45	2.87**	.52	4.08**	.97	.34

* Zur Erläuterung des robusten Schätzverfahrens vgl. Text und Anhang G.3.4; in Modell A wird Produktdifferenzierung durch den Anteil der Marketingbeschäftigten gemessen, in Modell B durch das Verhältnis von Werbeausgaben zu Umsatz. Auf die Wiedergabe der geschätzten Koeffizienten der Konstanten und der Sektor- bzw. Zeitdummies wird ebenso wie auf die Angabe der R^2-Werte verzichtet (vgl. hierzu die Ausführungen zur Schätzmethode in G.3.4).

$\hat{\beta}$ sind die geschätzten Regressionskoeffizienten, |t| die absoluten t-Werte. *(**) zeigt die Signifikanz für α = 0.05 (0.01) für einen zweiseitigen Test an.

Tabelle B.12: Ergebnisse robuster Schätzungen für gepoolte Modelle mit fixen Zeit- und Industrieeffekten zum Zusammenhang von Faktoreinsatz, Marktstruktur und Nettoexportquote*

Exogene Variable / Endogene Variable		T05 Mod. A	T05 Mod. B	T06 Mod. A	T06 Mod. B	T07 Mod. A	T07 Mod. B	T08 Mod. A	T08 Mod. B
Sachkapitalintensität	$\hat{\beta}$	15.76	-5.58	-11.83	-8.98	-.41	-2.27	-.10	-.31
	|t|	4.56**	3.04**	5.58**	6.04**	.45	2.24*	.15	.54
Modernitätsgrad des Sachkapitals	$\hat{\beta}$	.94	1.18	.40	.27	.13	.33	-.13	.006
	|t|	5.31**	5.69**	2.96**	1.59	1.28	3.19**	1.87	.09
Facharbeiteranteil	$\hat{\beta}$	.34	.08	.09	.06	.11	-.04	.03	.09
	|t|	3.02**	.71	1.11	.67	1.85	.67*	.89	2.15*
Anteil Beschäftigte in FuE	$\hat{\beta}$	.96	.07	-1.05	-1.73	.20	-.35	-1.76	-1.07
	|t|	1.27	.09	1.97*	2.63**	.50	.75	5.39**	4.58**
Konzentrationsgrad	$\hat{\beta}$	-.04	.16	.005	.25	.01	.01	.01	.02
	|t|	1.80	7.70**	.37	13.29**	1.67	1.31	2.19*	4.28**
Produktdifferenzierung*	$\hat{\beta}$	3.10	-5.84	7.21	.20	-3.37	-1.16	-2.19	-.27
	|t|	.89	2.80**	2.83**	.18	1.80	1.60	1.84	.61
Beschäftigte je Unternehmen	$\hat{\beta}$	.037	-.004	-.012	-.034	.001	-.009	.003	.005
	|t|	4.89**	.90	2.84**	6.09**	.74	2.44*	1.61	2.89**

* Zur Erläuterung des robusten Schätzverfahrens vgl. Text und Anhang G.3.4; in Modell A wird Produktdifferenzierung durch den Anteil der Marketingbeschäftigten gemessen, in Modell B durch das Verhältnis von Werbeausgaben zu Umsatz. Auf die Wiedergabe der geschätzten Koeffizienten der Konstanten und der Sektor- bzw. Zeitdummies wird ebenso wie auf die Angabe der R^2-Werte verzichtet (vgl. hierzu die Ausführungen zur Schätzmethode in G.3.4).

$\hat{\beta}$ sind die geschätzten Regressionskoeffizienten, |t| die absoluten t-Werte. *(**) zeigt die Signifikanz für $\alpha = 0.05$ (0.01) für einen zweiseitigen Test an.

Tabelle B.13: Ergebnisse robuster Schätzungen für gepoolte Modelle mit fixen Zeit- und Industrieeffekten zum Zusammenhang von Faktoreinsatz, Marktstruktur und RCA-Werten*

Exogene Variable / Endogene Variable		T09 Mod. A	T09 Mod. B	T010 Mod. A	T010 Mod. B	T011 Mod. A	T011 Mod. B	T012 Mod. A	T012 Mod. B
Sachkapital-intensität	$\hat{B}$	-6.35	-6.17	-11.94	-9.43	-3.54	-4.87	-27.36	-14.51
	|t|	2.55**	2.19*	4.60**	3.44**	1.25	1.83	2.21*	1.24
Modernitäts-grad des Sachkapitals	$\hat{B}$	.66	.58	.66	.62	.19	.05	-2.30	-3.64
	|t|	2.46**	1.93	2.44*	2.13*	.62	.17	1.82	3.06**
Facharbeiter-anteil	$\hat{B}$	.17	.0001	-.24	-.03	.09	.10	-.21	.14
	|t|	1.09	.001	1.45	.16	.50	.58	.31	.20
Anteil Be-schäftigte in FuE	$\hat{B}$	-5.09	-4.52	-1.56	3.25	-.60	-.32	-19.08	-12.79
	|t|	4.73**	3.91**	1.48	2.75**	.52	.29	3.63**	2.74**
Konzentrations-grad	$\hat{B}$	.007	.009	.10	.09	.03	.05	-.005	.36
	|t|	.23	.19	4.94**	3.83**	1.56	1.79	.02	2.92**
Produktdiffe-renzierung*	$\hat{B}$	8.64	1.04	9.43	2.88	2.37	4.80	-23.47	.86
	|t|	1.69	.47	1.91	1.26	.43	2.14*	.96	.09
Beschäftigte je Unternehmen	$\hat{B}$	.006	-.011	-.023	-.001	.008	.004	-.06	.08
	|t|	1.12	1.15	2.65**	.24	.90	.65	1.10	2.31*

* Zur Erläuterung des robusten Schätzverfahrens vgl. Text und Anhang G.3.4; in Modell A wird Produktdifferenzierung durch den Anteil der Marketingbeschäftigten gemessen, in Modell B durch das Verhältnis von Werbeausgaben zu Umsatz. Auf die Wiedergabe der geschätzten Koeffizienten der Konstanten und der Sektor- bzw. Zeitdummies wird ebenso wie auf die Angabe der R^2-Werte verzichtet (vgl. hierzu die Ausführungen zur Schätzmethode in G.3.4).

$\hat{B}$ sind die geschätzten Regressionskoeffizienten, |t| die absoluten t-Werte. *(**) zeigt die Signifikanz für $\alpha = 0.05$ (0.01) für einen zweiseitigen Test an.

Die hier in Form der Verwendung zweier unterschiedlicher Schätzverfahren durchgeführte Sensitivitätsanalyse hat deutlich gemacht, daß in zahlreichen Fällen Aussagen über Richtung und Stärke des Einflusses exogener Variablen auf den Außenhandel von der Berücksichtigung bzw. Vernachlässigung einiger Beobachtungen, die sich ausgeprägt von der weit überwiegenden Mehrzahl der Fälle unterscheiden, abhängen können. Dies ist sicherlich unbefriedigend; andererseits wäre es weitaus unbefriedigender, dem üblichen Vorgehen folgend derartige Probleme gar nicht erst durch Tests aufzudecken (oder, schlimmer, sie im Sinne einer möglichst stromlinienförmigen Ergebnispräsentation zu verschweigen).

"... no unambiguously correct and conclusive test of any trade theory has been formulated and applied. Instead there have been piecemeal improvements in the empirical application of trade theories."

Alan V. Deardorff (1984, 468 f.)

3.5 Zum Verhältnis von modelltheoretischen und ökonometrischen Analysen der Zusammenhänge von Faktoreinsatz, Marktstruktur und Außenhandel

Wie aus den Ausführungen am Anfang des Abschnitts B.2 sowie in B.2.2.3 und B.3.1 deutlich wird, kann hier nicht der Anspruch erhoben werden, mit den ökonometrischen Untersuchungen zum Zusammenhang von Faktoreinsatz, Marktstruktur und Außenhandel einen Test modelltheoretisch begründeter Hypothesen vorzulegen. Es handelt sich vielmehr um - im Sinne des Mottos dieses Abschnitts - Versuche von "piecemeal improvements in the empirical application of trade theories". Die geschätzten Regressionskoeffizienten sollten daher auch hier, dem Vorschlag von Harkness (1981, 1044) folgend, als den partiellen, ceteris paribus geltenden Zusammenhang einer Außenhandelsgröße mit einer Faktoreinsatz- oder Marktstrukturvariable beschreibende Statistiken interpretiert werden.

Hierbei stellen sich zwei Probleme:

Das erste betrifft die Frage, ob alle relevanten Einflußfaktoren in den Modellen enthalten sind und wie sich das Fehlen eventuell wichtiger Determinanten der Außenhandelsstruktur auf die geschätzten Koeffizienten auswirkt. Da bisher wirtschaftspolitische Eingriffe (Subventionen, Zölle etc.) unbeachtet blieben und Zusammenhänge mit anderen Formen internationaler ökonomischer Verflechtung (insbesondere Direktinvestitionen im Ausland) nicht betrachtet wurden, ist hier Vorsicht geboten - auf diesen Problemkreis wird in Teil E der Arbeit zurückzukommen sein.

Das zweite Problem betrifft das verwendete Aggregationsniveau. Aus Gründen der Datenverfügbarkeit mußte hier eine recht breite Abgrenzung der Industrien zugrunde gelegt werden; die interessierenden Koeffizienten könnten bei Schätzungen auf Basis disaggregierter Daten von den hier vorgelegten Ergebnissen mehr oder weniger stark abweichen. Dieser Problematik soll im folgenden Abschnitt nachgegangen werden.

"In fact, *micro data* are required by the very logic of the problem at hand."

Herbert Glejser et al. (1980, 510)

4 Bestimmungsgründe der Exportquoten von Firmen

Die in den vorangegangenen Abschnitten erarbeiteten Ergebnisse zu Bestimmungsgründen des Außenhandels von Industrien des Verarbeitenden Gewerbes der Bundesrepublik Deutschland sind in mancher Hinsicht unbefriedigend. Ein Grund hierfür kann darin bestehen, daß die ökonometrischen Untersuchungen auf der Basis von Daten für Industriezweige erfolgten. Dies ist problematisch, wenn firmenspezifische Faktoren für den internationalen Handel bedeutend sind und wenn sich gleichzeitig die Firmen innerhalb einer Branche im Hinblick auf diese Faktoren stark - eventuell sogar noch stärker als Firmen im inter-industriellen Vergleich - voneinander unterscheiden. Hieraus folgt, daß Untersuchungen auf der Grundlage von Firmendaten wichtige weitergehende Ergebnisse bringen können.

Für die Bundesrepublik Deutschland besteht hier, worauf bereits am Ende des Abschnitts B.1.2 hingewiesen wurde, eine Forschungslücke, die zu einem kleinen Teil zu füllen versucht werden soll. Hierzu werden zunächst in Teil 4.1 theoretische Überlegungen zu den Bestimmungsgründen der Exporte von Firmen zusammengetragen, um anschließend in Abschnitt 4.2 nach kurzer Darstellung der Datenbasis und Diskussion ökonometrisch-methodischer Probleme Ansätze und Ergebnisse empirischer Untersuchungen hierzu vorzustellen. Den Abschluß dieses Teils bilden weiterführende Überlegungen zur Nutzung von Firmendaten in diesem Kontext.

"No common model has been developed for the various empirical findings on the export behavior of firms."

Warren J. Bilkey (1978, 33)

4.1 Theoretische Überlegungen

Die als Motto dieses Abschnitts zitierte von Bilkey vor mehr als zehn Jahren seinem Versuch einer Integration der Literatur zum Exportverhalten von Firmen einleitend vorangestellte Feststellung ist auch heute noch gültig: Ein umfassendes theoretisches Modell der exportierenden Firma, aus dem sich ökonometrisch testbare Hypothesen unmittelbar ableiten lassen, liegt nicht vor. Vorhanden sind jedoch Elemente einer solchen Theorie, die als Grundlage empirischer Untersuchungen dienen können und die daher im folgenden zusammengestellt werden sollten.

Den Ausgangspunkt bilden Überlegungen zum Zusammenhang zwischen Firmengröße und Exportquote, wobei an ein längeres Zitat aus einer neueren Arbeit von Richard E. Caves (1987, 15 f.) angeknüpft werden kann:

"If export markets affect entrepreneurial decisions about plants' and firms' scales, then micro data should indicate an association between the sizes of production units and the extent to which their outputs flow to foreign buyers. That exporting tends to be concentrated in the larger production units in an industry has been found for several countries .... These studies suggest and selectively confirm several mechanisms that may be at work. The obvious one is that access to export markets increases the chances that producers will fully attain the available economies of scale (which constraints of demand and rivals' reactions in the domestic market might otherwise deter). The existence of high fixed costs of exporting is confirmed by the evidence that smaller units, if they export at all, tend to export large proportions of their outputs."

Hirsch und Adar (1974) untersuchen diesen Zusammenhang zwischen Exportquote und Firmengröße in einem mikro-ökonomischen Modell. Sie betrachten die exportierende Firma als preisdiskriminierenden Monopolisten, der auf den durch Transportkosten, Zölle, Quoten und unvollständige Information voneinander abgegrenzten Märkten des In- und Auslands als Anbieter auftritt und sich im Ausland mit einer unendlich elastischen Nachfragekurve konfrontiert sieht, und sie zeigen anhand einer simplen Lehrbuchdarstellung, daß die Exportquote ceteris paribus mit steigender Firmengröße zunimmt. Die

Einbeziehung von Unsicherheit in dieses Modell verstärkt diesen Zusammenhang noch.

Beziehungen zwischen Exporten und Firmengröße wurden in zahlreichen Studien empirisch untersucht. Reid (1982, 22 f.) gibt einen Überblick über 21 bis 1980 erschienene Arbeiten, die überwiegend auf einen positiven Zusammenhang hindeuten, wobei jedoch auch in einigen Fällen kein Anstieg der (unterschiedlich gemessenen) Ausfuhraktivität bei steigender (ebenfalls unterschiedlich operationalisierter) Größe des Unternehmens zu beobachten war (vgl. auch Bilkey 1978, 36).

Die vielfach getroffene Feststellung, daß größere Firmen verglichen mit kleineren die höheren Exportquoten haben, kann sehr unterschiedlich ökonomisch interpretiert werden. Neben einem von der Größe "an sich" ausgehenden Einfluß wie im Modell von Hirsch und Adar (1974) wird z.B. auf eine mögliche positive Beziehung zwischen Unternehmensgröße und Qualität des Managements hingewiesen (vgl. Bilkey 1978, 36). Cavusgil (1984, 7) argumentiert, daß

> "... it may be more appropriate to view firm size as a concomitant variable (associated with export activity) rather than a causative factor. Since larger size usually implies greater availability of production, financial, and managerial resources, the true relationship it seems is not between size and export behaviour, but it is between various advantages which accrue from larger size, and export behaviour. In this sense, firm size serves as a proxy for various advantages associated with size."

Diese Überlegungen leiten über zur Darstellung der Rolle anderer Faktoren neben der Firmengröße und teils damit korrelierter Einflußgrößen auf die Exportintensität von Unternehmen. Wiederum soll ein Zitat von Richard E. Caves (1986, 189) den Ausgangspunkt bilden:

> "In a purely competitive industry that exports part of its output, we expect the allocation of each seller's output between exports and domestic sales to be indeterminate and random. That is, at the market-clearing price n identical pure competitors each place equal amounts of output on the market, and which units are taken by foreign and which by domestic buyers is entirely random with respect to the originating producers. Yet existing empirical studies seem to identify patterns that are behaviorally more complex than these, and that call for taking into account locational factors, product differentiation, and oligopolistic behavior (along with the structural factors that underlie the fewness of the sellers)."

Glejser, Jacquemin und Petit (1980, 508 f.) nennen sechs in diesem Zusammenhang wichtige Faktoren:

- *Skalenerträge*: Exporte bieten die Möglichkeit, steigende Skalenerträge in der Produktion (stärker) zu nutzen, auch wenn dies wegen eines begrenzten Binnenmarktes sonst nicht (in diesem Umfang) möglich ist.
- *Konzentration*: Exportquote und Konzentrationsgrad können negativ zusammenhängen, wenn Skalenerträge von den dominanten Firmen bereits auf dem Inlandsmarkt hinreichend ausgenutzt werden können und durch Absatz auf dem Weltmarkt, wo auch dominierende Inlandsfirmen Preisnehmer sind, oligopolistische Interdependenzen und Möglichkeiten zur Kollusion abgeschwächt werden.
- *Standortfaktoren*: Der Standort einer Firma im Raum bestimmt mit über die Transportkosten - wobei allerdings zu erwarten ist, daß Firmen mit einer starken Exportorientierung sich auch an Orten mit kostengünstigen Transportmöglichkeiten zu Abnehmermärkten ansiedeln werden.
- *Information*: Gute Kenntnisse von Auslandsmärkten mit den jeweils gegebenen technischen, rechtlichen und finanziellen Besonderheiten erhöhen die Exporte.
- *Standardisierung*: Wenn eine Firma nicht in der Lage ist, den Geschmack der Kunden im Ausland zu prägen, dann wird es für sie einfacher sein, standardisierte als nicht-standardisierte Produkte zu exportieren. Nach Ansicht vor Glejser u.a. trifft dies vor allem auf Firmen aus ökonomisch kleinen Ländern zu, während etwa die USA als "taste maker" auch den "way of life" exportieren können.
- *Tochtergesellschaften im Ausland*: Da Tochtergesellschaften im Ausland zu besseren Informationen über und leichterer Anpassung an ausländische Gegebenheiten führen, wird ihnen gewöhnlich eine den Export unterstützende (und nicht subsituierende) Funktion zugeschrieben.

Die Argumentation zur Rolle der Informationen erscheint zumindest unvollständig, da diese keine vorgegebene Größe darstellen, sondern unter Aufwendung von Kosten beschafft werden müssen. Auch hierbei können Fixkosten und Unteilbarkeiten auftreten, die letztendlich wiederum einen positiven Zusammenhang von Firmengröße und Exportquote zur Folge haben können.

Zu den Überlegungen im Hinblick auf einen zu erwartenden Einfluß der Standardisierung ist anzumerken, daß sie eher für Konsum- als für Investitionsgüter überzeugen können, denn bei Investitionsgütern spielt nach weit verbreiteter Auffassung gerade die Fähigkeit, eine den Abnehmerinteressen entsprechende "maßgeschneiderte" Lösung anbieten zu können, eine positive Rolle für ein erfolgreichen Abschneiden auch auf Auslandsmärkten.

Auf die von Glejser u.a. hier vorgetragenen Überlegungen zur Rolle von Tochtergesellschaften im Ausland für die Exportquote einer Firma soll hier nicht näher eingegangen werden; Zusammenhänge zwischen unterschiedlichen Formen der internationalen ökonomischen Verflechtung von Firmen bleiben im Kontext dieses Kapitels unberücksichtigt, sie bilden den Gegenstand des Teils E dieser Arbeit.

Als weiterer Bestimmungsgrund für die Höhe der Exportquoten von Firmen wird in der Literatur die *Innovationsintensität* angeführt. Hirsch und Bijaoui (1985) zeigen anhand eines Modells, das dem oben angeführten von Hirsch und Adar (1974) zum Zusammenhang von Exportquote und Firmengröße sehr ähnlich ist, wie sich eine höhere Exportquote innovativer verglichen mit der nicht-innovierender Firmen mikroökonomisch herleiten läßt. Ein positiver Zusammenhang zwischen Exporten und (anhand verschiedener Input- und/oder Outputgrößen gemessenen) Innovationen zeigt sich in zahlreichen empirischen Untersuchungen auf Basis von Firmendaten (vgl. die bei Schlegelmilch und Diamantopoulos (1986) angeführten Arbeiten). Eine weitere Gruppe möglicher Einflußfaktoren auf die Exportaktivitäten einer Firma steht im Zentrum zahlreicher eher der Betriebswirtschaftslehre (und hier insbesonders der Sparte "Internationales Marketing") zuzurechnender Studien; sie lassen sich unter die Oberbegriffe "Einstellungen des Managements" und "Selbsteinstufung des Unternehmens durch das Management" subsummieren. Hierbei geht es z.B. darum, eine zustimmende, unentschiedene oder ablehnende Haltung gegenüber Aussagen wie der "Exportdokumente sind unkompliziert" oder der "Verglichen mit unserer Konkurrenz ist die Qualität unserer Produkte schlechter/besser" zu erfassen und ansschließend mit Hilfe multivariater Verfahren wie der schrittweisen multiplen Diskriminanzanalyse zu prüfen, ob Unterschiede in den erfragten Einstellungen und Einschätzungen unterschiedliche "Profile" für Gruppen von Firmen mit unterschiedlich hohen Exportquoten liefern. Im Mittelpunkt dieser Untersuchungen steht daher die Rolle von Wahrnehmungen, Einstellungen und Verhaltensweisen von Entscheidungsträgern für die Exportorientierung von Firmen. Bilkey (1978) gibt einen Überblick über zahlreiche ältere Arbeiten dieser Art, die Untersuchungen von Schlegelmilch (1986a, 1986b) sowie Burton und Schlegelmilch (1987) sind als neuere, auch auf Firmen aus zwei bundesrepublikanischen Industrien bezogene Untersuchungen dieser Art zu nennen. Bilkey (1978, 42 f.) betont zu Recht, daß sich der verhaltenswissenschaftliche Ansatz dieser Analysen in Zweck, Konzept und Methodologie deutlich von dem mikroökonomischer Modelle der ökonomischen Theorie unterscheidet.

Die in diesem Abschnitt zusammengetragenen theoretischen Überlegungen zu Bestimmungsgründen der Exportquoten von Firmen bilden die Grundlage für die Formulierung von Hypothesen, die im Rahmen einer ökonometrischen Untersuchung zu testen sind.

4.2 Determinanten der Exportquote: Eine ökonometrische Untersuchung für Firmen des Maschinenbaus, der Elektrotechnik und der Holzverarbeitenden Industrie in Niedersachsen

4.2.1 Datenbasis

Die in diesem Teil der Untersuchung verwendeten Firmendaten stammen aus einer Unternehmensbefragung, die von Birgit Gehrke 1986 in Form einer Fragebogenerhebung bei Betrieben des Maschinenbaus, der Elektrotechnik und der Holzverarbeitenden Industrie in Niedersachsen durchgeführt wurde. Ziel dieser Umfrage war es, die Datenbasis für eine empirische Untersuchung des unternehmerischen Anpassungsverhaltens im Strukturwandel zu schaffen (vgl. hierzu Gehrke 1988). Da hierbei auch die internationale ökonomische Verflechtung von Firmen bedeutsam ist, enthält der Datensatz Angaben, die für eine Analyse der Determinanten des Exports herangezogen werden können:[26]

Angaben über die Ausfuhren wurden in Form der *Exportquote* des Jahres 1985 erhoben. Diese Quote war nur insgesamt erfragt worden, so daß eine regionale Untergliederung nicht möglich ist, da lediglich Angaben zu den drei wichtigsten ausländischen Abnehmerländern vorliegen. Bei der Interpretation der Exportquote als Indikator für den an ausländische Abnehmer gehenden Teil der Produktion ist zu beachten, daß "... export sales to foreign purchasers by manufactureres do not exhaust all export transactions, which include those made by brokers, trading companies, and other such intermediaries. For some countries, such as ... West Germany, the roles of such intermediaries may be quite important." (Caves 1986, 194) Nicht erfaßt sind in dieser Exportquote ferner alle Teile der Produktion, die als Vorleistungen an inländische Abnehmer geliefert werden und anschließend als Teil des Endprodukts von diesen exportiert werden. Eine Korrektur der Exportquote um die genannten Faktoren ist auf Industrieebene mit Daten der amtlichen Außenhandelsstatistik und Angaben aus der Input-Output-Tabelle zumindest näherungsweise möglich, für Firmendaten muß sie unterbleiben.

---

26 Die Befragung ist ausführlich in Gehrke (1988) dokumentiert, dort findet man auch umfassende deskriptive Auswertungen der erhobenen Daten; die vom Verfasser vorgenommenen Umrechnungen sind detailliert im Anhang G.2 dargestellt.

Die *Firmengröße* kann durch zwei Variablen abgebildet werden, den Umsatz des Jahres 1985 und die Anzahl Beschäftigte am 30. Juni 1986. Beide Meßkonzepte wurden in den oben erwähnten internationalen Studien zu Bestimmungsgründen des Exports verwendet, a priori kann keines als überlegen gelten; es ist zudem zu erwarten, daß beide Größen hoch positiv korreliert sind.

Als Indikator für das von einer Firma genutzte Maß an *Skalenerträgen* kann die Summe der prozentualen Anteile von Großserienfertigung und kontinuierlicher Fließfertigung an der Gesamtproduktion herangezogen werden. Dieser Anteilswert spiegelt zudem die Intensität der *Standardisierung* der Produktion wieder.

Standortfaktoren werden durch die Bedeutung erfaßt, die nach eigener Einschätzung der Kundennähe und der Verkehrsanbindung zukommt.

Die *Innovationsintensität* wird durch je einen Indikator für die Bedeutung von Produkt- und Prozeßinnovationen abgebildet. Für die Produktinnovationen beruht dieser Indikator auf Angaben zur Anpassungsmaßnahme "Neue Produkte" für den Betrieb seit 1980. Im Fall der Prozeßinnovationen wurden entsprechende Angaben zu zwei Maßnahmen herangezogen, nämlich zum Einsatz von EDV in der Maschinensteuerung und in der Fertigungssteuerung.[27]

Als Indikator für die *Humankapitalintensität* der Produktion dient der Anteil qualifizierer Beschäftigter (Ingenieure, Meister, Facharbeiter) in diesem Bereich.

Von den in Abschnitt 4.1 betrachteten Einflußfaktoren bleiben wegen fehlender Angaben in der Umfrage der Aspekt *'Informationen über Auslandsmärkte'* sowie sämtliche *'Einstellungen und Selbsteinschätzungen des Managements'* unberücksichtigt. Ebenfalls nicht betrachtet wird die Rolle von *Tochtergesellschaften im Ausland*, da Zusammenhänge zwischen verschiedenen Formen internationaler Wirtschaftsbeziehungen in Teil E dieser Arbeit diskutiert werden. Angaben zur *Konzentration* auf den Märkten wurden in der Umfrage nicht eroben, Daten hierzu sind jedoch auf Fachzweigebene aus der amtlichen Statistik verfügbar.

Die aus der Unternehmensbefragung entstammenden Variablen sind in der Übersicht B.9 zusammengestellt.

---

[27] Zur Begründung einer Interpretation dieser Art des EDV-Einsatzes als Prozeßinnovation vgl. Gehrke (1988, 69 ff.). Anders als dort wird hier der EDV-Einsatz in der Konstruktion in Form von CAD nicht als Prozeßinnovation aufgefaßt, da er eher dem Komplex Forschung und Entwicklung zuzurechnen ist.

Übersicht B.9: Die Variablen der Exportquoten-Modelle*

Bezeichnung	Erläuterungen
Exportquote	Anteil der Exporte gemessen am Umsatz 1985 (in Prozent)
Umsatz	Gesamtumsatz des Betriebes 1985 (in Millionen DM)
Beschäftigte	Anzahl Beschäftigte des Betriebes am 30. Juni 1986
Anteil qualifizierter Beschäftigter in der Produktion	Anteil der im Bereich Fertigung tätigen Ingenieure, Meister und Facharbeiter an allen dort Beschäftigten (in Prozent)
Bedeutung von Produktinnovationen	Bedeutung der Anpassungsmaßnahme "Neue Produkte" für den Betrieb seit 1980 (Skala von 5 = sehr große Bedeutung bis 1 = spielt keine Rolle)
Bedeutung von Prozeßinnovationen	Arithmetisches Mittel der Bedeutung der Anpassungsmaßnahmen "Einsatz von EDV in der Maschinensteuerung" sowie "Einsatz von EDV in der Fertigungssteuerung" für den Betrieb seit 1980 (jeweils erfaßt mit o.a. Skala von 5 bis 1)
Skalenerträge	Summe der prozentualen Anteile von Großserienfertigung und kontinuierlicher Fließfertigung an Gesamtproduktion
Bedeutung des Standortfaktors Kundennähe	Skala von 5 = sehr groß bis 1 = spielt keine Rolle
Bedeutung des Standortfaktors Verkehrsanbindung	Skala von 5 = sehr groß bis 1 = spielt keine Rolle

* Zur Quelle vgl. Anhang G.2

Aus den in Tabelle B. 14 abgedruckten Mittelwerten der Variablen ist zu erkennen, daß zwischen den Branchen im Durchschnitt der Firmen erhebliche Unterschiede insbesonders bei Exportquoten, Firmengrößen, Humankapitalintensität und Skalenerträgen bestehen.

Tabelle B. 14: Mittelwerte und Standardabweichungen der Variablen aus den Exportquoten-Modellen*

Variable	Industrie (Anzahl Firmen) Alle Industrien (133)	Maschinenbau (71)	Elektrotechnik (33)	Holzverarbeitung (29)
Exportquote	25.05 (25.13)	34.27 (27.93)	19.87 (17.31)	8.36 (12.16)
Umsatz (Mio. DM)	49.20 (183.78)	30.76 (57.96)	117.21 (353.44)	16.98 (25.79)
Beschäftigte	290.13 (905.12)	204.03 (323.85)	629.06 (1722.86)	115.24 (160.36
Anteil qualifizierter Beschäftigter in der Produktion	63.22 (27.72)	73.88 (21.59)	45.97 (30.15)	56.72 (27.12)
Bedeutung von Produktinnovationen	3.82 (1.10)	3.79 (1.08)	4.15 (1.03)	3.52 (1.15)
Bedeutung von Prozeßinnovationen	2.55 (1.37)	2.80 (1.40)	2.65 (1.43)	1.83 (0.93)
Skalenerträge	31.98 (37.33)	18.10 (29.71)	53.91 (39.23)	41.03 (38.25)
Bedeutung des Standortfaktors Kundennähe	2.59 (1.27)	2.70 (1.32)	2.18 (1.01)	2.76 (1.35)
Bedeutung des Standortfaktors Verkehrsanbindung	3.05 (1.13)	3.10 (1.14)	2.88 (1.14)	3.10 (1.14)

Quelle: Eigene Berechnungen; zur Variablendefinition und Datenquelle vgl. Text.

* In der Tabelle sind die Standardabweichungen in Klammern unter den Mittelwerten angegeben.

Einen ersten Eindruck von Zusammenhängen zwischen den Variablen vermitteln die Korrelationsmatrizen in Tabelle B.15, wobei auch hier Unterschiede zwischen den betrachteten Branchen deutlich werden. Auf die bivariaten Zusammenhänge zwischen Exportquoten und den übrigen Variablen soll hier nicht eingegangen werden, da diese jeweils ceteris paribus, d.h. unter Kontrolle der von allen übrigen ausgehenden Einflüsse, interessieren. Wichtig für die Spezifikation der ökonometrischen Modelle zur Bestimmung der Exportquoten ist jedoch erstens, daß die beiden Größenindikatoren Umsatz und Beschäftigte (wie erwartet) sehr hoch positiv korreliert sind, weshalb einer von ihnen gewählt werden kann. Zweitens wird deutlich, daß Firmen anteilig um so weniger qualifizierte Beschäftigte in der Produktion einsetzen, je mehr Bedeutung prozentual der Großserien- und kontinuierlichen Fließfertigung zukommt; Skalenerträge und Humankapitalintensität sind, mißt man sie wie hier, in allen drei Branchen negativ korreliert.

4.2.2 Ansatz und Ergebnisse der ökonometrischen Untersuchung

Um die Tragfähigkeit der theoretischen Überlegungen zur Erklärung der unterschiedlichen Exportquoten von Firmen ökonometrisch zu überprüfen, werden in diesem Abschnitt Modelle mit der Exportquote als endogener Variable geschätzt. Die verschiedenen hierbei betrachteten Modelle unterscheiden sich durch die jeweils als - mögliche - Bestimmungsgründe der Exportquote einbezogenen exogenen Variablen:

Den Ausgangspunkt bildet das *Modell 1*, in dem die Firmengröße die einzige exogene Variable bildet. Nach den in Abschnitt 4.1 referierten theoretischen Überlegungen ist hierbei ein positiver Einfluß der Größe auf die Exportquote zu erwarten. Firmengröße wird bei der empirischen Überprüfung dieser Theorie als Umsatz operationalisiert; wie in Abschnitt 4.2.1 gesehen sind die beiden zur Verfügung stehenden Maßzahlen für die Firmengröße, Umsatz und Beschäftigtenzahl, für die betrachteten Industrien in unserer Stichprobe nahezu perfekt miteinander positiv korreliert, so daß eine von ihnen gewählt werden kann - und "Umsatz" entspricht dem in Modellen verwendeten Konzept "Umfang der Produktion" eher als "Anzahl Beschäftigte".

Im *Modell 2* wird zusätzlich zum Umsatz diese Größe auch in quadrierter Form einbezogen. Ein Modell dieses Typs findet sich - erweitert um Industrie- und Länderdummies - bei Buckley und Pearce (1981) in ihrer Untersuchung auf der Basis von Daten aus 523 der größten Firmen der Welt in 22 Ländern und 19 Industrien. Die Berücksichtigung des quadratischen Terms erlaubt es, eine Form nicht-linearer Zusammenhänge zu überprüfen: hat die

Tabelle B.15: Korrelationsmatrizen der Variablen aus den Exportquoten-Modellen*)

	Umsatz	Beschäftigte	Anteil qualif. Beschäftigter in der Produktion	Bedeutung von Produktinnovationen	Bedeutung von Prozeßinnovationen	Skalenerträge	Bedeutung des Standortfaktors Kundennähe	Bedeutung des Standortfaktors Verkehrsanbindung
Exportquote	0.17 0.35 0.35 0.58	0.19 0.34 0.36 0.60	0.16 0.11 -0.21 0.004	0.17 0.17 0.16 0.31	0.39 0.34 0.32 0.31	-0.09 -0.05 0.33 0.19	-0.22 -0.30 -0.30 -0.06	0.09 0.12 -0.05 0.21
Umsatz		0.98 0.97 0.89 0.96	-0.17 -0.03 -0.18 -0.09	0.12 0.18 0.11 0.002	0.19 0.31 0.23 0.48	0.22 0.06 0.28 0.22	-0.05 -0.005 -0.05 0.17	0.02 0.11 0.02 0.28
Beschäftigte			-0.20 -0.05 -0.23 -0.07	0.13 0.18 0.12 0.01	0.23 0.30 0.29 0.46	0.23 0.11 0.28 0.27	-0.06 -0.02 -0.04 0.06	0.04 0.17 0.03 0.26
Anteil qual. Beschäftigter in der Produktion				-0.14 -0.05 -0.20 -0.16	0.007 0.16 -0.30 -0.22	-0.56 -0.32 -0.59 -0.49	-0.07 0.004 -0.13 -0.49	0.16 0.24 0.07 0.05
Bedeutung von Produktinnovationen					0.10 -0.01 0.19 0.14	0.16 0.01 0.19 0.31	-0.12 0.006 -0.32 -0.12	0.006 0.05 0.12 -0.15
Bedeutung von Prozeßinnovationen						0.06 0.02 0.12 0.47	-0.004 0.02 -0.03 0.008	0.22 0.40 -0.09 -0.10
Skalenerträge							0.09 0.17 0.20 0.12	0.009 0.17 -0.003 -0.16
Bedeutung des Standortfaktors Kundennähe								0.33 0.37 0.32 0.22

Quelle: Eigene Berechnungen; zur Variablendefinition und Datenquelle vgl. Text.
*) In der Tabelle sind die Korrelationskoeffizienten in folgender Reihenfolge abgedruckt: Alle Industrien; Maschinenbau; Elektrotechnik; Holzverarbeitung.

Variable "Umsatz" ein positives, die Variable "(Umsatz)^2" hingegen ein negatives Vorzeichen, so bedeutet dies, daß mit steigendem Umsatz die Exportquote zunächst steigt, dann ein Maximum erreicht und schließlich sinkt - die Interpretation alternativer Vorzeichenkombinationen liegt auf der Hand. Ein solcher nicht-linearer Verlauf der Funktion "Exportquote in Abhängigkeit vom Umsatz" läßt sich aus dem Modell von Hirsch und Adar (1974) nicht herleiten.

Wenn die Firmengröße lediglich eine Proxy-Variable für die "wahren" Determinanten der Exportquote darstellt, wie dies z.B. explizit von Cavusgil (1984, 7) behauptet und von zahlreichen Autoren vertreten wird, dann sollte versucht werden, diese Proxy-Größe durch Variablen zu ersetzten, die die tatsächlichen Ursachen direkt(er) abbilden. Dies geschieht in den Modellen 3 bis 5:

Das *Modell 3* enthält als exogene Variablen die Skalenerträge, die Standortfaktoren Kundennähe und Verkehrsanbindung, und die beiden Innovationsvariablen (Produkt- bzw. Prozeßinnovationen). Auf der Basis der theoretischen Überlegungen zur Rolle von Skalenerträgen und Standardisierung wird ein positiver Einfluß dieser Variable um so eher zu erwarten sein, je stärker eine Firma für den privaten Konsum produziert, da Investitionsgüter oft komplexe "maßgeschneiderte" Lösungen darstellen, für die Massenfertigung keine mögliche Form der Herstellung ist. Betrachtet man den Anteil des Privaten Verbrauchs im Inland an der gesamten Verwendung von Gütern einer Industrie als Indikator für die "Konsumquote", dann weist hier die Holzverarbeitende Industrie von den drei betrachteten Branchen den höchsten Anteil aus, während der Maschinenbau kaum an den Privaten Konsum liefert.[28] Für den Standortfaktor "Kundennähe" ist ein negatives Vorzeichen zu erwarten, während die Erwartungen für den Standortfaktor "Verkehrsanbindung" nicht eindeutig sind, daß hier Transportkosten- und Standortwahlüberlegungen zu betrachten sind. Für die beiden Innovationsvariablen lassen sich aufgrund der Überlegungen in Abschnitt 4.1 positive Vorzeichen erwarten.

Das *Modell 4* entspricht weitgehend dem Modell 3, nur ist hier anstelle der Skalenertragsvariable der Anteil qualifizierter Beschäftigter in der Produktion aufgenommen - wie gesehen sind diese beiden Größen in den Firmen unserer Stichprobe recht stark negativ korreliert, was plausibel ist, da Einzelfertigung in der Regel höhere Ansprüche an die Qualifikation der Beschäftigten stellt als Fließbandproduktion. Ein positives Vorzeichen dieser Humankapitalva-

---

[28] Nach der Input-Output-Tabelle für die Bundesrepublik Deutschland 1982 hatte der private Verbrauch im Inland folgende Anteile an der gesamten Verwendung von Gütern: Maschinenbau = 0.4%, Elektrotechnik = 12.8%, Holzverarbeitung = 47.7% (vgl. Statistisches Bundesamt 1987, 96 f.).

riable ist daher auch eher für die Firmen des Maschinenbaus und weniger für die der Holzverarbeitenden Industrie zu erwarten.

Das *Modell 5* ist eine Kombination der Modelle 3 und 4, es enthält beide Größen, Skalenerträge und Qualifikation. Hier ist zu überprüfen, inwiefern die recht hohe Korrelation der beiden Variablen untereinander bei gleichzeitiger Berücksichtigung zu abweichenden Schlußfolgerungen führt.

Im *Modell 6* sind die Modelle 2 und 5 zusammengefaßt; damit wird geprüft, ob die Betriebsgröße auch dann noch einen Einfluß auf die Exportquote ausübt, wenn für die anderen Variablen kontrolliert wird, oder ob es sich dabei tatsächlich ausschließlich um eine Proxy-Größe für andere Einflüsse (soweit sie hier berücksichtigt werden konnten) handelt.

Das *Modell 7* stellt eine Erweiterung des Modells 6 um den Konzentrationsgrad (gemessen als Herfindahl-Index für den Umsatz auf Fachzweigebene und dann den Firmen entsprechend zugeordnet; vgl. Anhang G.2) dar. Ein Argument für einen möglicherweise negativen Einfluß dieser Größe auf die Höhe der Exportquote wurde in Abschnitt 4.1 angeführt. Da eine überzeugende umfassende theoretische Basis hier jedoch fehlt - "In short, we lack a strong theory to connect producer concentration to patterns of behavior and thereby exporting patterns, but a connection may emerge through several channels" (Caves 1986, 192) - hat die Aufnahme dieser Variable eher explorativen Charakter: zu prüfen ist, *ob* ein Zusammenhang erkennbar ist - *wenn* dies der Fall ist, sind Erklärungen hierfür zu suchen und weiter zu diskutieren.

Das letzte betrachtende *Modell 8* ist eine geringfügige Modifikation des Modells 7 - es wird darauf verzichtet, den Umsatz in quadrierter Form einzubeziehen, um die Sensitivität der Ergebnisse im Hinblick auf diese Spezifikationsänderung zu untersuchen.

Die Modelle 1 - 8 sind in der Übersicht B.10 zusammengestellt.

Sämtliche Modelle wurden jeweils getrennt mit den Daten für die Firmen aus den drei hier betrachteten Industrien geschätzt, denn sowohl die deskriptive Auswertung als auch theoretische Überlegungen lassen Unterschiede im Zusammenhang zwischen der Exportquote und ihren (möglichen) Bestimmungsgründen je nach Industrie erwarten. Hierbei wurde darauf verzichtet, die Daten auch in einer über alle Industrien gepoolten Schätzung unter Einbeziehung von Industriedummies auszuwerten, da dies die sehr restriktive Annahme impliziert hätte, daß sich Unterschiede zwischen den Industrien lediglich im absoluten Glied und nicht in den einzelnen Koeffizienten abbilden lassen.

Übersicht B.10: Modelltypen für Exportquoten von Firmen*

Modell Nr.	Exogene Variablen	Bemerkungen
(1)	UMS	
(2)	UMS, $(UMS)^2$	enthält (1)
(3)	SCALE, KUNDEN, VERKEHR, PDIN, PZIN	
(4)	QUAL, KUNDEN, VERKEHR, PDIN, PZIN	
(5)	SCALE, QUAL, KUNDEN, VERKEHR, PDIN, PZIN	enthält (3) und (4)
(6)	UMS, $(UMS)^2$, SCALE, QUAL, KUNDEN, VERKEHR, PDIN, PZIN	enthält (1), (2), (3) (4) und (5)
(7)	UMS, $(UMS)^2$, SCALE, QUAL, KUNDEN, VERKEHR, PDIN, PZIN HERF	enthält alle übrigen spezifizierten Modelle
(8)	UMS, SCALE, KUNDEN, VERKEHR, PDIN, PZIN, HERF	enthält (1), (3) (4) und (5)

* Die verwendeten Kurzbezeichnungen haben - in der Reihenfolge ihres ersten Auftretens - folgende Bedeutung:

UMS = Umsatz
$(UMS)^2$ = quadrierter Umsatz
SCALE = Skalenerträge
KUNDEN = Bedeutung des Standortfaktors Kundennähe
VERKEHR = Bedeutung des Standortfaktors Verkehrsanbindung
PDIN = Bedeutung von Produktinnovationen
PZIN = Bedeutung von Prozeßinnovationen
QUAL = Anteil qualifizierter Beschäftigter in der Produktion
HERF = Konzentrationsgrad (Herfindahl-Index)

Eine Erklärung der Variablen findet sich im Text.

Da die endogene Variable "Exportquote" in ihrem Wertebereich auf das Intervall von Null bis 100 Prozent beschränkt ist und in allen Industrien zahlreiche Firmen nicht exportieren, können die Modelle nicht mit der einfachen Methode der kleinsten Quadrate (OLS) geschätzt werden; stattdessen ist als Schätzverfahren die Two-Limit Tobit Maximum Likelihood-Methode zu verwenden (vgl. den Anhang G.3.3 zur Begründung). Die Ergebnisse der Modellschätzungen sind in den Tabellen B.16 - B.18 abgedruckt; Tabelle B.19

enthält Tests verschiedener Modellrestriktionen, auf die noch einzugehen sein wird.

Die Ergebnisse der Modellschätzungen für die Exportquoten der Firmen des *Maschinenbaus* sind in der Tabelle B.16 abgedruckt. Ein Blick auf die Ergebnisse des Likelihood-Ratio Tests der Nullhypothese, daß die jeweils in den Modellen einbezogenen Variablen insgesamt keinen Einfluß auf die Höhe des Anteils der Ausfuhren am Umsatz haben, zeigt, daß diese Hypothese bei einem α-Niveau von unter einem Prozent in allen acht Fällen abgelehnt werden kann.

Der Umsatz hat im *Modell 1* das erwartete positive Vorzeichen. Aus *Modell 2* wird deutlich, daß die Exportquote mit steigendem Umsatz zunächst ansteigt, dann ein Maximum erreicht und schließlich fällt.

In den *Modellen 3 - 5* weisen die Innovationsvariablen die erwarteten positiven und der Standortfaktor Kundennähe das erwartete negative Vorzeichen auf, wobei alle diese Ergebnisse mindestens auf einem α-Niveau von 0.05 statistisch gesichert sind (was für die Koeffizienten der übrigen Variablen nicht zutrifft). Die Vorzeichen der Größen 'Anteil qualifizierter Beschäftigter in der Produktion', 'Skalenerträge' und 'Standortfaktor Verkehrsanbindung' sind alle positiv, was bei der Skalenertragsvariablen den Erwartungen für die Investitionsgüterindustrie Maschinenbau widerspricht - allerdings sind diese Vorzeichen statistisch auf einem üblichen Signifikanzniveau nicht gegen Null gesichert. Wie man erkennt, unterscheiden sich die Ergebnisse für die jeweils einbezogenen Variablen nur geringfügig zwischen diesen drei Modellen.

Bezieht man den Umsatz - linear und als quadratischen Term - zusätzlich in das Modell 5 ein, so zeigt sich in *Modell 6*, daß die Firmengröße auch bei Kontrolle der von den übrigen betrachteten Variablen ausgehenden Einflüsse ein wichtiger Bestimmungsgrund der Exportquote bleibt. Man erhält auch hier ein umgekehrt u-förmiges Umsatz-Exportquoten-Profil, das Vorzeichen des quadratischen Terms ist allerdings auf einem üblichen Niveau nicht gegen Null gesichert. Vergleicht man die Ergebnisse für die übrigen Variablen mit denen aus Modell 5, so fällt auf, daß die positiven Vorzeichen der Innovationsvariablen nicht länger statistisch signifikant sind, während die Skalenerträge jetzt ein (allerdings ebenfalls insignifikantes) negatives Vorzeichen aufweisen.

Erweitert man das Modell 6 um den Konzentrationsgrad, dann zeigen die Ergebnisse des *Modells 7* keinen signifikanten Einfluß dieser Größe und lediglich geringfügig andere Schätzungen für die übrigen Koeffizienten. Verzichtet man in Modell 7 auf den quadrierten Umsatzterm, dann ergibt sich in *Modell 8* erneut kein signifikanter Einfluß des Konzentrationsgrades, während

Tabelle B.16: Ergebnisse der Modellschätzungen für die Exportquoten der Firmen des Maschinenbaus (N=71) [Methode: Two-Limit Tobit ML]

		Modell-Nummer							
Exogene Variable		(1)	(2)	(3)	(4)	(5)	(6)	(7)	(8)
Konstante	$\hat{\beta}$	25.971	20.545	-0.925	-4.182	-6.405	23.747	25.276	-0.150
	$\|t\|$	6.48**	6.34**	0.06	0.21	0.32	1.53	1.61	0.01
Umsatz	$\hat{\beta}$	0.188	0.664				0.565	0.566	0.126
	$\|t\|$	5.16**	4.65**				3.20**	3.15**	3.09**
$(\text{Umsatz})^2$	$\hat{\beta}$		-0.0016				-0.0013	-0.0013	
	$\|t\|$		2.01*				1.40	1.38	
Anteil qualifizierter Beschäftigter in der Produktion	$\hat{\beta}$				0.056	0.88	0.019	-0.003	0.091
	$\|t\|$				0.30	0.45	0.13	0.02	0.46
Bedeutung von Produktinnovationen	$\hat{\beta}$			6.848	6.827	6.887	0.596	1.161	6.004
	$\|t\|$			2.20*	2.23*	2.24*	0.24	0.46	1.90
Bedeutung von Prozeßinnovationen	$\hat{\beta}$			7.792	7.663	7.702	2.633	2.277	5.391
	$\|t\|$			2.83**	2.78**	2.78**	1.29	1.11	2.07*
Skalenerträge	$\hat{\beta}$			0.033		0.057	-0.029	-0.014	0.67
	$\|t\|$			0.26		0.43	0.29	0.14	0.52
Bedeutung des Standortfaktors Kundennähe	$\hat{\beta}$			-10.57	-10.37	-10.56	-6.129	-6.244	-10.597
	$\|t\|$			3.32**	3.38**	3.28**	2.74**	2.74**	3.33**
Bedeutung des Standortfaktors Verkehrsanbindung	$\hat{\beta}$			3.943	3.822	3.505	1.580	2.028	4.300
	$\|t\|$			1.02	0.98	0.90	0.49	0.61	1.09
Konzentrationsgrad (Herfindahl)	$\hat{\beta}$							-0.052	-0.063
	$\|t\|$							0.73	0.65
Log-Likelihood (L_{max})		-300.31	-291.28	-291.33	-291.31	-291.21	-283.96	-283.50	-288.61
Likelihood-Ratio[1]		8.74	26.8	26.7	26.74	26.94	41.44	42.36	32.14
(Probvalue)		0.31	0.00	0.01	0.01	0.01	0.00	0.00	0.04

<u>Quelle</u>: Eigene Berechnungen; zur Erläuterung vgl. Text.

1) $-2(\log L_0 - \log L_{max}) \sim \chi^2_k$ mit k = Anzahl der Parameter (ohne Konstanten) und L_0= Log-Likelihood des Modells nur mit Konstante (= -304.68)

* (**) bedeutet Signifikanz für α = 0.05 (0.01)

die positiven Koeffizienten der Innovationsvariablen hier deutlich höhere t-Werte aufweisen und bei den (jeweils insignifikanten) Größen Qualifikation und Skalenerträge Vorzeichenwechsel zu beobachten sind.

Die Modelle 1 - 8 weisen, wie in Übersicht B.10 dargestellt, teilweise eine "genestete" Struktur auf - Modell 5 enthält die Modelle 3 und 4, Modell 7 enthält alle übrigen spezifizierten Modelle usw. Die Nullrestriktionen von Modellen, die in anderen Modellen enthalten sind, können mit einem Likelihood-Ratio-Test geprüft werden: Vergleicht man z.B. den Log-Likelihood Wert des Modells 2 mit dem von Modell 1 und ist diese Differenz "zu groß", dann wird die Nullhypothese, daß der quadrierte Umsatzterm für die Bestimmung der Exportquote keine Rolle spielt (Nullrestriktion in Modell 1 verglichen mit Modell 2), abgelehnt.

In der Tabelle B.19 sind die Probvalues aller möglichen paarweisen Likelihood-Ratio-Tests der Modelle 1 - 8 gegeneinander angegeben. Man erkennt, daß die in den Modellen 1 und 2 implizierten Nullrestriktionen eines fehlenden Einflusses der in den Modellen 3 - 5 betrachteten Variablen ebenso abzulehnen sind wie umgekehrt die Hypothesen eines nicht gegebenen Einflusses der Firmengröße in den Modellen 3 - 5, denn ein Vergleich der Log-Likelihood Werte des Modells 6 mit denen der (in ihm enthaltenen) Modelle 1 - 5 liefert je einen Probvalue unter 5%. Die Nullhypothese, daß der Konzentrationsgrad keinen Einfluß hat, kann aufgrund des Vergleichs von Modell 6 mit Modell 7 nicht abgelehnt werden; abzulehnen ist hingegen die Hypothese einer fehlenden Bedeutung des quadrierten Umsatzterms, wie der Test von Modell 8 gegen Modell 7 zeigt.

Das Modell 6 kann damit als das von den hier betrachteten Modellen am ehesten angemessene gelten; seine Ergebnisse werden daher auch in den anschließenden Inter-Branchen-Vergleich einbezogen.

Die Ergebnisse der Modellschätzungen für die Exportquoten von Firmen aus der *Elektrotechnik* sind in der Tabelle B.17 abgedruckt. Die Nullhypothese eines fehlenden Einflusses der jeweils einbezogenen Variablen kann hier auf einem α-Niveau von 0.05 lediglich im Falle des Modells 3 abgelehnt werden. Dies macht bereits deutlich, daß die statistische Erklärungskraft der betrachteten Modelltypen für Firmen der Elektrotechnik wesentlich geringer ist als im Fall der Maschinenbau-Unternehmen.

Im *Modell 1* zeigt sich der erwartete positive Einfluß einer steigenden Firmengröße auf die Exportquote, während aus *Modell 2* ein negativer Einfluß der quadrierten Umsatzgröße erkennbar wird - die Vorzeichen der Koeffizienten sind jedoch auf einem üblichen Fehlerniveau nicht statistisch von Null verschieden.

Tabelle B.17: Ergebnisse der Modellschätzungen für die Exportquoten der Firmen der Elektrotechnik(N=33) [Methode: Two-Limit Tobit ML]

Exogene Variable		Modell-Nummer (1)	(2)	(3)	(4)	(5)	(6)	(7)	(8)
Konstante	$\hat{\beta}$	17.880	15.726	16.539	30.909	16.452	20.698	27.904	27.011
	$\|t\|$	6.38**	4.90**	0.85	1.32	0.72	1.08	1.44	1.24
Umsatz	$\hat{\beta}$	0.017	0.082				0.052	0.064	0.01
	$\|t\|$	0.85	1.81				0.71	0.86	0.53
$(Umsatz)^2$	$\hat{\beta}$		-0.00004				-0.00003	-0.00003	
	$\|t\|$		1.18				0.49	0.61	
Anteil qualifizierter Beschäftigter in der Produktion	$\hat{\beta}$				-0.175	0.001	-0.002	-0.034	-0.032
	$\|t\|$				1.32	0.01	0.102	0.28	0.24
Bedeutung von Produktinnovationen	$\hat{\beta}$			-1.847	-0.531	-1.844	-1.218	-0.963	-2.062
	$\|t\|$			0.50	0.14	0.50	0.37	0.31	0.60
Bedeutung von Prozeßinnovationen	$\hat{\beta}$			3.493	3.274	3.497	2.350	2.265	2.988
	$\|t\|$			1.47	1.32	1.33	0.91	0.89	1.20
Skalenerträge	$\hat{\beta}$			0.227		0.228	0.134	0.106	0.180
	$\|t\|$			2.52**		2.24*	1.19	0.94	1.74
Bedeutung des Standortfaktors Kundennähe	$\hat{\beta}$			-8.286	-6.947	-8.283	-6.543	-6.242	-7.917
	$\|t\|$			1.64	1.29	1.54	1.23	1.23	1.63
Bedeutung des Standortfaktors Verkehrsanbindung	$\hat{\beta}$			1.844	1.179	1.841	0.904	0.720	1.478
	$\|t\|$			0.54	0.28	0.53	0.26	0.23	0.48
Konzentrationsgrad (Herfindahl)	$\hat{\beta}$							-0.036	-0.032
	$\|t\|$							0.99	0.80
Log-Likelihood (L_{max})		-121.99	-120.32	-116.86	-119.13	-116.86	-116.07	-115.15	-115.89
Likelihood-Ratio[1]		1.78	5.12	12.04	7.50	12.04	13.62	15.46	13.98
(Probvalue)		18.21	7.73	3.42	18.60	6.11	9.22	7.91	17.39

Quelle: Eigene Berechnungen; zur Erläuterung vgl. Text.

1) $-2(\log L_0 - \log L_{max}) \sim \chi^2_k$ mit k = Anzahl der Parameter (ohne Konstanten) und L_0= Log-Likelihood des Modells nur mit Konstante (= -122.88)

* (**) bedeutet Signifikanz für α = 0.05 (0.01)

In den *Modellen 3 bis 5* ist lediglich das positive Vorzeichen der Skalenertrags-Variable als statistisch gegen Null gesichert anzusehen. Der negative Einfluß des Standortfaktors Kundennähe und der positive der Prozeßinnovationen entsprechen den theoretischen Erwartungen, während die negativen Vorzeichen der Produktinnovationsvariable überraschen. Auffällig ist, daß die zusätzliche Berücksichtigung der Skalenertrags-Variable in Modell 5 verglichen mit Modell 4 das Ergebnis für den Anteil qualifizierter Beschäftigter in der Produktion stark beeinflußt und das Vorzeichen umkehrt.

Erweitert man das Modell 5 um die Firmengröße sowie zusätzlich um den Konzentrationsgrad, dann erhält man in den *Modellen 6 bis 8* für keine der einbezogenen Variablen ein auf dem üblichen α-Niveau statistisch gegen Null gesichertes Vorzeichen; bis auf die Qualifikationsvariable sind die Vorzeichen jedoch jeweils in allen Modellen (soweit sie die Variable beinhalten) identisch.

Aus der Tabelle B.19 ist abzulesen, daß auf dem 5%-Niveau nur das Modell 4 verglichen mit Modell 5 abzulehnen ist - sämtliche anderen bei den Modellvergleichen implizierten Nullhypothesen können auf diesem Niveau nicht zurückgewiesen werden. Hieraus folgt z.B., daß weder die Hypothese eines fehlenden Einflusses der Firmengröße in den Modellen 6 bis 8 noch die eines fehlenden Einflusses des Konzentrationsgrades (Test von Modell 6 gegen Modell 7) abzulehnen ist. Angesichts der durchgängig schwachen statistischen Erklärungskraft aller betrachteten Modelle wird aus Gründen der Vergleichbarkeit das Modell 6 für die zusammenfassende Ergebnisgegenüberstellung ausgewählt.

Tabelle B.18 enthält die Ergebnisse der Modellschätzungen für die Exportquoten der Firmen der *Holzverarbeitenden Industrie*. Die Nullhypothese eines fehlenden Einflusses der jeweils einbezogenen Variablen kann auf einem α-Niveau von 5% kann lediglich für Modell 2 und (knapp) Modell 8 nicht abgelehnt werden.

Aus den *Modellen 1 und 2* ist erneut ein positiver Zusammenhang zwischen Firmengröße und Exportquote zu erkennen, der jedoch wiederum einen umgekehrt u-förmigen Verlauf aufweist,[29] wobei die Vorzeichen der Umsatz-Variablen in Modell 2 allerdings in beiden Fällen auf einem üblichen Niveau nicht als statistisch gesichert anzusehen sind.

[29] Bei der Interpretation der Ergebnisse aus Modell 1 ist Vorsicht geboten - hier traten numerische Probleme auf, die auch zur Konvergenz des Gradienten (und nicht nur der Funktion) führten; wie aus Tab. B.19 zu ersehen ist, wird - was nicht richtig sein kann - für Modell 1 ein höherer Wert der Log-Likelihood ausgewiesen als für Modell 2.

Tabelle B.18: Ergebnisse der Modellschätzungen für die Exportquoten der Firmen der Holzverarbeitenden Industrie (N=29) [Methode: Two-Limit Tobit ML]

		Modell-Nummer							
Exogene Variable		(1)[2]	(2)	(3)	(4)	(5)	(6)	(7)	(8)
Konstante	$\hat{\beta}$	-1.272	3.262	-41.47	-40.42	-42.69	-27.08	-29.28	-27.65
	$\|t\|$	0.30	1.10	1.85	1.52	1.66	1.12	1.12	1.01
Umsatz	$\hat{\beta}$	0.331	0.342				0.726	0.757	0.233
	$\|t\|$	2.39*	1.61				0.96	1.06	1.26
$(Umsatz)^2$	$\hat{\beta}$		-0.0008				-0.0047	-0.0054	
	$\|t\|$		0.36				0.66	0.69	
Anteil qualifizierter Beschäftigter in der Produktion	$\hat{\beta}$				-0.018	0.013	-0.040	-0.199	0.010
	$\|t\|$				0.13	0.09	0.25	0.13	0.07
Bedeutung von Produktinnovationen	$\hat{\beta}$			4.976	5.233	5.000	5.454	6.234	5.043
	$\|t\|$			1.16	1.30	1.17	1.24	1.34	1.16
Bedeutung von Prozeßinnovationen	$\hat{\beta}$			6.724	7.576	6.732	1.422	0.351	1.653
	$\|t\|$			1.42	1.53	1.42	0.31	0.08	0.35
Skalenerträge	$\hat{\beta}$			0.056		0.059	0.038	0.025	0.034
	$\|t\|$			0.61		0.61	0.37	0.24	0.36
Bedeutung des Standortfaktors Kundennähe	$\hat{\beta}$			-3.127	-3.048	-3.000	-4.100	-4.599	-3.635
	$\|t\|$			1.30	1.15	1.12	1.46	1.60	1.47
Bedeutung des Standortfaktors Verkehrsanbindung	$\hat{\beta}$			6.718	6.604	6.699	4.196	4.248	4.286
	$\|t\|$			2.09*	1.94*	2.09*	1.53	1.27	1.25
Konzentrationsgrad (Herfindahl)	$\hat{\beta}$							0.131	0.095
	$\|t\|$							0.31	0.35
Log-Likelihood (L_{max})		-80.92	-83.53	-78.63	-78.81	-78.62	-75.461	-74.89	-76.14
Likelihood-Ratio[1]		8.62	3.40	13.20	12.84	13.22	19.54	20.68	18.18
(Probvalue)		0.33	18.27	2.16	2.49	3.97	1.22	1.41	5.20

Quelle: Eigene Berechnungen; zur Erläuterung vgl. Text.

1) $-2(\log L_0 - \log L_{max}) \sim \chi^2_k$ mit k = Anzahl der Parameter (ohne Konstanten) und L_0= Log-Likelihood des Modells nur mit Konstante (= -85.230)

* (**) bedeutet Signifikanz für α = 0.05 (0.01)

2) Hier traten numerische Probleme auf, L_{max} von (1) liegt über L_{max} von (2).

Tabelle B.19: Likelihood-Ratio Tests von Restriktionen in Modellen für Exportquoten von Firmen (Probvalues)*

restr. Modell \ unrestr. Modell	2	5	6	7	8
1	0.00 6.76 1)	- - -	0.00 10.59 1)	0.00 9.05 1)	0.18 9.42 1)
2	- - -	- - -	2.32 20.37 1.30	2.95 17.01 1.57	- - -
3	- - -	62.42 100.00 88.75	0.21 66.39 9.62	0.35 49.01 11.26	14.23 58.50 17.33
4	- - -	65.47 3.31 53.76	0.21 10.59 8.21	0.36 9.31 9.76	14.47 9.05 14.85
5	- - -	- - -	0.07 45.38 4.24	0.15 33.13 5.86	7.43 37.91 8.37
6	- - -	- - -	- - -	33.75 17.50 28.75	- - -
8	- - -	- - -	- - -	0.14 22.38 11.38	- - -

* Angegeben ist jeweils der Probvalue des empirischen χ^2_k- Wertes eines Likelihood-Ratio Tests des restingierten Modells gegen das nicht-restringierte Modell (k = Anzahl Restriktionen). Hierbei beziehen sich die Angaben in Zeile 1 auf die Modelle für den Maschinenbau, in Zeile 2 auf die Elektrotechnik und in Zeile 3 auf die Holzverarbeitende Industrie.

1) Nicht zu berechnen; vgl. Anmerkung bei Tabelle B.18.

In den *Modellen 3 bis 5* ist auf einem üblichen Niveau nur der positive Koeffizient des Standortfaktors Verkehrsanbindung statistisch gesichert. Das negative Vorzeichen des Standortfaktors Kundennähe entspricht ebenso den theoretischen Erwartungen wie die positiven Koeffizienten der Skalenertrags- und Innovationsvariablen. Bemerkenswert ist wiederum (wie im Fall der Modelle für die Firmen der Elektrotechnik) ein Vorzeichenwechsel für die Qualifikationsvariable beim Übergang von Modell 4 zu Modell 5, d.h. bei Einbeziehung der Skalenerträge.

Erweitert man das Modell 5 um die Firmengröße sowie zusätzlich um den Konzentrationsgrad, dann erhält man in den *Modellen 6 bis 8* für keine der einbezogenen Variablen ein auf dem üblichen α-Niveau statistisch gegen Null gesichertes Vorzeichen; bis auf die Qualifikationsvariable sind die Vorzeichen jedoch jeweils in allen Modellen (soweit sie die Variable beinhalten) identisch - auch dies war bei den Elektrotechnik-Firmen-Modellen zu beobachten.

Da auf Basis der in Tabelle B.19 ausgewiesenen Ergebnisse der Likelihood-Ratio-Tests sowohl die Nullhypothese eines fehlenden Einflusses der Unternehmensgröße (Test von Modell 5 gegen Modell 6) als auch die fehlender Einflüsse der übrigen auf Firmenniveau gemessenen Variablen (Test von Modell 2 gegen Modell 6) zurückzuweisen ist, während die Hypothese, daß der Konzentrationsgrad keinen Einfluß hat, nicht abgelehnt werden kann (Modell 6 gegen Modell 7), wird für den Inter-Branchen-Vergleich wiederum das Modell 6 ausgewählt.

Aus der vergleichenden Gegenüberstellung wichtiger Ergebnisse der Modellschätzungen für die Bestimmungsgründe der Exportquoten von Firmen in *Übersicht B.11* werden folgende Tendenzen deutlich:

- Statistisch signifikante Einflüsse sind nur in Ausnahmefällen zu erkennen; sie entsprechen den theoretischen Erwartungen.
- Die Unterschiede zwischen den Branchen zeigen, daß getrennte Modellschätzungen ein notwendiges Vorgehen darstellen.
- Auf die Berücksichtigung des Konzentrationsgrades kann verzichtet werden - fundierte theoretische Erwartungen für die Richtung seines Einflusses liegen ohnehin nicht vor.
- Für den Zusammenhang zwischen Firmengröße und Exportquote ergibt sich ein umgekehrt u-förmiger Verlauf - dies gilt auch bei Kontrolle der von den übrigen berücksichtigten Variablen ausgehenden Einflüsse.
- Der Standortfaktor "Kundennähe" hat in allen drei Branchen den erwarteten negativen Einfluß.
- Der Einfluß von Skalenerträgen (und Qualifikation der Beschäftigten in der Produktion) ist unterschiedlich und, wie theoretisch erwartet, abhängig von der "Konsumnähe" der Produktion.

- Je innovativer eine Firma, desto höher ist ceteris paribus wie erwartet ihre Exportquote - eine Ausnahme bildet hierbei die Bedeutung von Produktinnovationen bei den Firmen der Elektrotechnik.

Übersicht B.11: Zum Vergleich der Ergebnisse der Modellschätzungen für die Exportquoten der Firmen aus den drei Industrien*

Variable	Industrie (Modell) Maschinenbau (Modell 6)	Elektrotechnik (Modell 6)	Holzverarbeitung (Modell 6)
Umsatz	+	(+)	(+)
(Umsatz)^2	(-)	(-)	(+)
Anteil qual. Beschäftiger in der Produktion	(+)	(-)	(-)
Bedeutung von Produktinnovationen	(+)	(-)	(+)
Bedeutung von Prozeßinnovationen	(+)	(+)	(+)
Skalenerträge	(-)	(+)	(+)
Bedeutung des Standortfaktors "Kundennähe"	-	(-)	(-)
Bedeutung des Standortfaktors "Verkehrsanbindung"	(+)	(+)	(+)
Konzentrationsgrad (Herfindahl)			

* Angegeben ist jeweils das Vorzeichen der Variable aus dem aufgrund von Likelihood-Ratio Tests ausgewählten Modell; ein Vorzeichen in () zeigt an, daß der Koeffizient nicht auf einem Niveau von $\alpha = 0.05$ statistisch signifikant ist. Wird kein Vorzeichen angegeben, so fehlt die Variable in dem gewählten Modell. Zu den Variablen und Modellen vgl. Text, zu den Schätz- und Testergebnissen vgl. Tabelle B.16 - B.19.

4.3 Forschungsperspektiven

Die auf Basis ökonometrischer Schätzungen im vorigen Abschnitt herausgearbeiteten Tendenzen zum Zusammenhang von Firmengröße, Innovationen, Standortfaktoren, Produktionsstruktur und Exportquote können kaum mehr als einen ersten Schritt bei der empirischen Untersuchung dieser Problematik für bundesrepublikanische Firmen darstellen, da sie auf den Daten einer in vieler Hinsicht beschränkten Unternehmensbefragung beruhen. Es liegt auf der Hand, daß aus der Auswertung einer nationalen (statt bundeslandbezogenen) Stichprobe mit Firmen aus allen (statt drei ausgewählten) Industrien weitergehende Schlußfolgerungen möglich wären.

Eine besonders fruchtbare Forschungsperspektive eröffnet hierbei die Analyse eines *Firmenpanels*, in dem Informationen über die Exportquote und deren (vermutete) Bestimmungsgründe für eine identische Gruppe von Firmen über mehrere Perioden vorliegen. Dies wird deutlich, wenn man sich eine zentrale Schlußfolgerung aus dem Modell von Hirsch/Adar (1974, 43) vor Augen führt: "If it is assumed that both local and foreign demands are relatively stable over time, *the growth of the firm over time* should increase its export/sales ratio." (Hervorhebung durch mich, J.W.) Eine angemessene ökonometrische Überprüfung solcher theoretischer Überlegungen erfordert Längsschnittdaten für eine Vielzahl von Firmen. Wie im Kontext der Untersuchung mit Industriedaten bereits diskutiert, gestattet die Kombination von Querschnitts- und Längsschnittsdaten zudem die Berücksichtigung unbeobachteter zeitinvarianter Firmenbesonderheiten sowie für alle Unterneh-men identischer Zeiteffekte, wobei zu den Erstgenannten - zumindest in kurzer Frist - eventuell wichtige und schwer faßbare Faktoren wie "Tradition des Hauses" oder "Exportorientierung des Managements" zu zählen sind. Ferner können Determinanten des Übergangs vom Export zum Nicht-Export (und umgekehrt) untersucht werden.

Solange weder umfassendere Stichproben noch ein Firmenpanel zur Verfügung stehen bleibt die Auswertung der beschränkten Stichprobe als Möglichkeit für erste ökonometrische Untersuchungen. Sie gestattet zudem auch erste Schritte in Richtung auf eine weitergehende Analyse, indem sie als Basis für Analysen weiterer Formen internationaler ökonomischer Verflechtungen von Firmen - getrennt und gemeinsam - in den folgenden Teilen der Arbeit dient.

C Direktinvestitionen

1 Ansatzpunkte für ökonometrische Untersuchungen zu den Direktinvestitionen des Verarbeitenden Gewerbes der Bundesrepublik Deutschland

> "The second weakness [in recent work on the multinational enterprise, J.W.] is a superficial one, and is shared by many other branches of modern economic theory. It is that some of the authors direct too much effort into artificially differentiating their theories from others, and spend too little time on original analytical developments. The same concept appears in different guises in different theories, so that the essential simplicity and parsimony of the conceptual framework is lost in the proliferation of rival jargon."
>
> Mark Casson (1987, 32)

1.1 Zu den theoretischen Grundlagen

Eine Direktinvestition ist eine Beteiligung seitens einer Firma (oder einer Privatperson) aus der Bundesrepublik Deutschland an einem Unternehmen im Ausland mit dem Ziel, die Tätigkeit des ausländischen Betriebes zu kontrollieren; dies kann in Form einer Neugründung einer Tochtergesellschaft, durch Übernahme einer bestehenden Firma oder durch eine entsprechend hohe Kapitalbeteiligung geschehen. Zentral ist das Moment der *Kontrolle*, das eine Direktinvestition von einer Portfolioinvestition unterscheidet; die Höhe der Beteiligung, die hierbei als kritische Grenze herangezogen wird, ist international nicht einheitlich festgelegt - für bundesrepublikanische Unternehmen (und Privatpersonen) gilt, daß sie als Direktinvestition jede direkte oder indirekte Beteiligung von 25% oder mehr an den Anteilen oder Stimmrechten an einem gebietsfremden Unternehmen sowie jede Zweigniederlassung im Ausland zu melden haben, soweit das ausländische Unternehmen bzw. die Zweigniederlassung eine Bilanzsumme bzw. ein Bruttobetriebsvermögen von mehr als 500 000 DM aufweist (vgl. zu Einzelheiten Deutsche Bundesbank (1979, 38)). Nimmt eine bundesrepublikanische Firma eine Direktinvestition vor, so wird sie dadurch zu einem multinationalen Unternehmen (MNU).

Die Frage nach den Ursachen von Direktinvestitionen und MNU wurde in der ökonomischen Theorie im Rahmen unterschiedlicher Ansätze untersucht. Jahrreiß (1984) und Braun (1988) spüren den Verästelungen der Theorieentwicklung detailliert nach und tragen die vorgebrachten Überlegungen zusammen; kenntnisreiche kürzere Überblicke insbesonders zu Aspekten der modernen Theorie der MNU, verfaßt von führenden Vertretern selbst, bieten Caves (1982, Ch. 1), Rugman (1986), Casson (1987, Ch. 1 & 2) sowie Dunning (1988a, 1988b). Hier kann - auch angesichts der im Motto dieses Abschnitts zitierten und nach Einschätzung des Verfassers überaus treffenden Kennzeichnung zahlreicher Aspekte laufender theoretischer Auseinandersetzungen auf diesem Gebiet - darauf verzichtet werden, vorliegenden Überblicken einen weiteren hinzuzufügen. Es reicht aus, die Kerngedanken der modernen Theorie der Direktinvestitionen und MNU zu skizzieren, die die Basis für die Formulierung von Hypothesen bilden, die dann den ökonometrischen Modellen in den Kapiteln 2 und 3 dieses Teils der Arbeit zugrunde gelegt werden:

Den Ausgangspunkt bildet die Betrachtung der MNU als eine Art einer Mehr-Betriebsstätten-Unternehmung, deren Produktionsstätten in mehr als einem Land liegen (vgl. Caves 1982, 1). Die Frage, warum es MNU (und also Direktinvestitionen) gibt, ist daher ein Unterfall der Frage, warum es überhaupt Firmen gibt und warum nicht sämtliche Transaktionen über Märkte abgewickelt werden. Die Antwort hierauf formulierte Coase (1937) vor mehr als 50 Jahren in seinem klassischen Aufsatz "The Nature of the Firm":

> "The main reason why it is profitable to establish a firm would seem to be that there is a cost of using the price mechanism. The most obvious cost of 'organising' production through the price mechanism is that of discovering what the relevant prices are. ... The costs of negotiating and concluding a separate contract for each exchange transaction which takes place on a market must also be taken into account. (...) The question always is, will it pay to bring an extra exchange transsaction under the organising authority? At the margin, the costs of organising within the firm will be equal either to the costs of organising in another firm or to the costs involved in leaving the transaction to be 'organised' by the price mechanism." (Coase 1937, 390 f. bzw. 404).

Transaktionskosten und Marktversagen spielen damit eine Schlüsselrolle bei dieser ökonomischen Erklärung der Existenz von Firmen: "Firms exist where an organisational solution to an allocation problem is superior to a market solution. The converse of the existence of firms is the failure of markets." (Buckley 1987, 16) "Where markets are perfectly competitive, the co-ordinating of interdependent activities cannot be improved upon; once imperfections arise or can be exploited through internalisation, this becomes a possibility." (Dunning 1981, 29) Die allgemeine Antwort auf die Frage, warum es multinationale Unternehmen gibt, liegt damit auf der Hand: "'Why are plants in different countries brought under common ownership and control?' The answer is 'Because the transaction costs incurred in intermediate products markets can be reduced by internalizing these markets within the firm'." (Casson 1987, 6) Zwischenprodukte schließen hierbei jede Form von Wissen (know-how) ein, denn "information is an intermediate product *par excellence*" (Rugman 1980, 368)

Ein Schritt auf dem Weg von diesen grundlegenden theoretischen Überlegungen hin zu ökonometrisch testbaren Hypothesen stellt die von Caves (1982, 2) vorgenommene Klassifikation von MNU in drei Idealtypen (die in der Realität auch als Mischformen anzutreffen sind) dar: *Horizontal integrierte MNU* haben ein identisches oder ähnliches Produktionsprogramm in ihren Betrieben im In- und Ausland, *vertikal integrierte MNU* wickeln verschiedene Stufen des Produktionsprozesses der von ihnen hergestellten Güter in Betrieben im In- und Ausland ab, *diversifizierte MNU* produzieren im In- und Ausland Güter, die miteinander weder im oben definierten Sinne horizontal noch vertikal in Beziehung stehen.

Für die Analyse der Bestimmungsgründe der Existenz *horizontal integrierte MNU* ist das Konzept der "*intangible assets*" - ein deutscher Ausdruck hierfür könnte etwa "nicht-stoffliche Aktiva" lauten - zentral: Faßt man als assets alle Ausstattungen auf, die einer Firma zukünftige Erträge erbringen können, dann fallen hierunter nicht nur stoffliche (tangible) Größen wie Arbeitskräfte und Kapitalgüter, sondern auch nicht-stoffliche (intangible) Faktoren wie Wissen, organisatorische und unternehmerische Fähigkeiten und Zugang zu Märkten (vgl. Dunning 1981, 25).

"Successful firms in most industries possess one or more types of intangible assets. An asset may represent technology-knowledge about how to produce a cheaper or better product at a lower cost than competing firms. This intangible asset might take the specific form of a patented process or design, or it might simply rest on know-how shared among employees of the firm or the intangible might take the form of a marketing asset. (...) Once again, the intangible asset may take the form of a specific property - a registered trademark or brand - or it may rest in marketing and selling skills shared among the firm's employees. Finally, the distinctiveness of the firm's marketing-oriented assets may rest with the firm's ability to come up with frequent innovations; its intangible asset than may be a patented novelty, or simply some new combination of attributes that its rivals cannot quickly or effectively imitate." (Caves 1982, 3 f.)

Der Besitz solcher ökonomische Erträge abwerfender nicht-stofflicher Aktiva wird zur Ursache der Existenz horizontal integrierter MNU durch das Vorliegen von Marktversagen bei der Transaktion dieser assets: Hierfür nennt Caves (1982, 5) drei Gründe:

- Intangible assets haben zumindest in gewissem Ausmaß den Charakter eines öffentlichen Gutes - Wissen kann bei geringen Kosten und ohne Minderung seiner Nutzung aus Ort A, wo es entwickelt wurde, auch an weiteren Orten B, C usw. eingesetzt werden. Gesamtwirtschaftliche Allokationseffizienz würde daher einen Preis von (nahe bei) Null (d.h. in Höhe der Grenzkosten) erfordern. "But no one gets rich selling his bright ideas for zero." Zu geringe Mengen und/oder "falsche" Preise beim Handel sind die Folgen.
- Bei Markttransaktionen mit intangible assets droht die Gefahr opportunistischen Verhaltens: Ein potentieller Käufer ist vom Wert einer Erfindung o.ä. nur voll zu überzeugen, wenn der Verkäufer ihn in alle Einzelheiten einweiht und die Katze aus dem Sack läßt - dann besteht die Gefahr (falls keine Eigentumsrechte in Form von Patenten o.ä. durchsetzbar sind) einer kostenlosen Nutzung durch den "Käufer", der andererseits ohne vollständige Kenntnis nicht bereit ist, den aus der Sicht des Verkäufers angemessenen Preis zu bezahlen. Dies behindert oder verhindert Markttransaktionen.
- Es besteht Unsicherheit darüber, ob das intangible asset auch bei dem potentiellen Käufer einen entsprechend hohen Ertrag abwerfen wird.

Kommt es dagegen wegen dieser Besonderheiten des Marktes für intangible assets nicht zur Vergabe von Lizenzen an ausländische Unternehmen und verhindern Importbeschränkungen, Transportkosten etc. den Export in diese Länder, dann entsteht ein horizontal integriertes MNU. Nach diesem 'Internalisierungs-Ansatz' ist ein MNU demnach eine Organisation, die ihren internen Markt zur effizienten Produktion und Verteilung einer Güterart nutzt, bei der "übliche" Märkte versagen; dies gestattet die Definition und Sicherung von Eigentumsrechten an Wissen durch die Kontrolle der Nutzung und fördert damit seine mit privaten Kosten verbundene Produktion durch Investitionen in Forschungs- und Entwicklungsaktivitäten.

Für die ökonometrischen Untersuchungen läßt sich hieraus folgende Schlußfolgerung ableiten: "This analysis generates the empirical prediction that we should find a greater incidence of MNEs (multinational enterprises, J.W.) in industries where intangible assets are important." (Caves 1982, 6). Da intangible asstes ihrer Natur nach nicht direkt gemessen werden können, ist man zur empirischen Überprüfung dieser Hypothese auf geeignete Indikatoren angewiesen, die anzeigen, in welchem Ausmaß eine Industrie oder eine Firma verglichen mit anderen Branchen bzw. Unternehmen über solche assets verfügt: je mehr dies der Fall ist, um so mehr "multinational" wird eine Industrie bzw. um so eher ein MNU wird eine Firma sein. "Although intangible assets by their nature resist any direct measurement", so Caves (1982, 8), "their prevalence is revealed by the outlays that companies make for the purpose of producing them."

Proxy-Variablen für das Ausmaß von intangible assets lassen sich demnach insbesondere aus den Aufwendungen gewinnen, die (auf der Ebene von Industrien bzw. Firmen) für Forschung & Entwicklung und für Werbung vorgenommen werden. "It is my contention", so schreibt Dunning (1981, 30), "that the need both to generate innovations and ideas and to retain exclusive right to their use has been one of the main inducements for enterprises to internalise their activities in the last two decades." Er folgert hieraus, "... that research intensive industries would tend to be more multinational than other industries ...". (Dunning 1981, 33) Und für Marketing-Aufwendungen stellt Kaufer (1980, 226) fest: "Werbung schafft und erhält den intangiblen Kapitalstock einer Firma."

Eine weitere Größe, die mit intangible assets in engerem Zusammenhang zu sehen ist, stellen relatives Ausmaß und die Qualifikation des Managements dar, da der Erfolg bei der produktiven Anwendung des firmenspezifischen Wissens auch untrennbar mit den Managern der Firma verbunden sein kann. "Therefore, managerial skills give rise to foreign investment because they have become combined in effective teams to develop and utilize intangible assets that themselves cannot readily be marketed separately. Thus, the level and extent of managerial skills required in an industry should contribute to explaining its FDI (foreign direct investments, J.W.) activity (even after controlling for its intangible assets)." (Caves 1982, 10)

Auf die Umsetzung dieser Ideen in ökonometrischen Studien wird noch einzugehen sein.

Vertikal integrierte MNU lassen sich ebenso wie horizontal integrierte mit Transaktionskosten-Überlegungen erklären. "Vertical integration occurs, the argument goes, because the parties prefer it to the contracting costs and uncertainties that would mar the alternative state of arm's-length transactions. The vertically integrated firm internalizes a market for an intermediate product, just as the horizontal MNE internalizes markets for intangible assets." (Caves 1982, 16) Anreize zur Internalisierung des Zwischenprodukt-Marktes folgen aus den mit Wechseln des Lieferanten verbundenen Kosten und damit einhergehenden Anreizen zu opportunistischem Verhalten, den hieraus abzuleitenden Tendenzen zum Abschluß langfristig bindender Verträge mit genauer Spezifikation der Folgen möglicher zukünftiger Umweltzustände sowie den hohen Kosten, die mit solchen Verträgen bei Aushandeln, Abschluß und Überwachung verbunden sind: "... intermediate-product markets can be organized in a spectrum of ways stretching from anonymous spot market transactions through a variety of long-term contractual arrangements at arms's length to vertical integration. Switching costs and durable, specific assets discourage spot transactions and favor one of the other modes. If, in addition, the costs of negotiating and monitoring arm's lenght contracts are high, the choice falls on vertical integration." (Caves 1982, 17)

Hinzu kommt Marktversagen bei Informationen über zukünftige Preise und verfügbare Mengen wichtiger Rohstoffe: Diese Informationen können am kostengünstigsten (eventuell sogar ausschließlich nur) von den Eigentümern der Rohstoffvorkommen produziert werden - für diese besteht aber kein Anreiz, diese zentralen Planungsgröße an die Abnehmer weiterzuleiten, da der zu erzielende Preis höher sein kann, wenn die Abnehmer höhere Produktionskapazitäten errichten. "Therefore, vertical integration may occur in order to get around impacted information coupled with opportunism." (Caves 1982, 18)

Außer in Industrien, in denen Rohstoffe gewonnen bzw. weiterverarbeitet werden, findet man vertikal integrierte MNU in Industrien, wo die Produktion auch arbeitsintensive Teilprozesse einschließt und wo daher ein starker Anreiz bestehen kann, geeignete Teilschritte der Produktion in Länder zu verlagern, wo - unter Beachtung von Produktivitätsunterschieden und Transport- sowie Kommunikationskosten - die Produktionskosten aufgrund niedrigerer Löhne geringer sind. Ferner sind oft horizontal integrierte MNU auch bis zu einem gewissen Grund gleichzeitig vertikal integriert, wenn ausländische Tochtergesellschaften nicht lediglich ein mit der Muttergesellschaft weitgehend identisches Produktionsprogramm aufweisen, sondern Vorprodukte, die sie von dort beziehen, entsprechend den Erfordernissen des lokalen Marktes anpassen und zu vermarktbaren Enderzeugnissen weiterverarbeiten oder Serviceleistungen für von der Muttergesellschaft importierte Produkte durchführen (vgl. Caves 1982, 20 ff).

Diversifizierte MNU können theoretisch aus der Anwendung des Diversifikationsprinzips der Portfoliotheorie erklärt werden: "Going multinational in any form brings some diversification gains to the enterprise, and these reach their maximum when the firm diversifies across 'product space' as well as geographical space." (Caves 1982, 24)

Nach dieser knappen Skizze zur theoretischen Erklärung der drei Idealtypen multinationaler Unternehmen - horizontal- und vertikal integrierte sowie diversifizierte MNU - bleiben noch einige Ergänzungen anzufügen.

Erstens findet man in der Literatur zahlreiche Hinweise auf die Rolle der *Firmengrösse*. So argumentiert z.B. Caves (1974, 280), daß die absolute Firmengröße bei der Wahl der Methode, Erträge aus firmenspezifischem Wissen auf Auslandsmärkten zu erzielen, von großer Bedeutung sei, denn "direct investment entails higher (relatively fixed) costs of search and investigation than do exporting or licensing, and thus is more likely the game of the firm big enough to amortize these search costs over a large direct investment outlay." Geroski (1976, 3) und Pugel (1981, 224) weisen daneben noch auf Kapitalmarktunvollkommenheiten hin, die Direktinvestitionen für kleine Firmen schwieriger realisierbar machen. (Vgl. in diesem Zusammenhang auch die kursorischen Hinweise zur Rolle der Firmengröße bei Dunning 1981, 24 ff. und den Überblicksaufsatz von Buckley 1989.

Zweitens ist zu erwarten, daß eine positive Korrelation zwischen der Direktinvestitionsintensität und dem *Konzentrationsgrad* von Industrien besteht. "This is because the influences giving rise to multinational companies are identical with the bases of several barriers to entry into industries, and entry barriers cause high seller concentration." (Caves 1982, 94) Auf die Zusammenhänge zwischen Werbeintensität, Unternehmensgröße und Konzentration wurde bereits in Abschnitt B.3.2.4 ausführlich eingegangen, eine Wiederholung ist hier unnötig. Es bleibt zu ergänzen, daß auch Technologieintensität Marktzutrittsbeschränkungen bewirken kann, wenn Forschungs- und Entwicklungsaktivitäten Skalenerträge aufweisen und erfolgreiche Innovatoren "first-mover advantages" erlangen (vgl. Caves 1982, 95 f.).

Die positive Korrelation von Konzentration und Direktinvestitionen ist damit einerseits auf deren gemeinsame Bestimmungsfaktoren zurückzuführen. Andererseits sprechen theoretische Überlegungen auch für einen kausalen Einfluß von einem höheren Konzentrationsgrad auf eine höhere Direktinvestitionsintensität: Gibt es in einer Industrie nur wenige Firmen ("rivalry among the few"), dann ist sich jede hiervon bewußt, daß ihre optimale Strategie von der ihrer Konkurrenten abhängt. Es besteht also eine wechselseitige Anhängigkeit zwischen den Unternehmen, die allen Firmen bewußt ist (vgl. Scherer 1980, 151). In einer solchen Situation oligopolistischer Interdependenz wird die Direktinvestition von Firma A im Land X auch Direktinvestitionen der Firmen B und C etc. dort nach sich ziehen, da diese Firmen erstens um ihre Exporte nach X fürchten, zweitens A nicht die Chance geben wollen, dort "first-mover advantages" zu realisieren und drittens verhindern wollen, daß A in X Zugang zu Wissen (Technologien etc.) findet, das er erfolgreich und damit zu ihren Lasten auch im Inland einsetzen kann (vgl. Caves 1982, 98).

Imitation als Form der Reaktion im Oligopol wurde insbesonders von Knickerbocker (1973) als Determinante von Auslandsinvestitionen betont. Der nach diesen Überlegungen zu erwartende Zusammenhang zwischen Konzentrationsgrad und Direktinvestitionsintensität ist nicht-linear, denn imitierendes Verhalten wird eher bei "hoch, aber nicht ganz hoch" konzentrierten Industrien zu erwarten sein, da in schwach konzentrierten wechselseitige Abhängigkeiten keine Rolle spielen und sehr hoch konzentrierte Branchen ("tight-knit oligopoly") eine ausgeprägte Tendenz zur Selbstkoordination aufweisen (vgl. Caves 1982, 99).

Drittens ist offensichtlich, daß *Handelshemmnisse* mit zu Direktinvestitionen führen können. Der Sachverständigenrat zur Begutachtung der gesamtwirtschaftlichen Entwicklung (1987, Tz. 12) formulierte dies kürzlich so: "Wo der freie Zugang der Märkte für Produkte behindert wird, lassen sich Marktanteile nur halten, wenn sich die Produktionsstätten innerhalb der Zollgrenzen befinden." Handelshemmnisse umfassen hierbei nicht nur Importbarrieren in Form von Zöllen, Kontingenten, "freiwilligen" Selbstbeschränkungsabkommen oder Importzverboten und Auflagen zum Mindestanteil der Wertschöpfung aus inländischer Produktion, sondern jegliche Form nicht-tarifärer Handelshemmnisse und damit nahezu jede Art wirtschaftspolitischer Eingriffe des Staates - soweit sie Produzenten im Inland (Tochtergesellschaften ausländischer Unternehmen *und* Firmen in vollen Besitz inländischer Wirtschaftssubjekte) positiv gegenüber Anbietern von Importgütern diskriminiert. Das Spektrum reicht hierbei von Subventionen etwa für Forschung und Entwicklung über Steuererleichterungen z.B. im Kontext regionalpolitischer Programme bis hin zur Bevorzugung von Unternehmen mit Sitz im Inland bei der Vergabe staatlicher Aufträge. Aus all diesen staatlichen Eingriffen kann sich ein *Standortvorteil* für das betreffende Land verglichen mit dem Sitzland der Muttergesellschaft einer MNU ergeben.

Diese Überlegungen leiten über zu einigen abschließenden kurzen Hinweisen auf Dunnings "Eclectic Approach" zur Erklärung der Existenz von MNU (vgl. als locus classicus die in Dunning (1981) wiederabgedruckten Aufsätze sowie als aktuelle Fassungen seiner Überlegungen Dunning (1988a, 1988b)). Hiernach wird eine Firma dann eine Direktinvestition im Ausland vornehmen, wenn drei Bedingungen erfüllt sind (vgl. Dunning 1988a, 45 f.):

- Sie verfügt über firmenspezifische Vorteile verglichen mit anderen Unternehmen bei der Versorgung eines Marktes aufgrund von intangible assets der oben diskutierten Formen ("ownership-specific advantages").
- Es bestehen Anreize, die Verwertung dieser firmenspezifischen Vorteile zu internalisieren - aus den oben behandelten Gründen kommt es zu Marktversagen beim Tausch dieser assets in Form von Lizenzvergabe an ausländische Produzenten ("internalization advantages").

- Für die Firma ist es optimal, diese firmenspezifischen Vorteile auch zusammen mit Inputs aus dem Ausland dort zu nutzen - ist dies nicht der Fall, würde sie den Inlandsmarkt durch inländische Produktion und den Auslandsmarkt durch Exporte bedienen ("locational advantages").

Da "*o*wnership-specific", "*l*ocational" und "*i*nternalization advantages" Direktinvestitionen und MNU erklären, wird dieser Dunning'sche eklektrische Ansatz auch als *OLI-Paradigma* bezeichnet. Zu den Standortfaktoren ("locational advantages"), die die Internalisierung der intangible assets entweder in Form der Inlands- oder der Auslandsproduktion bewirken, zählt Dunning (1988a, 48) u.a. die Verteilung von natürlichen und anderen Ressourcen und Märkten im Raum; Preise, Qualität und Produktivität von Inputs; Transport- und Kommunikationskosten; Investitionsanreize positiver oder negativer Art; Handelshemmnisse wie Zölle etc.; Infrastrukturausstattung (im weitesten Sinne, einschließlich etwa Rechtssysteme); "psychische" Entfernung in Form von Sprachbarrieren, Unterschieden in der Kultur etc.; ökonomische Anreize zur Zentralisierung von Forschung & Entwicklung und Marketing; schließlich das gesamte wirtschaftliche System und den institutionellen Rahmen für die Allokation von Ressourcen.

Die Internalisierungs-Anreize spielen demnach insbesonders eine Schlüsselrolle bei der Entscheidung "Direktinvestition oder Lizenzvergabe", die Standortvorteile von In- und Ausland bei der Entscheidung "Direktinvestition oder Export".

Damit sind wichtige Kerngedanken der modernen Theorie der Direktinvestitionen und der multinationalen Unternehmung kurz - und daher auch verkürzt - zusammenfassend skizziert. Der nächste Schritt soll nun darin bestehen, durch einen Blick auf vorliegende empirische Untersuchungen hierzu Forschungslücken in bezug auf die Bundesrepublik Deutschland zu identifizieren und Anregungen zu ihrer partiellen Ausfüllung zu erhalten. Folgt man Mark Casson (1987, 4), dann ist hierbei einiges zu erhoffen: "The need to explain facts has guided the development of the theory (of multinational enterprise, J.W.) throughout, and this has conferred on the theory its major strenght relative to other branches of economics, namely its immediate practical relevance."

"Judged by criteria of simplicity, elegance and mathematical sophistication, the theory of the MNE [multinational enterprise, J.W.] does not perform well. But judged by the criterion of relevance, it is highly successful. ... Thus ... the theory of the MNE is an example of an economic theory which is not merely plausible, but actually 'works'."

Mark Casson (1987, 27 f.)

1.2 Empirische Untersuchungen zur Direktinvestitionsstruktur der Bundesrepublik Deutschland: Ein Überblick

In der Literatur liegen zahlreiche empirische Untersuchungen zu Bestimmungsgründen internationaler Direktinvestitionsströme vor. Der folgende Überblick konzentriert sich auf Arbeiten, die auf die Bundesrepublik Deutschland bezogen sind; für Studien, die andere Länder betreffen, kann auf Übersichtsbeiträge (Caves (1982, ch. 1), Buckley (1985), Krist (1985, 125 - 141)) verwiesen werden.

Für die Bundesrepublik Deutschland finden sich drei Gruppen von Untersuchungen:

- Deskriptive Darstellungen der Direktinvestitionsverflechtung nach sektoraler und/oder regionaler Gliederung;
- Motivanalysen/Unternehmensbefragungen zu Gründen von Direktinvestitionen;
- ökonometrische Untersuchungen zu Bestimmungsgründen der Direktinvestitionen.

Die Arbeiten aus den beiden erstgenannten Gruppen sollen nicht weiter betrachtet werden: Beschreibungen zur Struktur der Direktinvestitionen (vgl. z.B. Krist (1985, Kap. 2), Olle/Oesterheld (1985), Wilkens/Hackenbruch (1988) und die regelmäßige Berichterstattung in den Monatsberichten der deutschen Bundesbank (z.B. Deutsche Bundesbank 1987)) vermitteln wichtige erste Eindrücke, gestatten jedoch keine fundierten Aussagen über die Relevanz theoretischer Überlegungen zur Erklärung der realen Vorgänge; Unternehmensbefragungen zu Motiven für Direktinvestitionen (vgl. die in Jahrreiß (1984, 48 ff. und 278 ff.) zusammengetragenen Ergebnisse) sind ähnlich einzuschätzen, wobei hier die Gefahr hinzukommt, daß die Aussagen durch eine willkürliche Argumentation der Befragten ein verzerrtes Bild liefern.

Die Arbeiten der dritten Gruppe, in denen Regressionsanalysen auf der Grundlage bundesrepublikanischer Branchendaten mit der (unterschiedlich gemessenen) Direktinvestitionsverflechtung als endogener Variable und einer Reihe industrieller Charakteristika (wie Forschungs- und Entwicklungsintensität etc.) als exogenen Variablen durchgeführt werden, sollen im folgenden genauer betrachtet werden. Auf eine vergleichende Gegenüberstellung der Untersuchungs*ergebnisse* soll hierbei verzichtet werden - wie im Fall des internationalen Handels (vgl. Abschnitt B.1.2) wäre sie wenig aussagekräftig, da sich die Studien im Hinblick auf Methodik, Zeitbezug, Disaggregationsniveau der Daten, einbezogene Industrien sowie Definition von endogenen und exogenen Variablen mehr oder weniger deutlich voneinander unterscheiden. Wichtig ist hingegen auch hier eine Zusammenstellung der Untersuchungs*ansätze* (Datengrundlagen, Methodik, endogene und exogene Variablen), da hieraus die vorhandenen Forschungslücken erkennbar werden können. In der Übersicht C.1 sind, geordnet nach dem Jahr der Publikation, auf die Bundesrepublik Deutschland bezogene Regressionsanalysen[1] zur Branchenstruktur der Direktinvestitionen unter den genannten Gesichtspunkten überblicksartig zusammengefaßt; zur exakten Definition der jeweils verwendeten Variablen sei auf die Originalarbeiten verwiesen.

Die in der Übersicht C.1 zusammengefaßte Auswertung von Regressionsanalysen zur Branchenstruktur der bundesrepublikanischen Direktinvestitionen macht folgende *Forschungslücken* deutlich:

- Wie im Fall des internationalen Handels fehlen Untersuchungen auf der Basis von Daten aus den achtziger Jahren.
- Ebenso wie im Fall des internationalen Handels weisen die vorliegenden Studien größere ökonometrisch-methodische Schwächen auf: Nur Krist (1985) testet auf Homoskedastie und beachtet (in rudimentärer Form) die Ausreisser-Problematik; die funktionale Form der Modelle wird als linear und/oder doppelt-logarithmisch unterstellt, ohne dies zu testen; wenn gepoolte Daten verwendet werden (vgl. Juhl 1980 und 1981, Krist 1985, Clegg 1987), wird die gewählte Spezifikation (keine Zeit- bzw. Industrieeffekte oder fixe Zeiteffekte) nicht getestet.

---

[1] Auf die Arbeit von Juhl (1985), der Rangkorrelationen zwischen Direktinvestitionsintensitäten und Industrievariablen berechnet, wird nicht eingegangen, da dieser Ansatz ungeeignet ist, den *ceteris paribus* von einer Größe ausgehenden Einfluß auf die Direktinvestitionen zu isolieren.

Übersicht C.1: Regressionsanalysen zur Branchenstruktur der bundesrepublikanischen Direktinvestitionen im Überblick*

Verfasser (Publikationsjahr)	Datengrundlagen (Anzahl Industrien; Untersuchungszeitraum)	Methode	Endogene Variable	Exogene Variable(n)	Bemerkungen
Agarwal (1978)	20 Industrien (1973; 1974; 1975; 1976) BMWI-Daten	OLS (Einfachregressionen)	Anteil der DI einer Branche an allen DI der BRD	1.) Anteil der X der Branche an allen X der BRD 2.) Anteil der M der Branche an allen M der BRD 3.) Lohn- und Gehaltssumme in v.H. des Umsatzes	Theoretische Fundierung fehlt
Eckert (1978)	18 Industrien (etwa 1. Hälfte der 70er Jahre) BMWI-Daten	OLS (Einfachregressionen)	1.) Anteil der Kapitalabflüsse für DI 1976 an den durchschnittlichen Bruttoanlageinvestitionen 1970 bis 1975	1.) Anteil Werbeausgaben am Umsatz	Auf Versuche mit multiplen Regressionen wird hingewiesen (vgl. S. 277f. und Tab. 19)
	[16 Industrien]		2.) Durchschnittl. Kapitalabluß für DI (1970-75) bezogen auf durchschnittl. Bruttoanlageinvestitionen (1970-75)	2.) Durchschnittliche FuE-Ausgaben (1969, 1971, 1973) bezogen auf durchschnittlichen Umsatz (1969, 1971, 1973)	
	[27 Industrien]		(wie 2.)	3.) Durchschnittlicher Umsatz pro Betrieb (1970-75)	
	[28 Industrien]		(wie 2.)	4.) Durchschnittl. Zahl der Beschäftigten pro Betrieb (1970-75)	
Juhl (1979)	21 Industrien (1971; 1973; 1975) BMWI-Daten	OLS (multiple schrittweise Regressionen)	DI-Bestand in LDC (DI-Bestand in LDC bezogen auf Kapitalstock im Inland)	- Beschäftigtenanteile in Betrieben mit über 500 Beschäftigten (1970) - Humankapitalintensität (kapitalisierter durchschnittlicher Unterschied der Entlohnung vergl. mit Lohnsatz für Ungelernte) - Sachkapitalintensität - Intensität der Nutzung importierter Rohstoffe (1970) - Effektive Protektionsrate (1972) - Interaktionsterm der beiden ersten Variablen	Beschränkung auf LDC als Zielländer

(Fortsetzung s. nächste Seite)

(Fortsetzung)

Juhl (1980)	13 Industrien (1968; 1971; 1974; 1977) BMWI-Daten; Input-Output-Tabelle für BRD 1970	OLS (linearer und doppelt-logarithmischer Ansatz) - Gepoolte Daten (ohne Zeit- oder Industrieeffekte)	DI-Bestand Transaktionswert (als Differenz zweier aufeinander folgender Jahre)	Summe der Produkte der relativen Vorwärtsverflechtung einer Branche zu allen anderen mit den Auslandsinvestitionen dieser Branche (in Brasilien)	Beschränkung auf Zielland Brasilien Überprüft wird nur, ob Firmen ihren Abnehmern bei DI folgen (Follow-up-Investitionen)
Juhl (1981)	21 Industrien (1974; 1977) BMWI-Daten; Input-Output-Tabelle für BRD 1970	OLS (schrittweise) - auch gepoolte Daten (ohne Zeit- und Industrieeffekte)	- wie Juhl (1980)	- wie Juhl (1980) - zusätzlich: Anteil der Lieferungen als Vorleistungen am gesamten Output	Fragestellung wie bei Juhl (1980), aber untersucht für alle Länder und regional disaggregiert (LDC, DC)
Jungnickel (1981)	30 Industrien (1977) Buba-Daten	OLS (multiple Regressionen)	DI-Intensität, def. als Umsatz der Auslandstöchter bezogen auf Inlandsumsatz	- Unternehmensgröße (Bruttowertschöpfungsanteil von Unternehmen mit mehr als 1000 Beschäftigten) - Technologieintensität (FuE-Aufwand zu Nettowertschöpfung) - Humankapitalintensität (Differenz Durchschnitts- zu Hilfsarbeiterlohn) - Vorleistungsimporte (Anteil am Bruttoproduktionswert) - Realkapitalintensität (Bruttoanlagevermögen je Beschäftigtenstd.) - Umweltintensität (Anteil Umweltschutz- an Gesamtinvestitionen) - Rohstoffintensität - Energieintensität	Theoretische Fundierung fehlt, exogene Variablen werden aus Analyse der Determinanten der Außenhandelsstruktur übernommen

(Fortsetzung s. nächste Seite)

(Fortsetzung)

Krist (1985)	29 Industrien (1976-1980) Buba-Daten	OLS (bivariate und multivariate Regressionsanalysen) - Gepoolter Ansatz mit fixen Zeiteffekten (ohne Test auf Zeit- oder Industrieeffekte) - Test auf Homoskedastie nach Glejser	Jahresumsatz der deutsch kontrollierten Unternehmen im Ausland nach dem Wirtschaftszweig des ausländischen Investitionsobjekts bezogen auf Umsatz der Unternehmen im Inland	- Humankapitalintensität (Anteil Naturwissenschaftler an Beschäftigten 1980 <u>oder</u> Akademikeranteil <u>oder</u> durchschnittl. Lohn- und Gehalt pro Besch.) - FuE-Intensität - Sachkapitalintensität - Investitionsquote - Produktivität (Pro-Kopf-wertschöpfung <u>oder</u> Arbeitsproduktivität) - Skalenerträge (Umsatzanteil von Unternehmen mit mehr als 1000 Beschäftigten) - Konzentrationsgrad (CR3) - Durchschnittliche Unternehmensgröße (Besch.) - Neugründungsquote - Stillegungsquote - Effektive Protektionsrate (1974) - Energieintensität (1978) - Umweltschutzintensität - Rohstoffintensität (1970) - X/U - (X+M)/U	Betrachtet werden ferner ausländische DI in der BRD und rivalistisches Verhalten - Bivariate Analysen deuten oft auf "Sonderrollen" einzelner Industrien hin - Bei den gepoolten Schätzungen werden einzelne exogene Variablen für alle Jahre identisch verwendet - Die gepoolten Modelle enthalten in den berichteten "überzeugendsten Kombinationen" der Tab. 4.9 nur eine Auswahl der genannten exogenen Variablen

(Fortsetzung s. nächste Seite)

(Fortsetzung)

Yamawaki (1985)	28 Industrien (1975-79) BMWI-Daten	OLS (multiple Regression)	Direktinvestitionsströme bezogen auf Gesamtinvestitionen (Durchschnitt 1975-79)	- Kapitalintensität (Durchschnitt 1975-79) - Facharbeiteranteil (1972) - Rohstoffintensität (1975) - FuE-Ausgabenanteil am Umsatz (1979) - Anteil privater Konsum am Umsatz (1975) - Interaktion des Anteils privater Konsum mit Dummy, der Wert 1 hat, wenn für US-Industrie das Verhältnis Werbeausgaben/Umsatz größer als 1.0 v.H. ist (1974) - Durchschnittl. Wertschöpfung je Unternehmen (1977) - Minimum efficient size (Durchschnittsumsatz der größten Firmen mit 50% der Beschäftigten, geteilt durch Gesamtumsatz) 1977 oder 78 - Interaktion von Minimum efficient size und Index nichttarifärer Handelshemmnisse (1970-71)	Betrachtet werden ferner ausländische DI in der BRD - Produktdifferenzierungsvariable beruht auf Angaben für US-Industrien
Clegg (1987)	9 (?) Industrien[1] (1965; 1970; 1975) BMWI-Daten und Buba-Daten (unklar; vgl. auch endogene Variable) [1] In Tabellen keine Angaben; vgl. ch. 3	OLS (multiple Regression; doppelt-log. Ansatz) Gepooltes Modell ohne Zeit- und Industrieeffekte (ohne Tests)	Auslandsproduktion bezogen auf Inlandsproduktion (Auslandsproduktion geschätzt mit der Kapitalproduktivität des inländischen Kapitalstocks)	- FuE-Ausgabenanteil am Umsatz - FuE-Beschäftigtenanteil - Sachkapitalintensität - Lohn- und Gehaltssumme je Beschäftigter (auch getrennt nach Produktions- und Nicht-Produktionsbereich) als Humankapital-Proxies - Anteil von im Nicht-Produktionsbereich Beschäftigten an Gesamtbeschäftigten	Betrachtet vergleichend auch USA, UK, Schweden, Japan - Betrachtet auch ausländische DI in der BRD - Keine Berücksichtigung von Produktdifferenzierung und Konzentration

* Erläuterung der verwendeten Abkürzungen (alle Größen beziehen sich jeweils auf die Industrien i, i= 1, 2, ..., n): BMWI-Daten = Daten zu Direktinvestitionen aus der Transferstatistik des Bundesministers für Wirtschaft; Buba-Daten = Daten zu Direktinvestitionen aus der Bestandstatistik der Deutschen Bundesbank; DI = Direktinvestitionen, X = Ausfuhren, M = Einfuhren, U = Umsatz; LDC = Entwicklungsländer, DC = Industrieländer; FuE = Forschung und Entwicklung; OLS = ordinary least squares.

- Die Auswahl der exogenen Variablen erfolgt oft ad hoc ohne modelltheoretische Herleitung; zahlreiche Variablen sind keine überzeugenden Proxies für die jeweiligen theoretischen Größen (Lohndifferenzen für Humankapital; Produktdifferenzierung bei Yamawahi (1985) auf Basis der Angaben für US-Firmen).

Hier gilt es jeweils bei den Untersuchungen auf der Basis von *Industriedaten* im Abschnitt C.2 anzusetzen.

Empirische Arbeiten zu den Bestimmungsgründen von Direktinvestitionen im Ausland auf der Basis von *Firmendaten*, wie sie z.B. bezogen auf andere Ursprungsländer von Horst (1972), Goedde (1978), Swedenborg (1979) und Grubaugh (1987) vorgelegt wurden, fehlen bisher für die Bundesrepublik Deutschland. Krist (1985, 174 ff.) ist lediglich ein Vergleich von Kennziffern aus Bilanzdaten einiger ausländisch und inländisch kontrollierter Aktiengesellschaften in der BRD, wobei die Auswahl der in den Vergleich einbezogenen Unternehmen weder als reine Zufallsauswahl vorgenommen werden konnte noch als in irgendeiner Weise repräsentativ gelten kann. Auch zur Schließung dieser Forschungslücke wird ein erster bescheidener Schritt (unten im Abschnitt C.3) unternommen werden.

"The FDI [foreign direct investment, J.W.] intensity of an industry is often defined as the ratio of some measure of the size of FDI activity in the industry to the total size of the industry. ... In general, data availability dictates the choice of size measure."

Thomas A. Pugel (1985, 61)

1.3 Zur Messung der Direktinvestitionsintensität: Die endogenen Variablen der Modelle

Ökonometrische Untersuchungen zu Bestimmungsgründen von Direktinvestitionen im Ausland benötigen für die Konstruktion der endogenen Variablen der Modelle Angaben zum Umfang der Direktinvestitionsaktivitäten bundesrepublikanischer Industrien bzw. Firmen. Die amtliche Statistik stellt Angaben zu Direktinvestitionen der Bundesrepublik Deutschland in drei Quellen zur Verfügung: in der Zahlungsbilanzstatistik, in einer ebenfalls auf Transaktionswerten beruhenden Spezialstatistik des Bundesministeriums für Wirtschaft und in der Bestandsstatistik der Deutschen Bundesbank. Olle und

Oesterheld (1985) stellen diese Direktinvestitionen vergleichend nach verwendeten Konzepten und Ergebnissen gegenüber. Da die Angaben aus der Zahlungsbilanzstatistik nicht nach Industrien disaggregiert veröffentlicht werden, kommen als Datenquellen für Analysen auf *Industrieebene* lediglich die Spezialstatistik des Bundesministeriums für Wirtschaft und die Bestandsstatistik der Deutschen Bundesbank in Frage - wie aus der Zusammenstellung von regressionsanalytischen Untersuchungen zur Direktinvestitionsstruktur der Bundesrepublik in Übersicht C.1 zu erkennen ist, nutzen vorliegende Arbeiten diese (dort und im folgenden als BMWI-Daten bzw. Buba-Daten bezeichneten) Angaben.

Gegen die Verwendung der BMWI-Daten lassen sich eine Reihe schwerwiegender Einwände vorbringen: Direktinvestitionsbestände werden dort durch Fortschreibung der Transaktionswerte geschätzt, was dazu führt, daß diese auf den Anschaffungswerten basierenden Behelfsrechnungen mit groben Fehlern behaftet sind, denn u.a. bleiben alle Verluste, nichtausgeschütteten Gewinne, Wechselkursänderungen und sonstigen transaktionsunabhängigen Wertänderungen unberücksichtigt (vgl. Deutsche Bundesbank 1981, 33 f.). Ferner wird keine Mindestbeteiligung aus ausländischen Unternehmen als Untergrenze der Erfassung festgelegt (vgl. Olle und Oesterheld 1985, A20), weshalb eine Abgrenzung von Direktinvestitionen, für die ja das Kontrollmotiv als entscheidend angesehen wird (vgl. oben Abschnitt C.1.1), gegenüber anderen Formen der Kapitalbeteilung nicht möglich ist. Hieraus folgt auch, daß die Datenbasis der in der Übersicht C.1 genannten Arbeiten von Agarwal (1978), Eckert (1978), Juhl (1979, 1980, 1981), Yamawahi (1985) und Clegg (1985) als unbrauchbar zu kritisieren ist.

"Wenn nach dem Stand der deutschen Direktinvestitionen im Ausland oder der ausländischen in der Bundesrepublik gefragt wird", so argumentiert die Deutsche Bundesbank (1981, 34), "so können ausschließlich die Ergebnisse der Bestandsstatistik ... verwendet werden." Angaben aus dieser Statistik werden von der Deutschen Bundesbank für die Jahre ab 1976 publiziert (vgl. als zum Zeitpunkt der Abfassung dieses Abschnitts neueste Veröffentlichung: Deutsche Bundesbank 1988a); methodische Anmerkungen hierzu findet man in Deutsche Bundesbank (1979, 38 ff.). Auf Einzelheiten soll hier nicht eingegangen werden; hinzuweisen ist lediglich auf die für eine Erfassung als Direktinvestition festgesetzte Untergrenze einer (mittelbaren oder unmittelbaren) Beteiligung von 25% an Anteilen oder Stimmrechten eines gebietsfremden Unternehmens sowie auf die nach den Vorschriften und in der Währung des ausländischen Sitzlandes erstellte Bilanz des Unternehmens, an dem eine bundesrepublikanische Firma beteiligt ist, als Datenquelle.

Aus dem zuletzt genannten Punkt folgt, daß Wechselkursveränderungen von einem Bilanzstichtag zum anderen die in DM ausgewiesenen Bestandswerte (und damit auch die Höhe der Bestandsänderungen) beeinflussen. Dies führt zu einem Einwand gegen jeden hierauf aufbauenden Indikator - d.h. gegen die Verwendung von Beständen und Bestandsänderungen im Zähler einer als endogene Variable in ökonometrischen Modellen zur Erklärung der Direktinvestitionsintensität verwendeten Größe: Angenommen, die Industrie A verfüge nur über Direktinvestitionen in den USA, die Industrie B nur über solche in Österreich; ferner angenommen, zwischen zwei Bilanzstichtagen t_1 und t_2 gäbe es keine realen Veränderungen im Sinne zusätzlicher Investitionen seitens der bundesrepublikanischen Muttergesellschaften in ihren ausländischen Tochterfirmen, und weder die Mutter- noch diese Tochterunternehmen würden wachsen. Eine Veränderung des DM-$-Kurses von t_1 zu t_2 bei Konstanz des DM-ÖS-Kurses würde dann dazu führen, daß allein aufgrund dieser Wechselkursänderung die Direktinvestitionsintensitäten in der Branche A in t_1 und t_2 voneinander abweichen, während sie in Industrie B als konstant ausgewisen werden (unterstellt, der Nenner der Intensitätsvariable, z.B. der Kapitalbestand im Inland, bleibt konstant). Diese Änderung im Fall der Branche A läßt sich nicht mit den theoretischen Überlegungen etwa zur Rolle der intangible assets erklären. Daher sollte man vermeiden, als endogene Variablen Größen heranzuziehen, die derart sensibel auf Wechselkursänderungen reagieren können - was nicht heißen soll, daß Wechselkursänderungen für Direktinvestitionsentscheidungen keine Rolle spielen oder nicht selbst Folge von Direktinvestitionen sowie diese beeinflussende Maßnahmen wie Protektionismus oder technischer Wandel sein können: Es soll lediglich bedeuten, daß der Einfluß von Wechselkursänderungen entweder explizit zu kontrollieren ist oder möglichst ausgeschaltet werden sollte. Da eine Kontrolle mit den vorhandenen Daten nicht möglich ist - die Direktinvestitionsangaben werden von der Bundesbank nicht gleichzeitig nach Ländern und den hier betrachteten Branchen disaggregiert publiziert, wofür (vermutlich) Geheimhaltungsgründe in bezug auf Einzelangaben verantwortlich sind - bleibt der zweite Weg. Aus diesen Überlegungen folgt auch, daß die auf Angaben zu Umsatzwerten für Auslandstöchter aufbauenden Indikatoren von Jungnickel (1981) und Krist (1985) als ungeeignet abzulehnen sind.

Ein weiterer, z.B. von Pugel (1985, 62 f.) verwendeter Indikator zur Messung der Direktinvestitionsintensität einer Industrie ist das Verhältnis der Beschäftigten in Auslandsfirmen zu den Beschäftigten im Inland. Dieser Indikator kann zwar - unter den soeben formulierten Vorbehalten - als von Wechselkursänderungen unbeeinflußt gelten, ist aber wenig geeignet, interindustrielle Unterschiede der Direktinvestitionsintensität zu erfassen, da sich die Kapitalintensität zwischen den Branchen erheblich unterscheidet.

Ein von den genannten Mängeln freier Indikator, dessen Idee sich (allerdings ohne seine Anwendung) bei Caves (1974, 281) findet, ist die *An-*

zahl der Firmen einer Industrie mit Direktinvestitionen, bezogen auf die Gesamtzahl von Unternehmen in der Branche. Auch dieses Maß für die Direktinvestitionsintensität einer Industrie ist sicherlich nicht kritiklos zu akzeptieren - Ist eine Branche mit 1000 Betrieben, von denen 998 Tochtergesellschaften im Ausland haben, die beiden rein nationalen Unternehmen aber 98% des Inlandsumsatzes bestreiten, wirklich "multinationaler" als eine Industrie mit 100 Firmen, in der lediglich die 10 größten Unternehmen, auf die 80% des Inlandsumsatzes entfallen, über Betriebsstätten im Ausland verfügen? Bei Kontrolle für die durchschnittliche Größe der Firmen in den Branchen erscheint dieser Indikator jedoch unter den verfügbaren als der am besten geeignete.

Leider ist, anders als im Fall des Außenhandels, auf Basis dieses Indikators keine regional nach Bestimmungsländern disaggregierte Analyse der bundesrepublikanischen Direktinvestitionen von Industrien des Verarbeitenden Gewerbes möglich, da entsprechende Angaben nicht publiziert werden (vgl. Deutsche Bundesbank 1988a).

Ferner ist es nicht möglich, die Direktinvestitionen in solche zu unterteilen, die zu horizontal integrierten, vertikal integrierten oder diversifizierten Multinationalen Unternehmen (bzw. zu Mischformen dieser Idealtypen) führen. Dies ist bedauerlich, da die theoretische Analyse (vgl. Abschnitt C.1.1) gezeigt hat, daß Unterschiede zwischen den vermuteten Bestimmungsgründen für diese Direktinvestitionsformen bestehen. Es liegen jedoch (vermutlich wiederum aus Geheimhaltungsgründen für Einzelangaben) lediglich Angaben zu Direktinvestitionen entweder nach dem Wirtschaftszweig des deutschen Investors oder nach dem Wirtschaftszweig des ausländischen Investitionsobjektes vor, nicht jedoch z.B. solche für die bundesrepublikanische Straßenfahrzeugbau-Industrie getrennt nach Direktinvestitionen in Straßenfahrzeugbau-Firmen (horizontale Direktinvestition), Stahlwerken (vertikale rückwärts integriert), Handelsfirmen für Automobile (vertikal vorwärts integriert) oder Rinderfarmen (diversifiziert). Bei den ökonometrischen Untersuchungen in diesem Kapitel stehen theoretische Überlegungen im Zentrum, die horizontale Direktinvestitionen erklären wollen; wenn die endogene Variable auch andere Formen von Direktinvestitionen mißt, so ist sie ein fehlerbehaftetes Maß für die zu erklärende Größe. Dieser Fehler wird jedoch gemildert dadurch, daß die genannten "reinen" Typen von Direktinvestitionen in der Realität oft auch als Mischformen auftreten, da horizontal integrierte Multinationale Unternehmen oft auch zu einem gewissen Grad gleichzeitig vertikal integriert sind (vgl. Caves 1982, 20 ff.). Ferner führen Forschungs- und Entwicklungsaktivitäten einer Firma oft zu intangible assets, die außerhalb des eigentlichen Betätigungsfeldes einer Unternehmung sinnvoll genutzt werden können und für deren Nutzung Internalisierungsanreize bestehen, die zu diversifizierten Direktinvestitionen führen (vgl. Caves 1982, 28); zumindest teilweise sind daher diversifizierte MNU auf dieselben Ursachen wie horizontal integrierte MNU zurückzuführen. Für die Verwendung des gewählten Direktinvestitionsintensitäts-Indikator spricht auch das ökonometrisch-methodische Argument, daß auch bei fehlerbehafteter endogener Variable die Parameterschätzungen weiterhin unverzerrt und konsistent sind (vorausgesetzt selbstverständlich, das Modell ist ansonsten korrekt spezifiziert und die Meßfehler sind unkorreliert mit den exogenen Variablen; vgl. z.B. Pindyck/Rubinfeld 1981, 176 f.). Angaben zur exakten Definition der verwendeten Variable zur Abbildung der Direktinvestitionsintensität und zu den Datenquellen finden sich im Anhang G.1.4.

Für die ökonometrischen Analysen mit *Firmendaten* wird die Direktinvestitionsintensität in Form einer Dummy-Variable kodiert, die immer dann den Wert 1 annimmt, wenn die Firma über Direktinvestitionen im Ausland verfügt (vgl. Abschnitt 3.1 und den Anhang G.2 zu Einzelheiten).

1.4 Aufbau von Teil C der Untersuchung

Die ökonometrische Untersuchung der Bestimmungsgründe von Direktinvestitionen gliedert sich in zwei Teile. Sie beginnt in Teil C.2 mit Analysen auf der Basis von Industriedaten, wobei zunächst die Abbildung von firmenspezifischen Vorteilen auf Industrieebene sowie die Operationalisierung weiterer Einflußgrößen diskutiert wird. Anschließend werden Modelle auf der Basis von Querschnittsdaten für die Jahre 1977 bis 1984 geschätzt und getestet. Den nächsten Schritt bilden Modelle mit gepoolten Querschnitts-Längsschnittsdaten für diesen Zeitraum. Einige Überlegungen zum Verhältnis von theoretischen und ökonometrischen Analysen schließen diesen Abschnitt. Der zweite Teil C.3 enthält eine Untersuchung auf der Basis von Daten aus niedersächsischen Betrieben des Maschinenbaus und der Elektrotechnik. Nach einer Darstellung von Ansatz und Datenbasis werden die Schätzergebnisse diskutiert; abschließend werden Forschungsperspektiven angesprochen.

"...a rich variety of theoretical perspectives on the multinational enterprise now exist. However, there have been few systematic attempts to test the predictions of this body of theory. This has been partly because of the difficulties in framing the right kind of data to test the theories. It is also true that the theories have not been cast in such a way as to project testable hypotheses which can be subjected to empirical scrutiny. The maturity of the theory now makes testing the next task on the research agenda."

Peter J. Buckley (1985, 192)

2 Intangible assets und Direktinvestitionsintensität: Ökonometrische Untersuchungen mit Querschnittsdaten und gepoolten Querschnitts-Längsschnittsdaten für 29 Industrien des Verarbeitenden Gewerbes der Bundesrepublik Deutschland (1977 - 1984)

"... intangible assets by their nature resist any direct measurement ..."

Richard E. Caves (1982, 8)

2.1 Zur Abbildung von firmenspezifischen Vorteilen auf Industrieebene und Operationalisierung weiterer Einflußgrößen

Eine zentrale Schlußfolgerung aus den theoretischen Überlegungen im Abschnitt C.1.1 lautet, daß die Direktinvestitionsintensität einer Industrie um so höher zu erwarten ist, je häufiger ceteris paribus firmenspezifische Vorteile dort anzutreffen sind. Eine ökonometrische Überprüfung dieser Hypothese sieht sich mit der Schwierigkeit konfrontiert, daß sich, wie im Motto dieses Abschnitts noch einmal hervorgehoben, intangible assets aufgrund ihrer Natur einer direkten Messung entziehen. Hieraus ergibt sich die Notwendigkeit, geeignete Proxy-Variablen zu finden, die die Intensität der Ausstattung einer Industrie mit firmenspezifischem Wissen zu repräsentieren geeignet sind.

Eine erste Gruppe von Proxy-Variablen liefern Indikatoren zur *Technologie- und Innovationsintensität* einer Industrie, denn: "An asset may represent technology" (Caves 1982, 3), und "... research intensive industries would tend to be more multinational than other industries" (Dunning 1981, 33). Hierbei sind zwei Untergruppen zu unterscheiden: Input-Indikatoren, die den Aufwand wiederspiegeln, den eine Industrie zur Erstellung neuer Produktionstechniken und Produkte betreibt, und Output-Indikatoren, die das Ausmaß und die Bedeutung von Produkt- und Prozeßinnovationen für eine Branche erfassen.

Ein Input-Indikator wurde bereits in Teil B verwendet; er braucht daher hier nur genannt zu werden:

- Beschäftigtenanteil in Forschung und Entwicklung (Daten hierfür stehen für alle Industrien in den Jahren 1977 bis 1984 zur Verfügung).

Ein weiterer Input-Indikator ist der

- Anteil der Forschungs- und Entwicklungsaufwendungen am Umsatz,

für den allerdings lediglich Daten für 1979, 1981 und 1983 aus Erhebungen der SV-gemeinnützige Gesellschaft für Wissenschaftsstatistik zur Verfügung stehen.

Output-Indikatoren sind aus dem IFO-Innovationstest (vgl. Schmalholz und Scholz 1985) verfügbar, und zwar einerseits ein Maß für die ökonomische Bedeutung von Produktinnovationen in einer Industrie, der

- Umsatzanteil von Produkten in der Markteinführungsphase,

und andererseits Angaben zur relativen Häufigkeit von innovativen Unternehmen in den Branchen als

- Anteil der Innovatoren,
- Anteil der Produktinnovatoren,
- Anteil der Prozeßinnovatoren.

Diese Daten aus dem IFO-Innovationstest stehen jeweils für die Jahre 1979 bis 1984 zur Verfügung.

Wenn jeder dieser Indikatoren eine Proxy-Variable für die Technologie- und Innovationsintensität einer Industrie darstellt, so ist zu erwarten, daß die Indikatoren untereinander hoch positiv korreliert sind; für die Jahre 1979, 1981 und 1983, für die Werte aller Größen vorliegen, sind die Korrelationskoeffizienten in der Tabelle C.1 angegeben:

Tabelle C.1: Korrelationsmatrix der Technologie- und Innovationsintensitäts-Proxies (1979, 1981, 1983)*

	Beschäftigtenanteil in Forschung und Entwicklung	Anteil FuE-Aufwendungen am Umsatz	Umsatzanteil von Produkten in der Markteinführung	Anteil Innovatoren	Anteil Produktinnovatoren
Anteil FuE-Aufwendungen am Umsatz	.855 .851 .852				
Umsatzanteil von Produkten in der Markteinführungsphasephase	.059 .076 .130	.038 .093 .123			
Anteil Innovatoren	.221 .492 .376	.235 .233 .346	.366 .388 .506		
Anteil Produktinnovatoren	.226 .290 .388	.245 .289 .357	.465 .707 .540	.940 .640 .971	
Anteil Prozeßinnovatoren	.071 .486 .445	.140 .220 .381	.232 -.058 .194	.665 .843 .869	.542 .297 .812

* Der erste ausgewiesene Wert ist jeweils für 1979, der zweite für 1981, der dritte für 1983
(Quelle: Eigene Berechnungen; zur Definition der Variablen vgl. Text.)

Wie man erkennt, sind einerseits "Anteil FuE-Aufwendungen am Umsatz" und "Beschäftigtenanteil in FuE" sehr hoch positiv korreliert; da diese Daten für die Beschäftigtenanteile für alle Jahre vorliegen, ist dieser Indikator vorzuziehen. Wie kaum anders zu erwarten, sind auch die Werte für die Anteile der Innovatoren (insgesamt sowie gesondert nach Produkt- und Prozeßinnovatoren) untereinander hoch positiv korreliert; aus dieser Untergruppe kann damit als umfassendster Indikator der "Anteil Innovatoren" ausgewählt werden. Für den "Umsatzanteil von Produkten in der Markteinführungsphase" ist einerseits eine recht hohe (und im Zeitablauf steigende) positive Korrelation mit dem "Anteil Innovatoren" festzustellen, andererseits fällt die niedrige Korrelation mit dem "Beschäftigtenanteil in FuE" auf; diese Variable bildet jedoch einen sehr speziellen Ausschnitt der Technologie- und Innovationsintensität - die wirtschaftliche Bedeutung der Produktinnovationen - ab und ist daher den beiden anderen Indikatoren ("Beschäftigtenanteil in FuE" und "Anteil Innovatoren") für unsere Zwecke hier unterlegen, weshalb sie nicht weiter betrachtet werden soll. Für die Spezifikation der ökonometrischen Modelle zur Erklärung der Direktinvestitionsintensität auf Industrieebene ergibt sich hieraus als Schlußfolgerung, daß der "Anteil FuE-Beschäftigte" als Indikator für die Technologie- und Innovationsintensität gewählt wird; in einer Sensitivitätsanalyse ist alternativ für die Jahre 1979 bis 1984 auch der "Anteil Innovatoren" zu verwenden, womit dann sowohl eine Input- als auch eine Outputgröße Verwendung findet.

Eine zweite Gruppe von Proxy-Variablen liefern Indikatoren zur *Marketingintensität* einer Industrie, denn "the intangible asset might take the form of a marketing asset" (Caves 1982, 4) und "Werbung schafft und erhält den intangiblen Kapitalstock einer Firma" (Kaufer 1980, 266). Zur Abbildung der Werbeintensität einer Industrie stehen zwei Größen zur Verfügung, die bereits im Abschnitt B als Produktdifferenzierungsproxy verwendet wurden und daher hier nur kurz zu nennen sind:

- Verhältnis von Werbeaufwand zu Umsatz
- Anteil Marketing-Beschäftigte an allen Beschäftigten.

Beide Größen sind für die hier betrachteten Industrien hoch positiv korreliert, wobei diese Korrelation im Untersuchungszeitraum von Jahr zu Jahr tendenziell ansteigt; da das Verhältnis von Werbeaufwand zu Umsatz (im Gegensatz zum Anteil der Marketing-Beschäftigten) auf teils groben Schätzungen beruht, wird hier ausschließlich der zweite genannte Indikator herangezogen.

Neben den Proxy-Variablen für das Ausmaß firmenspezifischer Vorteile sind als exogene Variablen in die ökonometrischen Modelle zur Erklärung der Direktinvestitionsintensität von Industrien weitere Variablen einzubeziehen, die soweit wie möglich für andere, theoretisch als wichtig erachtete Einflußgrößen kontrollieren sollen.

Der Erfolg bei der produktiven Anwendung der intangible assets ist mit der Qualität des Managements verbunden. "Thus, the level and extent of managerial skills required in an industry should contribute to explaining its FDI activity (even after controlling for its intangible assets)." (Caves 1982, 10) Eine befriedigende Operationalisierung dieser Größe *"Managementwissen-Intensität"* erscheint jedoch nicht möglich. Prinzipiell wäre zwar eine Abbildung der Mengenkomponente durch die Anzahl der in leitenden Funktionen tätigen Personen (Unternehmer, Geschäftsführer, Wirtschaftswissenschaftler), soweit sie in der Beschäftigtenstatistik der Bundesanstalt für Arbeit erfaßt sind, möglich - da dies aber nur die sozialversicherungspflichtig Beschäftigten betrifft, ist gerade bei Personen in diesen hohen Positionen zu erwarten, daß sie nicht der Versichungspflicht unterliegen und daß daher keine verläßlichen Angaben aus dieser Statistik zu erhalten sind. Da auch eine entsprechende Preiskomponente in Form einer Gehalts- bzw. Einkommensangabe dieser Personengruppe nicht zur Verfügung steht, kann diese Größe *nicht berücksichtigt* und die Hypothese von Caves nicht überprüft werden.

Auf die Bedeutung der *Unternehmensgröße* als Determinante der Direktinvestitionen wurde im Abschnitt C.1.1 eingegangen. Dabei wurde betont, daß Größe zum Teil auch Folge von erfolgreicher Nutzung von technologischen Vorsprüngen und Marketing ist, Unternehmensgröße und Direktinvestitionen damit teilweise auf identischen Faktoren beruhen. "In addition to common causal factors", so argumentiert Pugel (1981, 224), "other aspects of larger size may favor FDI. Larger firms are better able to incur the relatively fixed costs of gathering information about foreign markets and opportunities, to commit sufficient capital to the establishment of foreign subsidiaries, and to develop a portfolio of foreign operations to reduce risk. Smaller firms are likely to favor domestic expansion through increased market share and foreign penetration through exporting or licensing." Ein Indikator für die durchschnittliche Unternehmensgröße in einer Industrie ist die

- Anzahl der Beschäftigten je Unternehmung.

Mögliche Alternativen stellen "Bruttowertschöpfung je Unternehmen" und "Bruttoanlagevermögen je Unternehmung" dar; diese Größen sind jedoch für die hier betrachteten Industrien und den Untersuchungszeitraum sehr hoch positiv mit dem Indikator "Anzahl der Beschäftigten je Unternehmung" korreliert.

Aufgrund dieser Überlegungen ist ein positiver Zusammenhang zwischen Direktinvestitionsintensität und durchschnittlicher Unternehmensgröße in einer Industrie zu erwarten. Andererseits ist die durchschnittliche Unternehmensgröße als ein Indikator für das Ausmaß von *Skalenerträgen* anzusehen, und Skalenerträge können als *Standortfaktoren* in dem Sinne angesehen werden, daß sie die Produktion an einem Ort fördern, also eher gegen Direktinvesitionen und für Exporte sprechen (vgl. Pugel 1981, 221). Daher lassen sich theoretisch keine eindeutigen Erwartungen für das Vorzeichen der durchschnittlichen Unternehmensgröße in den ökonometrischen Modellen zur Erklärung der Direktinvestitionsintensität von Industrien begründen.

Neben den Skalenerträgen bilden *Transportkosten* einen weiteren Standortfaktor, der in Untersuchungen der Direktinvesititonsintensität von Industrien berücksichtigt werden sollte, denn: "Industries vary in ... the significance of transport costs, which would favor decentralisation" (Pugel 1981, 221). Gegen einen positiven Einfluß einer hohen Transportkostenbelastung auf die Direktinvesitionsintensität spricht jedoch einerseits, daß hierdurch Güterströme innerhalb der Unternehmensgruppe verteuert werden, was insbesondere die vertikale Integration behindert, und daß andererseits eine Industrie im Inland um so stärker regional fragmentiert sein wird, je höher die Belastung durch Transportkosten ist, was dazu führt, daß den Firmen die interregionale und internationale Perspektive fehlt (vgl. Pugel 1981, 223). Wie im Fall der Betriebsgrößen- bzw. Skalenertragsvariable lassen sich daher keine eindeutigen theoretisch begründeten Erwartungen über das Vorzeichen einer Transportkosten-Variable in einem ökonometrischen Modell zur Erklärung der Direktinvestitionsintensität von Industrien formulieren.

Empirisch erfaßt wird die Transportkostenbelastung einer Industrie durch den

- Anteil der Kosten für Bezüge aus den Verkehrssektoren (Bahn, Schiffe, Post, sonstiger Verkehr) am Produktionswert.

Angaben hierfür können den Input-Output-Tabellen entnommen werden; für die Jahre, für die diese Tabellen nicht vorliegen, müssen sie geschätzt werden (vgl. Anhang G.1.6).

Auf den - kausal oder nicht-kausal interpretierbaren - Zusammenhang zwischen *Konzentrationsgrad* und Direktinvestitionsintensität wurde im Abschnitt C.1.1 eingegangen. "Some observers have inferred one causality or the other from this correlation, but", so die Einschätzung von Caves (1987, 18), "joint dependence on common underlying factors seems the more prudent conclusion to draw." Da ein signifikanter positiver Einfluß der Konzentration auf die Direktinverstitionen auch nach Kontrolle von firmenspezifischen Vorteilen und anderen Einflußgrößen theoretisch begründet werden kann und in empirischen Studien deutlich wurde (vgl. Pugel 1985, 68), wird der Konzentrationsgrad als

- Herfindahl-Index

gemessen in den Modellen berücksichtigt. Um die theoretischen Überlegungen eines zu erwartenden nicht-linearen Zusammenhangs zu testen, enthalten die Modelle den Index-Wert auch in quadrierter Form.

Übersicht C.2 enthält eine Zusammenstellung der exogenen Variablen der Modelle zur Erklärung der Direktinvestitionsintensität der Industrien:

Übersicht C.2: Die exogenen Variablen zur Erklärung der Direktinvestitionsintensität von Industrien

Variable	Definition*
FuE-Intensität	Anteil Beschäftigte in Forschung und Entwicklung
Innovatorenanteil	Anteil Firmen mit Produkt- und/oder Prozeßinnovationen
Marketingintensität	Anteil Beschäftigte im Marketing
Unternehmensgröße	Anzahl der Beschäftigten je Unternehmung
Transportkosten	Kostenanteil für Bezüge aus den Verkehrssektoren
Konzentrationsgrad	Herfindahl-Index

* Zu Datenquellen und Berechnungsmethoden vgl. den Anhang G.1.

2.2 Modelle mit Querschnittsdaten für die Jahre 1977 bis 1984

Um einen Eindruck von der Tragfähigkeit der referierten theoretischen Überlegungen für eine Erklärung der Direktinvestitionsintensität von Industrien des Verarbeitenden Gewerbes der Bundesrepublik Deutschland zu bekommen, werden in einem ersten Schritt ökonometrische Modelle geschätzt und getestet, die auf Daten aus jeweils einem Jahr des Untersuchungszeitraums 1977 bis 1984 beruhen. Die endogene Variable aller Modelle ist die als Anzahl der Firmen einer Industrie *mit* Direktinvesititionen, bezogen auf die Gesamtzahl *aller* Unternehmen dieser Branche, gemessene Direktinvestitionsintensität (vgl. C.1.3). Als exogene Variablen werden die im vorigen Abschnitt beschriebenen und in Übersicht C.2 zusammengestellten Größen verwendet. Hierbei werden ausschließlich Proxies für das Ausmaß firmenspezifischer Vorteile herangezogen, in einem zweiten Schritt wird zusätzlich für den Einfluß von Firmengröße und Transportkosten kontrolliert, auf einer dritten Stufe wird dann auch der Konzentrationsgrad (linear und in quadratischer Form - wie aus den theoretischen Überlegungen folgt) einbezogen. Da für das Ausmaß von technologischen intangible assets zwei Proxy-Variablen - der Input-Indikator FuE-Intensität und der Outputindikator Innovatorenanteil - zur Verfügung stehen, werden für die Jahre ab 1979 (nur hierfür liegen Angaben zum Innovatorenanteil vor) auf jeder Stufe zwei Modellvariablen betrachtet. Schließlich führen die theoretischen Überlegungen zur simultanen Abhängigkeit der Direktinvestitionsintensität und des Konzentrationsgrades von den anderen hier betrachteten Variablen zu einer vierten Modellversion, die die Direktinvestitionsintensität ausschließlich zum Konzentrationsgrad (linear und in quadrierter Form) in Beziehung setzt. Die sieben Modellvarianten zur Erklärung der Direktinvestitionsinstensität auf Basis von Querschnittsdaten sind in der Übersicht C.3 zusammengestellt.

Übersicht C.3: Modellvarianten zur Erklärung der Direktinvestitionsintensität auf Basis von Querschnittsdaten*

Exogene Variable / Modellvariante	V01	V02	V03	V04	V05	V06	V07
FuE-Intensität	X		X		X		
Innovatorenanteil		X		X		X	
Marketingintensität	X	X	X	X	X	X	
Unternehmensgröße			X	X	X	X	
Transportkosten			X	X	X	X	
Konzentrationsgrad					X	X	X
Konzentrationsgrad (quadriert)					X	X	X

* Ein X zeigt an, daß die in der Kopfzeile genannte Modellvariante die in der Vorspalte angegebene Variable enthält. Alle Modelle enthalten ferner eine Konstante.

Sämtliche Modelle wurden mit OLS geschätzt und einer Reihe von Tests für die Nullhypothesen normalverteilter und homoskedastischer Störgrößen, einer korrekt spezifizierten funktionalen Form[2] und des Fehlens von Ausreißern unterzogen (vgl. zu diesen Tests den Anhang G.3).

Eine Synopse der Schätz- und Testergebnisse der 50 Modelle enthält die Übersicht C.4.[3]

Wichtige Aspekte der Schätzergebnisse lassen sich kurz so zusammenfassen:

- Wie theoretisch erwartet weisen die Technologie-Variablen (fast) immer ein positives Vorzeichen, das häufig statistisch signifikant ist, auf.
- Die Marketing-Intensität hat - entgegen den theoretischen Überlegungen - immer ein negatives Vorzeichen.
- Für die Unternehmensgröße zeigt sich ein positiver - fast immer statistisch gesicherter - Einfluß.

---

2 Pugel (1981, 225) bemerkt hierzu explizit: "The exact functional form of the relationship is not implied by theory."

3 Auf die Wiedergabe der Schätzergebnisse wird hier aus Raumgründen verzichtet; die Tabellen sind auf Anfrage erhältlich.

Übersicht C.4: Synopse der Schätz- und Testergebnisse aus Modellen zur Erklärung der Direktinvestitionsintensität auf Basis von Querschnittsdaten*

	Modellvariante						
Ergebnis	V01	V02	V03	V04	V05	V06	V07
Schätzergebnisse							
FuE-Intensität	+		[+]		[+]		
Innovatorenanteil		(+)		[+]		?	
Marketingintensität	[-]	[-]	[-]	[-]	[-]	[-]	
Unternehmensgröße			+	+	(+)	+	
Transportkosten			?	?	?	?	
Konzentrationsgrad					[+]	[+]	+
Konzentrationsgrad (quadriert)					[-]	[-]	-
Testergebnisse							
Normalverteilung	A	(A)	A	A	[A]	(A)	[A]
Homoskedastie	[A]						[A]
RESET	[A]	[A]	(A)	[A]	(A)	[A]	
Harvey-Collier					[A]	[A]	[A]
Rainbow			[A]		(A)	A	[A]
Ausreisser	(A)	A	(A)	A	(A)	A	[A]

* Bei den Schätzergebnissen zeigt + bzw. - ein für alle Jahre mindestens auf dem 5%-Niveau statistisch gesichertes Vorzeichen der geschätzten Koeffizienten, (+) bzw. (-) ein entsprechendes gesichertes Vorzeichen für mindestens die Hälfte der Jahre, [+] bzw. [-] ein weniger oft gesichertes Vorzeichen; ? bedeutet wechselnde Vorzeichen zwischen den Jahren.

Bei den Testergebnissen zeigen A bzw. (A) bzw. [A], daß der Test durchgängig bzw. mindestens in der Hälfte der Fälle bzw. vereinzelt die Nullhypothese einer korrekten Spezifikation auf dem 5%-Niveau ablehnt.

- Das wechselnde Vorzeichen bei der Transpostkosten-Variable und die mit wenigen Ausnahmen recht kleinen t-Werte der geschätzten Koeffizienten legen den Schluß nahe, daß Transportkostenintensität einer Industrie für die Direktinvestitionsintensität unbedeutend ist.
- Für den Konzentrationsgrad zeigt sich durchgängig das erwartente Muster eines positiven, jedoch mit zunehmender Höhe abnehmenden Einflusses. Besonders deutlich wird dies in den Ergebnissen für die Modellvariante V07, es ist aber auch in den Varianten V05 und V06 zu erkennen.
- Wird der Konzentrationsgrad zusätzlich zu firmenspezifischen Vorteilen, Betriebsgröße und Transportkosten einbezogen - geht man also vom Modell V03 bzw. V04 auf den Typ V05 bzw. V06 über -, so ist sein Einfluß (fast) nie signifikant und auch andere Größen weisen nun insignifikante Vorzeichen auf. Dies deutet auf eine simultane Abhängigkeit des Konzentrationsgrades und der Direktinvestitionsintensität von den übrigen exogenen Variablen hin. Im Rahmen von Einzelgleichungsmodellen kann diese Simultanität jedoch nicht abgebildet werden.

Bei den Testergebnissen fällt auf, daß die Modelle häufig durch den Jarque-Bera Test, durch RESET und - sehr häufig - durch den Ausreißer-Test abgelehnt werden, wobei hier offensichtlich wird, daß die Industrie 01 [Mineralölverarbeitung] eine "Sonderrolle" spielt. Diese Ausreißer-Eigenschaft dieser Branche läßt sich ökonomisch plausibel erklären: Vom Ansatz her sind die ökonometrischen Modelle vor allem zur Erklärung horizontaler Direktinvestititonen konzipiert - die Mineralölverarbeitung ist aber ein Industriezweig, für den vertikale Integration "von der Ölquelle bis zum Zapfhahn" von entscheidender Bedeutung ist.

Will man den Sonderfall der Mineralölverarbeitung im Modell berücksichtigen - und dies sollte man tun, da Ausreißer die Ergebnisse von OLS-Schätzungen erheblich beeinflussen können - so sind die Modelle um eine Dummy-Variable für die Industrie 01 zu erweitern. Andererseits wurde aus der kurzen Diskussion der Schätzergebnisse bereits deutlich, daß der Konzentrationsgrad nicht als eigenständige Determinante der Direktinvestitionsintensität modelliert werden sollte, während die Betriebsgröße auch bei Kontrolle der intangible assets eine wichtige Rolle spielt. Daher wird in einem weiteren Schritt eine um eine Dummy-Variable für die Mineralölindustrie erweiterte Variante der Modelle V03 bzw. V04 geschätzt und getestet. Die Ergebnisse hierzu sind in der Tabelle C.2 abgedruckt.

Wie man sieht werden die Modelle nur in wenigen Fällen von den Tests abgelehnt, wobei Ablehnungen hauptsächlich die Variante V03 für einzelne Jahre betreffen. Die statistische Erklärungskraft der Modelle ist, gemessen am um die Anzahl der Freiheitsgrade korrigierten Bestimmtheitsmaß, sehr hoch.

Tabelle C.2: Schätz- und Testergebnisse der um eine Dummy-Variable für die Mineralölverarbeitung erweiterten Modellvarianten V03 und V04 (endogene Variable: Direktinvestitionsintensität)*

Exogene Variable bzw. Test	Jahr / Variante	1977 V03	1978 V03	1979 V03	1979 V04	1980 V03	1980 V04	1981 V03	1981 V04	1982 V03	1982 V04	1983 V03	1983 V04	1984 V03	1984 V04
FuE-Intensität	$\hat{\beta}$	.711	.429	.256		.196		.295		.244		.476		.421	
	$\|t\|$	3.00**	1.60	.85		.59		.98		.85		1.99		1.82	
	ATV	3.23**	1.50	.72		.48		.78		.76		2.15*		2.20*	
Innovatorenanteil	$\hat{\beta}$				.120		.203		.139		.093		.107		.100
	$\|t\|$				2.59*		3.92**		3.08**		2.07*		3.66**		2.30*
	ATV				3.28**		3.59**		2.91**		3.02**		3.89**		2.89**
Marketingintensität	$\hat{\beta}$	-.778	-1.017	-1.202	-1.257	-1.425	-1.321	-1.539	-1.010	-1.567	-.862	-1.260	-.565	-1.215	-.746
	$\|t\|$	1.00	1:21	1.28	1.54	1.31	1.59	1.59	1.22	1.63	.94	1.51	.79	1.45	.94
	ATV	2.41*	2.76*	2.90**	3.83**	3.00**	3.53**	3.14**	2.29*	3.15**	2.51*	3.25**	3.12**	3.49**	2.90**
Unternehmensgröße	$\hat{\beta}$	.007	.007	.007	.007	.006	.006	.005	.005	.006	.007	.007	.007	.007	.008
	$\|t\|$	7.23**	6.53**	5.47**	6.97**	3.94**	5.56**	3.26**	4.07**	4.66**	5.75**	5.18**	7.23**	4.71**	6.34**
	ATV	28.44**	25.62**	19.83**	11.87**	12.08**	9.97**	11.42**	8.78**	15.06**	11.31**	16.11**	11.82**	12.24**	9.64**
Transportkosten	$\hat{\beta}$	.430	.418	.217	.652	.083	1.230	-.077	.445	.083	.629	.235	.423	.117	.165
	$\|t\|$	.62	.52	.24	.85	.09	1.72	.10	.66	.11	.84	.37	.78	.20	.30
	ATV	.61	.50	.23	.87	.11	2.13*	.12	.80	.15	1.51	.54	1.19	.32	.55
Dummy für Mineralölverarbeitung	$\hat{\beta}$	17.136	19.930	15.969	18.040	16.838	15.632	17.211	14.488	12.050	15.820	10.798	14.073	12.602	15.229
	$\|t\|$	6.81**	6.89**	4.80**	6.19**	4.24**	5.20**	4.93**	4.59**	3.46**	4.40**	3.53**	5.23**	4.12**	4.99**
	ATV	20.35**	20.04**	11.35**	40.03**	9.33**	17.01**	11.72**	9.44**	10.16**	19.31**	11.50**	27.08**	14.30**	26.12**
Konstante	$\hat{\beta}$	.853	1.547	2.620	-5.073	3.818	-13.053	4.630	-4.659	4.243	-2.869	3.291	-3.154	3.622	-2.536
	$\|t\|$	.40	.62	.89	1.22	1.20	2.59*	1.71	1.17	1.76	.66	1.59	1.15	1.89	.69
	ATV	.41	.62	.86	1.40	1.41	2.69*	2.07*	1.18	2.30*	1.31	2.15*	1.60	2.86**	1.19
R^2		.884	.856	.782	.826	.700	.817	.715	.790	.714	.751	.781	.838	.779	.794
$\bar{R}^2$		.859	.824	.735	.788	.635	.778	.653	.744	.652	.697	.733	.803	.731	.749
NORMALVERTEILUNG Jarque-Bera Teststat.-Probvalue		45.36	25.52	10.74	13.56	3.60	77.88	7.57	16.49	11.43	4.13	9.96	35.79	.70	2.20
HOMOSKEDASTIE Breusch-Pagan Testst.-Probvalue - Anzahl Unternehmen		30.58	32.65	34.13	42.43	20.30	33.50	37.09	42.94	42.55	27.34	34.31	5.77	24.50	17.92
- Anzahl Beschäftigte		32.91	30.69	29.69	23.34	41.55	23.56	22.41	13.38	10.12	1.57	5.84	0.19	2.29	.68
RESET (funkt. Form) Probv. - 2. Potenzen exog. Variablen		30.88	14.35	3.43	50.47	.43	15.61	.45	37.92	1.71	68.66	10.93	62.83	20.46	38.90
- 2. und 3. Potenzen geschätzte endogene Variablen		27.24	29.15	11.25	16.80	7.64	3.61	7.13	36.93	22.75	9.81	17.47	38.94	16.29	31.13
- 2. und 3. Potenzen 1. Hauptkomponente der Regressormatrix		41.01	27.18	8.99	18.88	2.26	7.88	1.31	13.48	1.95	53.71	9.09	25.18	11.89	17.45

* vgl. Anmerkungen zu Tabelle C.2

Für die Schätzergebnisse sind folgende Tendenzen festzustellen:

- Technologie- und Direktinvestitionsintensität hängen, wie theoretisch erwartet, positiv zusammen, wobei dieser Zusammenhang für den Output-Indikator "Innovatorenanteil" deutlicher ist als für den Input-Indikator "FuE-Beschäftigtenanteil". Entgegen den theoretischen Erwartungen ist der Einfluß der Marketingvariablen durchgängig negativ - wenn auch gemessen an den t-Werten nie auf einem üblichen Niveau statistisch gegen Null gesichert. Die Überlegungen zur Bedeutung der intangible assets werden damit nur zum Teil unterstützt.
- Die durchschnittliche Unternehmensgröße hat einen in allen Modellen statistisch hoch signifikanten positiven Einfluß auf die Direktinvestitionsintensität. Dies ist als Bestätigung der theoretischen Überlegungen zur Rolle der Firmengrösse für die Bereitschaft bzw. profitable Möglichkeit zum Tragen der Fixkosten einer Direktinvestition zu interpretieren - der entgegenwirkende Effekt steigender Skalenerträge, der eher den Export als die Auslandsproduktion begünstigt, schlägt offenbar nicht durch.
- Transportkostenintensität spielt nach den vorliegenden Ergebnissen keine wichtige Rolle für die Direktinvestitionsintensität.

Durchschnittlich erklären die Modelle rund drei Viertel der Variation der Direktinvestitionsintensität zwischen den Industrien, was eine bemerkenswert hohe statistische Erklärungskraft ist. Allerdings ist zu beachten, daß, wie die Diskussion der Ergebnisse der Modelle ohne Mineralölindustrie-Dummy gezeigt hat, hier unbeobachtete Besonderheiten einzelner Industrien eine Rolle spielen können. In einem weiteren Schritt wird es daher erforderlich sein, hierfür (und für Zeiteffekte) zu kontrollieren.

2.3 Modelle mit gepoolten Querschnitts-Längsschnittsdaten für den Zeitraum 1977 - 1984

Gepoolte Querschnitts-Längsschnittsdaten können - wie im Zusammenhang mit Untersuchungen zu Bestimmungsgründen des Internationalen Handels in Teil B ausführlich erläutert - herangezogen werden, um für die unbeobachteten Besonderheiten einzelner Jahre (soweit sie für alle Industrien identisch sind) sowie die unbeobachteten Besonderheiten einzelner Industrien (soweit sie nicht im Zeitablauf variieren) zu kontrollieren. In einem ersten Schritt ist hierbei zu prüfen, ob solche Zeit- und/oder Industrieeffekte vorliegen:

Auf der Basis gepoolter Datensätze für die Jahre 1977 bis 1984 - und alternativ für den Zeitraum 1979 bis 1984, da Angaben zum Innovatorenanteil für 1977 und 1978 nicht erhoben wurden - wurden hierfür Modelle des Typs M1,

M2F, M3F und M4F (vgl. zur Erläuterung der Modelltypen die Übersicht B.5) für jede der in Übersicht C.3 genannten Varianten V01 - V07 geschätzt. Anhand eines F-Tests (vgl. Anhang G.3.2.1) werden dann für jede Variante folgende Nullhypothesen getestet:

1. Es liegen keine Zeiteffekte vor.
2. Es liegen keine Industrieeffekte vor.
3. Es liegen weder Zeit- noch Industrieeffekte vor.
4. Es liegen im Modell mit Industrieeffekten keine Zeiteffekte vor.

Die Probvalues der empirischen F-Werte für die 44 durchgeführten Tests sind in der Tabelle C.3 abgedruckt. Legt man ein Signifikanzniveau von $\alpha = 0.05$ zugrunde, so kann die Nullhypothese, daß keine Zeiteffekte vorliegen, nie abgelehnt werden, während die Nullhypothese fehlender Industrieeffekte immer abgelehnt wird. Ebenfalls durchgängig abgelehnt wird die Hypothese, daß weder Zeit- noch Industrieeffekte zu beachten sind. Interpretiert man dies als deutliche Hinweise auf das Vorliegen von Industrieeffekten und testet die Nullhypothese, daß in Modellen mit Industrieeffekten keine Zeiteffekte vorhanden sind, so kann diese lediglich in drei Fällen nicht abgelehnt werden. Hieraus ist der Schluß zu ziehen, daß von den gegeneinander getesteten Modelltypen der Typ M4F - Modelle mit fixen Zeit- und Industrieeffekten - zu wählen ist.[4]

Die Schätzergebnisse für die Modellvarianten V01 - V07 auf der Basis gepoolter Datensätze und mit fixen Zeit- und Industrieeffekten sind in der Tabelle C.4 abgedruckt.

Vergleicht man diese Ergebnisse mit den in Übersicht C.4 synoptisch dargestellten Ergebnissen aus Modellen auf der Basis von Querschnittsdaten, so fallen vor allem drei Unterschiede auf.

- Der Input-Indikator für die Technologieintensität weist teilweise (in den Modellen auf Basis des gesamten Zeitraums 1977 - 1984) ein (insignifikantes) negatives Vorzeichen aus.
- Ein Einfluß der Unternehmensgröße ist nicht deutlich.
- Weder für sich genommen (in Variante V07) noch in Kombination mit den übrigen Variablen weist der Konzentrationsgrad in quadrierter Form ein negatives Vorzeichen auf.

---

[4] Da Zeiteffekte beachtet werden sollen und dies in Form zufälliger Effekte bei den kurzen Zeiträumen nicht angebracht erscheint, wird hier darauf verzichtet, auch über Ergebnisse mit dem Typ M3R - Modell mit zufälligen Industrieeffekten - und einen Hausman-Test auf zufällige versus fixe Industrieeffekte zu berichten.

Tabelle C.3: Tests auf Zeiteffekte und Industrieeffekte in gepoolten Modellen zur Erklärung der Direktinvestitionsintensität (Probvalues)*

Nullhypothese	Modellvariante / Jahre: V01		V02	V03		V04	V05		V06	V07	
	1977-1984	1979-1984	1979-1984	1977-1984	1979-1984	1979-1984	1977-1984	1979-1984	1979-1984	1977-1984	1979-1984
H_0: Keine Zeiteffekte (M2F vs. M1)	99.99	99.85	90.17	96.21	92.19	83.36	100.00	94.99	86.06	98.22	97.47
H_0: Keine Industrieeffekte (M3F vs. M1)	0.00	0.00	0.00	0.00	0.00	0.00	0.00	0.00	0.00	0.00	0.00
H_0: Keine Zeit- und Industrieeffekte (M4F vs. M1)	0.00	0.00	0.00	0.00	0.00	0.00	0.00	0.00	0.00	0.00	0.00
H_0: Keine Zeiteffekte in Modellen mit Industrieeffekten (M4F vs. M3F)	2.38	38.42	0.94	2.52	39.34	7.01	0.19	1.40	0.05	0.21	0.10

* Angegeben ist der aus den empirischen Werten der F-Test-Statistiken jeweils ermittelte Probvalue, d.h. die Wahrscheinlichkeit, die Nullhypothese fälschlicherweise abzulehnen; für einen Probvalue von kleiner als 5.00 wird die Nullhypothese daher auf einem Niveau von $\alpha=0.05$ abgelehnt.

Tabelle C.4: Schätzergebnisse für Modelle mit fixen Zeit- und Industrieeffekten zur Erklärung der Direktinvestitionsintensität*

exogene Variable		Modellvariante Jahre										
		V01		V02	V03		V04	V05		V06	V07	
		1977-1984	1979-1984	1979-1984	1977-1984	1979-1984	1979-1984	1977-1984	1979-1984	1979-1984	1977-1984	1979-1984
FuE-Intensität	$\hat{\beta}$	-.186	.934		-.160	.946		-.485	.322			
	$\|t\|$	.50	1.98*		.42	1.98*		1.29	.79			
Innovatorenanteil	$\hat{\beta}$			.028			.028			.023		
	$\|t\|$			2.62**			2.56**			2.57**		
Marketingintensität	$\hat{\beta}$	-2.104	-3.977	-2.634	-2.168	-3.980	-2.602	-1.215	-1.904	-1.488		
	$\|t\|$	1.11	1.85	1.32	1.14	1.81	1.26	.66	1.00	.84		
Unternehmensgröße	$\hat{\beta}$				-.001	.001	.0003	-.001	.002	.001		
	$\|t\|$				.60	.50	.11	.65	1.02	.73		
Transportkosten	$\hat{\beta}$				.073	.077	-.001	.386	.923	.836		
	$\|t\|$				.31	.25	.00	1.61	3.31**	3.05**		
Konzentrationsgrad	$\hat{\beta}$							.019	.045	.043	.021	.040
	$\|t\|$							.95	1.61	1.56	1.10	1.45
Konzentrationsgrad (quadriert)	$\hat{\beta}$							.00002	.00001	.00002	.000008	.00001
	$\|t\|$							.72	.41	.51	.27	.34

$\hat{\beta}$ = geschätzter Regressionskoeffizient, $|t|$ = absoluter t-Wert (* (**) = sign. für $\alpha=0.05$ (0.01))

* Die geschätzten Koeffizienten der Zeit- und Industriedummies sowie der Konstanten sind nicht abgedruckt. Auf eine Wiedergabe der R^2-Werte wird ebenfalls verzichtet - die um die Anzahl der Freiheitsgrade bereinigten R^2-Werte liegen alle im Wertebereich um .97.

Die explizite Berücksichtigung unbeobachteter Zeit- und Industrieeffekte hat somit deutlichen Einfluß auf wichtige Ergebnisse. Dies zeigt sich auch, wenn man sich (aus den oben genannten Gründen) auf die Varianten V03 und V04 konzentriert und die Schätz- und Testergebnisse aus den Querschnittsmodellen mit *einem* Industrieeffekt (für die Mineralölerarbeitung) in Tabelle C.2 mit den in Tabelle C.5 abgedruckten Ergebnissen aus gepoolten Modellen mit Zeit- und Industrieeffekten vergleicht: Ein ceteris paribus von einer höheren durchschnittlichen Unternehmensgröße ausgehender signifikanter positiver Effekt auf die Direktinvestitionsintensität ist nur in den Modellen auf Basis von Querschnittsdaten erkennbar, nicht bei Kontrolle für Zeit- und Industrieeffekte. Anders im Fall der Technologieintensität: Hier wird auch im gepoolten Modell ein ceteris paribus positiver Einfluß des Innovatorenanteils auf die Direktinvestitionsintensität deutlich, was die Überlegungen zur Rolle firmenspezifischer Vorteile bei der Entscheidung über Direktinvestitionen stützt.

Bei der Interpretation der Schätzergebnisse wurden bisher - worauf an den entsprechenden Stellen hingewiesen wurde - die häufigen Ablehnungen der Modelle durch die Tests auf fehlende Ausreisser, normalverteile Störgrößen und eine korrekt spezifizierte funktionale Form nicht beachtet. Wie im Abschnitt B.3.4 ausgeführt, können diese Ablehnungen erstens zusammenhängen und zweitens bereits sehr wenige solcher Ausreisser die mit OLS geschätzten Koeffizienten in beliebigem Ausmaß beeinflussen. Es ist daher auch hier für eine sorgfältige ökonometrische Untersuchung und eine entsprechend vorsichtige Ergebnisinterpretation notwendig, in einer Sensitivitätsanalyse die gepoolten Modelle mit fixen Zeit- und Industrieeffekten erneut mit dem (im Anhang G.3.4 dargestellten) robusten Verfahren zu schätzen. Die Ergebnisse hiervon sind in der Tabelle C.6 abgedruckt:[5]

Vergleicht man die Ergebnisse der robusten Schätzungen mit denen aus den OLS-Schätzungen in Tabelle C.4, so zeigen sich in einigen Fällen deutliche Abweichungen:

Bei den robusten Schätzungen sind die Vorzeichen der Technologieintensitäts-Variablen in allen Fällen wie theoretisch erwartet positiv - allerdings ist hier nur der Input-Indikator statistisch signifikant. Bei beiden Verfahren sind alle Koeffizienten der Marketingintensität - entgegen den theoretischen Erwartungen - negativ, wobei in den robusten Schätzungen diese negativen Vorzeichen oft signifikant sind.

---

[5] Die Anzahl der hier als Ausreisser identifizierten und daher aus der Schätzung ausgeschlossenen Fälle liegt in den Modellen für Daten der Jahre 1977 bis 1984 bei 33 (entspricht 14.22% aller Fälle) und in den Modellen für Daten der Jahre 1979 bis 1984 zwischen 25 und 31 (oder zwischen 14.37% und 17.82% aller Fälle).

Tabelle C.5: Schätz- und Testergebnisse für Modellvarianten V03/V04 mit fixen Zeit- und Industrieeffekten*

Ergebnisse	Variante (Zeitraum) V03 (1977-84) $\hat{B}$	|t|	ATV	V03 (1979-84) $\hat{B}$	|t|	ATV	V04 (1979-84) $\hat{B}$	|t|	ATV
Schätzergebnisse									
FuE-Intensität	-.160	.42	.27	.946	1.98*	1.35			
Innovatorenanteil							.028	2.56**	2.46*
Marketingintensität	-2.168	1.14	.93	-3.980	1.81	1.14	-2.602	1.26	.69
Unternehmensgröße	-.001	.60	.33	.001	.50	.36	.0003	.11	.07
Transportkosten	.073	.31	.27	.077	.25	.16	-.001	.00	.01
Konstante	3.475	3.11**	2.45*	4.433	3.56**	2.12*	2.712	2.20*	1.29
R^2		.965			.974			.974	
$\bar{R}^2$		.958			.967			.967	
Testergebnisse									
Normalverteilung (Probvalue)		0.00			0.00			0.00	
Homoskedastie (Probvalue) -Anzahl Unternehmen		0.00			0.00			0.02	
-Anzahl Beschäftigte		6.20			3.62			30.95	
Ausreisser (max. Wert von SDRESID) * (**)=sign. für α=0.05 (0.01)		5.348**			4.314**			4.747**	
RESET (Probvalue) -2. Potenzen der exogenen Var.		2.53			0.02			0.26	
-2. und 3. Potenzen der geschätzten endogenen Var.		0.26			7.08			7.51	

* $\hat{B}$ = geschätzter Regressionskoeffizient; |t| = absoluter t-Wert, ATV = heteroskedastie-konsistenter t-Wert
(* (**) = sign. für α = 0.05 (0.01) bei zweiseitigem Test).
Die geschätzten Koeffizienten der Zeit- und Industriedummies sind nicht angegeben.

Tabelle C.6: Ergebnisse robuster Schätzungen für gepoolte Modelle mit fixen Zeit- und Industrieeffekten zur Erklärung der Direktinvestitionsintensität*

Exogene Variable		Modellvariante Jahre: V03 1977-1984	V03 1979-1984	V04 1979-1984	V05 1977-1984	V05 1979-1984	V06 1979-1984
FuE-Intensität	$\hat{\beta}$	.691	1.560		.507	1.558	
	$\|t\|$	4.01**	6.76**		2.98**	6.59**	
Innovatorenanteil	$\hat{\beta}$			.0001			.005
	$\|t\|$			.02			1.29
Marketingintensität	$\hat{\beta}$	-3.816	-1.591	-4.202	-3.951	-1.369	-2.242
	$\|t\|$	4.56**	1.66	4.93**	4.77**	1.36	2.62**
Unternehmensgröße	$\hat{\beta}$	-.0038	.014	-.006	-.0001	.014	-.005
	$\|t\|$	2.46*	8.94**	3.88**	.05	8.76**	3.16**
Transportkosten	$\hat{\beta}$	-.215	.026	-.043	-.189	.052	.054
	$\|t\|$	2.06*	.19	.32	1.79	.37	.41
Konzentrationsgrad	$\hat{\beta}$				.0178	.0261	.0177
	$\|t\|$				2.15*	1.57	1.32
Konzentrationsgrad (quadriert)	$\hat{\beta}$				.0001	-.0001	.0001
	$\|t\|$				3.82**	1.77	4.35**

* Zur Erläuterung des robusten Schätzverfahrens vgl. Text und Anhang G.3.4. Auf die Wiedergabe der geschätzten Koeffizienten der Konstanten und der Sektor- bzw. Zeitdummies wird ebenso wie auf die Angabe der R^2-Werte verzichtet (vgl. hierzu die Ausführungen zur Schätzmethode in G.3.4).

$\hat{\beta}$ sind die geschätzten Regressionskoeffizienten, $|t|$ die absoluten t-Werte.
* (**) zeigt Signifikanz für α= 0.05 (0.01) für einen zweiseitigen Test an.

Die Koeffizienten der Variablen Unternehmensgröße und Transportkosten weisen sowohl bei einem Vergleich der unterschiedlichen Modelle beim jeweiligen Schätzverfahren untereinander als auch bei einem Vergleich der mit beiden Verfahren geschätzten identischen Modelle häufig unterschiedliche Vorzeichen (und ein unterschiedliches Signifikanzniveau) auf. Dies verstärkt den Eindruck, daß abgesicherte Aussagen über einen Einfluß dieser Größen auf die Direktinvestitionsintensität nicht möglich sind - nach den theoretischen Überlegungen war dies auch nicht zu erwarten.

Die Kontrolle für den Konzentrationsgrad in den Modellen V05 bzw. V06 hat bei Verwendung des robusten Schätzverfahrens verglichen mit den OLS-Schätzungen nur einen sehr geringen Einfluß auf die Koeffizienten der übrigen Modellvariablen. Es zeigt sich hier der - theoretisch erwartete - positive Einfluß eines höheren Konzentrationsgrades auf die Direktinvestitionsintensität, wobei allerdings der nach den oben dargestellten Überlegungen von Knickerbocker (1973) postulierte nicht-lineare Zusammenhang lediglich (statistisch insignifikant) bei V05 in der Schätzung für 1979 - 1984 auftaucht.

Die Sensitivitätsanalyse durch Replikation der Modellschätzungen mit einem robusten Verfahren führt damit zusammengefaßt hier zu einer Absicherung der Schlußfolgerungen aus den OLS-Schätzungen.

2.4 Zum Verhältnis von theoretischen und ökonometrischen Analysen der Bestimmungsgründe der Direktinvestitionsintensität von Industrien

Als zentrale Ergebnisse der ökonometrischen Untersuchungen zu den Bestimmungsgründen der Direktinvestitionsintensität in Branchen des Verarbeitenden Gewerbes der Bundesrepublik Deutschland ergaben sich neben einem positiven Einfluß intangibler assets in Form von Produkt- und Prozeßinnovationen das Vorliegen unbeobachteter - und das heißt hier: in den Modellen nicht explizit abgebildeter - Zeit- und insbesonders Industrieeffekte, deren Berücksichtigung bzw. Nicht-Berücksichtigung erheblichen Einfluß hat.

Eine mögliche Erklärung für diese Industrieeffekte wurde bereits am Ende des Abschnitts C.2.2 im Zusammenhang mit der "Sonderrolle" der Mineralölverarbeitung erwähnt: Die Modelle wollen (hauptsächlich) horizontal integrierte Multinationale Unternehmen erklären, die endogene Variable erfaßt aber auch andere Typen, d.h. vertikal integrierte und diversifizierte Multinationale Unternehmen, da eine Trennung mit dem vorliegenden Datenmaterial nicht möglich ist. Dominiert in einer Industrie z.B. die vertikale Integration als Grund der Direktinvesitionen und sind hierfür andere als im Modell erfaßte Variablen ausschlaggebend, so zeigt sich dies hier als ein unbeobachteter (sprich: nicht modellierter) Industrieeffekt. Eine Überprüfung dieser Hypothese scheitert jedoch an der fehlenden Datenbasis.

Industrieeffekte können jedoch auch noch auf einer weiteren Gruppe von in den Modellen nicht beachteten Einflußfaktoren beruhen: Standortfaktoren konnten hier nur in Form von Skalenerträgen und Transportkosten berücksichtigt werden, wobei einerseits keine eindeutigen Erwartungen hinsichtlich der Vorzeichen der Koeffizienten theoretisch begründbar waren und sich andererseits (bei Kontrolle von Zeit- und Industrieeffekten) auch keine statistisch signifikanten Einflüsse zeigten. Unberücksichtigt bleiben damit potentiell wichtige Faktoren wie relative Faktorkosten, Handelshemmnisse ausländischer Staaten, Fluktuation der Wechselkurse und politische Stabilität (vgl. z.B. Dunning 1981, 57), denn eine Kontrolle dieser Einflüsse würde Informationen über jedes (potentielle bzw. tatsächliche) Zielland erfordern. Ob die Rolle dieser länderspezifischen Standortfaktoren bei Untersuchungen mit Industriedaten tatsächlich, wie Pugel (1981, 228) argumentiert, "should tend to wash out or become part of the random statistical error", ist fraglich, denn einzelne Faktoren können durchaus für einzelne Industrien sehr viel bedeutender sein als für die anderen (was sich allein schon aus der ungleichen regionalen Verteilung der Direktinvestitionen aus den Industrien in die Zielländer ablesen läßt) und damit im Kontext der hier betrachteten Modelle unbeobachtete Industrieeffekte darstellen. Auch eine weitergehende Untersuchung dieser Überlegungen scheitert an der fehlenden Datenbasis, denn es liegen keine hier verwendbaren Angaben für nach Zielregionen und Industrien gleichzeitig disaggregierte Direktinvestitionen vor.

Damit wird deutlich, daß die hier vorgelegten ökonometrischen Untersuchungen zu den Bestimmungsgründen der Direktinvestitionsintensität von Industrien keine Tests der modernen Theorie der Multinationalen Unternehmung darstellen können: Nach dem Dunning'schen *OLI-Paradigma* erwartet man positive Einflüsse auf die Direktinvestitionsintensität von "*o*wnership-specific advantages" - hierfür spricht der positive Einfluß der Innovationsintensität - bei Vorliegen von "*i*nternalization advantages" - hierfür sprechen im Fall des technischen Wissens die theoretischen Überlegungen zum Marktversagen - und "*l*ocational advantages" - dieses letzte Glied in der Kette muß fehlen, da die Datenbasis nicht zur Verfügung steht. Ferner ist daran zu erinnern, daß die Theorien für *Firmen* formuliert wurden und hier mit *Industrie*daten gearbeitet wurde, wobei die Durchschnittsbildung die Ergebnisse beeinflussen kann. Im nächsten Schritt ist daher zu prüfen, ob auf Basis von Firmendaten andere Schlußfolgerungen zu ziehen sind.

3 Bestimmungsgründe von Direktinvestitionen: Eine ökonometrische Untersuchung mit Mikrodaten für Betriebe des Maschinenbaus und der Elektrotechnik in Niedersachsen 1986

3.1 Ansatz und Datenbasis

Das Verhalten von Firmen und hierbei die optimale Verwertung firmenspezifischer Vorteile steht im Zentrum der modernen Theorie der Direktinvestitionen. Ökonometrische Untersuchungen zu den Bestimmungsgründen von Direktinvestitionen sollten daher auf der Basis von Firmendaten vorgenommen werden. Hierzu kann der bereits in Abschnitt B.4 bei der Analyse der Bestimmungsgründe der Exportquoten von Firmen ausgewertete Datensatz (vgl. Anhang G.2) herangezogen werden:

Erklärt werden soll, ob ein Unternehmen an einem Betrieb im Ausland in Form einer Direktinvestition beteiligt ist oder nicht. Die endogene Variable der ökonometrischen Modelle hat also die Form eines Dummies; sie nimmt für multinationale Unternehmen den Wert Eins an und hat sonst den Wert Null. Diese Variable konnte aus der Untenehmensbefragung von Gehrke (1988) nicht direkt entnommen werden, sie wurde vielmehr wie folgt konstruiert: Alle Firmen, die auf die Frage nach der Bedeutung der Formen internationaler Zusammenarbeit durch

- Kapitalbeteiligungen an Unternehmen im Ausland (über 10%)
- Gründung und/oder Erwerb bzw. Ausbau eigener Tochtergesellschaften im Ausland
- Joint Ventures mit ausländischen Unternehmen im Ausland

nicht in allen Fällen die Antwortvorgabe "spielte keine Rolle" wählten, gaben damit zum Ausdruck, daß sie in einer oder mehreren der genannten Arten im Ausland engagiert waren - diese Firmen können daher als solche mit Direktinvestitionen eingeorndet werden. (Auf eine differenziertere Analyse getrennt nach den einzelnen Formen von Direktinvestitionen muß angesichts der kleinen Stichprobe hier verzichtet werden).

Wie im Fall der Industriedaten ist auch hier weder eine regional nach Zielländern disaggregierte Betrachtung noch eine für horizontal bzw. vertikal integrierte oder diversifizierte multinationale Unternehmen differenzierte Untersuchung möglich.

Als Bestimmungsfaktoren für die Ja/Nein-Entscheidung im Hinblick auf Direktinvestitionen werden Variablen in die Modelle einbezogen, die die theoretischen Überlegungen aus dem Abschnitt C.1.1 abbilden. Die Modellspezifikation folgt dabei möglichst weitgehend dem Vorgehen bei der Formulierung der ökonometrischen Ansätze in der Untersuchung mit Industriedaten in C.2, um so einen Vergleich der Ergebnisse zu ermöglichen.

Firmenspezifische Vorteile werden einerseits durch Indikatoren für die *Technologie- und Innovationsintensität* abgebildet, wobei alternativ eine Input- und eine Outputgröße verwendet wird. Als Input-Größe dient die *FuE-Intensität*, gemessen als Anteil der im Bereich "Forschung und Entwicklung, Konstruktion" tätigen Ingenieure und anderen Akademikern an sämtlichen Beschäftigten. Die Output-Größe *Innovationsintensität* ist ein Index der Bedeutung von Produkt- und Prozeßinnovationen für den Betrieb, der als Mittelwert aus den bei der Untersuchung der Exportquoten verwendeten Indikatoren für Produkt- bzw. Prozeßinnovationen gebildet wurde. Als Proxy für eine zweite Gruppe firmenspezifischer Vorteile wird die *Marketingintensität*, berechnet als Anteil der im Bereich Marketing Tätigen an allen Beschäftigten, herangezogen. Nach den theoretischen Überlegungen sind für diese Variablen positive Vorzeichen zu erwarten - ceteris paribus ist eine um so höhere Wahrscheinlichkeit für das Vorliegen eines multinationalen Unternehmens zu erwarten, je ausgeprägter diese firmenspezifischen Vorteile sind.

Die *Unternehmensgröße* wird durch die Anzahl der Beschäftigten gemessen. Theoretisch ist auch hier ein positives Vorzeichen des geschätzten Koeffizienten zu erwarten, denn: "We expect that, within an industry, foreign investment tends to be concentrated among the larger firms, as these firms have the resources to overcome the scale economy barriers of information and production techlology." (Caves and Pugel 1980, 19) "Within each industry, large firms, being better able to sustain a risk, will undertake a foreign investment while smaller firms will not invest abroad." (Goedde 1978, 6) Diese theoretischen Erwartungen werden z.B. auch durch die deskriptive Auswertung einer Unternehmensbefragung bei Firmen des Verarbeitenden Gewerbes in der Bundesrepublik Deutschland 1983 bestärkt, wo Berger und Uhlmann (1985, 55) feststellen: "Die Grundaussage über größenspezifische Unterschiede beim Auslandsengagement der Unternehmen des Verarbeitenden Gewerbes lautet, daß die Unternehmen mit 1 bis 499 Beschäftigten weniger aktiv sind als die Unternehmen mit 500 und mehr Mitarbeitern."

Standortfaktoren können auf der Basis der vorliegenden Daten in zwei Formen berücksichtigt werden: Erstens als *Skalenerträge*, gemessen als Summe der prozentualen Anteile von Großserienfertigung und kontinuierlicher Fließfertigung an der Gesamtproduktion. Hier ist ein ceteris paribus negativer Einfluß auf die Wahrscheinlichkeit einer Direktinvestition zu erwarten, denn: "Plant economies of scale encourage exporting, whilst firm level economies of scale, such as internalization of the fruits of research, may predispose the firm towards foreign investment." (Buckley/Pearce 1981, 229) Im Gegensatz zu den Untersuchungen auf Basis von Industriedaten, wo die durchschnittliche Unternehmensgröße auch als Indikator für den Standortfaktor Skalenerträge zu interpretieren war und wo daher keine eindeutigen theoretischen Erwartungen hinsichtlich des Vorzeichens dieser Variable formuliert werden konnten, ist hier eine Trennung beider Einflussfaktoren möglich. Als zweiter Standortfaktor wird die ***Bedeutung der Kundennähe***, gemessen als Index mit Werten zwischen fünf ("sehr groß") und eins ("spielt keine Rolle"), einbezogen. Hier ist, anders als im Fall der Exporte, einerseits ein positiver Einfluß auf die Wahrscheinlichkeit einer Direktinvestition zu erwarten. Yoshida (1987, 46) z.B. stellt in seiner Analyse der Direktinvestitionsmotive von japanischen Firmen in den USA fest: "Most of the firms considered establishment of close customer relations as a primary reason for their direct manufacturing investments in the United States." Andererseits ist - wie im Falle der Transportkosten bei der Untersuchung der Direktinvestitionsdeterminanten mit Industriedaten - zu beachten, daß eine ausgeprägte Notwendigkeit kundennaher Produktion eine starke regionale Fragmentierung der Industrie im Inland zur Folge haben kann, was dazu führt, daß den Firmen die interregionale und internationale Perspetive fehlt. Die Erwartungen über das Vorzeichen dieser Variable sind daher nicht eindeutig.

Der *Konzentrationsgrad* wird, gemessen als Herfindahl-Index, den Firmendaten auf Fachzweigebene (SYPRO-4-Steller) zugespielt; er geht aus den oben erörterten Gründen auch in quadrierter Form in die Modelle ein, wobei für den linearen Term ein positives und für den quadratischen Term ein negatives Vorzeichen zu erwarten ist, wenn die theoretischen Überlegungen von Knickerbocker (1973) zutreffend sind.

Die Variablen der Direktinvestitions-Modelle sind in der Übersicht C.5 zusammengestellt.

In der Unternehmensbefragung wurden Firmen aus drei Industrien des Verarbeitenden Gewerbes in Niedersachsen - Maschinenbau, Elektrotechnik, Holzverarbeitung - erfaßt. Unter den Firmen der Holzverarbeitung, für dic alle benötigten Angaben vorlagen, fand sich keine, die im hier verwendeten Sinne als multnationales Unternehmen gelten kann. Die Untersuchung beschränkt sich daher auf Firmen aus den Industrien Maschinenbau und Elektrotechnik, wobei 81 bzw. 41 Betriebe einbezogen werden konnten.[6] Im Maschinenbau waren davon 19 (oder 23.5%) multinational im hier verwendeten Sinne des Begriffs, in der Elektrotechnik 11 (oder 26.8%).

---

[6] Unterschiede zwischen der hier verwendeten Teilstichprobe und der Datenbasis der Untersuchung der Bestimmungsgründe der Exportquoten erklären sich aus Unterschieden bei fehlenden Angaben zu jeweils einbezogenen Variablen.

Übersicht C.5: Die Variablen der Direktinvestitions-Modelle*

Bezeichnung	Erläuterungen
Direktinvestitionen	Dummy-Variable; 1, wenn Unternehmen Direktinvestitionen vorgenommen hat
FuE-Intensität	Anteil Beschäftigte in Forschung und Entwicklung
Innovationsintensität	Index der Bedeutung von Produkt- und Prozeßinnovationen für den Betrieb (Skala von 1 bis 5)
Marketingintensität	Anzahl Beschäftigte im Marketing
Unternehmensgröße (Beschäftigte)	Anteil Beschäftigte des Betriebes
Skalenerträge	Summe der prozentualen Anteile von Großserienfertigung und kontinuierlicher Fließfertigung an Gesamtproduktion
Bedeutung des Standortfaktors Kundennähe	Skala von 5 = sehr groß bis 1 = spielt keine Rolle
Konzentrationsgrad	Herfindahl-Index

* Vgl. Anhang G.2 zu Datenquellen und exakten Definitionen sowie den Text zur Erläuterung.

Aus den in Tabelle C.7 abgedruckten Mittelwerten der Variablen ist zu erkennen, daß bei fast allen Größen, die als Bestimmungsgründe der Direktinvestitionen angesehen werden, zwischen den Branchen im Durchschnitt der Firmen ausgeprägte Unterschiede bestehen. Im folgenden wird daher darauf verzichtet, neben den getrennten Stichproben aus beiden Industrien auch eine gepoolte Datenbasis mit Angaben zu allen Firmen zu analysieren.

Einen Eindruck von den Zusammenhängen der exogenen Variablen untereinander vermitteln die Korrelationsmatrizen in Tabelle C.8. Auch hier sind deutliche Unterschiede zwischen den beiden Industrien feststellbar. Bemerkenswert ist einerseits die für den Maschinenbau nur schwach positive und für die Elektrotechnik sogar negative Korrelation zwischen den beiden Technologie-Variablen, dem Input-Indikator FuE-Intensität und dem Output-Indikator Innovationsintensität, andererseits das Fehlen ausgeprägter Korrelationen zwischen dem Konzentrationsgrad und den übrigen exogenen Variablen.

Tabelle C.7: Mittelwerte und Standardabweichungen der Variablen aus den Direktinvestitions-Modellen*

Variable	Industrie (Anzahl Firmen) Maschinenbau (81)	Elektrotechnik (41)
FuE-Intensität	3.81 (4.26)	4.78 (6.09)
Innovationsintensität	3.27 (.90)	3.37 (.90)
Marketingintensität	1.65 (2.83)	.79 (1.03)
Unternehmensgröße (Beschäftigte)	193.38 (309.71)	629.95 (1620.15)
Skalenerträge	16.61 (28.39)	52.90 (38.24)
Bedeutung des Standortfaktors Kundennähe	2.73 (1.31)	2.19 (1.03)
Konzentrationsgrad	44.34 (51.41)	156.26 (92.62)
Konzentrationsgrad (quadr.)	4576.21 (9734.36)	32785.17 (31485.13)
Anzahl Firmen mit Direktinvestitionen (Anteil)	19 (23.5)	11 (26.8)

Quelle: Eigene Berechnungen; zur Variablendefinition und Datenquelle vgl. Text.

* In der Tabelle sind die Standardabweichungen in Klammern unter den Mittelwerten angegeben.

Tabelle C.8: Korrelationsmatrizen der exogenen Variablen aus den Direktinvestitionsmodellen*

	Innovationsintensität	Marketingintensität	Unternehmensgröße (Beschäftigte)	Skalenerträge	Bedeutung des Standfaktors Kundennähe	Konzentrationsgrad	Konzentrationsgrad (quadriert)
FuE-Intensität	.192 -.236	.334 .177	.183 -.173	-.054 -.331	.081 -.097	-.102 .074	-.104 .071
Innovationsintensität		.057 -.148	.361 .306	-.006 .233	.066 -.179	.053 .072	.045 .068
Marketingintensität			-.032 -.151	.223 -.215	.257 -.308	.018 .010	-.022 .011
Unternehmensgröße (Beschäftigte)				.115 .308	.011 .013	.121 -.073	.070 -.100
Skalenerträge					.146 .080	.255 -.008	.209 -.023
Bedeutung des Standortfaktors Kundennähe						.033 -.183	.008 -.174
Konzentrationsgrad							.982 .998

Quelle: Eigene Berechnungen; zur Variablendefinition und Datenquelle vgl. Text.

* In der Tabelle sind jeweils zuerst die Korrelationskoeffizienten für den Maschinenbau und danach die für die Elektrotechnik angegeben.

Bei der ökonometrischen Überprüfung der theoretischen Überlegungen zu den Zusammenhängen zwischen den exogenen Variablen und der Vornahme bzw. Nicht-Vornahme einer Direktinvestition werden, getrennt für die Firmen des Maschinenbaus und die der Elektrotechnik, verschiedene Modellvarianten geschätzt, die ähnlich aufgebaut sind wie im Falle der Untersuchung auf Basis von Industriedaten: Zunächst werden ausschließlich Proxies für das Ausmaß firmenspezifischer Vorteile - Technologie- und Marketingintensität - einbezogen, wobei alternativ der Technologie-Input-Indikator "FuE-Intensität" (Modellvariante V01) oder der Output-Indikator "Innovationsintensität" (V02) genutzt wird. Beide Modellvarianten werden anschließend um die "Betriebsgröße" (V03 bzw. V04) sowie um die beiden Standortfaktoren "Skalenerträge" und "Bedeutung der Kundennähe" (V05 bzw. V06) erweitert. In einem letzten Schritt wird dann zusätzlich der Konzentrationsgrad - linear und in quadrierter Form - einbezogen (V07 bzw. V08). Da theoretische Überlegungen für eine simultane Abhängigkeit des Konzentrationsgrades und der Direktinvestitionen von den übrigen exogenen Variablen des Modells sprechen, wird auch hier eine weitere Modellvariante geschätzt, die nur den Konzentrationsgrad (linear und quadriert) als erklärende Größe enthält. Diese neun Modellvarianten sind in der Übersicht C.6 zusammengestellt.

Übersicht C.6: Modellvarianten zur Erklärung der Direktinvestitionen von Firmen*

Exogene Variable / Modellvariante	V 01	V 02	V 03	V 04	V 05	V 06	V 07	V 08	V 09
FuE-Intensität	X		X		X		X		
Innovationsintensität		X		X		X		X	
Marketingintensität	X	X	X	X	X	X	X	X	
Unternehmensgröße (Anzahl Bescchäftigte)			X	X	X	X	X	X	
Skalenerträge					X	X	X	X	
Bedeutung Kundennähe					X	X	X	X	
Konzentrationsgrad							X	X	X
Konzentrationsgrad (quadriert)							X	X	X

* Ein X zeigt an, daß die in der Kopfzeile genannte Modellvariante die in der Vorspalte angegebene Variable enthält. Alle Modelle enthalten ferner eine Konstante.

Da eine dichotome endogene Variable vorliegt - die Firma kann nur entweder im hier verwendeten Sinne des Wortes multinational sein oder nicht - können die Modelle nicht mit der einfachen Methode der kleinsten Quadrate

(OLS) geschätzt werden; stattdessen wird als Schätzverfahren die Logit Maximum Likelihood Methode verwendet.[7]

3.2 Ergebnisse der ökonometrischen Untersuchung

Die Ergebnisse der Schätzungen der neun Modellvarianten für die Firmen aus den beiden Branchen Maschinenbau bzw. Elektrotechnik sind in den Tabellen C.9 bzw. C.10 abgedruckt. Da die Modelle zum Teil ineinander "geschachtelt" sind, können die entsprechenden Null-Restriktionen mit einen Likelihood-Ratio-Test überprüft werden; die Probvalues der Tests sind aus der Tabelle C.11 abzulesen. Tabelle C.12 enthält die Ergebnisse der Spezifikationstests aller Modelle (vgl. zu diesen Tests den Anhang G.3.5).

Betrachten wir zunächst die Ergebnisse für den *Maschinenbau*:

Die Spezifikationstests (vgl. Tab. C.12) lehnen die Modelle auf einem Niveau von $\alpha = 0.05$ nur in wenigen Fällen ab. Die Proxy-Variablen für die firmenspezifischen Vorteile haben in den beiden Modellvarianten V01 und V02 das theoretisch-erwartete Vorzeichen - je höher die Technologie- oder Marketingintensität einer Firma, desto größer ist demnach die Wahrscheinlichkeit, daß diese Firma direkt im Ausland investiert. Allerdings ist auf einem üblichen Niveau dieser Zusammenhang nur für die Innovationsintensität statistisch gesichert; bei der Modellvariante V01 zeigt der Probvalue des Likelihood-Ratio Tests, daß die Nullhypothese, nach der die exogenen Variablen keinen Einfluß auf die Wahrscheinlichkeit einer Direktinvestition haben, nicht abgelehnt werden kann.

Die Berücksichtigung der Unternehmensgrösse in V03 bzw. V04 ändert das Bild erheblich: Der Einfluß der Beschäftigtenzahl auf die Wahrscheinlichkeit der Direktinvestition ist wie erwartet positiv und statistisch signifikant - er bleibt es auch in den erweiterten Modellen V05 - V08. Der positive Einfluß der Innovationsintensität ist jedoch in V04 nicht mehr signifikant (dies gilt auch für die folgenden Erweiterungen V06 und V08), das insignifikante Vorzeichen von FuE-Intensität wird in V03 (sowie in V05 und

[7] Für ökonometrische Analysen der Direktinvestitionsentscheidung von Firmen wurde dieses Verfahren mit US-Daten z.B. von Goedde (1978) und Grubaugh (1987) verwendet; Einzelheiten zur Methode finden sich in den Standardlehrbüchern der Ökonometrie und brauchen hier nicht dargestellt zu werden. Zur Schätzung wurde das Programmpaket SST (Dubin/Rivers 1986) verwendet.

Tabelle C.9: Ergebnisse der Modellschätzungen für die Direktinvestitionen der Firmen des Maschinenbaus (N=81) [Methode: Logit ML]

		Modellvariante								
Exogene Variable		V01	V02	V03	V04	V05	V06	V07	V08	V09
Konstante	$\hat{\beta}$	-1.608	-4.717	-3.048	-3.873	-3.706	-4.239	-3.185	-3.897	-1.654
	$\|t\|$	4.27**	3.42**	4.96**	2.48*	3.45**	2.45*	2.54*	2.11*	2.56*
FuE-Intensität	$\hat{\beta}$	.065		-.030		-.064		-.082		
	$\|t\|$	1.07		.38		.71		.87		
Innovationsintensität	$\hat{\beta}$		.956		.258		.173		.198	
	$\|t\|$		2.62*		.56		.38		.43	
Marketingintensität	$\hat{\beta}$	.084	.121	.211	.187	.257	.194	.292	.207	
	$\|t\|$	.95	1.40	1.68	1.71	1.63	1.56	1.71	1.59	
Unternehmensgröße (Anzahl Beschäftigte)	$\hat{\beta}$			.008	.007	.008	.007	.009	.007	
	$\|t\|$			3.55**	3.15**	3.41**	3.16**	3.40**	3.20**	
Skalenerträge	$\hat{\beta}$					-.016	-.012	-.016	-.010	
	$\|t\|$					1.05	.84	.96	.70	
Bedeutung von Kundennähe	$\hat{\beta}$					.283	.262	.278	.250	
	$\|t\|$					.94	.88	.59	.84	
Konzentrationsgrad	$\hat{\beta}$							-.025	-.019	.023
	$\|t\|$							.59	.45	.89
Konzentrationsgrad (quadriert)	$\hat{\beta}$							.0001	.0001	-.0001
	$\|t\|$							.47	.35	.92
Log-Likelihood (L_{max})		-42.58	-39.06	-29.17	-29.09	-28.23	-28.43	-27.87	-28.17	-43.71
Likelihood-Ratio[1]		3.08	10.12	29.90	30.06	31.78	31.38	32.50	31.90	0.82
(Probvalue)		21.44	.63	0.00	0.00	0.00	0.00	0.00	0.00	66.37
Percent correctly predicted		77.78	75.31	81.48	82.72	85.19	85.19	86.42	86.42	76.54

1) $-2(\log L_0 - \log L_{max}) \sim \chi^2_k$ mit k = Anzahl der Parameter (ohne Konstante)
und L_0 = Log-Likelihood des Modells nur mit Konstante (=-44.12)

* (**) bedeutet Signifikanz für $\alpha = 0.05$ (0.01)

Tabelle C.10 Ergebnisse der Modellschätzungen für die Direktinvestitionen der Firmen der Elektrotechnik (N=41) [Methode: Logit ML]

Exogene Variable		Modellvariante V01	V02	V03	V04	V05	V06	V07	V08	V09
Konstante	$\hat{\beta}$	-.822	-4.343	-1.197	-4.060	2.519	-.592	15.261	13.858	.226
	$\|t\|$	1.65	2.17*	2.06*	2.03	1.38	.23	1.54	1.33	.05
FuE-Intensität	$\hat{\beta}$	-.047		-.032		-.068		-.041		
	$\|t\|$	.67		.44		.88		.46		
Innovationsintensität	$\hat{\beta}$		.920		.777		.721		.657	
	$\|t\|$		1.79		1.48		1.25		1.02	
Marketingintensität	$\hat{\beta}$	.033	.134	.111	.180	-.443	-.334	-.388	-.296	
	$\|t\|$	.09	.36	.31	.48	.98	.75	.83	.62	
Unternehmensgröße (Anzahl Beschäftigte)	$\hat{\beta}$			.0004	.0003	.0006	.0005	.0008	.0008	
	$\|t\|$			1.19	.92	1.06	.95	1.86	1.76	
Skalenerträge	$\hat{\beta}$					-.004	-.005	-.002	-.005	
	$\|t\|$					.32	.38	.15	.33	
Bedeutung von Kundennähe	$\hat{\beta}$					-1.572	-1.419	-1.754	-1.724	
	$\|t\|$					2.18*	2.09*	2.25*	2.19*	
Konzentrationsgrad	$\hat{\beta}$							-.229	-.247	-.028
	$\|t\|$							1.38	1.45	.41
Konzentrationsgrad (quadriert)	$\hat{\beta}$							.0007	.0007	.0001
	$\|t\|$							1.40	1.46	.47
Log-Likelihood (L_{max})		-23.59	-21.85	-22.40	-21.24	-18.57	-18.11	-16.38	-15.90	-23.12
Likelihood-Ratio[1]		0.50	3.98	2.88	5.20	10.54	11.64	14.92	15.88	1.44
(Probvalue)		77.88	13.67	41.05	15.77	6.13	4.01	3.70	2.62	48.68
Percent correctly predicted		73.17	73.17	73.17	75.61	75.61	75.61	82.93	82.93	73.17

1) $-2(\log L_0 - \log L_{max}) \sim \chi^2_k$ mit k = Anzahl der Parameter (ohne Konstante)
und L_0 = Log-Likelihood des Modells nur mit Konstante (=-23.84)

* (**) bedeutet Signifikanz für $\alpha = 0.05$ (0.01)

Tabelle C.11: Likelihood-Ratio-Tests von Restriktionen in Modellen für Direktinvestitionen von Firmen (Probvalues)*

restr. Modell \ unrestr. Modell	V03	V04	V05	V06	V07	V08
V01	0.00 12.29	/ /	0.00 17.03	/ /	0.00 1.32	/ /
V02	/ /	0.00 26.94	/ /	0.01 5.81	/ /	0.06 3.62
V03	/ /	/ /	39.06 2.17	/ /	64.11 1.71	/ /
V04	/ /	/ /	/ /	51.69 4.37	/ /	76.52 3.04
V05	/ /	/ /	/ /	/ /	69.77 11.19	/ /
V06	/ /	/ /	/ /	/ /	/ /	84.37 10.97
V09	/ /	/ /	/ /	/ /	0.00 3.60	0.00 2.51

* Angegeben ist jeweils der Probvalue des empirischen χ^2_k-Wertes eines Likelikood-Ratio-Tests des restringierten Modells gegen das nicht-restringierte Modell (k = Anzahl Restriktionen). Hierbei beziehen sich die Angaben in Zeile 1 auf die Modelle für den Maschinenbau und die in Zeile 2 auf die für die Elektrotechnik.

Tabelle C.12: Spezifikationstest der Modelle für Direktinvestitionen von Firmen (Probvalues)*

Modell-variante	Test					
	Homoskedastie		Logistische Verteilung		Korrekte stochast. Spezifikation (Information-Matrix-Test)	
	Maschinen-bau	Elektro-technik	Maschinen-bau	Elektro-technik	Maschinen-bau	Elektro-technik
V01	2.27	7.21	35.24	3.97	14.86	6.96
V02	5.42	80.55	2.13	51.02	0.00	35.93
V03	63.38	17.78	21.72	72.00	84.70	4.05
V04	69.48	88.58	21.14	70.96	0.31	47.14
V05	31.40	67.66	21.25	79.54	11.67	36.39
V06	30.16	39.60	18.38	99.29	0.45	33.39
V07	49.06	26.20	34.87	20.85	67.16	18.71
V08	50.90	12.57	28.37	26.05	21.45	33.79
V09	81.01	4.64	63.17	5.95	99.89	13.99

* Zur Erläuterung der Modelle vgl. Übersicht C.6, zu den Tests vgl. Anhang G.3.5.

V07) negativ. Der Likelihood-Ratio Test der Nullhypothese, daß die Unternehmensgröße in V03 bzw. V04 keinen Einfluß auf die Direktinvestitionswahrscheinlichkeit hat (Vergleich von V03 mit V01 bzw. V04 mit V02) lehnt diese deutlich ab.

Erweitert man V03 bzw. V04 um die Standortfaktor-Proxies Skalenerträge und Kundennähe, so zeigen diese das theoretisch erwartete negative Vorzeichen bei den Skalenerträgen und ein positives beim Faktor Kundennähe; allerdings sind diese Vorzeichen nicht statistisch signifikant. Nach dem Likelihood-Ratio Test kann zudem die Nullhypothese, daß beide Standortvariablen zusammen keinen Einfluß haben (Vergleich von V05 mit V03 bzw. V06 mit V04), auf einem Niveau von $\alpha = 0.05$ nicht abgelehnt werden.

Ein Einfluß des Konzentrationsgrades auf die Direktinvestitionswahrscheinlichkeit ist weder in den Varianten V07 bzw. V08 - den Erweiterungen von V05 bzw. V06 - noch im Modell V09, das den Konzentrationsgrad linear und quadriert als einzige erklärende Variablen enthält, zu erkennen. Lediglich in V09 zeigt sich das nach der Knickerbocker-Hypothese erwartete Vorzeichenmuster (positiv für den linearen, negativ für den quadratischen Term), allerdings kann nach dem Likelihood-Ratio Test die Nullhypothese, daß beide Variablen zusammen keinen Einfluß auf die Direktinvestitionswahrscheinlichkeit haben, nicht abgelehnt werden. Da die Berechtigung der Nullrestriktionen in V03 bzw. V04 hinsichtlich eines fehlenden Einflusses von Skalenerträgen, Kundennähe und Konzentrationsgrad durch die Likelihood-Ratio Tests nicht zurückgewiesen werden kann, läßt sich zusammenfassend auf der Basis der Schätzergebnisse für diese Varianten V03 bzw. V04 festhalten: Die Wahrscheinlichkeit einer Direktinvestition steigt für Firmen des Maschinenbaus mit steigender Unternehmensgröße; ein statistisch auf dem Niveau von $\alpha = 0.05$ gesicherter Zusammenhang zwischen den Proxy-Variablen für firmenspezifische Vorteile und Direktinvestitionswahrscheinlichkeit ist nicht zu erkennen - allerdings lassen die doch recht hohen t-Werte für die Variable Marketingintensität und das Schätzergebnis von V02 eher einen positiven als einen negativen Zusammenhang zwischen Innovations- und Marketingintenstität und Direktinvestitionswahrscheinlichkeit erwarten. Hierbei ist allerdings zu beachten, daß sowohl V02 als auch V04 zweimal bzw. einmal von den Spezifikationstests (vgl. Tab. C.12) abgelehnt werden. Hinsichtlich der Folgerungen zum Einfluß von Unternehmensgröße und Marketingintensität ergeben sich aber keine Änderungen, wenn man statt auf V04 auf V08, das von keinem der Tests abgelehnt wird, zurückgreift.

Die Schätzungen für Firmen der *Elektroindustrie* (vgl. Tabelle C.10), bei denen es lediglich in drei Fällen zu teils knappen Ablehnungen durch die Spezfikationstests (vgl. Tab. C.12) für $\alpha = 0.05$ kam, lassen auf einem Niveau von $\alpha = 0.05$ weder einen signifikanten Einfluß der Proxy-Variablen für firmenspezifische Vorteile noch der Betriebsgröße erkennen; die Nullhypothesen, daß diese Variablen in V01 bis V04 die Direktinvestitionswahrscheinlichkeit nicht beeinflussen, kann durch die Likelihood-Ratio Tests nur für V04 auf dem 5%-Niveau sehr knapp zurückgewiesen werden. Der Input-Indikator FuE-Intensität hat zudem durchgängig ein theoretisch nicht erwartetes negatives Vorzeichen; dies gilt auch für die Marketingintensität in den Varianten V05 bis V08.

Ein signifikanter Einfluß des Konzentrationsgrades auf die Direktinvestitionswahrscheinlichkeit ist weder allein (in V09) noch in Verbindung mit den übrigen Variablen (in V07 bzw. V08) zu erkennen. Wie im Fall des Maschinenbaus gibt es keinen Hinweis auf die Gültigkeit der Knickerbocker-Hypothese.

Die beiden Standortfaktor-Variablen Skalenerträge und Kundennähe üben nach den Likelihood-Ratio Tests zusammengenommen einen signifikanten Einfluß aus, der sich allerdings nur bei der Kundennähe in einem auf dem Niveau von $\alpha = 0.05$ statistisch gesicherten negativen Vorzeichen zeigt; das theoretisch erwartete negative Vorzeichen der Skalenertragsvariable dagegen ist nicht gesichert.

Gestützt auf die Ergebnisse von V05 und V06 (deren Nullrestriktionen bezüglich des Konzentrationsgrades nicht abgelehnt werden können und die von keinem der Spezifikationstests auf einem üblichen Niveau abgelehnt werden) läßt sich damit zusammenfassend festhalten: die theoretischen Überlegungen zu Bestimmungsgründen von Direktinvestitionen können in der Form, wie sie hier in ökonometrisch testbare Hypothesen umgesetzt wurden, nicht als gültig für die Firmen der Elektroindustrie in der Stichprobe angesehen werden.

Die ausgeprägten Unterschiede zwischen den Ergebnissen für die beiden hier untersuchten Industrien lassen zudem erkennen, daß nach Branchen getrennte Schätzungen solchen auf der Grundlage der gesamten Stichprobe vorzuziehen sind.

3.3 Forschungsperspektiven

Wie bei den Untersuchungen zu Bestimmungsgründen der Exportquote von Firmen ist auch hier explizit darauf hinzuweisen, daß die vorgelegten Schätzungen nicht mehr als einen ersten Schritt bei der empirischen Überprüfung der Tragfähigkeit der theoretischen Überlegungen sein können. Die Gründe hierfür liegen einerseits wiederum in der in mehrfacher Hinsicht beschränkten Datenbasis:

- Die ausgewertete Stichprobe umfaßt lediglich Daten einer relativ kleinen Anzahl niedersächsischer Betriebe aus zwei Industrien.
- Die endogene Variable ist unbefriedigend operationalisiert, da weder eine Trennung in horizontal oder vertikal integrierte Unternehmen noch eine Unterscheidung diversifizierter Unternehmen von diesen Typen möglich ist; darüber hinaus fehlen Angaben zur regionalen Struktur der Direktinvestitionen.
- Die Abbildung firmenspezifischer Vorteile kann nicht überzeugen, da das eigene Personal den FuE-Aufwand nur unvollständig (ohne z.B. gekaufte Leistungen anderer Unternehmen) erfaßt und die Output-Größe in der hier verwendeten Form wenig über die ökonomische Bedeutung der Produkt- und Prozeßinnovationen für die Firmen aussagen kann. Hier wären z.B. Angaben über Patente und auf diese entfallende Umsatzanteile geeigneter. Auch die Marketing-Intensität ist nur ein sehr unvollkommener Indikator - Angaben zu "eingetragenen Warenzeichen" und zur Bedeutung der entsprechenden Güter für Umsatz und Rendite wären hier vorziehen. Entsprechende Angaben sind jedoch in der Befragung nicht erhohen worden.
- Schließlich liegen hier lediglich Querschnittsdaten vor; ein Firmenpanel würde u.a. die Kontrolle unbeobachteter zeitinvarianter Firmenbesonderheiten erlauben und es gestatten, den Übergang von nationalen zum multinationalen Unternehmen (und umgekehrt) zu untersuchen.

Umfassende Datensätze mit entsprechenden Angaben in Form eines Firmenpanels stehen zur Zeit für die Bundesrepublik nicht zur Verfügung; bei aller Beschränktheit der Datenabsis sind daher kleine Schritte wie der in diesem Abschnitt unternommene wichtig. Fortschritte bei der Verbesserung der Datenbasis stellen allerdings nur eine Voraussetzung für Fortschritte bei deren Analyse der Bestimmungsgründe von Direktinvestitionen dar; daneben müssen auch noch zentrale theoretische Arbeiten geleistet werden. "Measurement of key variables and appropriate proxies is also a matter of urgency", stellt Buckley in einem kürzlich veröffentlichten Aufsatz mit dem programmatischen Titel "The limits of explanation: Testing the internalization theory of the multinational enterprise" fest. "Of key importance here is the *measurement of the incidence of transaction costs under alternative transactional configurations*. ... Despite listings of these costs and classifications (information costs, bargaining costs, enforcement costs, governance costs), *nowhere do we find estimates of such costs.*" (Buckley 1988, 190 bzw. 184 - Herv. durch mich, J.W.) Dieser Punkt betrifft allerdings nicht nur die Analyse der Direktinvestitionsentscheidungen, er ist auch zentral für die Untersuchung der Exporte und der im folgenden zu betrachtenden Formen internationaler Unternehmenszusammenarbeit ohne formale Kapitalbeteiligung.

D "Neue Formen" internationaler Unternehmenszusammenarbeit

"Now in principle, the number of contractual arrangements that can be devised is limited only by the imagination and ingenuity of entrepreneurs. Fortunately for the analyst, however, in practice most contractual arrangements conform (approximately) to one of a relatively small number of types."

Mark Casson (1987, 212 f.)

1 Ansatzpunkte für ökonometrische Untersuchungen zu "Neuen Formen" internationaler Unternehmenszusammenarbeit im Verarbeitenden Gewerbe der Bundesrepublik Deutschland

In den vorangegangenen Teilen B und C dieser Arbeit wurden mit dem internationalen Handel und den Direktinvestitionen zwei Formen internationaler ökonomischer Verflechtungen von Industrien bzw. Firmen betrachtet. Daß damit nicht alle Ausprägungen internationaler Unternehmenstätigkeit erfaßt werden konnten, liegt auf der Hand: "... most writers have so far analysed contractual arrangements as if managers were always faced with a polarized choice between equity and non-equity arrangements or, more generally, between the 'hierarchy' and the 'market'. In practice, *the choice is over a spectrum of contractual arrangements, some of which are more 'firm-like' than others.*" (Casson 1987, 121; Hervorhebung durch mich, J.W.) Die Punkte auf diesem Spektrum mit den Polen Direktinvestition und Export - ein Bild, das man häufig in diesem Kontext findet (vgl. z.B. Borner (1986, 39) und Dunning (1988c, 170)) - werden zusammenfassend als "Neue Formen internationaler Unternehmenszusammenarbeit" (NFIU) bezeichnet. "Neu" sind hierbei nicht die Formen selbst, neu ist ihre große und zunehmende Bedeutung in der jüngeren Vergangenheit (vgl. Pollak 1982, 59 und Borner/Wehrle 1984, 182).

Die Anzahl möglicher konkreter Ausprägungen solcher NFIU ist nicht begrenzt, vorfindbare Formen lassen sich aber mehr oder weniger eindeutig einigen Grundformen zuordnen (vgl. das als Motto diesem Abschnitt vorangestellte Zitat von Casson). Vorschläge, wie diese "Schubladen" zu benennen sind und nach welchen Abgrenzungskriterien die NFIU in diese einsortiert werden sollten, gibt es viele (vgl. z.B. Pollak (1982, Teil C), Buckley (1983, 208), Oman (1984, 14 ff.), Borner (1986, Ch. 5), Casson (1987, 125); eine gelungene zusammenfassende Darstellung und Systematisierung bietet Kappich (1988, Kap. 5, insbes. in Übersicht 2)). Da das Ziel dieser Abschnitte darin besteht, Ansatzpunkte für die empirischen Untersuchungen aufzuzeigen und sich diese aus Gründen der Datenverfügbarkeit auf zwei der NFIU (Lizenzvergabe, passive Lohnveredelung) beschränken müssen, wird auf die Wiedergabe, Diskussion und Weiterentwicklung vorliegender NFIU-Typologien verzichtet. Um einen - wenn auch notwendigerweise unscharfen und unvollständigen - Eindruck von dem Spektrum zwischen Direktinvestition und Export zu vermitteln, sollen kurz die von Borner und Wehrle (1984, 184 f.) betrachteten Formen aufgeführt werden: Lizenzverträge; technische Beratungs- und Managementverträge; Produktionsverlagerung auf Vertragsbasis oder Subcontracting (auch Auftragsfertigung genannt); Ko-Produktion (industrielle Kooperation); Konsortien; Joint Ventures; Verbundgeschäfte (Barter-, Kompensation-, Gegen- und Rückkaufsgeschäfte); schließlich Kombination mehrerer Formen.

Im Kontext dieser Untersuchung sind zwei der NFIU von besonderem Interesse, *Lizenzen* und *Lohnveredelung*:

Unter Vernachlässigung aller juristischen Details stellt eine Lizenz einen Vertrag dar, mit dem der Lizenzgeber dem Lizenznehmer gestattet,[1] seine firmenspezifischen Vorteile ("intangible assets" oder nicht-stoffliche Aktiva, vgl. Abschnitt C.1.1), etwa Patente, Warenzeichen oder Fertigungs- bzw. Vertriebs-Know-How, im vereinbarten Umfang zur Produktion i.w.S. zu nutzen und dafür ein Entgelt zu zahlen (vgl. hierzu Pollak 1982, 26 f.). Lizenzen sind dann eine der NFIU, wenn es sich bei dem Lizenzgeber um ein Unternehmen in Land A und bei dem Lizenznehmer um eine Firma in Land B handelt. Im Unterschied zum Export wird die Ware nicht im Land A hergestellt und in Land B ausgeführt, anders als bei Direktinvestitionen ist das Unternehmen in Land B, das die firmenspezifischen Vorteile des Lizenzgebers nutzt, keine Tochtergesellschaft der Firma am Land A.[2]

---

[1] Nur am Rande sei bemerkt, daß es hierfür in der DDR eben deshalb den sehr treffenden Fachbegriff "Gestattungsproduktion" gab.

Lohnveredelung, auch Auftragsfertigung, Produktionsverlagerung oder "subcontracting" genannt, liegt vor, wenn der Auftragnehmer nach genauen Spezifikationen des Auftraggebers Teilschritte bei der Produktion eines Gutes durchführt, wobei der Vertrieb des Endproduktes vom Auftraggeber übernommen wird; diese Art der Kooperation zwischen rechtlich selbständigen Unternehmen führt in der Regel zu einem zwischenbetrieblichen Austausch von Vor- und Zwischenprodukten verschiedener Bearbeitungsstufen. Sie ist dann eine der NFIU, wenn Auftraggeber und Auftragnehmer ihren Sitz in verschiedenen Ländern haben. Im Unterschied zum internationalen Handel mit Zwischen- und Endprodukten kann der Auftragnehmer sein Produkte nicht "auf dem Markt" sondern nur an den Auftraggeber verkaufen; anders als im Fall (vertikal integrierter) multinationaler Unternehmen handelt es sich beim Auftragnehmer nicht um eine ausländische Tochtergesellschaft des Auftraggebers (vgl. Wagner 1985, 168 und die dort zitierte Literatur).

Im folgenden sollen theoretische Erklärungsansätze für das Auftreten NFIU zusammengetragen werden, um damit eine Basis für die Einschätzung vorliegender und die Konzeption eigener empirischer Untersuchungen bereitzustellen, wobei insbesonders wegen der zuletzt genannten Zielrichtung der Schwerpunkt auf Lizenzen und Lohnveredelung liegt.

> "Vis-à-vis the problems raised ... and the great variety of international business operations described ..., the state of the art in economic theory is highly underdeveloped and therefore unsatisfactory."
>
> Silvio Borner (1986, 53)

1.1 Zu den theoretischen Grundlagen

Eine umfassende empirisch gehaltvolle Theorie der NFIU, der optimalen Wahl zwischen ihnen unter Einschluß der Alternativen "internationaler Han-

2 Selbstverständlich trifft man in der Praxis auch gerade Lizenzvergaben an Tochtergesellschaften im Ausland an - hier geht es jedoch um die Darstellung von Lizenz als NFIU zwischen kapitalmäßig unverbundenen Unternehmen.

del" und "Direktinvestitionen" und damit eine Theorie der international orientierten Unternehmung fehlt bis heute.

In der Literatur sind jedoch zahlreiche Überlegungen zur jeweils optimalen Internationalisierungsstrategie einer Firma zu finden, die Bausteine für eine theoretische Analyse der Wahl zwischen verschiedenen NFIU einerseits sowie diesen und den "alten Formen" (Handel und Direktinvestitionen) andererseits liefern können.

Vor einer Auseinandersetzung hiermit ist auf einen wirtschaftspolitischen Aspekt hinzuweisen: Ebenso wie Handelshemmnisse einen Grund für Direktinvestitionen darstellen können, können staatliche Verbote von bzw. Auflagen bei Direktinvestitionen die Nutzung NFIU bewirken: "New forms of cooperation often offer entry into markets which would otherwise be closed to multinational firms. They may be closed to wholly owned subsidiaries because of government policy (and to exports by tariffs, quotas or other protective devices) ..." (Buckley 1983, 213; vgl. ähnlich Borner/Wehrle 1984, 190). Rugman (1982, 10 f.) sieht im wachsenden Ausmaß staatlicher Regulierungen ausländischer Direktinvestitionen und den damit steigenden Anreizen für vertragliche Arrangements unter Einbeziehung lokaler Partner einen der Gründe für die wachsende Nutzung NFIU. Bezogen auf die Bundesrepublik Deutschland argumentiert der Sachverständigenrat zur Begutachtung der gesamtwirtschaftlichen Entwicklung (1988, Tz. 17), ein erheblicher Teil der Bemühungen um Kooperation mit ausländischen Unternehmen (und um die Errichtung von Produktionsstätten im Ausland) entspringe dem Motiv, Zugangsbarrieren auf den Auslandsmärkten zu unterlaufen. Eine ähnliche Einschätzung findet sich, bezogen auf die Vergabe von Lizenzen, für die USA in einer Studie des U.S. Congress (1987, 195). An einem für die Zukunft als ansteigend erwarteten Niveau staatlicher Regulierungen internationaler Transaktionen schließen daher Borner und Wehrle (1984, 180) auf eine zukünftig noch höhere Bedeutung NFIU.

In der Terminologie des OLI-Paradigmas (vgl. Abschnitt C.1.1) rechnen diese staatlichen Regulierungen des internationalen Handels bzw. der Direktinvestitionen zu den Standortfaktoren ("locational advantages"). Es handelt sich hierbei um länderspezifische Gegebenheiten, die zudem von Industrie zu Industrie variieren können. Allgemeine Aussagen, die über das hinausgehen, was oben angeführt wurde, lassen sich daher hinsichtlich ihrer Bedeutung für die Wahl der Form des internationalen Unternehmensengagements nicht treffen; da ihre Bedeutung offensichtlich ist, werden sie in den folgenden theoretischen Überlegungen nicht ständig erwähnt - alle Aussagen gelten damit unter dem Vorbehalt, daß staatliche Regulierungen entweder vernachlässigt werden können oder keinen kompensierenden bzw. sogar einen verstärkenden Einfluß ausüben.

Die moderne Theorie NFIU kann mit Borner (1986, 98) treffend dadurch gekennzeichnet werden, daß "(t)he usual explanation is a negative one. Licensing and contractual agreements take place when there is no necessity to internalize". NFIU werden damit als Marktlösungen im Gegensatz zur Hierarchielösung (Internalisierung durch Direktinvestition) gesehen (vgl. ebenda). Die Entscheidung für oder gegen NFIU bzw. Direktinvestitionen beruht auf einem Vergleich der mit beiden Strategien verbundenen Kosten, in der Terminologie von Rugman (1982, 10) der Abwägung von Internalisierungskosten ("costs on internalization") und Kontraktkosten ("costs of contracting"):

> "The costs of internalization depend on, first, the organization of an effective communications network within the MNE and, second, the additional costs of social distance and political risk associated with entry to an unfamiliar foreign environment. ... The costs of non-equity forms of involvement include the risk of dissipation of the firm-specific advantage by the premature or inappropriately priced sale of knowledge and the danger of loss of control over the firm's knowledge advantage by a poorly conceived contractual arrangement. The visible costs of contracting include the costs of policing the licence (or other non-equity form of involvement) plus the costs of insurence which have to be paid by either or both parties to the contractual arrangement." (Rugman 1982, 10)

So überzeugend diese Argumentation auf der theoretischen Ebene auch ist, ihrer Umsetzung in praktische Handlungsanweisungen und, was im Kontext dieser Untersuchung wichtiger ist, ihrer empirischen Überprüfung stehen schwer überwindbare Hindernisse entgegen: "Of key importance here is the measurement of the incidence of transaction costs under alternative transactional configurations. ... Despite listings of these costs and classification ..., nowhere do we find estimates of such costs." (Buckley 1988, 190 bzw. 184) Ein Weg, auch bei fehlenden "Meßvorschriften" für Transaktionskosten die *relative* Vorteilhaftigkeit alternativer Internationalisierungsstrategien angesichts *konkreter* Entscheidungssituationen eines Unternehmens zu ermitteln, besteht darin, allen Einflußfaktoren für jede Alternative Kostengrößen auf einer von 'sehr hoch' über 'Null' bis 'stark negativ' reichenden (oder ähnlich normierten) Skala auf der Basis von Erfahrungen, theoretischen Überlegungen, subjektiven Einschätzungen etc. zuzuweisen, anschließend die (gewichteten) Kosten über alle Faktoren zu summieren und die kostengünstigste Strategie zu wählen (vgl. den 'Strafpunkte'-Ansatz von Casson 1987, 128 ff.; vgl. auch die koordinationskostentheoretischen Überlegungen zur relativen Vorteilhaftigkeit einzelner Internationalisierungsformen bei Kappich 1988, Kap. 6).

Eine solche Vorgehensweise ist aus der Sicht eines Betriebes angesichts einer konkreten Entscheidung sicherlich sehr hilfreich zur Systematisierung der Grundlagen, liefert jedoch wegen ihres "situativen" Ansatzes und des großen Spielraumes für subjektive Einschätzungen und Bewertungen kaum Anhaltspunkte für die hier vorzunehmenden ökonometrischen Untersuchungen. Solche Anhaltspunkte sollen im folgenden für zwei weiter zu betrachtende NFIU, Lizenzen und Lohnveredlung, zusammengetragen werden.

"Once we have a theory of the MNE we also have a theory of licensing."

Alan M. Rugman (1982, 14)

1.1.1 Lizenzen

Voraussetzung für die Vergabe einer Lizenz durch die Firma A an die Firma B ist, daß A über einen firmenspezifischen Vorteil (ein 'intangible asset') verfügt und daß sich dies asset hinreichend exakt fassen läßt: "Where the transferred asset is easily identified and vested in exclusive and freely transferable property rights, then market transfer, through licensing can be optimal ... . This is most easily the case when the asset to be transferred is 'embodied' in a patent, or in a brand name, a machine or a separable process. If this condition is violated, it may be difficult or impossible to make the asset the subject of a transaction." (Buckley 1983, 209) Ist diese Bedingung für ein Produkt oder einen Produktionsprozeß erfüllt, dann kann im möglichen Ausmaß des durch mißbräuchliche vertragswidrige Nutzung des assets der Firma A entstehenden (Netto-)Schadens das entscheidende Kriterium für oder gegen eine Lizenzvergabe gesehen werden. Rugman stellt diese Situation sehr dramatisch wie folgt dar: "To keep control over the use of its monopolistic advantage the MNE is compelled to favour use of an internal market. Contractual arrangements, such as licensing and joint ventures, are fraught with danger for the MNE. An inappropriate form of non-equity involvement has the potential to destroy the firm-specific advantage of the MNE, without which is ceases to be a monopolist and runs the risk of fading away into nothing." (Rugman 1982, 15) Je niedriger daher die Internalisierungsanreize in Bezug auf die Nutzung eines produkt- oder prozeßbezogenen firmenspezifischen Vorteils sind, desto höher ist die Wahrscheinlichkeit der Vergabe einer Lizenz - in diesem Sinne liefert die moderne Theorie der multinationalen Unternehmung in der Tat auch eine Theorie der Lizenzen.

Sucht man nach empirisch operationalisierbaren Kennzeichen, die solche lizensierbaren von zu internalisierenden firmenspezifischen Vorteilen unterscheiden, so findet man, bezogen auf *Produkte*, Hinweise auf die Phase im Produktlebenszyklus: geeignet für Lizenzen sind standardisierte Produkte, da hier die Gefahr einer ungewollten Verbreitung firmenspezifischen Wissens als gering angesehen wird (vgl. Rugman 1982, 14). "Erst Produkte in ihrer Reifephase werden in der Regel 'lizensierungsfähig'." (Borner und Wehrle 1984, 191) Hierbei spielt auch eine Rolle, daß bei Produkten in frühen Phasen des Lebenszyklus' die Unsicherheit hinsichtlich der Marktchancen höher ist, was eine einvernehmliche Regelung der Lizenzmodalitäten erschweren kann (vgl. Anderson/Gatignon 1986, 13).

Ähnliche Überlegungen findet man bezogen auf *Produktionsprozesse*: "Knowledge often gererates other knowledge. At a mundane level, the exploitation of a new technology in production can provide valuable experience which leads to further improvements and so renders the original 'new' technology obsolete. Before a new technology has become routinely standardized, therefore, there is an additional risk in using non-equity contractual arrangements, namely that subsequent improvements in technology generated by production experience may not accrue to the parent firm." (Casson 1987, 130) Lizenzen sind demnach eher für ältere "reife" Technologien als für jüngere zu erwarten (vgl. z.B. Borner/Wehrle (1984, 191) und Anderson/Gatignon (1986, 13)).

Eine empirische Überprüfung dieser Überlegungen würde Informationen über Lizenzabkommen und Charakteristika der lizensierten Produkte bzw. Produktionsprozesse erfordern; diese Daten stehen hier jedoch nicht zur Verfügung. Es wird zu prüfen sein, inwiefern Indikatoren auf Industrie- bzw. Firmenebene gefunden werden können, die den relativen Reifegrad von Produkten und Technologien und damit deren Lizensierungsfähigkeit im oben dargestellten Sinne abbilden.

In diesem Zusammenhang wird in der Literatur auf die Forschungs- und Entwicklungsintensität von Industrien bzw. Firmen verwiesen und argumentiert, daß das Ausmaß der Lizenzvergaben mit steigendem FuE-Aufwand (der zu firmenspezifischem Wissen führt) ansteige, gleichzeitig aber das Ausmaß von Direktinvestitionen noch stärker wachse (vgl. Anderson/Gatignon 1986, 11). Contractor (1984, 176) stellt die Hypothese auf, daß die relative Intensität der Nutzung der Strategie Lizenzvergabe (verglichen mit Direktinvestitionen) mit steigender FuE-Intensität einer Industrie abnimmt. Hiergegen läßt sich jedoch einwenden, daß gerade in besonders innovativen bzw. FuE-intensiven Industrien oder Firmen Produkte und Produktionsprozesse nur relativ kurze Zeit "neu" bleiben und schnell durch Nachfolger ersetzt werden. Da für die dann "alten" Produkte und Prozesse somit nur noch verhältnismäßig geringe Internalisierungsanreize vorliegen, können für sie Lizenzen eine optimale Form internationaler Know-How-Verwertung darstellen (vgl. die Argumentation bei Telesio 1979, 17).

Hieraus ergibt sich folgende *Hypothese*: Je innovativer eine Firma bzw. eine Industrie ist, desto stärker wird sie die Internationalisierungsstrategie Lizenzvergabe wählen - und zwar nicht für Produkte oder Prozesse der jeweils "jüngsten" sondern für solche der "älteren" Generationen. Hierbei ist unterstellt, daß Firmen, die im Zeitraum T innovativ sind, dies auch in einem vergleichbaren Ausmaß in T-1 waren, also in T nicht nur über "brandneue" (nicht lizensierbare), sondern auch über "reifere" (und damit lizensierbare) und trotzdem noch für ausländische Partner interessante Produkte und Prozesse verfügen.

Die Einteilung firmenspezifischer Vorteile in solche mit hohen und solche mit niedrigen Internalisierungsanreizen wird von Kumar (1987, 329) zurecht als ein "tricky issue being subject ot qualitative judgements" eingestuft. Über das oben Gesagte hinausgehende Versuche in dieser Richtung[3] sollen daher her unterbleiben. Einzugehen ist jedoch noch auf Überlegungen zum Zusammenhang von *Unternehmensgröße* und Lizenzvergabe. Hierbei wird oft betont, daß NFIU insbesondere für kleine und mittlere Unternehmen eine erfolgversprechende Internalisierungsstrategie darstellen (vgl. Borner 1986, 77). "For smaller firms lacking export experience or an international division licensing may be the only practical route." (U.S. Congress 1987, 195) "Small firms may have advantages, but their lack of pull in the capital market and acute shortages of managerial capacity may dictate the choice of licensing." (Buckley/Davies 1981, 86; vgl. auch Telesio 1979, 19 f. und Casson 1987, 131) Schlußfolgerungen für eine *ceteris paribus* zwischen Unternehmensgröße und Lizenzvergabe zu erwartenden Zusammenhang lassen sich hiermit jedoch nicht eindeutig begründen: Innerhalb einer Industrie ist davon auszugehen, daß die Firmen eine gewisse Größe erreicht bzw. überschritten haben müssen, um die Vergabe von Lizenzen an einen ausländischen Partner ins Kalkül zu ziehen - der Zusammenhang zwischen Unternehmensgröße und Wahrscheinlichkeit einer Lizenzvergabe ist positiv. Andererseits wird mit steigender Unternehmensgröße auch die Option Direktinvestitionen leichter realisierbar, da die externen Beschränkungen (Kapitalmarkt) und internen Engpässe (Management-Kapazitäten) mit geringerer Intensität wirken. Für einen gegebenen firmenspezifischen Vorteil sind Lizenzvergabe und Direktinvestition aber nach den o.a. theoretischen Überlegungen nicht immer als alternativ anzusehen, weshalb nicht gefolgert werden kann, daß ab einem gewissen Punkt eine

[3] Vgl. Kumar (1987) für eine Untersuchung, in der ein solcher Ansatz verfolgt wird - die Einteilung (vgl. insbes. Table 1, p. 332) ist m.E. sehr wenig überzeugend.

weiter steigende Unternehmensgröße die Wahrscheinlichkeit einer Lizenzvergabe negativ beeinflußt, zumal eine Firma beide Strategien (mit bezug auf unterschiedliche intangible assets) nutzen kann. In die Modelle zur Erklärung der Lizenzvergabe wird daher eine Variable zur Abbildung des Einflusses der Unternehmensgröße einbezogen.

1.1.2 Lohnveredelung

Lohnveredelung (Auftragsfertigung, Subcontracting) in der hier verwendeten oben angeführten Abgrenzung des Begriffs setzt voraus, daß die Produktion eines Gutes in Teilschritte aufgespalten werden kann, die wiederum an räumlich voneinander entfernten Punkten ausgeführt werden können. Ist diese Bedingung erfüllt, dann kann Lohnveredelung eine aus der Sicht des Auftraggebers optimale NFIU darstellen, wenn - unter Beachtung von Transport- und Kommunikationskosten sowie Produktivitätsdifferenzen - die Verlagerung von Teilschritten der Produktion die Gesamtkosten senkt. Verglichen mit dem Aufbau einer vertikal integrierten multinationalen Unternehmung ist subcontracting mit geringeren und kurzfristigeren finanziellen Bindungen (und Risiken) verbunden, allerdings ist es erforderlich, den ausländischen Partner zumindest in einen Teilbereich der Produktion des Gutes vollständig "einzuweihen". Soweit hierin eine potentielle Gefahr für die ungewollte Verbreitung wichtiger firmenspezifischer Vorteile gesehen wird, entfällt die Option Lohnveredelung.

Für Unternehmen aus hochentwickelten Industrieländern stellt die Arbeitsintensität der Produktion die wichtigste Ursache für die Vergabe von Lohnveredelungsaufträgen an Firmen in Entwicklungsländern dar (vgl. Sharpston 1976, 333). "The expectation of cost reduction is based primarily on the substantially lower remuneration of labour in developing than in developed countries, as well as on the spread between wage differentials and productivity differentials - the former being larger than the latter - which explains the high concentration of ISC (international subcontracting, J.W.) in labour-intensive operations." (UNCTAD 1983, 9) Die hieraus ableitbare Hypothese, daß eine Industrie bzw. eine Firma um so intensiver ceteris paribus das Kooperationsinstrument Auftragsfertigung nutzt, je arbeitsintensiver ihre Produktion ist, ist jedoch zu relativieren: entscheidend für diese Art der Lohnveredelung ist lediglich, daß in dem zur Verlagerung anstehenden bzw. verlagerten *Teil*fertigungsschritt intensiv un- oder angelernte Arbeit genutzt wird - die *Gesamt*produktion in der Firma oder Industrie kann vergleichsweise sach- und/oder humankapitalintensiv sein, wie das Beispiel der Produktion von Computerbauteilen zeigt, wo die Verlagerung in Niedriglohnländer lediglich die arbeitsintensiven Montagephasen betraf (vgl. Sprietsma 1978, 227). Eine entsprechende Verlagerung senkt ferner die Arbeitsintensität im Betrieb bzw. in der Branche des Auftraggebers, und es ist nicht sicher, ob dieser dann verglichen mit anderen Firmen bzw. Industrien noch arbeitsintensiv produziert.

Ein weiterer Bestimmungsgrund der Nutzung der NFIU Lohnveredelung wird in der relativen Bedeutung der Transportkosten gesehen: Diese Art internationaler Unternehmenszusammenarbeit ist mit Transport von Vor- und Zwischenprodukten über teils sehr weite Entfernungen verbunden. Ein hohes Verhältnis von Produktwert zu Gewicht ('value to weight ratio') gilt als Voraussetzung einer profitablen Nutzung dieser Auftragsfertigung (vgl. Sharpston 1976, 334).

Gegensätzliche Auffassungen findet man in der Literatur hinsichtlich der Bedeutung einer Produktion mit großen Stückzahlen für die Intensität der Nutzung der Lohnveredelung. Borner und Wehrle vertreten die Ansicht, Lohnfertigung komme bei technisch unproblematischen Komponenten und Produktgruppen in Betracht. "Eine recht hohe Stückzahl ist Grundvoraussetzung. Für kleine und mittlere Unternehmen fällt sie damit mehrheitlich außer Betracht." (Borner und Wehrle 1984, 189) Sharpston dagegen argumentiert, gerade eine Produktion in kleinen Stückzahlen eigne sich für Lohnveredelung, denn bei kleinen Stückzahlen sei ein Einsatz spezialisierter automatisierter Maschinen nicht lohnenswert und die Produktion daher besonders arbeitsintensiv. "In an enormous variety of industrial fields, practical discussion of international subcontracting possibilities boils down to: 'where are the short production runs'? (Sharpston 1976, 334; vgl. auch Olle 1983, 194). Bedenkt man die mit der genauen Spezifizierung eines Lohnveredelungsauftrags verbundenen Kosten, so spricht a priori einiges für die Auffassung von Borner und Wehrle, da sich diese Kosten eher bei entsprechend großen Stückzahlen amortisieren werden. Andererseits ist das Argument nicht von der Hand zu weisen, daß Produktion in großen Stückzahlen immer auch einen Anreiz zur Automatisierung der Produktion beinhaltet, wobei allerdings die stoffliche Beschaffenheit des Rohmaterials ein Hindernis darstellen kann. Hier handelt es sich offenbar um eine nur empirisch zu klärende Frage.

Die angeführten theoretischen Überlegungen können zur Begründung von Hypothesen über die Ursachen von Unterschieden zwischen Firmen bzw. Industrien bei der Intensität der Nutzung von Lizenzen und Lohnveredelung als NFIU herangezogen werden. Der nächste Schritt soll nun darin bestehen, durch einen Blick auf vorliegende empirische Untersuchungen hierzu Forschungslücken in bezug auf die Bundesrepublik Deutschland zu identifizieren und Anregungen zu ihrer partiellen Ausfüllung zu erhalten.

"Industrial branch data on trade, production, and consumption are readily available, whereas other forms of international operations and technology transfer are hard to grasp conceptually, let alone to measure empirically."

Silvio Borner (1986, 74)

1.2 Empirische Untersuchungen zu "Neuen Formen" internationaler Unternehmenszusammenarbeit im Verarbeitenden Gewerbe der Bundesrepublik Deutschland: Ein Überblick

Empirische Arbeiten zur Verbreitung NFIU und ökonometrische Untersuchungen zu ihren Bestimmungsgründen sind bisher nur in geringem Umfang vorgelegt worden. Hierfür ist einerseits die Datenlage und andererseits die Tatsache, daß diese NFIU erst in jüngerer Zeit real und damit auch als Gegenstand der wissenschaftlichen Diskussion zunehmend an Bedeutung gewonnen haben, verantwortlich.

Neuere internationale, d.h. nicht (bzw. nicht ausschließlich) auf die Bundesrepublik Deutschland bezogene Arbeiten, sollen hier gemäß der Zielsetzung dieses Abschnitts lediglich kurz erwähnt werden: Borner (1986, Teil IV) und Hämisegger (1986) haben deskriptive Analysen auf der Basis einer Umfrage bei 272 Firmen aus ausgewählten schweizerischen Industrien vorgelegt. Die Studie von Clegg (1987) enthält für fünf Länder (darunter auch die Bundesrepublik Deutschland) u.a. Untersuchungen zu den Determinanten des Lizenzverkehrs - auf diese Arbeit wird noch einzugehen sein. Kumars (1987) Beitrag über Lizenzen und Direktinvestitionen in indischen Industrien wurde bereits im Abschnitt D.1.1.1 erwähnt; hinzuweisen ist ferner auf Dunning (1988c, Ch. 6), der UK-Daten zu Patenten und Lizenzen auswertet, die jedoch nach seiner eigenen Einschätzung "unfortunately, are woefully inadequate" (ebenda, 179), und der länderspezifische Einflüsse in den Mittelpunkt seiner Betrachtungen stellt.

Für die Bundesrepublik Deutschland vorliegende Untersuchungen lassen sich in drei Gruppen einteilen:

- *Deskriptive Darstellungen auf der Basis von Angaben aus der amtlichen Statistik*:

  Die Deutsche Bundesbank veröffentlicht regelmäßig kommentierte Angaben zum Patent- und Lizenzverkehr mit dem Ausland (vgl. zuletzt: Deutsche Bundesbank 1988b); eine zusammenfassende Darstellung von

Trends auf der Basis dieser Daten und eine kritische Würdigung ihrer Aussagekraft findet sich bei Hühne (1985).

Daten zur Ein- und Ausfuhr von Gütern zur Lohnveredelung publiziert das Statistische Bundesamt jährlich in der Fachserie 7, Reihe 1. Eine Beschreibung der sektoralen und regionalen Strukturen und ihrer Veränderungen haben Fels und Schmidt (1980, 180 ff. und 323 ff.) vorgelegt.

- *Deskriptive Auswertungen von Daten aus Unternehmensbefragungen*:

Das IFO-Institut für Wirtschaftsforschung hat mit einer Sonderfrage im Rahmen seiner Investitionstests 1982/83 und 1986 Daten zu den Formen internationaler ökonomischer Verflechtungen von bundesrepublikanischen Firmen erhoben; deskriptive Auswertungen auf Basis dieser Umfrageergebnisse findet man bei Pollak/Riedel (1984, 45 ff.) und Berger/Uhlmann (1985, 32 ff.) sowie bei Helmschrott (1987), u.a. gegliedert nach Sektoren, Regionen, Größenklassen und Formen des Auslandsengagements.

Birgit Gehrke hat 1986 eine schriftliche Befragung von Betrieben in drei Industriezweigen Niedersachsens durchgeführt; deskriptive Auswertungen zu den Formen internationaler Verflechtungen dieser Firmen finden sich bei Gehrke (1988, 195 ff.), u.a. zur Nutzungsintensität und zum Zusammenhang mit der Unternehmensgröße.

Auf eine Wiedergabe wichtiger Ergebnisse dieser Untersuchungen kann hier verzichtet werden; als Gesamteindruck ergibt sich, daß NFIU - nach Branchen differenziert - eine zunehmende Bedeutung haben und vielfach von den Unternehmen komplementär zu "traditionellen" Formen (Handel, Direktinvestitionen) gewählt werden.

- *Ökonometrische Untersuchungen zu Bestimmungsgründen NFIU*:

Clegg (1987) schätzt u.a. für die Bundesrepublik Deutschland mit Daten für 9 Industrien aus den Jahren 1965, 1970 und 1975 (gepoolt ohne Test auf fixe oder zufällige Zeit- oder Industrieeffekte) ein Modell zur Erklärung der Intensitätsunterschiede der Lizenzvergabe. Als endogene Variable verwendet er "licensed foreign production abroad divided by domestic industrial production" (ebenda, p. 31), wobei nicht klar zu ersehen ist, wie er aus den von ihm herangezogenen Daten der Deutschen Bundesbank den Zähler dieser Größe erhält. Exogene Variablen seines Modells sind die FuE-Intensität, die Kapitalintensität, der Lohn pro Produktionsarbeiter bzw. pro Angestellter sowie das Verhältnis der Anzahl Angestellter zu Arbeiter (non-operatives zu operatives) als Proxy für die Komplexität des Managements (vgl. ebenda, p. 92). Die theoretische Fundierung dieses Modells und die hieraus abgeleiteten Erwartungen bezüglich der Vorzeichen der exogenen Variablen vermag nicht zu überzeugen; auf eine Wiedergabe der Ergebnisse kann hier verzichtet werden.

Gehrke (1988. 219 ff.) schätzt mit den von ihr erhobenen Daten aus niedersächsischen Unternehmen u.a. auch ökonometrische Modelle mit einem Index der Bedeutung verschiedener NFIU (passive Lohnveredelung, Lizenzvergabe u.a.) als endogener Variable. Gemäß der Zielsetzung ihrer Untersuchung spezifiziert sie hierbei jedoch keine Erklärungsmodelle auf der Basis der Theorie NFIU, sie will vielmehr die Determinanten der Strategiewahl der Unternehmen im Strukturwandel herausarbeiten.

Der Stand der empirischen Forschung zu Bestimmungsgründen NFIU in Industrien und Unternehmen des Verarbeitenden Gewerbes der Bundesrepublik Deutschland kann somit zusammenfassend wie folgt gekennzeichnet werden: Es liegen einige wenige deskriptive Untersuchungen vor, ökonometrische Analysen fehlen sowohl für Industrie- als auch für Firmendaten fast völlig.

1.3 Aufbau von Teil D der Untersuchung

In den folgenden Anschnitten soll versucht werden, einen Beitrag dazu zu leisten, die genannten Forschungslücken zu füllen. Hierzu wird zunächst in Abschnitt 2 die Lizenzvergabe und dann im Abschnitt 3 die passive Lohnveredelung, jeweils mit Industrie- und Firmendaten, untersucht. Diese NFIU wurden gewählt, da hierfür (eingeschränkt) geeignete Daten bereitgestellt werden konnten. Eine Einschätzung des Verhältnisses theoretischer und empirischer Analysen hierzu sowie Anmerkungen zur Forschungsperspektive schließen diesen Teil der Untersuchungen ab.

2 Lizenzvergabe

2.1 Innovationsintensität, Unternehmensgröße und Lizenzvergabe: Ökonometrische Untersuchungen mit gepoolten Querschnitts-Längsschnittsdaten für Teile des Verarbeitenden Gewerbes in der Bundesrepublik Deutschland (1979 - 1984)

2.1.1 Datenbasis und Modellspezifikation

Die Deutsche Bundesbank publiziert regelmäßig Angaben zu den Einnahmen aus Patenten, Erfindungen und Verfahren im Lizenzverkehr mit dem Ausland, aufgegliedert nach den empfangenden Industrien in der Bundesrepublik Deutschland. Diese Daten können eine Basis für ökonometrische Untersuchungen zu den Bestimmungsgründen der Lizenzvergabe bilden. Hierbei ist jedoch ein höheres Aggregationsniveau als in anderen auf Industriedaten beruhenen Teilen dieser Untersuchung zu verwenden, da die Werte nur für sechs Industriesektoren aufgegliedert veröffentlicht werden.[4] Die Übersicht D.1 informiert über diese Aufgliederung, die Datenquellen sind im Anhang G.1.7 aufgeführt.

Übersicht D.1: Industriegliederung für die Untersuchungen zur Lizenzvergabe

Sektor	Industrien	Nr. in Übersicht A.1
I	Mineralölverarbeitung	1
	Chemische Industrie	16
II	Eisen und Stahl	3
	Nicht-Eisen-Metallindustrie	4
	Eisen-, Stahl- und Tempergießerei	5
	Ziehereien, Kaltwalzwerke, Stahlverformung	6
III	Maschinenbau	8
IV	Straßenfahrzeugbau	9
V	Elektrotechnik	12
	Herstellung von Büromaschinen, Datenverarbeitungsgeräten und -einrichtungen	17
VI	Feinmechanik, Optik, Uhren	13
	Eisen-, Blech- und Metallwaren	14

Für die Untersuchung der intersektoralen Unterschiede im Ausmaß der Nutzung der Internationalisierungsstrategie Lizenzvergabe werden die Angaben zu den Einnahmen auf den Umsatz der Sektoren bezogen, um damit ein Maß für die *Lizenzvergabe-Intensität* zu erhalten. Diese Größe bildet die endogene Variable der Modelle.

Als exogene Variablen werden aufgrund der theoretischen Überlegungen in Abschnitt D.1.1.1 einerseits die Innovationsintensität der Industrie - alternativ

[4] Die Deutsche Bundesbank teilte dem Verfasser auf Anfrage mit Brief vom 26.7.1985 mit, daß eine tiefere sektorale Gliederung aus Geheimhaltungsgründen nicht möglich ist.

Auf die sechs Sektoren entfallen nahezu alle Lizenzeinnahmen - 1987 betrug dieser Anteil 87,63%. Eine gleichzeitige regionale Disaggregation ist nur bei einer noch gröberen Sektoreinteilung möglich. Die Angaben lassen keine Trennung in Lizenzeinnahmen aus Verträgen mit rechtlich selbständigen und kapitalmäßig verbundenen Unternehmen zu, da lediglich die bundesrepublikanischen Unternehmen in drei Kategorien (solche mit Beteiligungen im Ausland und ohne ausländischen Kapitaleinfluß; solche mit ausländischem Kapitaleinfluß; sonstige) eingeteilt werden. Bei den Einnahmedaten ist zu bedenken, daß innerhalb multinationaler Unternehmen ein Gestaltungsspielraum besteht, der aus fiskalischen Gründen mehr oder weniger stark genutzt werden kann; es muß offen bleiben, inwiefern dies Ergebnisse eines intersektoralen Vergleichs verzerren kann.

abgebildet durch den Anteil von Beschäftigten in Forschung und Entwicklung und durch den Anteil von Unternehmen mit Produkt- oder Prozeßinnovationen an allen Unternehmen des Sektors (vgl. die Diskussion dieser Indikatoren im Abschnitt C.2.1) - und andererseits die durchschnittliche Firmengröße (gemessen als Anzahl Beschäftigte je Unternehmen) in die Modelle einbezogen.

Da pro Jahr nur sechs Beobachtungen zur Verfügung stehen, können keine ökonometrischen Untersuchungen getrennt für einzelne Jahre durchgeführt werden; die Daten werden über den gesamten Untersuchungszeitraum, der wegen der Verfügbarkeit der Lizenz- und Innovationsdaten auf die Jahre 1979 bis 1984 begrenzt ist, gepoolt. Hierbei ist zu prüfen, inwiefern industrieinvariante Zeiteffekte bzw. zeitinvariante Industrieeffekte vorliegen. Zeiteffekte können hierbei den steigenden Trend zu NFIU und damit auch zur Lizenzvergabe aufgrund wachsender wirtschaftspoliischer Eingriffe bei Handel und Direktinvestitionen abbilden, Industrieeffekte können als intersektorale Unterschiede bei der Möglichkeit einer klaren Kodifizierung firmenspezifischen Wissens (etwa in Form von Patenten oder exakten Produktionsanweisungen) interpretiert werden. Ob solche Effekte vorliegen, wird anhand von ökonometrischen Tests entsprechender Restriktionen in den Modellen vom Typ M1, M2F, M3F und M4F (vgl. Anhang G.3.2.1) zu prüfen sein.[5]

Die Übersicht D.2 zeigt die Spezifikation der Modelle zur Erklärung der Lizenvergabe-Intensität in den Sektoren:

Übersicht D.2: Spezifikationen der Modelle zur Erklärung der Lizenzvergabe-Intensität*

Endogene Variable	Lizenzeinnahmen/Umsatz (gepoolte Daten 1979-1984)															
Exogene Variablen / Modell Nr.	1	2	3	4	5	6	7	8	9	10	11	12	13	14	15	16
Innovationsintensität																
Anteil Beschäftigte in FuE	x	x	x	x	x	x	x	x								
Anteil Innovatoren									x	x	x	x	x	x	x	x
Unternehmensgröße					x	x	x	x					x	x	x	x
fixe Zeiteffekte		x		x		x		x		x		x		x		x
fixe Industrieeffekte			x	x			x	x			x	x			x	x

* Ein "x" zeigt an, daß die in der Vorspalte genannten exogenen Variablen in dem in der Kopfzeile genannten Modell enthalten sind.

[5] Ein Modell vom Typ M3R (Random-Effects Modell mit zufälligen Industrieeffekten) wird wegen der geringen Anzahl der Sektoren hierbei nicht betrachtet.

In die ökonometrische Untersuchung sind somit 16 Spezifikationen einzubeziehen, die sich durch die gewählte Proxy-Variable für die Innovationsintensität, die Einbeziehung bzw. Vernachlässigung der Unternehmensgröße als exogener Variable sowie die Art des gepoolten Modells (ohne bzw. mit Zeit- und/oder Industrieeffekten) unterscheiden.

2.1.2 Ergebnisse der ökonometrischen Untersuchung

Die 16 in der Übersicht D.2 aufgeführten Modellspezifikationen wurden mit OLS geschätzt und einer Reihe von Tests für die Nullhypothesen normalverteilter und homoskedastischer Störgrößen, einer korrekt spezifizierten funktionalen Form und des Fehlens von Ausreißern unterzogen (vgl. zu diesen Tests den Anhang G.3). Die Schätz- und Testergebnisse sind in der Tabelle D.1 abgedruckt.

Ein Blick auf die Schätzergebnisse macht sofort deutlich, daß die durchschnittliche Unternehmensgröße eines Sektors einen wichtigen Beitrag zur Erklärung der Lizenzvergabe-Intensität leistet; die Modelle ohne Berücksichtigung dieser Variable (Modell-Nummern 1 - 4 bzw. 9 - 12) werden daher nicht weiter betrachtet.

Um zu prüfen, ob das gepoolte Modell Nr. 5 bzw. 13 um Zeit- und/ oder Sektoreffekte zu erweitern ist, wurden mit einem F-Test entsprechende Nullhypothesen getestet. Aus den in Tabelle D.2 abgedruckten Ergebnissen erkennt man, daß Zeiteffekte nicht zu berücksichtigen sind: Zwar wird auch die Nullhypothese, daß weder Zeit- noch Sektoreffekte eine Rolle spielen, deutlich abgelehnt - die Nullhypothese nicht vorhandener Zeiteffekte in den Modellen mit Sektoreffekten kann jedoch auf einem üblichen Signifikanzniveau nicht zurückgewiesen werden. Dies deutet darauf hin, daß aus den Daten keine für alle Sektoren identischen Veränderungen im Zeitablauf erkennbar sind, die für die Intensität der Lizenzvergabe wichtig waren. Der vielfach als Ursache wachsender Bedeutung von NFIU (und damit auch von Lizenzen) angesehene Trend zu verstärkten staatlichen Eingriffen in Handel und Direktinvestitionen ist in Form fixer Zeiteffekte hier nicht signifikant - ein möglicher Grund dafür könnte in dem doch relativ kurzen Untersuchungszeitraum von 1979 bis 1984 zu sehen sein.

Die beiden Modelle des Typs M3F mit fixen Sektoreffekten und ohne Zeiteffekte - die Modelle Nr. 7 bzw. Nr. 15 - werden von den Tests nur selten abgelehnt (bei je einer der drei RESET-Varianten sowie im Fall von Nr. 15 knapp bei einer der beiden Varianten des Breusch-Pagan Tests). Eine robuste

Tabelle D.1: Schätz- und Testergebnisse der Modelle zur Erklärung der Lizenzvergabe-Intensität[1]

Exogene Variable / Modell-Nr. (Typ)		1 (M1)	2 (M2F)	3 (M3F)	4 (M4F)	5 (M1)	6 (M2F)	7 (M3F)	8 (M4F)	9 (M1)	10 (M2F)	11 (M3F)	12 (M4F)	13 (M1)	14 (M2F)	15 (M3F)	16 (M4F)
Anteil Beschäftigte in FuE	$\hat{\beta}$	.037	.038	.022	.007	.030	.029	.030	.017								
	$\|t\|$	12.52**	11.53**	2.66*	.48	11.14**	10.11**	3.79**	1.25								
	ATV	13.42**	14.03**	3.27**	.83	11.33**	10.72**	4.15**	1.87								
Anteil Innovatoren	$\hat{\beta}$									.0036	.0046	.00027	-.0001	.0023	.0029	.00026	-.0001
	$\|t\|$									2.71*	2.85*	.61	.16	2.42*	2.48*	.60	.18
	ATV									2.67*	2.79*	.81	.28	2.44*	2.52*	.79	.26
Unternehmensgröße	$\hat{\beta}$					.00021	.00021	.00053	.00054					.00041	.00040	.00031	.00048
	$\|t\|$					5.39**	4.99**	2.95**	2.82*					6.15**	5.70**	1.49	2.50*
	ATV					6.52**	6.18**	3.30**	3.63**					8.13**	7.67**	1.52	3.10**
R^2		.822	.823	.966	.969	.905	.906	.974	.977	.178	.227	.959	.969	.617	.642	.962	.975
$\bar{R}^2$		.817	.786	.959	.955	.900	.883	.968	.965	.154	.067	.950	.954	.594	.553	.952	.963
<u>TESTS</u>: NORMALVERTEILUNG Jarque-Bera-Teststat. (Probvalue)		23.53	22.16	7.96	17.29	74.12	63.54	17.04	25.37	39.19	37.32	5.19	14.74	31.11	36.78	19.52	32.48
HOMOSKEDASTIE Breusch-Pagan Teststat. (Probvalue) - Anzahl Unternehmen		2.86	3.71	19.54	15.69	41.35	29.74	22.13	12.11	12.34	8.78	3.29	15.73	71.58	34.51	4.34	11.52
- Anzahl Beschäftigte		62.86	36.88	24.43	8.32	71.18	34.58	24.30	4.24	7.94	6.13	35.13	8.53	22.56	16.61	23.51	2.98
RESET (Probvalue) -2. Potenzen exog. Var.		0.03	0.10	17.36	45.20	0.00	0.04	67.48	1.97	44.38	36.13	64.35	79.97	25.02	36.16	76.64	2.97
-2. und 3. Potenzen gesch. endog. Var.		0.13	0.28	81.53	29.82	0.01	0.00	3.48	18.79	39.23	29.32	70.16	30.75	49.13	24.77	1.06	41.69
-2. und 3. Potenzen 1. Hauptkomponente Regressormatrix		0.13	0.37	38.13	74.93	0.14	0.40	56.30	2.53	39.23	29.90	66.93	96.34	6.31	3.72	85.47	2.72
Harvey-Collier Test (Probvalue) - 1. exog. Variable		20.98	23.90	x	x	34.13	10.22	x	x	12.23	x	x	x	50.34	x	x	x
- 2. exog. Variable						3.19	3.51	x	x					65.78	54.13	x	x
Rainbow-Test (Probvalue)		38.85	60.19	x	x	12.05	2.65	x	x	86.11	42.95	25.03	17.71	49.87	19.16	5.70	x
Outlier-Test Teststatistik *(**) zeigt Signifikanz für α=0.05 (bzw. 0.01)		2.508	2.528	3.029	3.043	2.300	2.145	2.854	2.334	2.347	2.703	3.130	3.119	1.891	2.344	2.835	2.499

1) Zu den Modellen vgl. Übersicht D.2, zur Erklärung von Variablen und Tests vgl. Text. Die Modelltypen bedeuten: M1 = gepooltes Modell, M2F = fixe Zeiteffekte, M3F = fixe Industrieeffekte und M4F = fixe Zeit- und Industrieeffekte (vgl. Anhang G.3.2.1). Aus Raumgründen werden die Schätzungen für die Konstante sowie die Zeit- und Sektordummies nicht abgedruckt.
$\hat{\beta}$ = geschätzter Koeffizient; $|t|$ = absoluter t-Wert; ATV = Heteroskedastie-konsistenter t-Wert.
*(**) zeigt Signifikanz bei α = 0.05 (0.01) in einem zweiseitigen Test.
Ein x bei einem Test zeigt an, daß die Teststatistik aufgrund numerischer Probleme nicht zu berechnen ist.

Tabelle D.2: Tests auf Zeit- und Sektoreffekte in Modellen zur Erklärung der Lizenzvergabe-Intensität*

Nullhypothese	Modell Nr. für H_0	H_1	Probvalue für H_0 (v.H.)
keine Zeiteffekte	5 13	6 14	99.86 90.36
keine Sektoreffekte	5 13	7 15	0.00 0.00
Weder Zeit- noch Sektoreffekte	5 13	8 16	0.13 0.00
Keine Zeiteffekte im Modell mit Sektoreffekten	7 15	8 16	81.24 17.33

* Zu den Modellen vgl. Übersicht D.2. Angegeben ist der jeweils aus den empirischen Werten der F-Test-Statistik er mittelte Probvalue, d.h. die Wahrscheinlichkeit, die Nullhypothese fälschlicherweise abzulehnen - für einen Probvalue von kleiner als 5.00 wird die Nullhypothese daher auf einem Niveau von $\alpha = 0.05$ abgelehnt.

Schätzung (mit dem in Anhang G.3.4 beschriebenen Verfahren) ergab nur geringfügig abweichende Ergebnisse, wobei ein Fall bzw. zwei Fälle als Ausreisser identifiziert wurden und unberücksichtigt blieben. Beide Modelle weisen, gemessen am um die Anzahl der Freiheitsgrade bereinigten Bestimmtheitsmaß R^2, eine sehr hohe statistische Erklärungskraft auf (die nicht allein auf die Sektor-Dummies zurückzuführen ist, wie ein Blick auf die Ergebnisse der Modelle 5 bzw. 13 zeigt).

In beiden Modellen haben die (unterschiedlich spezifizierte) Innovationsintensitäts-Variable und die durchschnittliche Unternehmensgröße das theoretisch erwartete positive Vorzeichen, das allerdings im Modell Nr. 15 in beiden Fällen insignifikant auf dem 5%-Niveau ist (wobei dies durch die Einbeziehung der Sektor-Dummies verursacht wird, wie ein Vergleich mit Modell Nr. 13 zeigt).

Der Anteil der Beschäftigten in Forschung und Entwicklung kann aus zwei Gründen als der verglichen mit den Innovatoren-Daten geeignetere Indikator für das Potential eines Sektors hinsichtlich der Erzeugung 'lizenzfähigen' technischen Wissens gelten: Die Werte ändern sich von Jahr zu Jahr nur geringfügig, und damit liefern Angaben in Periode t eine besseren Hinweis auf die Werte in Periode t - x, in der die damals 'neuen' (und heute 'relativ alten') intangible assets erzeugt wurden, als dies bei den Innovatoren-Daten der

Fall ist - da die Länge des Lags (in t - x) unbekannt ist und nur Angaben aus wenigen Jahren zur Verfügung stehen, muß auf Gegenwartswerte als Proxy für Vergangenheitswerte zurückgegriffen werden, und dies erscheint bei den FuE-Beschäftigten-Anteilen eher angebracht. Außerdem entstammen die Angaben zu Beschäftigten in Forschung und Entwicklung der amtlichen Statistik, sie können daher als genauer verglichen mit den auf Umfragedaten beruhenden Werten zu den Innovatorenanteilen angesehen werden.

Aus den Ergebnissen der Schätzung des Modells Nr. 7 - zu denen die aus Modell Nr. 15 nicht im Widerspruch stehen! - sind damit folgende Schlußfolgerungen zu ziehen:

Die Lizenzvergabe-Intensität steigt wie theoretisch erwartet mit der Innovationsintensität und der durchschnittlichen Unternehmensgröße eines Sektors. Unbeobachtete zeitinvariante Sektoreffekte spielen hierbei eine wichtige Rolle - dies kann als ein Hinweis darauf interpretiert werden, daß die Möglichkeiten zur entsprechenden Kodifizierung von intangible assets in einer "lizenzfähigen" Form sich von Sektor zu Sektor unterscheiden.

2.2 Bestimmungsgründe der Lizenzvergabe: Eine ökonometrische Untersuchung mit Mikrodaten für Betriebe des Maschinenbaus und der Elektrotechnik in Niedersachsen 1986

2.2.1 Datenbasis und Modellspezifikation

Wie im Fall der Direktinvestitionen steht das Verhalten von Firmen im Hinblick auf eine optimale Verwertung firmenspezifischen Wissens im Mittelpunkt der theoretischen Überlegungen zu Bestimmungsgründen der Lizenzvergabe. Ökonometrische Untersuchungen hierzu sollten daher auf der Basis von Firmendaten erfolgen. Hierbei kann der bereits bei der Analyse des Exports (vgl. Abschnitt B.4) und der Direktinvestitionen (vgl. Abschnitt C.3) ausgewertete und im Anhang G.2 beschriebene Firmendatensatz herangezogen werden:

Erklärt werden soll, ob ein Unternehmen eine Lizenz an eine Firma im Ausland vergeben hat oder nicht - hierbei muß aus Gründen verfügbarer Informationen offen bleiben, ob eine eventuelle Lizenzvergabe an eine Tochtergesellschaft oder ein nicht kapitalmäßig verbundenes Unternehmen erfolgte. Aus der Unternehmensbefragung von Gehrke (1988) geht hervor, welche Bedeutung die Firmen der Lizenzvergabe als Form internationaler Zusammenarbeit zuwiesen - wurde diese Frage beantwortet und lautete die Antwort nicht "spielte keine Rolle", so kann geschlossen werden, daß die Firma (mindestens) eine Lizenz an ein ausländisches Unternehmen vergeben hat. Weitere Informationen etwa über Anzahl und wirtschaftliche Bedeutung der betreffenden Lizenzabkommen sowie zur regionalen Zuordnung der Lizenznehmer stehen nicht zur Verfügung.

Als Bestimmungsfaktoren für die Ja/Nein-Entscheidung im Hinblick auf die Vergabe einer Lizenz an eine ausländische Firma werden Variablen in die Modelle einbezogen, die die theoretischen Überlegungen aus dem Abschnitt D.1.1.1 abbilden. Die Modellspezifikation folgt dabei möglichst weitgehend dem Vorgehen bei der Formulierung der ökonometrischen Ansätze in der Untersuchung mit Industriedaten in D.2.1, um so einen Vergleich der Ergebnisse zu ermöglichen:

Die *Innovationsintensität* wird alternativ entweder durch den Anteil der beschäftigten Ingenieure und anderen Akademiker im Bereich "Forschung und Entwicklung, Konstruktion" an sämtlichen Beschäftigten *(FuE-Intensität)* oder durch einen *Index der Bedeutung von Produkt- und Prozeßinnovationen* erfaßt; beide Variablen wurden auch in den Modellen zur Erklärung von Direktinvestitionen (vgl. C.3.1) verwendet. Ebenfalls wie dort wird die *Unternehmensgröße* durch die Anzahl der Beschäftigten gemessen. Wie bei der Untersuchung mit Industriedaten werden verschiedene Modellvarianten betrachtet, die alternativ eine der beiden Innovationsvariablen enthalten und entweder für die Betriebsgröße kontrollieren oder darauf verzichten; die Varianten sind in Übersicht D.3 aufgeführt.

Übersicht D.3: Spezifikationen der Modelle zur Erklärung der Lizenzvergabe*

Modell-Nr. / Exogene Variable	1	2	3	4
Innovationsintensität				
Anteil Beschäftigte in Forschung & Entwicklung	x	x		
Bedeutung von Produkt- und Prozeßinnovationen			x	x
Unternehmensgröße		x		x

* Ein "x" zeigt an, daß die in der Vorspalte genannten exoge-nen Variablen in dem in der Kopfzeile genannten Modell enthalten sind.

In der Unternehmensbefragung wurden Firmen aus drei Industrien des Verarbeitenden Gewerbes in Niedersachsen - Maschinenbau, Elektrotechnik, Holzverarbeitung - erfaßt. Unter den 38 Firmen der Industrie 'Holzverarbeitung', für die alle hier benötigten Angaben vorlagen, sind nur drei (7.9%) Betriebe als Lizenzgeber an ausländische Unternehmen aufgetreten. Die Untersuchung vernachlässigt daher holzverarbeitende Firmen und beschränkt sich auf den Maschinenbau - hier können Daten für 92 Betriebe ausgewertet werden, von denen 25 Lizenzgeber sind (Quote: 27.2%) - und die Elektrotechnik mit 44 Firmen, davon 9 Lizenzgebern (Quote: 20.5%).

Mittelwerte und Standardabweichungen der exogenen Variablen in den Modellen zur Erklärung der Lizenzvergabe können, getrennt nach den beiden Industrien, der Tabelle D.3 entnommen werden:

Tabelle D.3: Mittelwerte und Standardabweichungen der Variablen aus den Lizenzvergabe-Modellen*

Industrie [Anzahl Firmen] / Variable	Maschinenbau [92]	Elektrotechnik [44]
Anteil Beschäftigte in Forschung und Entwicklung	3.754 (4.109)	5.186 (7.058)
Bedeutung von Produkt- und Prozeßinnovationen	3.220 (.91)	3.352 (.92)
Unternehmensgröße [Beschäftigtenzahl]	219.88 (342.82)	669.05 (1651.15)

* Quelle: Eigene Berechnungen; zur Variablendefinition und Datenquelle vgl. Text. In der Tabelle sind die Standardabweichungen in Klammern unter den Mittelwerten angegeben.

Wie man sieht, bestehen bei dem Anteil der Beschäftigten in Forschung und Entwicklung und bei der Unternehmensgröße zwischen beiden Branchen ausgeprägte Unterschiede. Im folgenden wird daher darauf verzichtet, neben den getrennten Stichproben aus beiden Industrien auch einen gepoolten Datensatz mit Angaben zu allen Firmen zu analysieren.[6]

Da die endogene Variable der Modelle dichtom ist - die Firma kann nur entweder Lizenzgeber an ein ausländisches Unternehmen sein oder nicht - werden alle Schätzungen mit Logit Maximum Likelihood durchgeführt.[7]

2.2.2 Ergebnisse der ökonometrischen Untersuchung

Die Ergebnisse der Schätzungen der vier Modellvarianten für die Firmen aus den beiden Branchen Maschinenbau bzw. Elektrotechnik sind in den Ta-

---

[6] Für die exogenen Variablen untereinander ergeben sich ganz ähnliche Korrelationen wie in Tabelle C.15 angegeben, auf eine detaillierte Wiedergabe kann daher hier verzichtet werden.

[7] Vgl. die Standardlehrbücher der Ökonometrie zur Begründung und Darstellung des Verfahrens. Zur Schätzung wurde das Programmpaket SST (Dubin/Rivers 1986) verwendet.

bellen D.4 bzw. D.5 abgedruckt. Da die Modelle zum Teil ineinander genestet sind, können die entsprechenden Nullrestriktionen - diese betreffen den möglichen Einfluß der Firmengröße - mit einem Likelihood-Ratio Test überprüft werden. Die Ergebnisse der Spezifikationstests sind in Tabelle C.6 angegeben.

Tabelle D.4: Ergebnisse der Modellschätzungen für die Lizenzvergabe der Firmen des Maschinenbaus (N = 92) [Methode: LOGIT ML]

Exogene Variable / Modell-Nr.		1	2	3	4
Konstante	$\hat{B}$	-1.472	-1.733	-3.178	-3.074
	|t|	4.27**	4.52**	3.09**	2.96**
Anteil Beschäftigte in Forschung & Entwicklung	$\hat{B}$	.120	.107		
	|t|	2.03*	1.80		
Bedeutung von Produkt- und Prozeßinnovationen	$\hat{B}$			.657	.545
	|t|			2.27*	1.81
Unternehmensgröße	$\hat{B}$		.0013		.0011
	|t|		1.76		1.52
Log-Likelihood (L_{max})		-51.50	-49.67	-50.97	-49.68
Likelihood-Ratio[1]		4.64	8.30	5.70	8.28
(Probvalue)		(3.12)	(1.58)	(1.70)	(1.59)
Percent Correctly predicted		72.83	73.91	73.91	75.00

Quelle: Eigene Berechnungen; zur Erläuterung vgl. Text

1) $-2(\log L_0 - \log L_{max}) \sim \chi^2_k$ mit k = Anzahl der Parameter (ohne Konstante)
und L_0 = Log-likelihood des Modells nur mit der Konstanten (=-53.82)

* (**) bedeutet Signifikanz für α = 0.05 (0.01)

Betrachten wir zunächst die Ergebnisse für den *Maschinenbau*: Für alle vier Modelle kommt es auf einem üblichen Niveau zu keiner Zurückweisung durch die Spezifikationstests; ferner lehnt der Likelihood-Ratio Test die Nullhypothese, daß die exogenen Variablen keinen Einfluß auf die Wahrscheinlichkeit einer Lizenzvergabe haben, auf einem α-Niveau von 0.05 immer ab. Beide Innovationsintensitäts-Variablen und die Unternehmensgröße haben in allen Fällen das erwartete positive Vorzeichen, das allerdings nur für die Innovationsvariable in den Modelle 1 bzw. 3 für $\alpha = 0.05$ statisch signifikant ist. Testet man die Nullhypothese, daß die Unternehmensgröße in einem Modell mit einer der beiden Technologie-Proxies als erklärender Variable keinen Einfluß auf die Lizenzvergabe hat, so kann diese Hypothese aufgrund eines Likelihood-Ratio Tests von Modell 1 gegen Modell 2 bzw. Modell 3 gegen Modell 4 auf dem 5%-Niveau nicht abgelehnt werden (Probvalues: 5.57% bzw. 10.82%). Als Ergebnis bleibt damit festzuhalten: Für die Firmen des Maschinenbaus steigt die Wahrscheinlichkeit der Lizenzvergabe mit steigender Innovationsintensität, wobei ein positiver Einfluß steigender Unternehmensgrössen nicht gesichert ist.

Tabelle D.5: Ergebnisse der Modellschätzungen für die Lizenzvergabe der Firmen der Elektrotechnik (N = 44) [Methode: LOGIT ML]

Modell-Nr.		1	2	3	4
Konstante	$\hat{\beta}$	-1.335	-1.844	-6.135	-5.558
	$\|t\|$	2.87**	3.21**	2.66 *	2.40*
Anteil Beschäftigte in Forschung & Entwicklung	$\hat{\beta}$	-.0045	.017		
	$\|t\|$	.08	.31		
Bedeutung von Produkt- und Prozeßinnovationen	$\hat{\beta}$			1.317	1.09
	$\|t\|$			2.23*	1.79
Unternehmensgröße	$\hat{\beta}$		.00051		.00030
	$\|t\|$		1.59		1.05
Log-Likelihood (L_{max})		-22.289	-20.04	-18.92	-18.14
Likelihood-Ratio[1]		0.002	4.50	6.74	8.30
(Probvalue)		(96.43)	(10.54)	(0.94)	(1.58)
Percent Correctly predicted		79.55	79.55	79.55	81.82

Quelle: Eigene Berechnungen; zur Erläuterung vgl. Text

1) $-2(\log L_0 - \log L_{max}) \sim \chi^2_k$ mit k = Anzahl der Parameter (ohne Konstante) und L_0 = Log-likelihood des Modells nur mit der Konstanten (=-22.29)

* (**) bedeutet Signifikanz für α = 0.05 (0.01)

Bei den Ergebnissen für die Firmen aus der *Elektrotechnik* wird auf einem üblichen Niveau keines der Modelle durch die Spezifikationstests abgelehnt (vgl. Tabelle D.6) Es fällt zunächst auf, daß die Nullhypothese eines fehlenden Einflusses der exogenen Variablen auf die Wahrscheinlichkeit der Lizenzvergabe für die Modelle 1 und 2 auf einem üblichen Niveau nicht abgelehnt werden kann; diese beiden Modelle werden daher nicht weiter betrachtet. In den Modellen 3 und 4 haben die Innovationsvariable und die Unternehmensgröße das erwartete positive Vorzeichen, das allerdings nur im Modell 3 für $\alpha = 0.05$ statistisch signifikant ist. Wie im Fall der Maschinenbau-Firmen kann auch hier die Nullhypothese eines fehlenden Einflusses der Unternehmensgröße bei gleichzeitiger Berücksichtigung der Innovationsintensität (Test von Modell 3 gegen Modell 4) aufgrund des Likelihood-Ratio Tests auf einem üblichen Niveau nicht abgelehnt werden (Probvalue: 21.17%).

Tabelle D.6: Spezifikationstests der Modelle für die Lizenzvergabe von Firmen (Probvalues)*

Test	Homoskedastie		Logistische Verteilung		Korrekte stochast. Spezifikation (Information-Matrix-Test)	
Modell Nr.	Maschinenbau	Elektrotechnik	Maschinenbau	Elektrotechnik	Maschinenbau	Elektrotechnik
1	58.19	96.89	53.44	96.82	82.32	98.78
2	84.40	61.65	77.15	29.10	84.94	6.20
3	48.91	60.72	48.45	62.64	86.57	61.17
4	96.92	80.57	83.18	45.91	52.19	20.90

* Zur Erläuterung der Modelle vgl. Übersicht D.3, zu den Tests vgl. Anhang G.3.5.

Die Schlußfolgerungen aus den Modellen mit Daten der beiden hier betrachteten Industrien stimmen demnach - bis auf die Unterschiede bei einer der beiden Proxy-Variablen für die Innovationsintensität - überein. Bei einem Vergleich mit den Ergebnissen auf Basis von Industriedaten fällt auf, daß der dort festgestellte positive Einfluß der Unternehmensgrösse hier nicht signifikant ist - allerdings ist zu beachten, daß nicht nur das Aggregationsniveau, sondern auch die endogene Variable sich bei beiden Ansätzen unterscheidet, weshalb ein direkter Vergleich nicht angebracht ist.

3 Passive Lohnveredelung

3.1 Zur Bedeutung von Humankapital, Transportkosten und Skalenerträgen für die Nutzung der Passiven Lohnveredelung in Industrien des Verarbeitenden Gewerbes der Bundesrepublik Deutschland

3.1.1 Datenbasis und Modellspezifikation

Angaben zum Umfang, in dem Industrien in der Bundesrepublik Deutschland die Passive Lohnveredelung (PLV) als eine der NFIU nutzen, lassen sich nicht direkt der amtlichen Statistik entnehmen. Das Statistische Bundesamt veröffentlicht jedoch regelmäßig die Werte der Ein- und Ausfuhr im Veredelungsverkehr, wobei allerdings eine Gliederung nach Warengruppen und nicht nach Industrien verwendet wird. Ordnet man diese Warengruppen den Industrien zu, so lassen sich Angaben zu den Importen nach PLV für Industrien konstruieren. Die auf diese Weise ermittelten[8] Werte zum Umfang der Nutzung der PLV werden auf den Umsatz der Industrien bezogen, um Angaben zur Intensität des Einsatzes dieser NFIU zu erhalten; dies liefert die endogene Variable für die Modelle zur Erklärung der PLV auf der Basis von Industriedaten.

Bei den theoretischen Überlegungen im Abschnitt D.1.1.2 wurden drei Faktoren als wichtig für die Nutzung der PLV herausgestellt: Arbeitsintensität, Transportkosten und Skalenerträge.

Hiernach ist einerseits zu erwarten, daß insbesondere arbeitsintensive Teilschritte der Produktion in Form von PLV ins Ausland verlagert werden, wobei es sich um Produktionsteile handeln wird, bei denen ungelernte, wenig qualifizierte Arbeit intensiv genutzt wird, denn diese ist in den Zielländern verglichen mit der Bundesrepublik Deutschland relativ reichlich und billig. Da nicht zu erwarten ist, daß durch PLV die Faktoreinsatzstruktur im interindustriellen Vergleich innerhalb der Bundesrepublik grundlegend verändert wird, kann hiermit die Hypothese begründet werden, daß PLV insbesondere von den Industrien intensiv genutzt wird, die relativ stark unqualifizierte Arbeit einsetzen. Zur Messung der *Humankapitalintensität* in der Produktion werden zwei Proxy-Variablen herangezogen: Einerseits der *Facharbeiteranteil* (erwartet wird hier ein ceteris paribus negativer Zusammenhang mit der Nutzung von PLV) und andererseits der *Anteil der Frauen an allen Beschäftigten*

[8] Das Statistische Bundesamt teilte dem Verfasser mit Brief vom 17. Juni 1985 mit, daß es entsprechende PLV-Daten in der Industriegliederung nicht zur Verfügung stellen könne. Im Anhang G.1.9 ist angegeben, wie die hier verwendeten PLV-Daten konstruiert wurden.

(hier ist ein positiver Zusammenhang zu erwarten, denn Frauen verrichten überproportional Arbeiten in der Produktion, die nur geringe Qualifikationen erfordern).

Relativ niedrige *Transportkosten* werden als eine weitere Voraussetzung zur profitablen Nutzung von PLV angesehen. Eine ideale Proxy-Variable für einen Test dieser Hypothese wäre das Verhältnis von Produktwert zu Gewicht ('value to weight ratio') bei den in die PLV einbezogenen Gütern; diese Angaben stehen jedoch nicht zur Verfügung.[9] Stattdessen wird der durchschnittliche Anteil der Transportkosten am Produktionswert einer Industrie als Proxy verwendet, wobei ein negativer Einfluß auf die Nutzung von PLV erwartet wird - allerdings ist darauf hinzuweisen, daß dieser Transportkosten-Indikator die gesamte Produktion und nicht nur die im Kontext von PLV international transportierten Zwischenprodukte betrifft.

Die Bedeutung von *Skalenerträgen* aufgrund großer Stückzahlen in der Produktion für die PLV-Intensität ist, wie gesehen, strittig. In die Modelle wird daher eine Proxy-Variable hierfür - die Anzahl Beschäftigte je Unternehmung - aufgenommen, ohne daß klare theoretisch begründete Erwartungen hinsichtlich des Vorzeichens formuliert werden können.

Die Korrelationskoeffizienten der exogenen Variablen untereinander sind (für den gesamten Beobachtungszeitraum von 1977 bis 1984) in der Tabelle D.7 abgedruckt. Wie erwartet sind Frauen- und Facharbeiteranteil recht hoch negativ korreliert, während zwischen den übrigen Variablen keine stark ausgeprägte Korrelation erkennbar ist.

Tabelle D.7: Korrelationskoeffizienten für die exogenen Variablen der Modelle zur Erklärung der PLV-Intensität in den Industrien (1977 - 1984)*

	Facharbeiteranteil	Frauenanteil	Transportkostenanteil
Frauenanteil	-.627		
Transportkostenanteil	-.254	.037	
Skalenerträge	.291	-.341	-.347

* Quelle: Eigene Berechnungen; zur Erläuterung der Variablen vgl. Text

9 Das Statistische Bundesamt publiziert (in Fachserie 4, Reihe 3.1.) Angaben zu *produzierten* Mengen, aber je nach Gütern in unterschiedlichen Messgrößen (Tonne, Kubikmeter, Stück ...), so daß inter-industriell vergleichbare Wert-Gewicht-Verhältnisse nicht zu ermitteln sind.

Bei der ökonometrischen Untersuchung werden zwei *Modellvarianten* unterschieden, in denen alternativ der Facharbeiteranteil ("Variante B") bzw. der Frauenanteil ("Variante A") zusammen mit dem Transportkostenanteil und der Skalenertrags-Variable zur Erklärung der Nutzungsintensität der PLV einbezogen wird.

Da bei der Zuordnung von Warengruppen und Industrien zur Konstruktion der PLV-Variable für einige Industrien Werte von Null ermittelt wurden,[10] werden sämtliche Modelle dieses Abschnitts D.3.1 mit dem TOBIT ML Verfahren geschätzt.[11]

3.1.2 Modelle mit Querschnittsdaten für die Jahre 1977 bis 1984

Die beiden in Übersicht D.4 aufgeführten Modellvarianten A und B wurden mit Daten für jedes der Jahre von 1977 bis 1984 geschätzt; die Ergebnisse für diese 16 Modelle sind in der Tabelle D.8 abgedruckt. Ein Blick auf diese Tabelle zeigt, daß die Modelle der Variante B mit der Humankapital-Proxy "Facharbeiteranteil" nur eine sehr geringe statistische Erklärungskraft aufweisen: keiner der geschätzten Koeffizienten ist, legt man einem Test die t-Werte und eine Grenze von $\alpha = 0.05$ zugrunde, signifikant von Null verschieden; die Nullhypothese, daß die exogenen Variablen keinen Einfluß auf die PLV-Intensität haben, kann auf dem 5%-Niveau auf der Basis des Likelihood-Ratio-Tests nur für die Daten des Jahres 1983 zurückgewiesen werden.

Übersicht D.4: Spezifikationen der Modelle zur Erklärung der PLV-Intensität von Industrien

Variante	Exogene Variablen
A	Frauenanteil, Transportkosten, Skalenerträge
B	Facharbeiteranteil, Transportkosten, Skalenerträge

10 Für alle Jahre trifft die auf Industrien 01 (Mineralölverarbeitung), 05 (Eisen-, Stahl-, Tempergießerei), 06 (Ziehereien, Kaltwalzwerke, Stahlverformung) und 07 (Stahl- und Leichtmetallbau) zu, in einzelnen Jahren auch in Industrie 10 (Schiffbau) und 20 (Holzbearbeitung).

11 Zur Begründung vgl. den Anhang G.3.3 mit den hier entsprechend gültigen Aussagen. Für die Schätzungen wurde das Programmsystem LIMDEP (Greene 1985) verwendet.

Tabelle D.8: Schätzergebnisse der Modelle zur Erklärung der PLV-Intensität in den Industrien (1977 bis 1984); Methode: TOBIT ML

Exogene Variable	Jahr / Variante	1977 A	1977 B	1978 A	1978 B	1979 A	1979 B	1980 A	1980 B	1981 A	1981 B	1982 A	1982 B	1983 A	1983 B	1984 A	1984 B
Konstante	$\hat{B}$	-164.93	70.48	-194.02	53.03	-96.70	153.76	-56.14	202.24	-110.46	213.28	-83.02	238.21	-185.33	351.00	-122.97	328.05
	|t|	1.95*	0.51	2.00*	0.32	0.71	0.79	0.48	0.98	0.83	0.89	0.65	1.15	1.35	1.48	0.94	1.35
Frauenanteil	$\hat{B}$	4.38		4.55		5.61		4.40		4.83		5.16		6.68		6.57	
	|t|	5.02**		4.68**		5.66**		4.83**		4.56**		4.50**		5.44**		5.24**	
Facharbeiter-anteil	$\hat{B}$		-2.13		-2.18		-2.49		-2.37		-2.63		-2.91		-5.16		-4.13
	|t|		1.17		1.12		1.00		1.08		1.20		1.17		1.48		1.36
Transportkosten-anteil	$\hat{B}$	18.08	15.62	25.15	21.48	-22.99	-12.00	-17.36	-24.25	-6.24	-26.91	-21.66	-35.85	1.18	-40.09	-14.24	-40.45
	|t|	0.70	0.38	0.81	0.45	0.56	0.22	0.67	0.39	0.20	0.37	0.70	0.62	0.04	0.64	0.50	0.66
Skalen-erträge	$\hat{B}$	0.041	0.007	0.045	0.009	0.034	0.002	0.012	-0.020	0.027	-0.016	0.023	-0.011	0.050	-0.001	0.035	-0.009
	|t|	0.62	0.08	0.59	0.10	0.25	0.01	0.14	0.10	0.19	0.09	0.24	0.06	0.25	0.01	0.22	0.04
L_{max}		-143.49	-152.84	-144.95	-153.89	-136.25	-146.53	-146.73	-154.43	-147.93	-155.05	-144.36	-151.38	-146.76	-153.56	-155.42	-163.63
L_0		-154.92	-154.92	-156.20	-156.20	-148.49	-148.49	-157.08	-157.08	-157.93	-157.93	-155.07	-155.07	-158.19	-158.19	-166.86	-166.86
Likelihood-Ratio-Test		22.86	4.16	22.50	4.62	24.48	3.92	20.70	5.30	20.00	5.76	21.42	7.38	22.86	9.26	22.88	6.46
(Probvalue)		(0.00)	(24.47)	(0.01)	(20.18)	(0.00)	(27.02)	(0.01)	(15.11)	(0.02)	(12.39)	(0.01)	(6.07)	(0.00)	(2.60)	(0.00)	(9.13)

Quelle: Eigene Berechnungen; zur Erläuterung vgl. Text.
L_0 = Log-Likelihood des Modells nur mit der Konstanten

*(**) = Signifikanz für α = 0.05 (0.01)

Anders im Fall der Modelle der Variante A mit dem Frauenanteil als Humankapital-Proxy: Hier lehnt der Likelihood-Ratio Test immer ab, und der Frauenanteil hat einen in allen Jahren hochsignifikanten - wie theoretisch erwartet positiven - Einfluß. Transportkostenanteil und Skalenerträge haben auch in den Variante A-Modellen niemals signifikante Vorzeichen.

Aus den auf der Basis von Querschnittsdaten geschätzten Modellen lassen sich damit folgende Schlußfolgerungen ziehen: PLV wird als NFIU um so intensiver gewählt, je weniger humankapitalintensiv die Produktion in einer Industrie ist (hierauf deuten auch die in allen Jahren negativen Koeffizienten der Facharbeiter-Variable hin). Für den theoretisch erwarteten negativen Einfluß einer ceteris paribus höheren Transportkostenbelastung konnte mit der hier herangezogenen Proxy-Variablen kein Beleg erbracht werden. Die strittige Frage der Bedeutung steigender Skalenerträge ist auf der Basis der in Tabelle D.8 zusammengestellten Ergebnisse nicht zu entscheiden.

3.1.3 Modelle mit gepoolten Querschnitts-Längsschnittsdaten für den Zeitraum 1977 - 1984

Gepoolte Querschnitts-Längsschnittsdaten können - wie im Zusammenhang mit Untersuchungen zu Bestimmungsgründen des internationalen Handels im Teil B ausführlich erläutert - herangezogen werden, um für die unbeobachteten Besonderheiten einzelner Jahre (soweit sie für alle Industrien identisch sind) sowie die unbeobachteten Besonderheiten einzelner Industrien (soweit sie nicht im Zeitablauf variieren) zu kontrollieren. Zeiteffekte können hierbei den steigenden Trend zu PLV als einer der NFIU aufgrund wachsender wirtschaftspolitischer Eingriffe bei Handel und Direktinvestitionen abbilden, Industrieeffekte können als inter-industrielle Unterschiede bei der Möglichkeit einer räumlichen und zeitlichen Aufspaltung der Produktion - einer zentralen Voraussetzung zur effizienten Nutzung von PLV als Form internationaler Unternehmenszusammenarbeit - interpretiert werden.

Die in Übersicht D.4 beschriebenen Varianten A und B des Modells zur Erklärung der PLV-Intensität werden auf der Basis gepoolter Daten für die Jahre 1977 bis 1984 geschätzt und anschließend um fixe Zeit- und/oder Industrieeffekte erweitert; die in diesem Abschnitt daher zu betrachtenden acht Modelle sind in Übersicht D.5 beschrieben.

In einem ersten Schritt ist zu prüfen, ob Zeit- oder/und Industrieeffekte zu berücksichtigen sind. Hierzu werden Likelihood-Ratio-Tests der entsprechenden Nullhypothesen durchgeführt; die Ergebnisse finden sich in Tabelle D.9.

Übersicht D.5: Spezifikationen der Modelle zur Erklärung der PLV-Intensität mit gepoolten Querschnitts-Längsschnittsdaten*

Exogene Variablen / Modell-Variante, Modell-Typ	A				B			
	M1	M2F	M3F	M4F	M1	M2F	M3F	M4F
Frauenanteil	x	x	x	x				
Facharbeiteranteil					x	x	x	x
Transportkostenanteil	x	x	x	x	x	x	x	x
Skalenerträge	x	x	x	x	x	x	x	x
Fixe Zeiteffekte		x		x		x		x
Fixe Industrieeffekte			x	x			x	x

* Ein "x" zeigt an, daß die in der Vorspalte genannten exogenen Variablen in dem in der Kopfzeile genannten Modell enthalten sind. Zur Erläuterung der Modelltypen vgl. Übersicht B.5.

Tabelle D.9: Tests auf Zeiteffekte und Industrieeffekte in gepoolten Modellen zur Erklärung der PLV-Intensität (Probvalues)*

Nullhypothese / Modellvariante	A	B
H_0: keine Zeiteffekte (M2F vs. M1)	97.01	99.09
H_0: keine Industrieeffekte (M3F vs. M1)	0.00	0.00
H_0: keine Zeit- und Industrieeffekte (M4F vs. M1)	0.00	0.00
H_0: keine Zeiteffekte in Modellen mit Industrieeffekten (M4F vs. M3F)	0.05	0.92

* Zu den Modellspezifikationen vgl. Übersicht D.5. Angegeben ist der aus den empirischen Werten der χ^2-Statistiken jeweils ermittelte Probvalue, d.h. die Wahrscheinlichkeit, die Nullhypothese fälschlicherweise abzulehnen; für einen Probvalue von kleiner als 5.00 wird die Nullhypothese daher auf einem Niveau von $\alpha = 0.05$ abgelehnt.

Legt man ein Signifikanzniveau von $\alpha = 0.05$ zugrunde, so kann die Nullhypothese, daß keine Zeiteffekte vorliegen, nie abgelehnt werden, während die Nullhypothese fehlender Industrieeffekte immer abgelehnt wird. Ebenfalls durchgängig abgelehnt wird die Hypothese, daß weder Zeit- noch Industrieeffekte zu beachten sind. Interpretiert man dies als deutliche Hinweise auf das Vorliegen von Industrieeffekten und testet die Nullhypothese, daß in Modellen mit Industrieeffekten keine Zeiteffekte vorhanden sind, so kann diese immer abgelehnt werden. Hieraus ist der Schluß zu ziehen, daß von den gegeneinander getesteten Modelltypen der Typ M4F - Modell mit fixen Zeit- und Industrieeffekten - zu wählen ist. Die Schätzergebnisse für die Modellvarianten A und B auf der Basis gepoolter Datensätze und mit fixen Zeit- und Industrieeffekten sind in der Tabelle D.10 abgedruckt.

Tabelle D.10: Schätzergebnisse für Modelle mit fixen Zeit und Industrieeffekten zur Erklärung der PLV-Intensität*

Exogene Variable	Modell-Variante	A	B
Frauenanteil	$\hat{B}$	7.03	
	|t|		
Facharbeiteranteil	$\hat{B}$		-2.61
	|t|		(1.08)
Transportkostenanteil	$\hat{B}$	-9.05	-11.44
	|t|		(1.65)
Skalenerträge	$\hat{B}$	0.052	-0.015
	|t|		(0.18)

$\hat{B}$ = geschätzter Regressionskoeffizient, |t| = absoluter t-Wert.

* Die geschätzten Koeffizienten der Zeit- und Industriedummies sowie der Konstanten sind nicht abgedruckt. Für die geschätzten Koeffizienten im Modell der Variante A können keine t-Werte angegeben werden, da die geschätzte Varianz-Kovarianz-Matrix singulär ist und LIMDEP abbricht. (Auch SST meldet einen Fehler ('singularity detected') und bricht ab - allerdings immer, wenn mindestens ein Industrie-Dummy im Modell vorhanden ist.)

Wie bei der Untersuchung auf der Basis von Querschnittsdaten im Abschnitt zuvor haben beide Humankapital-Proxies das theoretisch erwartete Vorzeichen, wobei jedoch wegen der bei Tabelle D.10 erwähnten numerischen Probleme eine Aussage hinsichtlich der statistischen Signifikanz der Vorzeichen für den Koeffizienten des Frauenanteils nicht möglich ist. Legt man statt der TOBIT-Schätzung eine OLS-Schätzung zugrunde, erhält man in einem M4F-Modell einen signifikant positiven Frauenanteil-Koeffizienten (mit dem Wert 4.85 und einem t-Wert von 3.11) und einen signifikant negativen Facharbeiteran-teil-Koeffizienten (mit dem Wert -2.10 und einem t-Wert von -1.94). Dies spricht für die Tragfähigkeit der theoretischen Überlegungen auch bei Kontrolle unbeobachteter Zeit- und Industrieeffekte.

Der Koeffizient des Transportkosten-Anteils ist in beiden Varianten des Modells wie erwartet negativ, wobei erneut keine Aussage über die Signifikanz in Variante A möglich ist. Zieht man auch hier die entsprechenden

Werte einer OLS-Schätzung zum Vergleich heran, so stützen auch diese (mit Werten von -8.79 bzw. -9.86 und t-Werten von -2.04 bzw. -2.25) die theoretischen Überlegungen. Dies ist erst bei Kontrolle der Zeit- und Industrieeffekte erkennbar, wie ein Vergleich mit den Ergebnissen der Querschnittsdaten-Schätzungen in Tabelle D.8 zeigt.

Was die theoretisch strittige Frage nach der Einflußrichtung der Skalenerträge betrifft, so deuten die Ergebnisse der gepoolten TOBIT-Schätzungen (und entsprechender OLS-Schätzungen) weder auf einen positiven noch auf einen negativen Einfluß hin.

Als *zentrale Ergebnisse* bleiben damit festzuhalten:

- Unbeobachtete Zeit- und insbesondere Industrieeffekte sind wichtig.
- Kontrolliert man für sie, dann stützen die Ergebnisse der empirischen Untersuchung die theoretischen Überlegungen, wonach PLV um so intensiver gewählt wird, je weniger humankapital- und transportkostenintensiv die Produktion einer Industrie ist.
- Die Rolle steigender Skalenerträge bleibt ungeklärt.

3.2 Bestimmungsgründe der Passiven Lohnveredelung: Eine ökonometrische Untersuchung mit Mikrodaten für Betriebe des Maschinenbaus und der Elektrotechnik in Niedersachsen 1986

3.2.1 Datenbasis und Modellspezifikation

Die theoretischen Überlegungen zu Bestimmungsgründen der PLV haben das Verhalten von Firmen zum Gegenstand; ökonometrische Untersuchungen hierzu sollten daher auf der Basis von Firmendaten erfolgen. Hierfür kann der bereits bei der Analyse des Exports (in Abschnitt B.4), der Direktinvestition (in Abschnitt C.3) und der Lizenzvergabe (in Abschnitt D.2.2) ausgewertete und im Anhang G.2 beschriebene Firmendatensatz herangezogen werden:

Erklärt werden soll, ob ein Unternehmen (mindestens) einen Auftrag in Form der PLV an eine Firma im Ausland vergeben hat. Aus der Unternehmensbefragung von Gehrke (1988) geht hervor, welche Bedeutung die Firmen der PLV als Form internationaler Zusammenarbeit zuwiesen - wurde diese Frage beantwortet und lautete die Antwort nicht "spielte keine Rolle", so kann geschlossen werden, daß die Firma mit mindestens einem ausländischen Unternehmen in Form von PLV zusammengearbeitet hat. Weitere Informationen etwa über Anzahl und wirtschaftliche Bedeutung der PLV-Kontrakte sowie zur regionalen Verteilung der Partnerfirmen stehen nicht zur Verfügung.

Als Bestimmungsfaktoren für die Ja/Nein-Entscheidung bei PLV werden Variablen in die Modelle einbezogen, die die theoretischen Überlegungen aus dem Abschnitt D.1.1.2 abbilden. Die Modellspezifikation kann hierbei leider nicht sehr eng dem Vorgehen bei der Formulierung der ökonometrischen Ansätze in der Untersuchung mit Industriedaten in D.3.1 folgen, da weder Daten zum Frauenanteil noch Informationen über die Bedeutung von Transportkosten für die Betriebe vorliegen; ein "direkter" Vergleich der Ergebnisse ist daher hier nicht möglich.

In den Modellen wird die *Humankapitalintensität* in Form des Anteils qualifizierter Beschäftigter in der Produktion (gemessen als Anteil der im Bereich Fertigung tätigen Ingenieure, Meister und Facharbeiter an allen dort Beschäftigten) erfaßt; erwartet wird ein negativer Zusammenhang mit der Wahrscheinlichkeit der Nutzung von PLV. *Skalenerträge* gehen als Summe der prozentualen Anteile von Großserienfertigung und kontinuierlicher Fließfertigung an der Gesamtproduktion in die Modelle ein, wobei hier die theoretischen Erwartungen hinsichtlich des Vorzeichens wiederum offen sind. Um die ceteris paribus von der *Betriebsgröße* ausgehenden Einflüsse kontrollieren zu können, wird eine zweite Modellvariante, erweitert um die Anzahl der Beschäftigten, geschätzt. Die Modelle sind somit wie in Übersicht D.6 angegeben spezifiziert.

Übersicht D.6: Spezifikationen der Modelle zur Erklärung von Passiver Lohnveredelung*

Modell Nr. Exogene Variable	1	2
Anteil qualifizierter Beschäftigter in der Produktion	x	x
Skalenerträge	x	x
Unternehmensgröße		x

* Ein "x" zeigt an, daß die in der Vorspalte genannten exogenen Variablen in dem in der Kopfzeile genannten Modell enthalten sind.

In der Unternehmensbefragung wurden Firmen aus drei Industrien des Verarbeitenden Gewerbes in Niedersachsen - Maschinenbau, Elektrotechnik, Holzverarbeitung - erfaßt. Unter den 37 Firmen der Industrie 'Holzverarbeitung', für die alle hier benötigten Angaben vorlangen, sind nur vier Betriebe, die PLV nutzen. Die Untersuchung vernachlässigt daher holverarbeitende Firmen und beschränkt sich auf den Maschinenbau - hier können Daten für 98 Betriebe, von denen 18 (= 18.4%) PLV nutzen, ausgewertet werden - und die Elektrotechnik mit 44 Firmen, davon 11 (= 25%) PLV-Nutzern.

Mittelwerte und Standardabweichungen der exogenen Variablen in den Modellen zur Erklärung der PLV sind, getrennt für die beiden Industrien, in der Tabelle D.11 aufgeführt.

Tabelle D.11: Mittelwerte und Standardabweichungen der Variablen aus den PLV-Modellen*

Variable / Industrie [Anzahl Firmen]	Maschinenbau [98]	Elektrotechnik [44]
Anteil qualifizierter Beschäftigter in der Produktion	75.226 (20.86)	46.446 (29.62)
Skalenerträge	19.59 (32.84)	50.89 (38.90)
Unternehmensgröße [Beschäftigtenzahl]	222.55 (343.27)	516.89 (1502.28)

* Quelle: Eigene Berechnungen; zur Variablendefinition und Datenquellen vgl. Text. In der Tabelle sind die Standardabweichungen in Klammern unter den Mittelwerten angegeben.

Wie man sieht, bestehen bei allen Variablen ausgeprägte Unterschiede zwischen den Branchen. Im folgenden wird daher darauf verzichtet, neben den getrennten Stichproben aus beiden Industrien auch einen gepoolten Datensatz mit Angaben zu allen Firmen zu analysieren.

Die Korrelationskoeffizienten der exogenen Variablen der PLV-Modelle untereinander können der Tabelle D.12 entnommen werden. Wie man erkennt, stimmen die Vorzeichen für beide Industrien in allen Fällen überein.

Tabelle D.12: Korrelationskoeffizienten der exogenen Variablen in PLV-Modellen*

	Anteil qualifizierter Beschäftigter in der Produktion	Skalenerträge
Skalenerträge	-.396 -.643	
Unternehmensgröße	-.104 -.226	.120 .274

* Quelle: Eigene Berechnungen, zur Definition der Variablen vgl. Text. In der 1. Zeile (2. Zeile) ist der Korrelationskoeffizient für die Firmen des Maschinenbaus (der Elektrotechnik) angegeben.

Da die endogene Variable der Modelle dichotom ist - die Firma kann nur entweder PLV als Form internationaler Unternehmenszusammenarbeit nutzen oder nicht - werden alle Schätzungen mit Logit Maximum Likelihood durchgeführt.[12]

3.2.2 Ergebnisse der ökonometrischen Untersuchung

Die Ergebnisse der Schätzungen der beiden Modellvarianten für die Firmen des Maschinenbaus und der Elektrotechnik sind in der Tabelle D.13 abgedruckt; Tabelle D.14 enthält die Probvalues für die Spezifikationstests.

Tabelle D.13: Ergebnisse der Modellschätzungen für die Nutzung der PLV durch Firmen des Maschinenbaus und der Elektrotechnik [Methode: LOGIT ML]

Exogene Variable	Industrie (Anzahl Firmen) / Modell	Maschinenbau (N = 98) 1	Maschinenbau (N = 98) 2	Elektrotechnik (N = 44) 1	Elektrotechnik (N = 44) 2
Konstante	$\hat{B}$	-1.940	-2.552	0.912	0.914
	|t|	1.56	1.84	0.66	0.66
Anteil qualifizierter Beschäftigter	$\hat{B}$	0.0065	0.0098	-0.033	-0.034
	|t|	0.45	0.61	1.69	1.72
Skalenerträge	$\hat{B}$	-0.0026	-0.0043	-0.012	-0.023
	|t|	0.28	0.43	0.90	1.49
Unternehmensgröße (Beschäftigtenzahl	$\hat{B}$		0.0015		0.0014
	|t|		2.11*		1.64
L_{max}		-46.502	-44.089	-22.897	-20.356
L_0		-46.738	-46.738	-24.743	-24.743
Likelihood-Ratio-Test		0.472	5.298	3.692	8.774
(Probvalue)		(78.98)	(15.12)	(15.79)	(3.25)
Percent Correctly Predicted		81.63	81.63	77.27	77.27

Quelle: Eigene Berechnungen; zur Erläuterung vgl. Text.
[*(**) zeigt Signifikanz für α = 0.05 (0.01) an]

Für den *Maschinenbau* lehnt der Likelihood-Ratio Test die Nullhypothese, daß die exogenen Variablen keinen Einfluß auf die Wahrscheinlichkeit der Nutzung von PLV haben, auf einem α-Niveau von 0.05 in beiden Fällen nicht ab. Aus den hier betrachteten Modellen lassen sich somit keine Schluß-

[12] Vgl. die Standardlehrbücher der Ökonometrie zur Begründung und Darstellung des Verfahrens. Zur Schätzung wurde das Programmpaket SST (Dubin/Rivers 1986) verwendet.

folgerungen hinsichtlich der PLV-Determinanten im Maschinenbau ziehen, auch wenn der auf dem 5%-Niveau signifikante Koeffizient der Betriebsgröße darauf hindeutet, daß ceteris paribus eher größere Firmen diese NFIU nutzen (ein Likelihood-Ratio Test der Nullrestriktion für die Unternehmensgrößen-Variable, d.h. ein Vergleich der Modellvarianten 1 und 2, ergibt einen Probvalue von 2.80). Allerdings wird Modell 2 vom Test auf homoskedastische Störgrößen abgelehnt (vgl. Tab. D.14), weshalb diese Schlußfolgerung fraglich erscheint.

Tabelle D.14: Spezifikationstest der Modelle für die Passive Lohnveredelung (Probvalues)*

	Test					
	Homoskedastie		Logistische Verteilung		Korrekte stochast. Spezifikation (Information-Matrix-Test)	
Modell-Nummer	Maschinenbau	Elektrotechnik	Maschinenbau	Elektrotechnik	Maschinenbau	Elektrotechnik
1	45.84	31.79	43.54	11.18	81.64	10.42
2	1.64	15.49	28.97	72.04	35.67	5.25

* Zur Erläuterung der Modelle vgl. Übersicht D.6, zu den Tests vgl. Anhang G.3.5.

Keines der beiden Modelle für die Firmen der *Elektrotechnik* wird auf einem üblichen Niveau von den Spezifikationstests (vgl. Tab. D.14) abgelehnt. Im geschätzten Modell ohne die Betriebsgrößen-Variable lehnt der Likelihood-Ratio Test ebenfalls die Nullhypothese eines fehlenden Einflusses der exogenen Variablen auf die PLV-Wahrscheinlichkeit auf einem 5%-Niveau nicht ab. Bezieht man in Modell 2 die Firmengröße mit ein, so ist dies jedoch nicht mehr der Fall. Hier ist zwar keiner der Koeffizienten, legt man einem Test die t-Werte zugrunde, bei einem Fehlerniveau von $\alpha = 0.05$ für sich betrachtet statistisch signifikant, zusammengenommen haben sie jedoch einen statistisch gesicherten Einfluß auf die Wahrscheinlichkeit von PLV. Hierbei ergibt sich für den Koeffizienten der Humankapitalvariable das theoretisch erwartete negative Vorzeichen. Wie bei den Maschinenbau-Firmen ist auch in der Elektrotechnik die Wahrscheinlichkeit von PLV ceteris paribus um so höher, je größer die Firma ist (ein Likelihood-Ratio Test der Nullrestriktion für die Unternehmensgrößen-Variable, d.h. ein Vergleich der Modellvarianten 1 und 2, ergibt einen Probvalue von 2.42).

Ein Vergleich der Modellschätzungen für Firmen der beiden hier betrachteten Industrien zeigt vor allem, daß ausgeprägte inter-industrielle Unterschiede bestehen. Eine theoretische Erklärung hierfür bieten die Überlegungen zur Bedeutung der (räumlichen und zeitlichen) Aufspaltbarkeit der

Produktion für die profitable Nutzung von PLV als NFIU - allerdings ist dies hier genau wie im Fall der unbeobachtete Industrieeigenschaften modellierenden Industrieeffekte in den gepoolten Modellen mit Branchendaten nur eine Hypothese, die sich empirischen Tests so lange entzieht, wie keine geeigenten Proxy-Variablen zu ihrer Überprüfung zur Verfügung stehen.

Die in diesem Abschnitt mit Mikrodaten erhaltenen Ergebnisse lassen sich nur schwer mit den auf der Grundlage von Industriezweigdaten berechneten aus dem Abschnitt D.3.1 vergleichen, da nicht nur das Aggregationsniveau, sondern auch die endogenen Variablen und die zur Erklärung einbezogenen Größen unterschiedlich sind. Festzuhalten bleibt jedoch, daß aus beiden Untersuchungsteilen Hinweise auf die Gültigkeit der theoretischen Überlegungen zur Bedeutung einer relativ geringen Humankapitalintensität für eine Nutzung der PLV abgeleitet werden können; die Rolle steigender Skalenerträge bleibt weiterhin ungeklärt.

4 Zum Verhältnis von theoretischer und ökonometrischer Analyse "Neuer Formen" internationaler Unternehmenszusammenarbeit: Einschätzung und Forschungsperspektiven

Ein zentrales Ergebnis der ökonometrischen Untersuchungen zu Bestimmungsgründen von Lizenzvergabe und Passiver Lohnveredelung im Verarbeitenden Gewerbe der Bundesrepublik Deutschland ist das festgestellte Vorliegen unbeobachteter - und das heißt hier: in den Modellen nicht explizit abgebildeter - Industrieeffekte, deren Berücksichtigung bzw. Nicht-Berücksichtigung erheblichen Einfluß auf die Schätzungen der Modelle hat.

Eine mögliche Erklärung für diese Industrieeffekte ist darin zu sehen, daß theoretisch als wichtig herausgestellte Einflußfaktoren auf die Entscheidung bei der Wahl der Form internationaler Unternehmenszusammenarbeit in den empirischen Untersuchungen nicht berücksichtigt werden konnten. Dies betrifft einerseits länderspezifische Faktoren in Form wirtschaftspolitischer Eingriffe in Handel und Direktinvestitionen (vgl. D.1.1). Wenn - wofür einiges spricht - die Möglichkeit zu Direktinvestitionen durch staatliche Auflagen für bundesrepublikanische Industrien in unterschiedlichem Ausmaß eingeschränkt wird, weil die Zusammensetzung der Zielländer sich von Industrie zu Industrie unterscheidet, dann führt dies zu interindustriell ceteris paribus ungleich hohen Anreizen, statt horizontaler Direktinvestitionen Lizenzvergaben und statt vertikaler Direktinvestitionen Passive Lohnveredelung zu wählen. Solche interindustriellen Unterschiede zeigen sich in Modellen, in denen aus Gründen mangelnder Informationen über die genannten staatlichen Eingriffe diese länderspezifischen Einflüsse nicht kontrolliert werden können, als Industrieeffekte. Weiterhin ist daran zu erinnern, daß wichtige Voraussetzungen für eine Lizenzvergabe (Stichworte: Kodifizierbarkeit des firmenspezifischen Wissens) und für Passive Lohnveredelung (Stichworte: Aufspaltbarkeit des Produktionsprozesses) von Industrie zu Industrie unterschiedlich sein können (werden?). Da dies in den Modellen nicht kontrolliert werden konnte - geeignete Proxy-Variablen liegen nicht vor - stellt dies eine weitere mögliche Erklärung für die beobachteten Industrieeffekte dar.

Die genannten Punkte weisen auf erhebliche Defizite der hier vorgelegten Untersuchung hin. Weitere bereits erwähnte Schwachpunkte betreffen eine fehlende regionale Untergliederung, eine fehlende Unterscheidung in Lizenzen an Tochtergesellschaften und unverbundene Firmen, die Grenzen der Stichprobe der Firmendaten hinsichtlich einbezogener Industrien und verfügbarer Informationen sowie die Beschränkung auf eine Querschnittsanalyse bei der Untersuchung mit Mikrodaten. Aus den genannten Gründen kann in der hier vorgelegten empirischen Untersuchung auch kein rigoroser ökonometrischer Test der theoretischen Überlegungen zu NFIU gesehen werden, sondern allenfalls ein - in vielen Punkten für die Bundesrepublik Deutschland erster - Schritt in Richtung auf dieses Vorhaben.

Die sich hieraus ergebenden Forschungsperspektiven liegen auf der Hand; sie entsprechen den am Ende des Teils C formulierten: Einerseits gilt es, mit einem Firmenpanel eine geeignete Datenbasis bereitzustellen; andererseits ist die theoretische Analyse voranzutreiben, um einen Vergleich von Internalisierungs- und Kontraktkosten zu ermöglichen und damit die Basis für die Wahlentscheidung zwischen Formen internationaler Unternehmenszusammenarbeit offenzulegen.

E Internationaler Handel, Direktinvestitionen und Protektion: Eine simultane Analyse

"Most conceptual frameworks for understanding economic processes and institutions recognize that there is a feedback between economic variables and that in economics everything depends on everything else."

George G. Judge et al. (1988, 599)

1 Ansatzpunkte für eine simultane Betrachtung von Formen internationaler ökonomischer Verflechtungen in ökonometrischen Untersuchungen für das Verarbeitende Gewerbe der Bundesrepublik Deutschland

In den Teilen B, C und D der vorliegenden Untersuchung wurden der internationale Handel, Direktinvestitionen, Lizenzvergabe und Passive Lohnveredelung als Formen internationaler ökonomischer Verflechtung von Industrien und Firmen *getrennt* voneinander betrachtet. Es ist offensichtlich, daß dies nur ein erster Schritt sein kann, denn "... because the decisions to trade or engage in foreign production are often alternative options to the same firm, any explanation of one must, of necessity, take account of the other." (Dunning 1981, 24) Dies gilt um so mehr, als es einerseits auch mit bezug auf die "Neuen Formen" internationaler ökonomischer Unternehmenszusammenarbeit ohne formale Kapitalbeteiligung zutrifft und andererseits neben substitutiven Beziehungen zwischen verschiedenen Formen internationaler Wirtschaftsbeziehungen auch solche komplementärer Art bestehen - man denke nur an den firmeninternen Handel als Folge von Direktinvestitionen.

Diese Problematik wird zwar in einigen auf die Bundesrepublik Deutschland bezogenen Arbeiten gesehen (vgl. Jungnickel (1981, 92), Krist (1985, 205 f.), Yamawaki (1985) und Clegg (1987)); es wird dort jedoch darauf verzichtet, die wechselseitigen Abhängigkeiten zwischen Formen internationaler ökonomischer Verflechtungen in einem simultanen Mehr-Gleichungs-System zu untersuchen.

Hier soll versucht werden, Schritte zu einer partiellen Ausfüllung dieser Forschungslücke zu unternehmen. Theoretische Überlegungen hierzu finden sich in den folgenden Abschnitten. Um einen ersten Eindruck von Richtung und Ausmaß der zwischen den betrachteten Formen internationaler ökonomischer Verflechtungen bestehenden Beziehungen zu vermitteln, soll zuvor ein Blick auf eine deskriptive Auswertung der bisher isoliert betrachteten Daten hierzu - zunächst auf Industrie-, dann auf Firmenebene - geworfen werden:

Wie aus der Tabelle E.1 zu erkennen ist, sind die Korrelationskoeffizienten zwischen der Intensität der Nutzung der Passiven Lohnveredelung und den verschiedenen Außenhandelsvariablen sowie der Direktinvestitionsintensität mit einer Ausnahme durchgängig negativ und in einigen Fällen dem Betrag nach recht hoch; dies deutet auf substitutive Beziehungen zwischen Passiver Lohnveredelung und Handel bzw. Direktinvestitionen hin.

Tabelle E.1: Korrelationen zwischen Handel, Direktinvestitionen und Passiver Lohnveredelung*

		Direktinvestionen	Passive Lohnveredelung
Handel	T01	.265	-.038
	T02	.226	.005
	T03	.244	-.011
	T04	.082	-.185
	T05	.035	-.435
	T06	-.084	-.254
	T07	-.083	-.326
	T08	.174	-.630
	T09	-.199	-.352
	T10	-.300	-.253
	T11	-.372	-.287
	T12	-.054	-.426
Direktinvestitionen		-	-.144

* Zur Definition der Variablen vgl. oben die Abschnitte B.1.3 (Handel), C.1.3 (Direktinvestitionen) und D.3.1.1 (Passive Lohnveredelung). Die Korrelationskoeffizienten beziehen sich auf gepoolte Daten der Jahre 1977 - 1984.

Die Korrelationskoeffizienten zwischen den Handelsvariablen und der Direktinvestitionsintensität zeigen ein weniger klares Bild: einerseits ist die Exportquote einer Industrie um so höher, je höher die Direktinvestitionsintensität ist; andererseits findet man für die RCA-Werte durchgängig eine negative Korrelation mit der Direktinvestitionsvariable, während die Nettoexporte je nach regionaler Abgrenzung positive oder negative Korrelationen aufweisen. Aus den Beträgen der Korrelationskoeffizienten ist auf eine eher schwache - teils substitutive, teils komplementäre - Beziehung zwischen

Handel und Direktinvestitionen zu schließen. (Die Lizenzvergabe kann hier nicht mit in die Betrachtung einbezogen werden, da das dort aus Gründen der Datenverfügbarkeit verwendete Aggregationsniveau von dem bei den anderen Formen internationaler ökonomischer Verflechtungen abweicht.)

In der Tabelle E.2 sind Informationen zur Nutzung von Formen internationaler ökonomischer Verflechtung durch Firmen des Maschinenbaus, der Elektrotechnik und der Holzverarbeitung in Niedersachsen zusammengestellt,[1] wobei eine Aufgliederung in vier Größenklassen vorgenommen wurde.

Vernachlässigt man den wenig außenwirtschaftsorientierten Sektor Holzverarbeitung und blickt auf den Maschinenbau und die Elektrotechnik, so zeigt sich im Trend für jede Form der hier betrachteten internationalen ökonomischen Verflechtung ein mit steigender Unternehmensgröße ansteigender Anteil von Nutzern. Je größer eine Firma ist, desto höher ist auch die Wahrscheinlichkeit, daß sie mehr als zwei Formen gleichzeitig nutzt. Sowohl im Maschinenbau als auch in der Elektrotechnik sind rund 40 Prozent aller Firmen mit mindestens zwei der hier betrachteten vier Formen außenwirtschaftlicher Aktivitäten auf dem Weltmarkt tätig - dies zeigt, daß insbesonders für größere Firmen die Alternative nicht nur 'entweder - oder', sondern häufig 'sowohl - als auch' lautet. Dies wird auch aus detaillierten (hier nicht wiedergegebenen) Aufschlüsselungen deutlich, wonach (nahezu)[2] alle Auslandsinvestoren, Lizenzgeber und Nutzer der Passiven Lohnveredelung in beiden Branchen auch Exporteure waren.

Neben wechselseitigen Beziehungen zwischen verschiedenen Formen internationaler ökonomischer Verflechtungen untereinander spielen auch gegenseitige Abhängigkeiten zwischen diesen Weltmarktverflechtungen und der inländischen Marktstruktur eine wichtige Rolle. So argumentiert etwa Richard Caves (1985, 386), daß "... empirical investigations of the determinants of the structure of international trade need to be joined with the analysis of market structures, in recognition that the pattern and extent of international trade and the industrial organization of domestic production are jointly determined by more fundamental structural characteristics."

Aspekte dieses Geflechts wechselseitiger Abhängigkeiten werden in Modellen berücksichtigt, die industrieökonomischen Forschungen zur empiri-

---

[1] Vgl. Anhang G.2 zur Beschreibung dieser Daten; hier wurden alle Firmen einbezogen, für die sämtliche Informationen zu Formen internationaler ökonomischer Verflechtung vorlagen.

[2] Die Ausnahmen betreffen einen Auslandsinvestor des Maschinenbaus, der nicht exportierte, und je einen nicht-exportierenden Nutzer der Passiven Lohnveredelung aus beiden Industrien.

Tabelle E.2: Zur Nutzung von Formen internationaler ökonomischer Verflechtung durch Firmen des Maschinenbaus, der Elektrotechnik und der Holzverarbeitung in Niedersachsen*

Industrie (Anzahl Firmen)	Maschinenbau (N = 97)				Elektrotechnik (N = 50)				Holzverarbeitung (N = 41)			
Beschäftigten-größenklasse (Anzahl Firmen)	≤50 (34)	51-250 (42)	251-500 (12)	≥500 (9)	≤50 (16)	51-250 (21)	251-500 (3)	≥500 (10)	≤50 (21)	51-250 (16)	251-500 (2)	≥500 (2)
Exporteure (v.H.)	24 (70.6)	36 (85.7)	11 (91.7)	9 (100.0)	11 (68.8)	13 (61.9)	3 (100.0)	9 (90.0)	8 (38.1)	12 (75.0)	2 (100.0)	2 (100.0)
Direktinvestoren (v.H.)	3 (8.8)	5 (11.9)	7 (58.3)	6 (66.7)	2 (12.5)	4 (19.0)	1 (33.3)	4 (40.0)	0 (0.0)	1 (6.3)	0 (0.0)	0 (0.0)
Lizenzgeber (v.H.)	3 (8.8)	12 (28.6)	5 (41.7)	4 (44.4)	1 (6.3)	1 (4.8)	1 (33.3)	7 (70.0)	0 (0.0)	1 (6.3)	1 (50.0)	1 (50.0)
Auftraggeber bei Passiver Lohnver-edelung (v.H.)	4 (11.8)	9 (21.4)	3 (25.0)	3 (33.3)	1 (6.3)	3 (14.3)	2 (66.7)	4 (40.0)	3 (14.3)	0 (0.0)	0 (0.0)	1 (50.0)
Firmen mit ... Formen IW (v.H.)												
0	10 (29.4)	5 (11.9)	1 (8.3)	0 (0.0)	5 (31.3)	7 (33.3)	0 (0.0)	1 (10.0)	11 (52.4)	4 (25.0)	0 (0.0)	0 (0.0)
1	16 (47.1)	20 (47.6)	3 (25.0)	3 (33.3)	8 (50.0)	8 (38.1)	0 (0.0)	1 (10.0)	9 (42.9)	10 (62.5)	1 (50.0)	1 (50.0)
2	6 (17.6)	11 (26.2)	4 (33.3)	0 (0.0)	2 (12.5)	5 (23.8)	2 (66.7)	3 (30.0)	1 (4.8)	2 (12.5)	1 (50.0)	0 (0.0)
3	2 (5.9)	4 (9.5)	1 (8.3)	5 (55.6)	1 (6.3)	1 (4.8)	1 (33.3)	3 (30.0)	0 (0.0)	0 (0.0)	0 (0.0)	1 (50.0)
4	0 (0.0)	2 (4.8)	3 (25.0)	1 (11.1)	0 (0.0)	0 (0.0)	0 (0.0)	2 (20.0)	0 (0.0)	0 (0.0)	0 (0.0)	0 (0.0)

* Alle Prozentangaben beziehen sich auf die Firmen in der Beschäftigtengrößenklasse in der jeweiligen Industrie.

schen Überprüfung von Hypothesen des "Marktstruktur - Marktverhalten - Marktergebnis" - Paradigmas entstammen (vgl. als Überblick hierzu Böbel (1984)). Der wohl umfassendste Versuch in dieser Richtung wurde von Caves/Porter/Spence (1980) vorgelegt, die in einem Modell für Canada simultan die Bestimmungsgründe von Konzentration, Skalenerträgen, Außenhandel, Direktinvestitionen, Werbeaufwand, Forschung und Entwicklung, Diversifikation, gewerkschaftlichem Organisationsgrad, Profiten und Produktivität untersuchen. Teilaspekte werden z.B. behandelt von Marvel (1980 - Exporte, Importe und Profite), Gaspari (1983 - Profite, Exporte, Auslandsinvestitionen), Chou (1986 - Konzentration, Profite, Exporte, Importe), Swedenborg (1979 - Exporte und Direktinvestitionen), Hughes (1986 - Exporte und Ausgaben für FuE), Hirschey (1981 - Direktinvestitionen und Ausgaben für FuE) sowie in Untersuchungen zur Alternative 'Lizenzvergabe versus Direktinvestitionen' (vgl. etwa Davidson/McFetridge 1985 oder Kumar 1987). Keine der hier genannten Untersuchungen bezieht sich auf die Bundesrepublik Deutschland.

Bei dem hier beabsichtigten Versuch, erste Schritte hin zu einer partiellen Ausfüllung dieser Forschungslücke zu unternehmen, sind *Restriktionen* hinsichtlich des Umfangs der Arbeit, der verfügbaren Daten und der benötigten ökonometrischen Verfahren zu beachten:

Es ist sicherlich unbestritten, daß ein umfassend angelegtes Modell wie das von Caves/Porter/Spence (1980) der am besten geeignete Ausgangspunkt wäre - sollte es sich dabei herausstellen, daß einige der vermuteten wechselseitigen Abhängigkeiten nicht oder nur in geringem Maße erkennbar sind, so wäre dies eine "Absicherung" der Arbeit im Rahmen eines verkleinerten Modells. Die *Endogenisierung von Marktstruktur-Dimensionen* wie Konzentration und Skalenerträge würde aber den vorgegebenen Rahmen dieser Arbeit, deren Fragestellung auf Bestimmungsgründe der Weltmarktverflechtungen gerichtet ist, sprengen müssen; die *unterbleibt* daher hier - späteren Untersuchungen muß es überlassen bleiben zu prüfen, ob die so erhaltenen Ergebnisse durch fehlende Berücksichtigung wechselseitiger Abhängigkeiten verzerrt sind.

Für die Firmen liegen Angaben zu Formen internationaler ökonomischer Verflechtungen entweder als wertebereichsbeschränkte Variable - die Exportquote ist entweder Null oder positiv und zugleich geringer als 100 Prozent - oder als dichotome Variable - Direktinvestitionen, Lizenzen oder Passive Lohnveredelung werden genutzt oder nicht genutzt - vor. Eine simultane Untersuchung würde es erfordern, ein System von Gleichungen zu schätzen, das zensierte und dichotome endogene Variable enthält; ein entsprechendes Schätzverfahren steht nicht zur Verfügung, daher können die *Firmendaten* (abgesehen von der kurzen Betrachtung anhand der Tabelle E.2) *hier nicht ausgewertet werden*. Dies ist bedauerlich, und es ist zu hoffen, daß eine entsprechende Untersuchung zu einem späteren Zeitpunkt nachgeholt werden kann.

Von den im Rahmen dieser Arbeit betrachteten Formen internationaler ökonomischer Verflechtung von *Industrien* müssen zwei aus der Untersuchung wechselseitiger Abhängigkeiten *ausgeklammert* werden: Die *Lizenzvergabe*, da die Daten hierfür nur auf einem sehr viel höheren Aggregationsniveau als dem der anderen Formen vorliegen, und die *Passive Lohnveredelung*, denn die Werte dieser Variable sind in ihrem Wertebereich derart beschränkt, daß ein TOBIT-Schätzer erforderlich ist - und ein entsprechendes Systemschätz-Programm war nicht verfügbar.

Die Untersuchung konzentriert sich hier also auf die Analyse *wechselseitiger Abhängigkeiten von Direktinvestitionen und Außenhandel auf der Basis von Industriedaten*. Darüber hinaus wird ein Aspekt einbezogen, der bereits an verschiedenen Stellen der Arbeit als wichtig erwähnt und dort jedoch ausgeklammert wurde: *staatliche Eingriffe durch Zölle, Subventionen und andere Handelshemmnisse*. Wie zu zeigen sein wird, lassen sich Hypothesen über wechselseitige Einflüsse zwischen Protektionsgrad, Außenhandel und Direktinvestitionen begründen. Der nächste Schritt der Untersuchung besteht daher in einer - zunächst isolierten - Analyse der Bestimmungsgründe der Protektion in den Industrien des Verarbeitenden Gewerbes der Bundesrepublik Deutschland (*Abschnitt E.2*); anschließend werden die Wechselbeziehungen zwischen Außenhandel, Direktinvestitionen und Protektion in einem simultanen System untersucht (*Abschnitt E.3*).

"The welfare theorems of the theory of international trade imply with some qualification that free trade maximizes a country's national income and permits the achievement of maximal aggregate consumption possibilities. It is apparent, however, that the efficiency-based theorems on the optimality of free trade do not always guide governments in their conduct of trade policy. Protectionist outcomes abound."

Arye L. Hillman (1989, 1)

2 Bestimmungsgründe der Protektion in Industrien des Verarbeitenden Gewerbes der Bundesrepublik Deutschland

2.1 Theoretische Überlegungen[3]

Die Theorie internationaler Wirtschaftsbeziehungen zeigt, daß unter einem breiten Spektrum von Modellannahmen eine von staatlichen Eingriffen z.B. in Form von Zöllen, Subventionen, mengenmäßigen Ein- oder Ausfuhrbeschränkungen oder Mobilitätsbeschränkungen für Produktionsfaktoren freie Integration in die internationale Arbeitsteilung gesamtwirtschaftlich einer Situation mit Protektionismus überlegen ist.[4] Bekenntnisse zu freiem Handel und einer liberalen Weltwirtschaftsordnung gehören (daher?) seit Gründung der Bundesrepublik Deutschland zum Credo sich als marktwirtschaftlich verstehender Politiker. "Das Vertrauen in den Markt gilt auch für die Weltmärkte. Alle Bundesregierungen haben in den 30 Jahren der Bundesrepublik auf die Öffnung der Grenzen für ausländische Waren gesetzt. Auch hier geht die Marktwirtschaft davon aus, daß die internationale Arbeitsteilung, der Wettbewerb zwischen den Volkswirtschaften, den Wohlstand aller Beteiligten

[3] Die Argumentation in diesem und im folgenden Abschnitt ist früheren Arbeiten des Verfassers entommen; vgl. Wagner (1987), Wagner (1988) und den Abschnitt 3 in Heinemann, Knies und Wagner (1989).

[4] Dies kann hier aus Raumgründen nicht belegt werden; vgl. hierzu als neuere Überblicksartikel Corden (1984) und Gray/Walter (1987). Paul Krugman diskutiert diese Problematik vor dem Hintergrund aktueller Entwicklungen in der Theorie des internationalen Handels, wo steigende Skalenerträge und unvollkommene Konkurrenz eine zentrale Rolle spielen, und kommt zu der Schlußfolgerung: "free trade is not passé, but it is an idea that has irretrievably lost its innocence. Its status has shifted from optimum to reasonable rule of thumb." (Krugman 1987, p.132).

hebt" - so liest man in der 1979 vom Bundesministerium für Wirtschaft herausgegebenen Broschüre '30 Jahre Marktwirtschaft' (Bundesministerium für Wirtschaft (Hrsg.) (1979, 49)). Ähnlich programmatische Äußerungen gehören zum festen Bestandteil des jeweiligen Jahreswirtschaftsberichts der Bundesregierung.[5]

Der in der Realität beobachtbare Protektionismus[6] stellt hierzu einen krassen Widerspruch dar. Die Internationale Politische Ökonomie - die Anwendung von Überlegungen aus dem Kontext der Neuen Politischen Ökonomie auf Fragestellungen aus dem Gebiet der Internationalen Wirtschaftsbeziehungen (vgl. als Überblicke Frey (1984 bzw. 1985) sowie Frey und Schneider (1984)) - diskutiert (u.a.) Ansätze zur Erklärung der Unterschiede in der Höhe der Protektion in verschiedenen Wirtschaftszweigen:

Ausgangspunkt der theoretischen Überlegungen ist die Vorstellung, daß ein politischer Markt für Protektionismus besteht, auf dem Gruppen von Wählern und Firmen sowie deren Interessengruppen Schutz vor ausländischen Konkurrenten nachfragen, der von Politikern und Bürokraten in der Verwaltung, die bei ihren Handlungen ihre Wiederwahl- bzw. Karrierenchancen vor Augen haben, angeboten wird. Der empirisch beobachtbare unterschiedlich hohe Grad der Protektion in einzelnen Branchen einer Ökonomie wird dann als Ergebnis des Zusammenspiels von Angebot und Nachfrage auf diesem politischen Markt für Protektionismus interpretiert (vgl. zum Beispiel die Darstellung bei Frey (1985, 18 - 34)).

Die Grundidee wird von zahlreichen Autoren auf sehr verschiedene Weise in theoretische Modelle umgesetzt und/oder als Ausgangspunkt zu schätzender ökonometrischer Modelle bei empirischen Untersuchungen herangezogen (vgl. als Überblick Hillman 1989). Ein Versuch, die Vielfalt vorliegender Ansätze zu strukturieren, stammt von Robert F. Baldwin (1984, 574 - 580 und 1985, 145 - 151). Die von ihm unterschiedenen sieben Modelle und die in diesen betonten Ursachen für die Möglichkeit einer Industrie, sich durch protektionistische Maßnahmen gegenüber ausländischer Konkurrenz abzuschotten, werden im folgenden (in enger Anlehnung an Baldwin 1984, 574 ff.) knapp skizziert:

---

[5] Auf eine Zusammenstellung einschlägiger Äußerungen soll hier verzichtet werden, (vgl. z.B. Jahreswirtschaftsbericht 1985 (Ziffer 45) und 1986 (Ziffer 41), jeweils herausgegeben vom Bundesministerium für Wirtschaft (1985, 1986)).

[6] Zum Ausmaß der Protektion in der Bundesrepublik Deutschland vgl. als neuere Analysen Werner/Wilms (1984), Weiss (1985), Witteler (1986), Klepper/Weiss/Witteler (1987) sowie Weiss et al. (1988). Eine aktuelle Bestandsaufnahme protektionistischer Maßnahmen in der Weltwirtschaft findet man z.B. in OECD (1985).

(1) Das Interessengruppen-Modell (common-interest or pressure group model)

Im Mittelpunkt steht die Fähigkeit einer Industrie, sich als politische "pressure group" zu organisieren. Es wird an Mancur Olsons Überlegungen zur "Logik des kollektiven Handelns" angeküpft und argumentiert, daß Protektion ein Kollektivgut ist, das allen Firmen einer Industrie zugute kommt, wobei die Tätigkeit des Interessenverbandes durch freiwillige Beiträge der Unternehmen finanziert werden muß - es liegt auf der Hand, daß hierbei die Gefahr des "free-rider"-Verhaltens auftritt. Hieraus folgt, "... daß kleine Gruppen mit größerer Wahrscheinlichkeit kollektiv handeln als größere" (Olson 1985, 44) und ferner aufgrund größerer Anreize für einige wenige Firmen bei einer ungleichen Verteilung der Erträge aus Protektion die Wahrscheinlichkeit der Bildung einer Interessengruppe steigt. Weiterhin wird argumentiert, daß geographische Konzentration wegen der damit verbundenen Senkung von Koordinations- und Überwachungskosten die Stärke der Lobby-Aktivitäten positiv beeinflußt.

Anbieterzahl und -konzentrationen (zum Beispiel Anzahl Firmen und Herfindahl-Index für eine Industrie) sowie Index der regionalen Konzentration sind die entsprechenden Variablen, die für empirische Tests dieser Hypothesen herangezogen werden. Da unterstellt wird, daß sich Bezieher von Vorprodukten besser gegen Protektion wehren können als Konsumenten, wird der Anteil der Lieferungen an andere Industrien an der Gesamtproduktion einer Industrie in Untersuchungen einbezogen; ferner ist zu erwarten, daß der Widerstand gegen protektionistische Maßnahmen in einer Industrie aus Furcht vor ausländischen Vergeltungsmaßnahmen um so höher ist, je exportintensiver und je stärker multinational ausgerichtet die Firmen sind. In Interessengruppen-Modellen zur Erklärung der Höhe der Protektion einer Industrie findet man ferner Variablen, die den "Druck" widerspiegeln, unter dem dieser Wirtschaftszweig steht, da man davon ausgeht, daß der Wille bzw. die Bereitschaft, sich zu organisieren, steigt, wenn die Herausforderung (etwa durch sinkende Umsätze oder Marktanteilsverluste) steigt.

(2) Das Rechenmaschinen-Modell (adding-machine model)

In diesem Modell wird die Wählerstimmenzahl, die eine Industrie repräsentiert, betont: je größer diese ist, desto mehr sind an ihrer Wiederwahl interessierte Politiker bereit, Schutzmaßnahmen zu errichten.

(3) Das Anpasssungshilfen-Modell (adjustment assistance model)

Nach diesem Modell wird der Schutz so ausgerichtet, daß die Anpassungskosten der von Zollsenkungen oder steigender Importkonkurrenz betroffenen Arbeiter minimiert werden. Die Regierung wird demnach eine

Industrie um so eher schützen, je arbeitsintensiver sie ist, je höher der Anteil ungelernter bzw. älterer Arbeitskräfte ist, je mehr die Produktion in ländlichen Gegenden konzentriert ist und je stärker die Industrie schrumpft.

(4) Das Gerechtigkeits-Modell (equity-concern model)

Hier wird unterstellt, ein Ziel der Regierung bestehe darin, Arbeiter mit niedrigem Einkommen vor Nachteilen aufgrund wirtschaftlicher Veränderungen zu schützen - hohen Protektionsgrad erhalten daher Industrien mit niedrigen Durchschnittslöhnen, einem hohen Anteil ungelernter Arbeiter und hoher Arbeitsintensität.

(5) Das Wettbewerbsfähigkeits-Modell (comparative-costs model)

Da international wettbewerbsfähige Industrien weniger an Schutz und eher (aus Furcht vor Vergeltungsmaßnahmen der Zielländer ihrer Exporte) an Freihandel interessiert sind, ist ein hoher Grad an Protektion eher bei Industrien mit komparativen Nachteilen zu erwarten. Ein Indikator für die internationale Wettbewerbsfähigkeit einer Industrie muß daher als Kontrollvariable in die anderen Modelle einbezogen werden: hierfür kann man sich einerseits an Marktergebnissen orientieren (zum Beispiel RCA-Werten oder Marktanteilen ausländischer Anbieter am Inlandsverbrauch), die aber selbst wiederum durch das Schutzniveau beeinflußt sind, oder Indikatoren wählen, die a priori als Bestimmungsgründe der internationalen Wettbewerbsfähigkeit gelten können - für ein hochentwickeltes Industrieland zum Beispiel die Humankapitalintensität eines Wirtschaftszweigs.

(6) Das Internationale-Verhandlungen-Modell (international-bargaining model

Nach diesen Überlegungen ist der Schutz besonders augeprägt in Industrien, für die Importe aus unterentwickelten Ländern als Konkurrenz hohe Bedeutung haben, da Entwicklungsländer bisher unwillig waren, ihre Einfuhrzölle zu senken, und die Regierungen der Industrieländer für künftige Verhandlungen den Schutz als "Trumpf" in der Hand behalten wollen.

(7) Das Status-quo-Modell (status-quo or historical-influences model)

Da die Regierung bestrebt sein wird, hohe Anpassungskosten zu vermeiden, und da es so etwas wie Respekt für vorhandene Eigentumsrechte (hier: Renten aus Protektion) verbunden mit Furcht vor unsicheren Folgen bei Veränderungen gibt, zählen die Protektionsgrade der Vergangenheit zu den wichtigen Einflüssen auf die Protektion heute.

Während im Interessengruppen- und Rechenmaschinen-Modell unterstellt wird, daß der Staat lediglich auf kurzfristige individualistische ökonomische Interessen von Produzenten und Konsumenten reagiert und diese umsetzt, gehen die restlichen Modelle davon aus, daß entweder auch langfristige Überlegungen der Wirtschaftssubjekte eine Rolle spielen oder daß auch die Wohlfahrt anderer Individuen für sie bedeutend ist, bzw. daß der Staat über Spielraum für autonomes Handeln verfügt.

Baldwin (1984, 579) faßt seine Überlegungen zur Systematisierung der verschiedenen (sich teilweise überlappenden) Modelle bzw. Hypothesen gemäß Übersicht E.1 zusammen. In der letzten Spalte ist angeführt, welcher Einfluß von den betrachteten Variablen "gewöhnlich" in den zahlreichen vorliegenden empirischen Untersuchungen ermittelt wurde. Da einige Variablen zum Testen von mehr als einer Hypothese herangezogen werden, sind aus den Ergebnissen bisher allerdings keine Schlußfolgerungen hinsichtlich der relativen Erklärungskraft der verschiedenen Modelle ableitbar (vgl. Baldwin 1984, 581).

> "There is considerable evidence supportive of the prediction of political-economy models that protectionist responses are endogenous to the political mechanism and derive from income-distribution rather than optimum-tariff, infant-industry, or second-best considerations."
>
> Arye L. Hillman (1989, 133)

2.2 Empirische Untersuchungen für die Bundesrepublik Deutschland: Ein Überblick

Die im vorigen Abschnitt skizzierten Hypothesen aus dem Theoriegebäude der Internationalen Politischen Ökonomie sind in unterschiedlicher Form für zahlreiche Länder ökonometrisch getestet worden (vgl. hierzu die Hinweise auf vorliegende Untersuchungen in Anderson/Baldwin 1981, Lavergne 1983, Baldwin 1984 und Hillmann (1989, 133 ff.)). Der folgende kurze Überblick beschränkt sich auf Arbeiten zur Erklärung der Protektion in der Bundesrepublik Deutschland.

Übersicht E.1: Erwartete und empirisch beobachtete Beziehungen zwischen wichtigen Industriekenngrößen und Niveau sowie Veränderungen der Protektion

Industriekenngröße	Modell und erwartete Beziehungen							Empirisch beobachtete Beziehung
	Interessengruppen-Modell	Rechenmaschinen-Modell	Anpassungshilfen-Modell	Gerechtigkeits-Modell	Wettbewerbsfähigkeits-Modell	Intern. Verhandlungen-Modell	Status-Quo-Modell	
1. Konzentrationsgrad	positiv	negativ	-	-	-	-	-	positiv und negativ
2. Anzahl Firmen	negativ	-	-	-	-	-	-	negativ*
3. Wachstumsrate	negativ	-	negativ	-	-	-	-	negativ
4. Direktinvestitionen im Ausland	negativ	-	-	-	-	-	-	positiv
5. Umfang der Lieferungen an andere Industrien	negativ	-	-	-	-	-	-	negativ
6. Anzahl Beschäftigte	-	positiv	-	-	-	-	-	positiv*
7. Arbeitskoeffizient	-	positiv	positiv	positiv	positiv	-	-	positiv*
8. Anteil ungelernter Arbeiter	-	-	positiv	positiv	positiv	-	-	positiv*
9. Alter der Beschäftigten	-	-	positiv	-	-	-	-	positiv
10. Anteil in ländlicher Gegend	-	-	positiv	-	-	-	-	positiv*
11. Durchschnittslohn	-	-	negativ	negativ	negativ	-	-	negativ*
12. Importanteil am Inlandsverbrauch	-	-	-	-	positiv	-	-	positiv*
13. Ausmaß der Importe aus Entwicklungsländern	-	-	-	-	-	positiv	-	positiv*
14. Historisches Protektionsniveau	-	-	-	-	-	-	positiv	positiv*

* bedeutet, daß die Beziehung üblicherweise mindestens auf dem 10%-Niveau statistisch gesichert ist.
Quelle: aus Baldwin (1984, 579) in der Übersetzung des Autors aus Wagner (1987, 553).

Hierbei ist eine Vorbemerkung angebracht, die den protektionistischen Handlungsspielraum der Bundesregierung betrifft: Die Bundesrepublik Deutschland ist Mitglied der Europäischen Gemeinschaft; konstitutives Merkmal der EG als Zollunion ist ein gemeinsamer Außenzoll gegenüber Drittländern. Hieraus folgt, daß die Bundesrepublik bzw. ihre Regierung Zollsätze nur gemeinsam mit den übrigen EG-Ländern (und unter Beachtung der Vorschriften des GATT) ändern kann (vgl. zu Einzelheiten hierzu und zum folgenden Witteler (1986, 136 ff.) und die dort zitierten Verordnungen, Verträge und Studien). Größer ist der Spielraum einzelner Mitgliedsländer bei mengenmäßigen Handelsbeschränkungen wie Kontingenten und in verstärktem Maße bei Subventionen (soweit sie nicht zu Wettbewerbsverzerrungen innerhalb der EG führen) sowie bei technischen Handelshemmnissen wie Normen und Vorschriften. Wittler (1986, 138) kommt zu folgender Einschätzung: "Von einer vollständig gemeinsamen Außenhandelspolitik der EG kann daher gegenwärtig noch nicht die Rede sein. Ähnliches gilt für die Subventionen. ... Im Bereich der Subventionspolitik besteht sicherlich dennoch der größere politische Spielraum für die einzelnen EG-Mitgliedsländer."

Hieraus folgt, daß der EG-Zoll für jedes Mitgliedsland einerseits ein Datum darstellt - ein unmittelbarer Zusammenhang mit den in den verschiedenen Modellen aus Abschnitt E.2.1 postulierten industriebezogenen Größen demnach nicht zu erwarten ist - und andererseits als Resultat der Verhandlungen der Regierungen der EG-Mitgliedsländer anzusehen ist - wobei diese wiederum durch Lobbyaktivitäten u.a. in den jeweiligen Ländern beeinflußt sind. Unterstellt man, daß sich die jeweiligen Industrien in den EG-Ländern bezogen auf wichtige Kenngrößen wie Faktoreinsatzintensitäten oder Importdruck nicht stark unterscheiden (vgl. die Argumentation bei Glismann/Weiss 1980, 26) und beachtet man, daß für viele Wirtschaftszweige bereits Interessenverbände auf EG-Ebene bestehen (vgl. die Argumentation bei Tharakan 1979, 5), dann spricht dies dafür, trotz der institutionellen Regelungen (gemeinsamer EG-Außenzoll) die Hypothesen über Determinanten der Protektion mit industriebezogenen Daten aus der Bundesrepublik zu testen. Für mengenmäßige Handelsbeschränkungen und Subventionen gilt dieses Argument aufgrund des wesentlich größeren nationalen Handlungsspielraums verstärkt; es gilt damit erst recht für einen Index der Gesamtprotektion einer Branche. "From outside Europe, it might appear that studying trade policy in one country, when that country is a member of the EC, is a pointless task. Appearance deceives. Trade policy, except tariff policy, even in fields of activity which formally fall under community auspices, is overwhelmingly a matter of national prerogative." (Weiss et al. 1988, 2)

Auf die Bundesrepublik Deutschland bezogene empirische Untersuchungen zur Neuen Politischen Ökonomie der Protektion entstanden vor allem am Kieler Institut für Weltwirtschaft; zu nennen sind hier - läßt man frühere Arbeiten des Verfassers, auf die noch einzugehen sein wird, zunächst außer Acht - die Studien von Riedel (1977), Glismann und Weiss (1980), Glismann (1981), Witteler (1986), Weiss (1987), Klepper/Weiss/Witteler (1987) sowie das zusammenfassende Buch von Weiss et al. (1988). Für die hier interessierende Frage nach der Bedeutung von Ansätzen der Neuen Politischen Ökonomie für die Erklärung der Unterschiede des Ausmaßes der Protektion in verschiedenen Wirtschaftszweigen sind davon drei Studien relevant:[7]

- Glismann und Weiss (1980) untersuchen für 1974 die Bestimmungsgründe der Subventionen (insgesamt und ohne spezifisch regional ausgerichtete Subventionen) und der (EG-) Zollsätze.
- Glismann (1981) betrachtet die effektive Zollprotektion für 1964 und 1972 sowie die Binnenprotektion in Form des Subventionsgrades für 1974.
- Witteler (1986) analysiert die Gesamtprotektion für 1982, in die neben der effektiven Protektion durch Zölle der Subventionsgrad und die geschätzten Zolläquivalente von nicht-tarifären Handelshemmnissen in den hiervon besonders stark betroffenen Industrien Eisen und Stahl, Textilien sowie Bekleidung eingehen.[8]

Da man davon ausgehen kann, daß die verschiedenen Formen von Protektion aus der Sicht der Unternehmen Substitute in dem Sinne darstellen, daß eine Industrie lediglich an einem bestimmten Protektionsgrad insgesamt interessiert ist und weniger daran, ob dieser durch Zölle, Subventionen oder Mengenbeschränkungen erreicht wird, wollen wir uns mit den (in Form von 12 bzw. 9 geschätzten Gleichungen dargestellten) Ergebnissen der einzelne Komponenten der Gesamtprotektion betreffenden Untersuchungen von Glismann und Weiss (1980) bzw. Glismann (1981) hier nicht näher befassen und uns auf die Untersuchung von Witteler (1986, 151 ff.) zu Bestimmungsgründen der Gesamtprotektion konzentrieren. Dort wird mit der Methode der kleinsten Quadrate ein Modell geschätzt, in dem (in Form eines doppelt-lo-

---

[7] Riedel (1977) und Weiss (1987) untersuchen *Änderungen* der Protektion zwischen 1964 und 1972 bzw. 1972 und 1982; Glismann und Weiss (1980) sowie Glismann (1981) betrachten Zusammenhänge zwischen Protektion und gesamtwirtschaftlicher Entwicklung von 1880 bis 1978, Witteler (1986) untersucht auch die Bestimmungsgründe der Zusammensetzung der Gesamtprotektion aus Zöllen und Subventionen.

[8] Die von Klepper/Weiss/Witteler (1987, 184) wiedergegebene Schätzgleichung ist numerisch identisch mit der Gleichung 3 aus der Tabelle 5 in Witteler (1986, 155) - dies ist mehr als erstaunlich, da sich die Werte, die in den beiden Arbeiten für die Gesamtprotektion der Branchen angegeben werden, unterscheiden (vgl. Witteler 1986, Tab. 2, Spalte 6, S. 140 und Klepper/Weiss/Witteler 1987, Tab. 2, Spalte 4, S. 180 in Verbindung mit Tab. 4, Spalte 4, S. 182).

garithmischen Ansatzes) der Index der Gesamtprotektion durch vier Variablen erklärt wird:[9]

(1) Nettowertschöpfung pro Outputeinheit zu Freihandelspreisen
(2) Humankapitalintensität, berechnet als Differenz zwischen durchschnittlichem Stundenlohn und Stundenlohn ungelernter Arbeiter
(3) Beschäftigtenzahl
(4) Zahl der Firmen

Nach Überlegungen aus der neuen Politischen Ökonomie sind folgende Vorzeichen der geschätzten Koeffizienten zu erwarten: *positiv* für die *Beschäftigtenzahl* (nach dem 'Rechenmaschinenmodell' sind Politiker um so eher bereit, eine Industrie durch Protektion zu schützen, je mehr Wähler in ihr arbeiten) und *negativ* für die *Wertschöpfung pro Outputeinheit* (je geringer der Wertschöpfungsanteil am Output, desto höher ist der Ertrag eines Schutzes vor Auslandskonkurrenz und desto größer sind die Anreize organisierter Lobby-Aktivitäten), die *Humankapitalintensität* (je niedriger die Humankapitalintensität, je stärker wird nach dem Anpassungshilfen-Modell das Bemühen der Regierung sein, die Anpassungskosten zu minimieren; ferner werden nach dem Gerechtigkeits-Modell Arbeiter mit niedrigem Einkommen besonders vor Nachteilen geschützt, und nach dem Wettbewerbsfähigkeitsmodell sind international wettbewerbsfähige (humankapitalintensive) Industrien eher an Freihandel interessiert) sowie die *Zahl der Firmen* (nach der im Interessengruppen-Modell betonten Kollektivgut-Problematik der Protektion und dem free-rider Verhalten in großen Gruppen). Alle geschätzten Koeffizienten weisen das theoretisch erwartete Vorzeichen (bei einem Signifikanzniveau von 5%) auf; die Autoren werten dies als Bestätigung der Sichtweise der neuen Politischen Ökonomie des Protektionismus (vgl. Witteler (1986, 155) sowie Klepper/Weiss/Witteler (1987, 185)).

Gegen diese Untersuchungen lassen sich eine Reihe von Einwänden vorbringen (vgl. Wagner 1987):

- Das Modell enthält nur eine kleine Auswahl der in Ansätzen der neuen Politischen Ökonomie des Protektionismus als wichtig erachteten Variablen (vgl. die Übersicht E.1), ohne daß diese Auswahl begründet wird.
- Die Operationalisierung der exogenen Variablen überzeugt nicht: das Wählerstimmen-Argument legt es nahe, nur deutsche (= wahlberechtigte) Beschäftigte zu berücksichtigen; ferner ist die Art der Humankapitalmessung

---

[9] Über die genannte Gleichung hinaus schätzt Witteler noch zwei weitere Modelle, die alternativ zusätzlich den maximalen Beschäftigtenanteil einer Industrie in einem Bundesland bzw. einen Index der Wettbewerbsfähigkeit enthalten.

zu kritisieren, da für die Lohnstruktur eine Vielzahl von Bestimmungsgründen relevant ist.

- Die exogenen Variablen werden ohne Zeitverzögerungen in die Modelle einbezogen, während z.B. von Glismann und Weiss (1980, 20) und Glismann (1981, 624 und 627) zu Recht betont wird, daß Einflüsse Zeit brauchen, um im politischen Prozeß zu wirken und daher lags zu beachten (und zu spezifizieren) sind.
- Das Modell wird mit der einfachen Methode der kleinsten Quadrate (OLS) geschätzt, ohne die für eine sinnvolle Interpretation der Ergebnisse notwendigen Voraussetzungen (Normalverteilung und Homoskedastie der Störgrößen, korrekte Spezifikation der funktionalen Form, kein Vorliegen von Ausreissern) zu testen.

In einer früheren eigenen ökonometrischen Untersuchung wurde versucht, diesen Einwänden Rechnung zu tragen (vgl. Wagner 1987). Hierbei wurden mit Daten für die 29 Industrien Modelle zur Erklärung der Protektion (gemessen als Index der Gesamtprotektion wie Witteler) mit folgenden exogenen Variablen geschätzt (das erwartete Vorzeichen ist in Klammern angegeben):

1 Anzahl Firmen (-)
2 Konzentrationsgrad (+)
3 Wachstum der Beschäftigung (-)
4 Direktinvestitionen (-)
5 Exportquote (-)
6 Konsumquote (+)
7 Anzahl deutsche Beschäftigte (+)
8 Facharbeiteranteil (-)
9 Wertschöpfungsanteil am Output (-)
10 Importdruck aus Entwicklungsländern (+)

Die Variablen 1 - 6 und 9 - 10 bilden die oben referierten Überlegungen zum "Interessengruppen-Modell" ab, drei sollen kurz erläutert werden: "Direktinvestitionen" werden berechnet als Anteil der Firmen, die entweder selbst über Direktinvestitionen im Ausland verfügen oder die Tochtergesellschaften eines ausländischen Unternehmens sind, an den Firmen der Industrie; "Importdruck aus Entwicklungsländern" wird gemessen anhand der Veränderung der Import-Penetration Ratio, das heißt des Anteils von Importen aus Entwicklungsländern am Inlandsverbrauch von Erzeugnissen einer Industrie; "Konsumquote" ist der Anteil der Lieferungen an den Endnachfragesektor "Privater Konsum" an den Erzeugnissen einer Industrie.

Die Variable 7 "Anzahl deutsche Beschäftigte" testet die Hypothese des "Rechenmaschinen-Modells"; Variable 3 und 8 repräsentieren das "Anpassungshilfen-Modell", wobei der Facharbeiteranteil auch im "Gerechtigkeits-Modell" und im "Wettbewerbsfähigkeits-Modell" - im letztgenannten ergänzt um die Variable 10 - auftritt. Die Überlegungen aus dem "Internationale-Verhandlungen-Modell" finden sich in Form der Importdruck-Variable 10 wieder.

Von den in theoretischen Überlegungen genannten Variablen bleiben einige unberücksichtigt; dies geschieht wegen des Fehlens geeigneter Daten (ein entsprechender weit zurückliegender Index der Gesamtprotektion für die Überprüfung des "Status-Quo-Modells" ist nicht verfügbar), des prohibitiv hohen Aufwands für die Konstruktion entsprechender Variablenwerte (Alters- und Regionalverteilung der Beschäftigten) und aus der Überlegung heraus, daß verschiedene genannte Größen ganz offensichtlich (zum Beispiel Durchschnittslohnsatz und Qualifikationsniveau in einer Branche) oder erfahrungsgemäß ("Maximaler Beschäftigtenanteil einer Industrie in einem Bundesland" und Zahl der Beschäftigten bei Witteler (1986, 155)) sehr ähnliche Faktoren abbilden.

Da davon ausgegangen wird, daß - wie bereits erwähnt - Einflüsse Zeit brauchen, um im politischen Entscheidungsprozeß zu wirken, werden alle exogenen Variablen zeitverzögert in die Schätzungen einbezogen. Als Lag-Länge wird - und dies sei ausdrücklich betont: willkürlich, da Informationen über die Dauer fehlen - für die Variablen 1, 2 und 4 - 9 eine Periode von zwei Jahren gewählt; diese Angaben beziehen sich daher auf 1980. Für die auf Veränderungsraten beruhenden Variablen 3 und 10 wird - wiederum willkürlich - die Periode von 1976 bis 1980 zugrunde gelegt.

Hier kann darauf verzichtet werden, die Schätz- und Testergebnisse aller Modelle wiederzugeben (vgl. Wagner 1987). Für das Modell mit allen zehn oben angeführten exogenen Variablen bleibt festzuhalten:

Drei der zehn Koeffizienten weisen ein mindestens auf dem 5%-Niveau statistisch gesichertes Vorzeichen auf, das mit der theoretisch erwarteten Einflußrichtung übereinstimmt: Konzentrationsgrad, Wertschöpfungsanteil am Output und Importdruck aus Entwicklungsländern. Bei fünf Koeffizienten (Wachstum der Beschäftigung, Direktinvestitionen, Exportquote, Konsumquote und Facharbeiteranteil) ergibt sich ein auf den 5%-Niveau statistisch nicht gesichertes "richtiges" Vorzeichen. Die Richtung des Einflusses "Anzahl der Firmen" und der "Anzahl deutscher Beschäftigter" ist ebenfalls auf den 5%-Niveau statistisch nicht gesichert - die Wirkungsrichtung ist allerdings umgekehrt, wie von Witteler in ihren Modellschätzungen ermittelt!

Neben den oben genannten ist ein weiterer Kritikpunkt zu beachten: Das Protektionsniveau einer Industrie ist eher ein theoretisches Konstrukt als eine exakt meßbare Größe, oder um Helmut Hesse (1987, 192) zu zitieren: "It is unavoidable that we content ourselves with the fact that empirical estimations can only provide approximations of the true value of the rates of effective protection". Auf dem bei empirischen Untersuchungen aus Gründen der Datenverfügbarkeit zu verwendenden Aggregationsniveau von Industriezweigen kann Protektion nicht durch den Zollsatz auf ein Produkt gemessen werden; vielmehr müssen

- Durchschnitte der Zollsätze der Produkte der jeweiligen Industrie verwendet werden, wobei verschiedene Gewichtungsschemata (ungewichtete vs. mit inländischer Produktion gewichtete Werte) denkbar sind,
- die Zölle auf Vorprodukte sind zu beachten und effektive Protektionsraten auf der Basis von Input-Output-Tabellen zu berechnen;[10]
- es sind Subventionsgrade zu berechnen (wofür es unterschiedliche Ansätze gibt) und zur effektiven Protektionsrate zu addieren;
- schließlich müssen nicht-tarifäre Handelshemmnisse in Form von Kontingenten, Selbstbeschränkungsabkommen u.a. quantifiziert werden - d.h. es sind ihre Preisäquivalente zu berechnen - und in den Index der Gesamtprotektion einbezogen werden.[11]

Die auf jeder dieser vier Stufen bei der Berechnung eines Index der Gesamtprotektion von Industrien auftretenden Probleme und die jeweils zu ihrer Lösung beschrittenen unterschiedlichen Wege führen zu unterschiedlichen Protektionswerten, von denen keiner wegen der Vielzahl der erforderlichen Schätzungen als eindeutig den anderen überlegen gelten kann - denn so notwendig es z.B. vom theoretischen Standpunkt aus sein mag, Preisäquivalente nicht-tarifärer Handelshemmnisse mit einzubeziehen, so unsicher sind gerade diese Schätzungen, und eventuell könnte ein Verzicht auf ihre Berücksichtigung die "wahren Werte" besser treffen. Für eine ökonometrische Untersuchung zur Bedeutung von Hypothesen aus der Neuen Politischen Ökonomie Internationaler Wirtschaftsbeziehungen zur Erklärung der Protektion sollte daher auch nicht nur *einer* der vorgefundenen Protektionsindices herausgegriffen und als endogene Variable in ein Modell einbezogen werden (wie dies bei Witteler (1986), Klepper/Weiss/Witteler (1987) und Wagner (1987) geschieht); es sollten vielmehr alternativ *verschiedene* Werte für den Protektionsgrad herangezogen werden, um zu prüfen, ob und gegebenenfalls wie stark die Ergebnisse von der Auswahl der endogenen Variable abhängen - d.h. es sollte eine Sensivitätsanalyse durchgeführt werden.[12]

---

[10] Zur Darstellung des Konzepts der effektiven Protektion vgl. z.B. Donges/Fels/Neu u.a. (1973).

[11] Vgl. zum noch weitgehend ungelösten Problem der Berechnung von Preisäquivalenten nicht-tarifärer Handelshemmnisse Deardorff und Stern (1985).

Hierzu werden in einer weiteren Untersuchung (Wagner 1988) sieben unterschiedliche Varianten des Protektionsgrades 1982 in den 29 Industrien berechnet, die sich kurz wie folgt charakterisieren lassen (vgl. Wagner 1988 für eine detaillierte Darstellung):

Die *effektive Protektionsrate* wird entweder als ungewogener geometrischer Durchschnitt der Zollsätze (EPR2) oder als mit inländischen Bruttoproduktionswerten gewichtetes arithmetisches Mittel (EPR1) der Zölle der Produkte einer Industrie ermittelt; ferner werden für die Industrien Eisen & Stahl, Textilien sowie Bekleidung geschätzte implizite Zollsätze durch Importmengenbeschränkungen und Antidumpingmaßnahmen entweder berücksichtigt (EPR3) oder nicht (EPR1 und EPR2). Ein *Index der Gesamtprotektion* wird durch die Addition eines Subventionsgrades zu einer effektiven Protektionsrate gewonnen, wobei entweder zu EPR3 die Höhe der Subventionen pro Wertschöpfungseinheit zu Freihandelspreisen (PROTEK1) oder zu EPR2 die Subventionen bezogen auf die Bruttowertschöpfung (PROTEK2) oder zu EPR1 zwei unterschiedlich ermittelte Subventionsgrade addiert werden.

Für jede der sieben Protektionsvariablen wurden zwei Modellvarianten (mit den oben angeführten exogenen Variablen 1 - 10 bzw. 1, 2, 4, 6 - 10) geschätzt; alle 14 Modelle wurden einer Reihe von Tests unterzogen, wobei dies nicht zu einer Ablehnung führte (vgl. Wagner 1988 zu Einzelheiten).

Zentrale Ergebnisse der Modellschätzungen lassen sich wie folgt zusammenfassen:

Bei einem zweiseitigen Test auf dem 5%-Niveau treten signifikante Koeffizienten in vier oder mehr Fällen bei folgenden Variablen auf (in Klammern ist das Vorzeichen der geschätzten Koeffizienten angegeben):

- Variable 2: Konzentrationsgrad (+)
- Variable 4: Anteil internationalisierter Unternehmen (-)
- Variable 8: Facharbeiteranteil (-)
- Variable 9: Wertschöpfung am Output (-)

---

[12] Es sei daran erinnert, daß hier formal ein Modell mit Fehlern in der endogenen Variable vorliegt, was ja (wenn dies die einzige Abweichung von den Modellbedingungen des klassischen linearen Regressionsmodells ist) bekanntlich keine großen Probleme aufwirft, da die Koeffizienten mit OLS unverzerrt und konsistent geschätzt werden sowie die üblichen Tests anwendbar bleiben - wenn man unterstellt, daß die Meßfehler der endogenen Variable und die exogenen Variablen unkorreliert sind (vgl. Pindyck/Rubinfeld 1981, 176 f.).

In allen vier genannten Fällen sind die Vorzeichen in den 14 Modellen identisch; sie stimmen jeweils mit den theoretisch erwarteten Vorzeichen überein. In allen übrigen Fällen sind die Vorzeichen zwischen den Modellen unterschiedlich (und die t-Werte oft sehr gering); eine Ausnahme bildet lediglich der Importdruck aus Entwicklungsländern mit einem fast durchgängig wie theoretisch erwartet positiven Vorzeichen.

Ein Vergleich dieser Ergebnisse mit den Schätzungen von Witteler (1986) bzw. Klepper/Weiss/Witteler (1987) zeigt Gemeinsamkeiten und Unterschiede: Die Vorzeichen der geschätzten Koeffizienten der (unterschiedlichen) Proxy-Variablen für Humankapitalintensität und Wertschöpfungsanteil am Output stimmen überein, während hier weder ein positiver Einfluß der Beschäftigtenzahl noch ein negativer der Anzahl der Firmen deutlich wurde.

Dieser kurze Überblick zeigt, daß Ansätze der Neuen Politischen Ökonomie einen Beitrag zur Erklärung der Unterschiede im Grad der Gesamtprotektion der Industrien der Bundesrepublik Deutschland leisten - er zeigt aber auch, daß nicht alle getesteten Hypothesen in den hier geschätzten Modellen bestätigt werden, und er zeigt, daß zwei zentrale Ergebnisse der Untersuchung von Witteler (1986), nämlich ein negativer Einfluß der Anzahl der Firmen und ein positiver Einfluß der Anzahl der Beschäftigten einer Industrie auf die Höhe der Protektion, bestritten werden können.

Ferner hat der Überblick deutlich gemacht, daß, bezogen auf empirische Untersuchungen für die Bundesrepublik Deutschland, u.a. folgende *Forschungslücken* bestehen:

- Es fehlen Versuche zur Erklärung der Gesamtprotektion in anderen Jahren als 1982, und es wurde bisher nicht anhand von Paneldaten geprüft, welche Rolle unbeobachtete Zeit- und Industrieeffekte spielen.
- Simultane Beziehungen zwischen dem Protektionsgrad und in der Neuen Politischen Ökonomie der Protektion als exogen betrachteten Einflüssen wurden nicht explizit untersucht.

Im folgenden soll versucht werden, einen Beitrag zur Ausfüllung dieser beiden Forschungslücken zu leisten.

2.3 Zur Politischen Ökonomie der Protektion in der Bundesrepublik Deutschland: Ökonometrische Untersuchungen mit gepoolten Querschnitts-Längsschnittsdaten für Industrien des Verarbeitenden Gewerbes (1977 - 1984)

Will man die Tragfähigkeit der Hypothesen aus der Neuen Politischen Ökonomie zur Erklärung der Protektion im Verarbeitenden Gewerbe der Bundesrepublik Deutschland ökonometrisch überprüfen, so sieht man sich mit einer Reihe von Schwierigkeiten konfrontiert. Eine davon besteht in der Auswahl der das *Ausmaß der Protektion* in einem Sektor messenden Variable:

Die im vorigen Abschnitt vorgestellte Sensitivitätsanalyse mit sieben verschiedenen Protektionsmaßen für 1982 hat deutlich gemacht, welcher Spielraum (oder, anders ausgedrückt, welches Maß an Unsicherheit) hier besteht; es wurde andererseits aber auch deutlich, daß statistisch signifikante Einflüsse nur geringfügig von der gewählten Art der Messung betroffen sind. Eine solche Sensitivitätsanalyse wäre auch hier bei der ökonometrischen Untersuchung mit gepoolten Querschnitts-Längsschnittsdaten wünschenswert, sie muß aber unterbleiben, da entsprechende Daten nicht verfügbar sind. Es ist auch nicht möglich, auf nach einem einheitlichen Konzept berechnete Angaben zum Subventionsgrad und zur effektiven Protektionsrate für jedes Jahr des Untersuchungszeitraums zurückzugreifen. Hier sind eigene Abschätzungen auf der Basis von Angaben zu einzelnen Jahren (die für Subventionsgrad und effektive Protektionsrate jeweils ein identisches Meßverfahren anwenden) erforderlich; Einzelheiten hierzu sind im Anhang G.1.9 dokumentiert. Diese Schätzungen nicht originär erhobener oder berechneter Werte zum Protektionsgrad bzw. zu seinen Komponenten vergrößern sicherlich noch das Ausmaß der Meßunsicherheit - ein Vergleich vorliegender Angaben hierzu für einzelne Jahre zeigt aber andererseits, daß sich Subventionsgrade und effektive Protektionsraten nicht sprunghaft ändern, weshalb eine Abschätzung fehlender Angaben für einzelne Jahre auf der Basis von (gewichteten) Durchschnitten vorhergehender und folgender Jahre hier durchaus ein gangbarer Weg zu sein scheint. Auf die Einbeziehung geschätzter Preisäquivalente nichttarifärer Handelshemmnisse muß hier verzichtet werden, da entsprechende Schätzungen - die ohnehin mit einem hohen Ausmaß von Unsicherheit behaftet sind - nur für einzelne Industrien in einzelnen Jahren vorliegen und hier abrupte Änderungen im Zeitablauf (etwa durch Aufhebung eines Kontingents oder Abschluß eines Selbstbeschränkungsabkommens) nicht auszuschließen sind.

Eine weitere Schwierigkeit besteht in der Spezifikation der zu schätzenden und zu testenden Modelle, da es hierfür eine ganze Reihe "Kandidaten" gibt - allein der oben referierte Systematisierungsversuch von Baldwin nennt sieben Modelle, und er ist keinesfalls umfassend. "Unfortunately, however, there is no general agreement on just which models (or group of models) performs best." (Baldwin 1984, 574) Hinzu kommt, daß sich einzelne Modelle in Teilbereichen überschneiden, wie man anhand der Übersicht E.1 deutlich erkennen kann. In dieser Situation wird man meines Erachtens der Neuen Politischen Ökonomie am ehesten gerecht, wenn man ein möglichst umfassendes Modell zum Ausgangspunkt der empirischen Untersuchung macht, in dem eine Vielzahl der vermuteten Bestimmungsgründe der Protektion berücksichtigt ist. Die hier als exogene Variablen einbezogenen Größen und die nach den theoretischen Überlegungen erwarteten Vorzeichen sind in der *Übersicht E.2* aufgeführt.

Übersicht E.2: Exogene Variablen in Modellen zur Erklärung des Protektionsgrades

Nr.	Variable	Erwartetes Vorzeichen
1	Anzahl Firmen	-
2	Konzentrationsgrad	+
3	Wachstum der Beschäftigung	-
4	Direktinvestitionen	-
5	Außenhandel*	-
6	Konsumquote	+
7	Anzahl deutscher Beschäftigte	+
8	Facharbeiteranteil	-

* Diese Variable wird in verschiedenen Varianten herangezogen; vgl. Text.

Theoretische Überlegungen zur Begründung der erwarteten Vorzeichen finden sich in Abschnitt E.2.1, sie müssen hier nicht wiederholt werden; zu den bisher nicht in dieser Arbeit verwendeten Variablen "Wachstum der Beschäftigung" (prozentuale Veränderung zum Vorjahr), "Konsumquote" (Anteil der Lieferungen an den Sektor Privater Verbrauch am Gesamtprodukt) und "Anzahl deutsche Beschäftigte" vgl. den Anhang G.1.9.

Anders als in früheren eigenen Untersuchungen, die im vorigen Abschnitt referiert wurden, werden die Direktinvestitionen (Variable 4) hier als Anteil der Firmen mit Direktinvestitionen im Ausland gemessen, und der Außenhandel (Variable 5) wird nicht nur als Exportquote, sondern auch als Nettoexportquote und als RCA-Wert erfaßt, da ein späterer Schritt in dieser Arbeit in der Berücksichtigung simultaner Beziehungen bestehen wird - die außenwirtschaftlichen Verflechtungen sind daher in den Formen einzubeziehen, in denen sie in den Teilen B (Außenhandel) bzw. C. (Direktinvestitionen) betrachtet wurden. Hierbei wird allerdings darauf verzichtet, Varianten für sämtliche der zwölf in Teil B untersuchten Handelsvariablen zu schätzen - da Angaben zum Protektionsgrad nur insgesmat und nicht in entsprechender Aufgliederung zur Verfügung stehen, werden nur die auf den gesamten Handel bezogenen Variablen T01 (Exportquote), T05 (Netto-Exportquote) und T09 (RCA-Wert) betrachtet.

Die hier zu untersuchenden Modelle weichen noch in anderer Hinsicht von den früher betrachteten ab: Es wird darauf verzichtet, die exogenen Variablen zeitverzögert einzubeziehen. Zwar sprechen gute Gründe für einen Wirkungslag - Entscheidungen im politischen Prozeß brauchen Zeit -, aber erstens ist über die Dauer dieser Verzögerungen weder etwas bekannt noch reicht der betrachtete Zeitraum aus, diese lags mittels der Daten zu bestimmen, und zweitens zeigt ein Blick auf die exogenen Variablen, daß es sich hierbei weit überwiegend um "langsame" Variablen handelt, bei denen eine Verzögerung um wenige Jahre allenfalls geringfügig abweichende Ergebnisse erwarten läßt.[13]

Da die Angaben zum Protektionsgrad für einzelne Jahre ganz oder teilweise geschätzt wurden, wird hier darauf verzichtet, Modelle mit Querschnittsdaten für einzelne Jahre zu schätzen; stattdessen werden gepoolte Schätzungen für den Zeitraum 1977 bis 1984 vorgenommen. Mit Hilfe solcher gepoolter Querschnitts-Längsschnittsdaten können - wie in Teil B ausführlich erläutert wurde - unbeobachtete Besonderheiten einzelner Jahre (soweit sie für alle Industrien identisch sind) und unbeobachtete Besonderheiten einzelner Industrien (soweit sie nicht im Zeitablauf variieren) kontrolliert werden.

In einem ersten Schritt ist daher zu prüfen, ob solche Zeit- und/oder Industrieeffekte vorliegen. Wie in vorangegangenen Teilen der Arbeit werden hierzu auf der Basis gepoolter Datensätze für die Jahre 1977 bis 1984 Modelle des Typs M1, M2F, M3F und M4F (vgl. zur Erläuterung der Modelltypen die Übersicht B.5) geschätzt. Da, wie oben erläutert, der Außenhandel in drei Varianten als exogene Variable berücksichtigt wird (vgl. Übersicht E.2), sind hierfür zwölf Modellspezifikationen erforderlich, die in der *Übersicht E.3* aufgeführt sind. Anhand eines F-Tests (vgl. Anhang G.3.2.1) werden für jede Variante folgende Nullhypothesen getestet:

1. Es liegen keine Zeiteffekte vor.
2. Es liegen keine Industrieeffekte vor.
3. Es liegen weder Zeit- noch Industrieeffekte vor.
4. Es liegen im Modell mit Industrieeffekten keine Zeiteffekte vor.

Die Probvalues der empirischen F-Werte für die zwölf Tests sind in der *Tabelle E.3* abgedruckt.

---

[13] Hinzu kommt, daß die anschließende simultane Betrachtung von Protektion, Handel und Direktinvestitionen durch die Einbeziehung solcher Zeitverzögerungen zusätzlich erheblich erschwert worden wäre.

Es sei noch darauf hingewiesen, daß im Gegensatz zu früheren Untersuchungen hier darauf verzichtet wurde, den Wertschöpfungsanteil am Output und den Importdruck aus Entwicklungsländern einzubeziehen - für die erste Größe findet sich keine (überzeugende) theoretische Begründung im Rahmen der Neuen Politischen Ökonomie (vgl. Übersicht E.1), für die zweite mangelt es an einer überzeugenden Operationalisierung, denn hier müßte eine *potentielle* Größe *ohne* Protektion erfaßt werden.

Übersicht E.3: Spezifikation der Modelle zur Erklärung des Protektionsgrades

Exogene Variablen / Endogene Variable, Modell-Variante, Typ	Protektionsgrad (gepoolte Daten 1977 - 1984)											
	V1				V2				V3			
	M1	M2F	M3F	M4F	M1	M2F	M3F	M4F	M1	M2F	M3F	M4F
Anzahl Firmen	X	X	X	X	X	X	X	X	X	X	X	X
Konzentrationsgrad	X	X	X	X	X	X	X	X	X	X	X	X
Wachstum der Beschäftigung	X	X	X	X	X	X	X	X	X	X	X	X
Direktinvestitionen	X	X	X	X	X	X	X	X	X	X	X	X
Außenhandel												
- Exportquote (T01)	X	X	X	X								
- Nettoexportquote (T05)					X	X	X	X				
- RCA-Wert (T09)									X	X	X	X
Konsumquote	X	X	X	X	X	X	X	X	X	X	X	X
Anzahl deutsche Beschäftigte	X	X	X	X	X	X	X	X	X	X	X	X
Facharbeiteranteil	X	X	X	X	X	X	X	X	X	X	X	X
Zeiteffekte		X		X		X		X		X		X
Industrieeffekte			X	X			X	X			X	X

* Ein "X" zeigt an, daß die in der Vorspalte genannten exogenen Variablen in dem in der Kopfzeile genannten Modell enthalten sind. Zur Definition der Variablen vgl. Text, zu den Modelltypen vgl. den Anhang G.3.2.

Tabelle E.3: Tests auf Zeiteffekte und Industrieeffekte in gepoolten Modellen zur Erklärung des Protektionsgrades (Probvalues)*

Nullhypothese	Modellvariante V1	V2	V3
H0: keine Zeiteffekte (M2F vs. M1)	68.22	75.80	83.17
H0: keine Industrieeffekte (M3F vs. M1)	0.00	0.00	0.00
H0: keine Zeit- und Industrieeffekte (M4F vs. M1)	0.00	0.00	0.00
H0: keine Zeiteffekte im Modell mit Industrieeffekten (M4F vs. M3F)	56.19	28.02	8.26

* Zur Definition von Modellvarianten und -typen vgl. Übersicht E.3. Angegeben ist der aus den empirischen Werten der F-Statistiken jeweils ermittelte Probvalue, d.h. die Wahrscheinlichkeit, die Nullhypothese fälschlicherweise abzulehnen; für einen Probvalue von kleiner als 5.00 wird die Nullhypothese daher auf einem Niveau von $\alpha = 0.05$ abgelehnt.

Legt man ein Signifikanzniveau von $\alpha = 0.05$ zugrunde, so kann die Nullhypothese, daß keine Zeiteffekte vorliegen, nie abgelehnt werden, während die Nullhypothese fehlender Industrieeffekte immer abgelehnt wird. Ebenfalls durchgängig abgelehnt wird die Hypothese, daß weder Zeit- noch Industrieeffekte zu beachten sind. Zusätzlich hierzu durchgeführte LM-Tests (vgl. Anhang G.3.2.1), deren Resultate hier nicht dokumentiert sind, führten zu identischen Schlußfolgerungen. Interpretiert man dies als deutliche Hinweise auf das Vorliegen von Industrieeffekten und testet die Nullhypothese, daß in Modellen mit Industrieeffekten keine Zeiteffekte vorhanden sind, so kann diese nie abgelehnt werden. Hieraus ist der Schluß zu ziehen, daß ein Modell mit Industrieeffekten zu wählen ist.[14] Da ein *Hausman-Test* (vgl. Anhang G.3.2.1) die Nullhypothese, daß diese Industrieeffekte zufällige und mit den exogenen Variablen unkorrelierte Größen sind, immer deutlich ablehnt (die Probvalues dieses Tests lauten für die einzelnen Varianten der Modelle: V1 = 0.01, V2 = 0.00, V3 = 0.00), wird der Modelltyp M3F (gepooltes Modell mit fixen Industrieeffekten) dem Typ M3R (gepooltes Modell mit zufälligen Industrieeffekten) vorgezogen.

[14] Die Ablehnung der Hypothese des Vorliegens von Zeiteffekten *kann* auch mit der hier gewählten Vorgehensweise der Konstruktion der endogenen Variable zusammenhängen, da die teilweise für einzelne Jahre notwendigen Schätzungen einen "glatten" Verlauf bewirken.

Die Schätzergebnisse für das Modell M3F in den drei Varianten sind in der *Tabelle E.4* abgedruckt. Um zu prüfen, inwieweit diese Ergebnisse sich von denen aus Modellen ohne die Berücksichtigung von Industrieeffekten unterscheiden, sind zum Vergleich auch Schätzungen für die entsprechenden Modelle des Typs M1 - die nach den oben angegebenen F- und LM-Tests fehlspezifiziert sind! - wiedergegeben.

Vergleicht man zunächst jeweils die Ergebnisse für die Modelltypen M1 und M3F einer Variante, so wird sofort der große Einfluß deutlich, der von der Berücksichtigung der Industrieeffekte ausgeht: Die Vorzeichen der geschätzten Koeffizienten unterscheiden sich zwischen M1 und M3F in der Mehrzahl der Fälle (bei 17 von 24 Koeffizienten oder rund 71%), mehrfach erhält man sogar unterschiedliche und auf der Basis der ausgewiesenen t-Werte jeweils statistisch signifikante Vorzeichen (Konzentrationsgrad und Facharbeiteranteil in den Varianten V02 und V03; Außenhandel in Variante V03).

Ein Vergleich der Ergebnisse von M3F für die drei Varianten zeigt deutliche Unterschiede lediglich bei den geschätzten Koeffizienten der Außenhandelsvariablen selbst. Die Vorzeichen der übrigen Variablen ändern sich nicht, wenn man statt der Exportquote die Nettoexportquote oder den RCA-Wert als Maß für die Außenhandelsverflechtung einbezieht; Größe und statistische Signifikanz der Koeffizienten hängen in Einzelfällen allerdings von der Art der Messung der Variable 'Außenhandel' ab.

Die Koeffizienten in M3F weisen nur in wenigen Fällen das theoretisch auf der Basis von Überlegungen der Neuen Politischen Ökonomie der Protektion erwartete Vorzeichen (vgl. Übersicht E.2) auf: Der Facharbeiteranteil hat in allen drei Modellvarianten das erwartete negative Vorzeichen, das in V02 und V03 statistisch signifikant ist; die (allerdings statistisch nie gegen Null gesicherten) Koeffizienten der Konsumquote sind durchgängig positiv; die Exportquote (T01 in V01) hat einen signifikant negativen Einfluß auf die Protektion. In den übrigen Fällen widersprechen die Ergebnisse den aus der neuen Politischen Ökonomie ableitbaren Erwartungen. Besonders kraß tritt dieser Widerspruch beim Konzentrationsgrad und bei den Direktinvestitionen auf; denn einerseits sind die "falschen" Vorzeichen hier statistisch recht gut gesichert und andererseits waren die "richtigen" Vorzeichen in früheren Studien auf der Basis von Querschnittsdaten (vgl. oben Abschnitt E.2.2) häufig signifikant. In Übereinstimmung mit eigenen früheren Untersuchungen und im Gegensatz zu Arbeiten von Witteler (1986) bzw. Klepper/Weiss/Witteler (1987) zeigt sich auch hier ein positiver Einfluß der Anzahl der Firmen und ein negativer Zusammenhang von Protektionsgrad und Anzahl der Beschäftigten.

Tabelle E.4: Schätzergebnisse für Modelle der Typen M1 und M3F zur Erklärung der Protektion*

Modell-Variante / Exogene Variable	Typ	V1		V2		V3	
		M1	M3F	M1	M3F	M1	M3F
Anzahl Firmen	$\hat{\beta}$	-.00081	.0074	-.00060	.0118	-.00073	.0139
	$\lvert t\rvert$	.79	1.96*	.60	2.93**	.73	3.45**
	ATV	.98	1.95	.76	3.18**	.92	3.67**
Konzentrationsgrad	$\hat{\beta}$	.0376	-.0210	.0402	-.0865	.0419	-.0992
	$\lvert t\rvert$	3.32**	.88	4.84**	3.75**	5.05**	4.35**
	ATV	2.50*	.65	3.23**	1.85	3.32**	2.08*
Wachstum der Beschäftigung	$\hat{\beta}$	.1204	.0638	.0802	.1078	.0869	.0726
	$\lvert t\rvert$	.77	.88	.53	1.41	.57	.95
	ATV	.63	.70	.43	1.11	.45	.87
Konsumquote	$\hat{\beta}$	.078	.047	.0229	.0812	.0196	.0721
	$\lvert t\rvert$	2.92**	.41	.77	.61	.64	.60
	ATV	2.64**	.56	.84	.73	.65	1.24
Anzahl deutsche Beschäftigte	$\hat{\beta}$	-.0049	-.033	.00089	-.038	-.00051	-.039
	$\lvert t\rvert$	1.22	2.01*	.21	2.21*	.12	2.28**
	ATV	1.84	1.33	.33	1.61	.18	1.64
Facharbeiteranteil	$\hat{\beta}$	.0953	-.0860	.1062	-.337	.1205	-.3678
	$\lvert t\rvert$	2.73**	.70	3.17**	2.75**	3.49**	3.03**
	ATV	2.11*	.62	2.40*	2.34*	2.65**	2.65**
Außenhandel	$\hat{\beta}$	.0360	-.234	-.147	.0306	-.0848	.1274
	$\lvert t\rvert$	.91	5.25**	3.79**	.54	3.55**	2.42**
	ATV	.97	3.78**	4.34**	.33	4.08**	1.70
Direktinvestitionen	$\hat{\beta}$	-.1308	.398	-.126	.4556	-.2678	.4867
	$\lvert t\rvert$	1.15	2.22*	1.15	2.37*	2.33*	2.57**
	ATV	1.38	1.13	1.24	1.22	2.47*	1.31
R^2		.284	.917	.325	.905	.320	.908
$\bar{R}^2$		.259	.901	.301	.888	.296	.891

* Zur Definition von Modellvarianten und -typen vgl. Übersicht E.3.
$\hat{\beta}$ = geschätzter Regressionskoeffizient; $|t|$ = absoluter t-Wert; ATV = heteroskedastiekonsistenter t-Wert (*(**) = signifikant für α = 0.05 (0.01) bei zweiseitigem Test).

Die geschätzten Koeffizienten von Industriedummies und Konstanten sind aus Raumgründen nicht angegeben.

Bei der Interpretation der Ergebnisse der M3F-Schätzungen ist jedoch ein Vorbehalt angebracht: Alle drei Varianten werden von den Tests auf normalverteilte, homoskedastische Störgrößen und eine korrekt spezifizierte funktionale Form sowie fehlende Ausreisser (vgl. zu den Tests den Anhang G.3.2.2) nahezu durchgängig abgelehnt, wie man aus den in *Tabelle E.5* abgedruckten Probvalues erkennen kann.

Tabelle E.5: Testergebnisse für Modelle mit fixen Industrieeffekten zur Erklärung der Protektion*

Modellvariante Test	V1	V2	V3
Normalverteilung (Probvalue)	0.00	0.00	0.00
Homoskedastie			
- Anzahl Firmen	0.09	0.02	0.01
- Anzahl Beschäftigte	37.53	15.38	12.03
RESET (Probvalue)			
- 2.Potenzen der exog. Variablen	0.00	0.00	0.00
- 2. und 3. Potenzen der geschätzten endog. Variablen	16.87	0.00	0.00
Ausreisser (max. SDRESID)	6.117**	5.627**	5.718**
*(**) = signifikant für α = 0.05 (0.01)			

* Zur Definition der Modellvarianten vgl. Übersicht E.3, zu den Tests vgl. Anhang G.3.2.2.

Wie oben im Abschnitt B.3.4 ausgeführt, können diese Ablehnungen erstens zusammenhängen und zweitens bereits sehr wenige Ausreisser die mit OLS geschätzten Koeffizienten in beliebigem Ausmaß beeinflussen. Es ist daher auch hier für eine sorgfältige ökonometrische Untersuchung und eine entsprechend vorsichtige Ergebnisinterpretation notwendig, in einer Sensitivitätsanalyse die gepoolten Modelle mit fixen Industrieeffekten erneut mit dem (in Anhang G.3.4 dargestellten) robusten Verfahren zu schätzen. Die Ergebnisse hiervon sind in der *Tabelle E.6* abgedruckt.[15]

[15] Die Anzahl der hierbei als Ausreisser identifizierten und daher aus der Schätzung ausgeschlossenen Fälle beträgt in der Variante V1 28, bei V2 31 und bei V3 29 - sie liegt damit zwischen ca. 12% und ca. 13.4% aller Beobachtungen.

Tabelle E.6: Ergebnisse robuster Schätzungen für gepoolte Modelle mit fixen Industrieeffekten zur Erklärung der Protektion*

Exogene Variable	Modellvariante	V1	V2	V3
Anzahl Firmen	$\hat{\beta}$	.006	.003	.008
	|t|	4.02**	1.74	5.47**
Konzentrationsgrad	$\hat{\beta}$	.0215	.0224	.0217
	|t|	2.13*	2.14*	2.10*
Wachstum der Beschäftigung	$\hat{\beta}$	.079	.091	.054
	|t|	2.76**	3.05**	1.90
Konsumquote	$\hat{\beta}$	.116	.065	.089
	|t|	2.74**	1.31	2.10*
Anzahl deutsche Beschäftigte	$\hat{\beta}$	.010	.001	.010
	|t|	.99	.25	1.13
Facharbeiteranteil	$\hat{\beta}$	-.329	-.316	-.246
	|t|	6.71**	6.79**	5.34**
Außenhandel	$\hat{\beta}$	.050	.035	.056
	|t|	2.07*	1.42	2.42*
Direktinvestitionen	$\hat{\beta}$	-.570	-.614	-.383
	|t|	6.07**	6.16**	4.08**

* Zur Erläuterung der Modellvarianten vgl. Übersicht E.3 und zum robusten Schätzverfahren Anhang G.3.4. Auf die Wiedergabe der geschätzten Koeffizienten der Konstanten und der Industriedummies wird ebenso wie auf die Angabe der R^2-Werte verzichtet (vgl. hierzu die Ausführungen zur Schätzmethode in G.3.4).

$\hat{\beta}$ sind die geschätzten Regressionskoeffizienten, |t| die absoluten t-Werte. *(**) zeigt Signifikanz für $\alpha = 0.05$ (0.01) bei zweiseitigem Test an.

Vergleicht man die Ergebnisse der robusten Schätzungen mit denen aus den OLS-Schätzungen in Tabelle E.4, so zeigen sich in einigen Fällen deutliche Abweichungen: In den robusten Schätzungen sind die Koeffizienten des Konzentrationsgrades - anders als im Falle der OLS-Schätzungen und in Übereinstimmung mit den theoretischen Erwartungen sowie den Ergebnissen aus eigenen früheren Querschnittsanalysen - in allen drei Varianten positiv und statistisch signifikant. Die Anzahl deutscher Beschäftigter hat hier - wie nach dem Wählerstimmen-Argument aus der Neuen Politischen Ökonomie zu erwarten und abweichend von den OLS-Modellen - durchgängig ein positives (allerdings auf dem üblichen Niveau nicht statistisch gesichertes) Vorzeichen. Beim Außenhandel ist auch der Zusammenhang zwischen Exportquote und Protektion positiv - was im Widerspruch zu den theoretischen Überlegungen und den Ergebnissen der OLS-Schätzungen steht. In den robust geschätzten Modellen zeigt sich (wie in früheren Querschnittsuntersuchungen) der theoretisch erwartete (und signifikante) negative Einfluß von Direktinvestitionsintensität auf Protektionsgrad - umgekehrt ergaben die OLS-Schätzungen einen signifikanten positiven Einfluß.

Insgesamt gesehen zeigen die robusten Schätzungen damit ein Bild, das größere Ähnlichkeit mit den Ergebnissen eigener früher Untersuchungen auf der Basis von Querschnittsdaten eines Jahres hat und damit eher im Einklang mit den theoretischen Überlegungen aus der Neuen Politischen Ökonomie der Protektion steht, als dies für die M3F-Schätzungen mit OLS der Fall ist. Im Widerspruch zu den theoretischen Überlegungen stehen jedoch die Ergebnisse für einen positiven Einfluß von Firmenanzahl, Wachstum der Beschäftigung und Außenhandel auf die Protektion, die sowohl bei OLS- als auch bei robuster Schätzung auftreten.

2.4 Zum Verhältnis von theoretischen und ökonometrischen Analysen der Bestimmungsgründe der Protektion

Bereits die Ergebnisse eigener früherer Untersuchungen mit Querschnittsdaten für ein Jahr konnten theoretische Überlegungen der Neuen Politischen Ökonomie der Protektion nur in Einzelfällen stützen; die hier vorgestellten Resultate von Modellschätzungen auf der Basis gepoolter Daten und bei Kontrolle unbeobachteter Industrieeffekte lassen zusätzliche Zweifel an der generellen Tragfähigkeit dieses Erklärungsansatzes aufkommen - sie können jedoch aus einer Reihe von Gründen nicht als ein "endgültiger Test" gelten, denn fundierte Aussagen zur Bedeutung der theoretischen Überlegungen in der Realität setzen Fortschritte in (mindestens) fünf Bereichen voraus:

- Ermittlung effektiver Gesamtprotektionsraten einschließlich der Preisäquivalente nicht-tarifärer Handelshemmnisse für tiefer disaggregierte Industrien in vielen Jahren - also eine angemessenere Messung der *endogenen* Variable.
- Direktere Messung des von Interessengruppen ausgeübten Drucks - d.h. eine angemessenere Erfassung der Nachfrage nach Protektion und damit eine bessere Operationalisierung der entsprechenden *exogenen* Variablen (vgl. Baldwin 1984, 172).
- Trennschärfere *Modellformulierung*, da bisher dieselben Variablen von Vertretern unterschiedlicher Modelle als Bestimmungsgründe des Protektio-

nismus angeführt werden, was eine Einschätzung der Relevanz der Modelle auf der Grundlage empirischer Untersuchungen sehr schwierig macht (vgl. Baldwin 1985, 165).

- Berücksichtigung von *Rückwirkungen* der Protektion auf die wirtschaftliche und politische Entwicklung in interdependenten Systemen (vgl. Frey und Schneider 1984, 325).

Während eine Verfolgung der genannten vier Ziele im Rahmen dieser Arbeit nicht möglich ist, soll ein fünfter Aspekt aufgegriffen werden:

- Berücksichtigung der Interdependenzen von Protektion, Außenhandel und Direktinvestitionen.

Direktinvestitionen und Außenhandel gehen als *exogene* Variablen in die Protektionsmodelle ein - wenn die Protektion auch Außenhandel und Direktinvestitionen beeinflußt, alle drei Größen daher *endogene* Variablen eines inderdependenten Systems sind, dann sind die Schätzergebnisse aus den Einzelgleichungsmodellen verzerrt und die Schlußfolgerungen anhand der Schätzungen eines simultanen Systems zu überprüfen. Dies ist Gegenstand des folgenden Abschnitts E.3.

3 Interdependenzen von Außenhandel, Direktinvestitionen und Protektion

3.1 Theoretische Überlegungen

Will man die Interdependenzen von Außenhandel, Direktinvestitionen und Protektion untersuchen, so hat man sechs direkte mögliche Wirkungsstränge zu diskutieren, die in der *Abbildung E.1* schematisch skizziert sind.

Die sechs Pfeile dieser Abbildung repräsentieren die folgenden theoretischen Überlegungen:

(1) Nach den in Abschnitt E.2.1 skizzierten Überlegungen aus der Neuen Politischen Ökonomie der Protektion ist zu erwarten, daß stark exportorientierte und international wettbewerbsfähige Unternehmen aus Furcht vor Vergeltungsmaßnahmen der Zielländer ihrer Ausfuhren an einem freien Handel interessiert sind und daher nicht zu den aktiven Lobbyisten für Protektionismus zu zählen sind (vgl. das "Interessengruppen-Modell" und das "Wettbewerbsfähigkeits-Modell" in Übersicht E.1). Ceteris paribus ist damit zu erwarten, daß die Nachfrage nach Protektion seitens einer Industrie um so geringer ist, je höher deren Exportquote bzw. Nettoexportquote sowie der RCA-Wert ist.

Abbildung E.1: Schematische Skizze der Interdependenzen von Außenhandel, Direktinvestitionen und Protektion

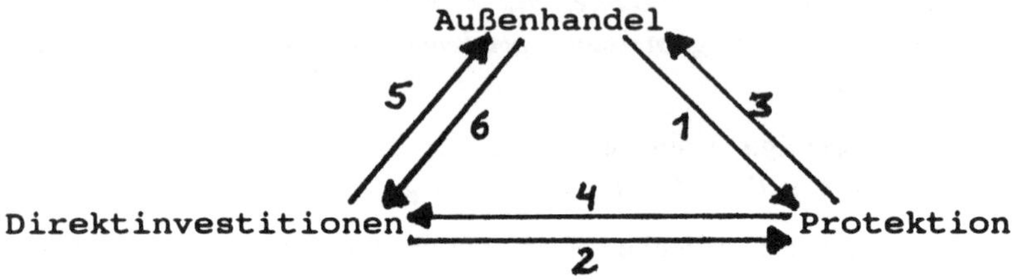

(2) Auch für stark multinational ausgerichtete Firmen gilt nach dem eben erwähnten "Interessengruppen-Modell", daß sie eher an einem durch staatliche Eingriffe nicht behinderten internationalen Austausch von Vor-, Zwischen- und Endprodukten im Rahmen ihrer konzerninternen Arbeitsteilung im Raum interessiert sind. Die entsprechenden Aktivitäten zur Nachfrage nach Protektion seitens einer Industrie werden hiernach ceteris paribus um so geringer sein, je höher der Anteil von Firmen mit Tochtergesellschaften im Ausland an allen Unternehmen einer Branche ist.[16]

(3) In Abschnitt B.3.2 wurde betont, daß die vorgeschlagene Interpretation der geschätzten Regressionskoeffizienten als eine den ceteris paribus zwischen der jeweiligen Faktoreinsatz- bzw. Marktstrukturvariable und der Außenhandelsvariable wiederspiegelnde Größe nur unter dem Vorbehalt gültig sein kann, daß die in den dort betrachteten Modellen fehlenden staatlichen Eingriffe die Koeffizientenschätzungen nicht verzerren. Es ist offensichtlich, daß Zölle und Subventionen (ebenso wie andere, hier aus Datenverfügbarkeitsgründen nicht betrachtete staatliche Maßnahmen) den Außenhandel beeinflussen können und damit auch für den ceteris paribus ermittelten Zusammenhang zwischen exogenen Variablen und Außenhandel wichtig sind. Richtung und Stärke dieser Einflüsse sind aber offen:

Von protektionistischen Maßnahmen seitens der Bundesrepublik Deutschland - und nur diese können hier in die empirische Untersuchung einbezogen werden, da entsprechende Daten für die Handelspartner-Länder nicht verfügbar sind - wird man zunächst einmal erwarten, daß sie ceteris paribus die Einfuhren vermindern und damit positiv auf Nettoexportquote und RCA-Wert

---

16 Vgl. zu 1 und 2 - als 'anecdotal evidence' - die doppelseitige Anzeige von BMW in der Ausgabe 43/1989 des SPIEGEL vom 10.7.1989 (S. 8 f.), wo unter der Überschrift "FREI HANDELN" ausgeführt wird: "Zollschranken und limitierte Einfuhrquoten braucht man vor allem da, wo das Produkt dem internationalen Vergleich nicht standhält. Über kurz oder lang garantiert aber nur ein freier Welthandel hohe Qualität."

wirken. (Da die Subventionsquote der Protektion hierbei auch gegen Einfuhren aus EG-Partnerländer gerichtet ist, gilt dies nicht nur für die rund 50% des Außenhandels, die mit Ländern außerhalb der EG abgewickelt werden.) Ob dies tatsächlich zu beobachten ist, hängt aber auch von den Reaktionen (oder allgemeiner: von der Außenhandelspolitik) der Handelspartner ab, denn bei entsprechend hoher Protektion dort kann der Einfluß auf den Export der Bundesrepublik so stark negativ sein, daß sich der Effekt der Protektion bei einer Nettobetrachtung neutralisiert oder umkehrt. Andererseits kann Protektion nicht nur die Importe verringern, sondern auch die Exporte steigern: Krugman (1984) untersucht die Strategie der "Import Protection as Export Promotion" modelltheoretisch und zeigt einerseits, daß bei Vorliegen sinkender Stückkosten eine Abschottung des Inlandsmarktes durch erhöhte Produktion bei dann geringeren Kosten den Inlands- und Auslandsabsatz der Industrie steigern kann; ferner kann Protektion bei konstanten Grenzkosten dann die Exporte steigern, wenn durch Forschung und Entwicklung Kostensenkungen möglich sind und ein abgeschotteter Inlandsmarkt mit einer höheren erwarteten Absatzmenge als Anreiz für mehr FuE-Ausgaben wirkt - und schließlich ist ein positiver Effekt der Protektion auf den Export auch ohne sinkende Stückkosten und FuE-Ausgaben denkbar, sobald dynamische steigende Skalenerträge in Form von learning-by-doing auftreten (d.h. ein höherer Output heute bewirkt zukünftig niedrigere Kosten durch eine entsprechend verlaufende Erfahrungskurve). Wie Krugman betont, liefern diese Überlegungen keine theoretische Begründung für protektionistische Strategien, sondern zeigen lediglich, welche Folgerungen aus Modellen mit entsprechenden Annahmen möglich sind. Für den hier interessierenden Zusammenhang ist wichtig festzuhalten, daß a priori keine eindeutigen Erwartungen hinsichtlich des Vorzeichens der Protektionsvariablen in einer Gleichung mit einer Außenhandelsgröße als endogener Variable bestehen können.

Hinzu kommt, daß die Beziehungen zwischen Protektionsgrad und Außenhandel interdependent sind. Dieser Punkt wurde in einer empirischen Untersuchung für die Bundesrepublik Deutschland schon vor langer Zeit von Fels (1972) gesehen, der mit Daten aus 1969/70 eine Regression für die Nettoexportquote im Handel mit Entwicklungsländern schätzt, in die als exogene Variablen die Kapitalintensität und die effektive Protektionsrate eingehen. Er enthält für die Protektionsvariable E einen statistisch signifikanten negativen Einfluß und kommentiert, "... the outcome is a bit puzzling, since E has a negative sign. It is hard to imagine that the protection of a branch should handicap the exports of that branch more than it hinders the imports of products competing with its products, but more convincing is the explanation that those branches which are weakest in international competition enjoy the highest degree of protectin, In view of this E seems to be just another variable of comparative disadvantage." (Fels 1972, 98) Diese Überlegungen stehen im

Einklang mit der Sichtweise der neuen Politischen Ökonomie der Protektion und dem "Pfeil 1" in der Abbildung E.1.

Hieraus folgt, daß die Wirkungen der Protektion auf den Handel - und die ceteris paribus zwischen Außenhandel sowie Faktoreinsatz- und Marktstrukturvariablen bei Kontrolle der Protektion vorliegenden Zusammenhänge - angemessen nur in einem simultanen Modell diskutiert werden können.[17]

(4) In Abschnitt C.2.4 wurde betont, daß Handelshemmnisse zu den Standortfaktoren zu zählen sind, die nach dem OLI-Ansatz zu den Bestimmungsgründen der Direktinvestitionen gehören. Diese Überlegungen betrafen jedoch Handelshemmnisse in den Zielländern der Direktinvestitionen - sei es etwa, daß Zölle die Ausfuhren in das Land verhindern und eine Verwertung firmenspezifischer Vorteile dort nur durch den Aufbau einer Produktionsstätte möglich ist, oder daß Subventionen einen entsprechenden Anreiz bewirken - und nicht in deren Ursprungsländern. Durch den "Pfeil 4" in Abbildung E.1 werden jedoch Auswirkungen der bundesrepublikanischen Protektion auf die Direktinvestitionsintensität bundesrepublikanischer Industrien im Ausland symbolisiert. Hierfür sind verschiedene Wirkungsketten denkbar:

Einerseits kann die Protektion Auswirkungen auf die Intensität haben, mit der in einer Industrie firmenspezifische Vorteile mit hohen Internalisierungsanreizen produziert werden, und dies ist wiederum auf zwei Arten mit entgegengesetzten Folgen möglich. Protektion kann wie in einem der drei oben im Kontext des "Pfeils 3" angesprochenen Krugman-Modelle Forschung und Entwicklung fördern und damit positiv auf die Produktion firmenspezifischen Wissens (und damit entsprechend der Überlegungen des Teils C positiv auf die Direktinvestitionsintensität einer Industrie) wirken - eine Abschottung von der rauhen Konkurrenz des Weltmarkts kann aber auch im Gegenteil den Anreiz zu Innovationen mindern[18] und damit eine entgegengesetzte Wirkung haben.

Andererseits wäre es möglich, daß die inländische Protektionsrate auch als eine Proxy-Varaible für die Höhe der unbekannten ausländischen Protektion interpretiert werden kann; dies wäre der Fall, wenn die Protektionsstrukturen der Länder - und hier insbesonders die der westlichen Industrieländer, die als Zielländer der Direktinvestitionen bundesrepublikanischer Industrien eine

---

[17] Diese Folgerung deckt sich mit der von Edward Leamer (1988) in einer kürzlich publizierten Studie: "However, this data set has greatly increased my apprehension about the simultaneity problem, and I suspect that credible estimates of the effects of trade barriers may require a simultaneous equations treatment, allowing for the political processes by which barriers are put in place." (Leamer 1988, 82)

sehr hohe Bedeutung haben - untereinander nicht stark differierten. Hierfür mag, insbesonders bei einer Betrachtung der Protektion als Ergebnis eines endogenen Prozesses, einiges sprechen; ob bzw. in welchem Grade dies allerdings zutrifft, muß angesichts der Datenlage offen bleiben.[19]

Analog zum oben diskutierten Zusammenhang zwischen Protektion und Außenhandel ist auch hier zu beachten, daß ein negativer Zusammenhang zwischen Protektionsgrad und Direktinvestitionsintenstität ebenso (entsprechend der in "Pfeil 2" symbolisierten Überlegungen der neuen Politischen Ökonomie) Folge der geringeren Protektionsnachfrage international orientierter und engagierter Industrien sein kann; daher ist wiederum eine simultane Betrachtung erforderlich.

(5) "The effect of foreign production by a country's firms on the home country's exports continues to be a puzzle after many years of controversy and a considerable amount of empirical research" - so fassen Blomström, Lipsey und Kulchycky (1988, 259) den Stand der Debatten um die durch "Pfeil 5" in Abbildung E.1 symbolisierten Auswirkungen von Direktinvestitionen auf den Außenhandel zusammen. Ihre besondere Brisanz und ihre ungebrochene Aktualität verdanken die Kontroversen um diese Thematik dem engen Bezug dieser Fragestellungen zu den "job export"-Debatten, bei denen weniger die Außenhandelseffekte von Direktinvestitionen als vielmehr die hierdurch induzierten Beschäftigungswirkungen im Mittelpunkt standen (und stehen).[20] Die Ursachen für das in dieser Frage vorherrschende Ausmaß fehlender empirisch gesicherter Aussagen lassen sich verdeutlichen, wenn man an die in Abschnitt C.1.1 getroffene Unterscheidung in horizontal integrierte, vertikal integrierte und diversifizierte Multinationale Unternehmen (MNU) anknüpft:

Führt eine Direktinvestition (DI) zu einem horizontal integrierten MNU mit einem identischen oder ähnlichen Produktionsprogramm in in- und ausländischen Betrieben, so *kann* dies dazu führen, daß Exporte durch Auslandsproduktion ersetzt werden, es *können* Importe aus ausländischer Fertigung induziert werden, es *können* Exporte an die Tochtergesellschaft (zum

---

[18] Vgl. hierzu die z.B. von Helmut Hesse (1982, 75 f.) vertretene These vom Importdruck als Innovationsmotor.

[19] Ein Indiz für die Ähnlichkeit der Protektionsstrukturen der Industrieländer untereinander liefert z.B. die Studie von Finger und Olechowski (1987), wonach "... one industrial country tends to protect the same sectors as another" (ebenda, p. 43).

[20] Vgl. als kritischen Überblick zur auf die Bundesrepublik Deutschland bezogenen Literatur Wagner (1985, 145 ff.). Ein Beleg für die ungebrochene Aktualität dieser Frage ist der Bericht im HANDELSBLATT vom 12.7.89 (S. 4) über eine Analyse des Statistischen Landesamtes Baden-Württemberg hierzu.

Zweck der Sortimentserweiterung etc.) entstehen, es *kann* eine Produktion in einem gegen Exporte durch Protektion völlig abgeschotteten Auslandsmarkt errichtet werden[21] - der *mögliche* Effekt für die Exporte oder die Nettoexporte der Branche reicht daher von stark negativ über Null bis hoch positiv.

Bei einer DI, die zu einem vertikal integrierten MNU führt, in dem verschiedene Stufen des Produktionsprozesses in in- und ausländischen Betrieben abgewickelt werden, *können* Lieferungen der inländischen Muttergesellschaft an ihre ausländische Absatz-Tochter Exporte induzieren oder schlicht Ausfuhren an den früheren unabhängigken Vertriebspartner substituieren, es *kann* ebenso zu umgekehrten Lieferungen von ins Ausland verkaufsfertig montierten Produkten an die inländische Vertriebsgesellschaft kommen, Stufen des Produktionsprozesses *können* aber auch verschiedenen Industrien zugeordnet sein (z.B. Bergbau und Stahlerzeugung) und die Handelsströme innerhalb des Unternehmens müssen sich nicht im Außenhandel der Branche der Muttergesellschaft zeigen - wieder reichen mögliche Effekte auf Exporte und Nettoexporte von negativ über Null bis positiv.

Für DI von diversifizierten MNU liegt auf der Hand, daß unterschiedliche Handelsströme in verschiedenen Branchen zwischen Mutter- und Tochtergesellschaften möglich sind.

Wenn auch viele Einzelheiten zu tatsächlich unternehmensintern abgewickelten grenzüberschreitenden Transaktionen im Dunkeln bleiben - "The main reason is that companies are extremely reluctant to divulge much information about their in-house transactions" (Grimwade 1989, 179) - so wird die relative Bedeutung dieses *Intra-Unternehmenshandels* doch als sehr hoch eingeschätzt: "Possibly as much as one-third of the trade between industrialized countries may be of this kind." (Grimwade 1989, 143; vgl. Hesse, Keppler und Preuße 1985, 43 f. zu einer ähnlichen Einschätzung) Dies macht deutlich, daß man für die ceteris paribus von Direktinvestitionen auf den Außenhandel ausgehenden Einflüsse kontrollieren muß, auch wenn keine eindeutigen Erwartungen im Hinblick auf das Vorzeichen des Regressionskoeffizienten zu formulieren sind.

(6) Direkte Auswirkungen des Außenhandels auf Direktinvestitionen, wie sie durch den "Pfeil 6" in Abbildung E.1 symbolisiert werden, sind weniger offensichtlich wie im soeben diskutierten Fall. Hinzuweisen ist hierbei lediglich auf die vielfach vertretene Auffassung, daß Erfahrungen im Exportgeschäft eine wichtige Voraussetzung für den Schritt der Internationalisierung eines Unternehmens durch Aufbau oder Kauf einer Tochtergesellschaft im

---

21 Hier und im folgenden ist keine Vollständigkeit bei der Aufzählung möglicher Konsequenzen von DI auf Außenhandel beabsichtigt - sie würde eher ermüdend als erhellend wirken.

Ausland darstellen - eine Sicht, die z.B. auch durch die in Abschnitt E.1 vorgenommene deskriptive Auswertung des Firmendatensatzes gestützt wird, wonach (nahezu) alle Direktinvestoren auch Exporteure waren (während dies umgekehrt nicht der Fall war).

Die hier zu beachtenden Zusammenhänge sind vielmehr anderer Art: Eine "schwache" Außenhandelsposition kann auf Handelshemmnissen des Auslands beruhen und dadurch mit hohen Direktinvestitionen verbunden sein, sie kann mit ähnlicher Konsequenz eine Folge komparativer Nachteile des inländischen gegenüber dem ausländischen Produktionsstandort sein - sie kann aber auch auf fehlende technologische Wettbewerbsfähigkeit einer Industrie hindeuten, die auf einen Mangel an firmenspezifischem Wissen und damit auf eher geringe Anreize für Direktinvestitionen im Ausland schließen ließe. Umgekehrt kann eine "starke" Position im Außenhandel auch mit die Folge geringer Handelshemmnisse im Ausland und damit verbundener geringer Anreize für Direktinvestitionen sein usw. Dies zeigt erneut, daß Außenhandel und Direktinvestitionen *simultan* betrachtet werden sollten (vgl. Dunning 1981, 24 und Caves 1982, 43; eine entsprechende empirische Studie für Schweden ist Swedenborg 1979).

Die Überlegungen in diesem Abschnitt haben deutlich gemacht, daß wechselseitige Abhängigkeiten zwischen Außenhandel, Direktinvestition und Protektion bestehen. Gleichzeitig wurde in anderen Teilen der Arbeit deutlich gemacht, daß die Schnittmengen der erklärenden Variablen für diese drei Größen nicht leer sind. Dies zeigt, daß eine simultane Analyse von Außenhandel, Direktinvestition und Protektion erforderlich ist; sie soll im folgenden Abschnitt versucht werden.

3.2 Außenhandel, Direktinvestitionen und Protektion: Eine ökonometrische Untersuchung in einem simultanen Modell mit gepoolten Querschnitts-Längsschnittsdaten für Industrien des Verarbeitenden Gewerbes (1977 - 1984)

3.2.1 Modellspezifikation

Die simultane Analyse der Bestimmungsgründe von Außenhandel, Direktinvestitionen und Protektion unter Beachtung der im vorigen Abschnitt herausgearbeiteten Interdependenzen zwischen diesen zu erklärenden Größen verwendet Modelle mit drei Gleichungen. Diese "Bausteine" wurden in den vorhergegangenen Teilen der Arbeit entwickelt:

Zur Erklärung der *Protektion* wird auf der Basis der Ergebnisse des Abschnitts E.2.3 ein Modell des Types M3F (gepooltes Modell mit fixen Industrieeffekten) herangezogen, dessen drei Varianten - je eine für jede der drei Außenhandelsvariablen Exportquote (T01), Nettoexportquote (T05) und RCA-Wert (T09) - V1, V2 und V3 wie in Übersicht E.3 angegeben spezifiziert sind.

Die Modelle für die drei *Außenhandels*variablen (T01, T05, T09) enthalten jeweils identische exogene Variablen. Sie sind, aufbauend auf den Ergebnissen des Abschnitts B.3.4, vom Typ M4F (gepooltes Modell mit fixen Zeit- und Industrieeffekten) mit Faktoreinsatz- und Marktstrukturvariablen (in der Variante A, d.h. mit dem Anteil der im Marketing-Bereich Beschäftigten als Produktdifferenzierungs-Proxy), ergänzt um die Direktinvestitionsintensität und den Protektionsgrad.

Bei der Erklärung der *Direktinvestitionen* wird aufgrund der Ergebnisse aus Abschnitt C.2.3 ebenfalls ein gepooltes Modell mit fixen Zeit- und Industrieeffekten herangezogen, und zwar in den dort beschriebenen Varianten V05 (sowohl für 1977 bis 1984 als auch für 1979 bis 1984) und V06, erweitert jeweils um den Protektionsgrad und eine der drei Außenhandelsvariablen.

Da drei unterschiedliche Außenhandelsgrößen als zu erklärende Variablen vorliegen und für die Direktinvestitionen alternativ zwei Modellvarianten mit unterschiedlichen Proxy-Variablen für firmenspezifische Vorteile aufgrund von technischem Wissen betrachtet werden sollen - wobei die Daten für die Innovatoren-Anteile nur für einen Teilzeitraum vorliegen und zum Vergleich auch eine zeitlich verkürzte Version des alternativen Modells mit dem FuE-Input-Indikator geschätzt wird -, sind neun Systeme mit je drei Gleichungen zu schätzen. Die Spezifikation der Gleichungssysteme ist aus der Übersicht E.4 zu entnehmen.

Wenn simultane Beziehungen zwischen den endogenen Variablen der drei Gleichungen eines der in Übersicht E.4 aufgeführten Modelle vorliegen, dann führt eine Einzelgleichungsschätzung nach der Methode der kleinsten Quadrate (OLS) wegen der Korrelation zwischen Störgröße und erklärenden Variablen bekanntlich[22] zu inkonsistenten Schätzungen der Regressionskoeffizienten und es ist ein entsprechendes Systemschätzverfahren zu verwenden. Es ist daher in einem ersten Schritt zu testen, ob ein simultanes System vorliegt oder ob Aussagen auf Basis von OLS-Einzelgleichungsschätzungen möglich sind. Hierfür kann das von Hausman (1978) vorgeschlagene Testprinzip[23] herangezogen werden, wobei die Gleichungen jeweils um die Schätzwerte der

---

22 Vgl. hierzu die Diskussion zu simultanen Systemen in einem beliebigen Standardlehrbuch der Ökonometrie.

23 Vgl. hierzu die Darstellung bei Krämer/Sonnberger (1986, 92 ff.).

Übersicht E.4: Spezifikationen der Systeme zur simultanen Analyse der Bestimmungsgründe von Außenhandel, Direktinvestitionen und Protektion*

Modelltyp (Außenhandelsvariable)	A (Exportquote - T01)									B (Nettoexportquote - T05)									C (RCA-Wert T09)								
Variante (Zeitraum)	V1 (1977-1984)			V2 (1979-1984)			V3 (1979-1984)			V1 (1977-1984)			V2 (1979-1984)			V3 (1979-1984)			V1 (1977-1984)			V2 (1979-1984)			V3 (1979-1984)		
Endogene Variable																											
Außenhandel	X			X			X			X			X			X			X			X			X		
Direktinvestitionen		X			X			X			X			X			X			X			X			X	
Protektionsgrad			X			X			X			X			X			X			X			X			X
Exogene Variablen																											
Sachkapitalintensität	X			X			X			X			X			X			X			X			X		
Modernitätsgrad des Sachkapitals	X			X			X			X			X			X			X			X			X		
Facharbeiteranteil	X		X	X		X	X		X	X		X	X		X	X		X	X		X	X		X	X		X
Beschäftigtenanteil in FuE	X	X		X	X		X			X	X		X	X		X			X	X		X	X		X		
Innovatorenanteil								X									X									X	
Konzentrationsgrad	X	X	X	X	X	X	X	X	X	X	X	X	X	X	X	X	X	X	X	X	X	X	X	X	X	X	X
Anteil Marketingbeschäftigte	X	X		X	X		X	X		X	X		X	X		X	X		X	X		X	X		X	X	
Beschäftigte je Unternehmen	X	X		X	X		X	X		X	X		X	X		X	X		X	X		X	X		X	X	
Transportkosten		X			X			X			X			X			X			X			X			X	
Konzentrationsgrad (quadriert)		X			X			X			X			X			X			X			X			X	
Anzahl Firmen			X			X			X			X			X			X			X			X			X
Wachstum der Beschäftigung			X			X			X			X			X			X			X			X			X
Konsumquote			X			X			X			X			X			X			X			X			X
Anzahl deutsche Beschäftigte			X			X			X			X			X			X			X			X			X
Protektionsgrad	X	X		X	X		X	X		X	X		X	X		X	X		X	X		X	X		X	X	
Direktinvestitionen	X		X	X		X	X		X	X		X	X		X	X		X	X		X	X		X	X		X
Außenhandel T01		X	X		X	X		X	X																		
T05											X	X		X	X		X	X									
T09																				X	X		X	X		X	X
Fixe Zeiteffekte	X	X		X	X		X	X		X	X		X	X		X	X		X	X		X	X		X	X	
Fixe Industrieeffekte	X	X	X	X	X	X	X	X	X	X	X	X	X	X	X	X	X	X	X	X	X	X	X	X	X	X	X

* Ein "X" zeigt an, daß die in der Vorspalte genannten Variablen in dem in der Kopfzeile genannten Modell enthalten sind.

als endogen in einem System "verdächtigten" Variablen erweitert werden und anschließend die Hypothese getestet wird, daß die Koeffizienten dieser Testvariablen Null sind. Wird diese Hypothese in einem F-Test abgelehnt, dann wird die Nullhypothese verworfen, daß OLS konsistente und effiziente Koeffizientenschätzungen liefert, und es muß ein simultanes Gleichungssystem geschätzt werden.

Die Ergebnisse der Tests für die 27 Gleichungen der neun in Übersicht E.4 aufgeführten Modelle sind in der Tabelle E.7 abgedruckt:

Tabelle E.7: Ergebnisse der Tests auf simultane Beziehungen zwischen Außenhandel, Direktinvestitionen und Protektion (Probvalues)*

Modell / Gleichung	A V1	A V2	A V3	B V1	B V2	B V3	C V1	C V2	C V3
Außenhandel	0.00	0.00	0.00	0.00	0.00	0.00	0.00	0.00	0.00
Direkt-investition	0.00	1.01	1.89	0.00	1.54	9.56	0.00	22.70	31.36
Protektion	0.00	0.00	0.00	0.00	0.68	1.03	0.00	0.00	0.00

* Zu den Modellen vgl. Übersicht E.4, zum Test vgl. Text.

Legt man ein Signifikanzniveau von $\alpha = 0.05$ zugrunde, so kann die Nullhypothese, daß OLS konsistente Koeffizientenschätzungen liefert, nur in drei Fällen nicht abgelehnt werden - alle drei Fälle betreffen die Direktinvestitionsgleichung in Modellen für den Zeitraum von 1979 bis 1984. Anders ausgedrückt folgt hieraus, daß Interdependenzen zwischen Außenhandel, Direktinvestitionen und Protektion eine simultane ökonometrische Untersuchung ihrer jeweiligen Bestimmungsgründe erfordern.

3.2.2 Ergebnisse der ökonometrischen Untersuchung

Die in Übersicht E.4 aufgeführten Modelle wurden jeweils mit der einfachen Methode der kleinsten Quadrate (OLS) sowie mit der zweistufigen (2SLS) und der dreistufigen (3SLS) Methode der kleinsten Quadrate geschätzt.[24] Die Ergebnisse sind in den Tabellen E.8 bis E.16 abgedruckt, und zwar einschließlich der OLS-Schätzungen, obwohl, wie am Ende des vorigen Abschnitts herausgestellt, diese als verzerrt anzusehen sind - hierdurch soll

[24] Alle Berechnungen dieses Abschnitts erfolgten mit SHAZAM (vgl. White et al. 1988), wobei in den 3SLS-Schätzungen die Option "DN" verwendet wurde (vgl. ebenda, p. 140). Zur

ein Eindruck davon möglich werden, welche Fehlschlüsse aus einer Nicht-Berücksichtigung der Simultaneitat folgen.

In einem korrekt spezifizierten interdependenten System liefert 3SLS bekanntlich[25] konsistente und effiziente, 2SLS lediglich konsistente und ineffiziente Schätzungen; ist mindestens eine Gleichung des Modells fehlspezifiziert, so sind die 3SLS-Schätzungen für alle, die 2SLS-Schätzungen jedoch nur für die fehlspezifizierte(n) Gleichung(en) inkonsistent. In vorangegangenen Teilen dieser Untersuchung wurden Modellgleichungen, die sehr ähnlich wie die hier als Bausteine interdependenter Systeme verwendeten spezifiziert waren, mehrfach von Tests auf eine korrekte Spezifikation abgelehnt. Da entsprechende Spezifikationstests für simultane Gleichungssysteme hier nicht zur Verfügung stehen,[26] könnte es naheliegen, sich bei der Ergebnisinterpretation ausschließlich auf die 2SLS-Schätzungen zu stützen, um den mit möglicher Fehlspezifikation einer Gleichung verbundenen "Schaden" zu minimieren. Da aber unbekannt ist, wo ein möglicherweise vorhandener Fehler steckt, wäre hierdurch kaum etwas gewonnen. Es wird vielmehr von der Gültigkeit der (nicht getesteten!) Nullhypothese einer korrekten Spezifikation des gesamten Systems ausgegangen; den Ergebnisinterpretationen liegen daher die 3SLS-Schätzungen zugrunde. Zum Vergleich sind in den Tabellen auch die 2SLS-Ergebnisse dokumentiert; deutliche Abweichungen in Form unterschiedlicher und gleichzeitig signifikanter[27] Vorzeichen treten nie ein - und lediglich sieben der 225 geschätzten Koeffizienten weisen ein in beiden Fällen insignifikantes bei 2SLS und 3SLS abweichendes Vorzeichen auf.

Die Schätzergebnisse werden in zwei Stufen interpretiert: Auf der ersten Stufe wird herausgearbeitet, was die Modellschätzungen über Stärke und

---

Übertragbarkeit von Fixed-Effects-Ansätzen der hier genutzten Art auf simultane Gleichungssysteme vgl. Cornwell/Schmidt/Wyhowski (1988).

[25] Vgl. hierzu ein beliebiges Standardlehrbuch der Ökonometrie.

[26] Godfrey (1988, ch. 5) gibt einen Überblick zu den für simultane Gleichungssysteme vorgeschlagenen Spezifikationstests, von denen jedoch für unsere Zwecke geeignete in den verfügbaren Programmen nicht implementiert waren.

Es ist ferner darauf hinzuweisen, daß das in anderen Teilen der Arbeit verwendete und im Anhang G.3.4 näher beschriebene robuste Schätzverfahren (RLS basierend auf LMS) nicht auf simultane Systeme übertragbar ist. Krasker/Welsch (1985) entwickeln ein robustes Verfahren zur Systemschätzung ('Bounded-Influence Instrumental Variables' - BIV), für das jedoch hier kein Algorithmus verfügbar war.

[27] Es wird in diesem Abschnitt davon ausgegangen, daß die Stichprobengröße von 232 (bei Modellen der Variante 1) bzw. 174 (bei Variante 2 und 3) hinreichend groß ist, um die nur asymptotisch gültigen t-Werte als Teststatistiken auf Signifikanz der Koeffizienten heranziehen zu können.

Richtung der Interdependenzen von Außenhandel, Direktinvestitionen und Protektion erkennen lassen. Die zweite Stufe betrifft die Frage, inwiefern Aussagen zu den Bestimmungsgründen von internationalem Handel, Direktinvestitionen und Protekionsgrad, die aus Einzelgleichungsschätzungen gewonnen wurden, vor dem Hintergrund der Systemschätzungen zu modifizieren sind.

3.2.2.1 Zusammenhänge zwischen Außenhandel, Direktinvestitionen und Protektion

Die Ergebnisse der Modellschätzungen zu Zusammenhängen zwischen Außenhandel, Direktinvestitionen und Protektion müssen getrennt für die drei Außenhandelsvariablen Exportquote (T01 -> Modell A), Nettoexportquote (T05 -> Modell B) und RCA-Wert (T09 -> Modell C) betrachtet werden. Sie sind für die drei Varianten von Modell A in den Tabellen E.8 - E.10 abgedruckt und in Abbildung E.2 dargestellt:

Abbildung E.2: Zusammenhänge zwischen Exportquote, Direktinvestitionen und Protektion: Ergebnisse der Modellschätzungen*

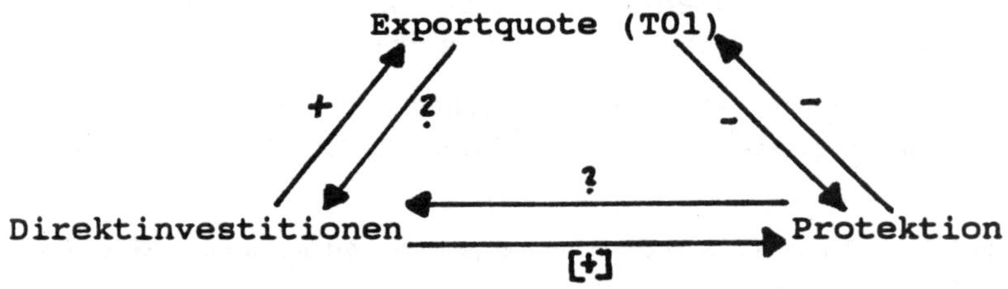

* Zu den Modellen vgl. Tab. E.8 bis E.10. Ein + (-) gibt an, daß die Koeffizienten der Variablen in allen drei Modellvarianten mindestens für $\alpha = 0.05$ statistisch gegen Null gesichert sind; ein [+] bzw. [-] zeigt in allen drei Varianten übereinstimmende weniger oft statistisch gesicherte Vorzeichen, ein ? symbolisiert zwischen den Modellvarianten unterschiedliche Vorzeichen der Koeffizienten. Alle Angaben beruhen auf den 3SLS-Schätzungen.

In allen drei Varianten zeigt sich ein theoretisch nach Überlegungen aus der Neuen Politischen Ökonomie erwarteter signifikanter negativer Einfluß einer höheren Exportquote auf die Protektion, der bereits in den Einzelgleichungsschätzungen zu beobachten war. Der theoretisch nicht erwartete positive Einfluß einer höheren Direktinvestitionsintensität auf die Protektion ist nie auf einem üblichen Niveau gesichert - auch nicht bei Variante 1, wo dies in der OLS-Schätzung der Fall ist.

Tabelle E.8: Schätzergebnisse für Modell A.V1*

Schätzverfahren		OLS			2SLS			3SLS		
Exogene Variable / Endogene Variable		Handel (T01)	Direkt-invest.	Protek-tion	Handel (T01)	Direkt-invest.	Protek-tion	Handel (T01)	Direkt-invest.	Protek-tion
Sachkapitalintensität	$\hat{B}$	-5.29	-	-	-14.317	-	-	-8.91	-	-
	|t|	1.47	-	-	2.04*	-	-	-1.62	-	-
Modernitätsgrad des Sachkapitals	$\hat{B}$	1.09	-	-	1.07	-	-	.69	-	-
	|t|	2.80**	-	-	1.86	-	-	1.57	-	-
Facharbeiteranteil	$\hat{B}$	.30	-	-.086	.31	-	.053	.35	-	.070
	|t|	1.42	-	.69	1.08	-	.37	1.46	-	.53
Beschäftigtenanteil in FuE	$\hat{B}$	1.29	-.49	-	1.74	-.28	-	2.02	-.27	-
	|t|	.91	1.30	-	1.00	.61	-	1.62	.65	-
Innovatorenanteil	$\hat{B}$	-	-	-	-	-	-	-	-	-
	|t|	-	-	-	-	-	-	-	-	-
Konzentrationsgrad	$\hat{B}$	.22	.018	-.021	.14	.027	.014	.083	.027	.012
	|t|	7.66**	.93	.88	2.89**	1.16	.46	2.08*	1.30	.42
Anteil Marketing-beschäftigte	$\hat{B}$	12.56	-.27	-	11.96	.22	-	7.84	.009	-
	|t|	1.89	.15	-	1.34	.10	-	1.24	.004	-
Beschäftigte je Unternehmen	$\hat{B}$	-.022	.002	-	-.046	-.001	-	-.030	-.002	-
	|t|	2.55*	.77	-	2.56*	.20	-	2.15*	.28	-
Transportkosten	$\hat{B}$	-	.49	-	-	.48	-	-	.42	-
	|t|	-	2.07*	-	-	1.77	-	-	1.79	-
Konzentrationsgrad (quadriert)(* 10000)	$\hat{B}$	-	.418	-	-	.454	-	-	.418	-
	|t|	-	1.33	-	-	1.23	-	-	1.27	-
Anzahl Firmen	$\hat{B}$	-	-	.007	-	-	.005	-	-	.006
	|t|	-	-	1.96*	-	-	1.17	-	-	1.87
Wachstum der Beschäftigung	$\hat{B}$	-	-	.064	-	-	.040	-	-	.002
	|t|	-	-	.88	-	-	.53	-	-	.04
Konsumquote	$\hat{B}$	-	-	.047	-	-	.013	-	-	.060
	|t|	-	-	.41	-	-	.11	-	-	.69
Anzahl deutsche Be-schäftigte (* 10000)	$\hat{B}$	-	-	-.327	-	-	-.298	-	-	-.213
	|t|	-	-	2.01*	-	-	1.78	-	-	1.70
Protektionsgrad	$\hat{B}$	-.51	.08	-	-1.10	-.001	-	-1.64	-.032	-
	|t|	4.76**	2.55*	-	2.70**	.01	-	5.32**	.23	-
Direktinvestitionen	$\hat{B}$	.027	-	.398	2.02	-	.340	2.31	-	.339
	|t|	.10	-	2.22*	1.46	-	.78	2.01*	-	.88
Aussenhandel (T01)	$\hat{B}$	-	-.015	-.235	-	-.081	-.366	-	-.084	-.367
	|t|	-	.72	5.25**	-	.96	4.41**	-	1.12	4.86**

* Zu den Modellen vgl. Übersicht E.4. $\hat{B}$ = geschätzter Regressionskoeffizient, |t| = absoluter t-Wert, *(**) = signifikant für α = 0.05 (0.01)
Aus Platzgründen wird auf einen Abdruck der Koeffizienten für die Konstanten und die fixen Zeit- sowie Industrieeffekte verzichtet.

Tabelle E.9: Schätzergebnisse für Modell A.V2*

Schätzverfahren		OLS			2SLS			3SLS		
Exogene Variable / Endogene Variable		Handel (T01)	Direkt-invest.	Protek-tion	Handel (T01)	Direkt-invest.	Protek-tion	Handel (T01)	Direkt-invest.	Protek-tion
Sachkapitalintensität	$\hat{\beta}$	-8.23	-	-	-11.84	-	-	-7.37	-	-
	|t|	2.33*	-	-	2.69**	-	-	2.38*	-	-
Modernitätsgrad des Sachkapitals	$\hat{\beta}$	1.71	-	-	1.49	-	-	.93	-	-
	|t|	4.04**	-	-	2.67**	-	-	2.26*	-	-
Facharbeiteranteil	$\hat{\beta}$	.26	-	.02	.19	-	.09	.19	-	.08
	|t|	1.34	-	.17	.76	-	.63	1.17	-	.64
Beschäftigtenanteil in FuE	$\hat{\beta}$	1.23	.28	-	.18	.13	-	.52	.07	-
	|t|	.76	.68	-	.09	.28	-	.32	.17	-
Innovatorenanteil	$\hat{\beta}$	-	-	-	-	-	-	-	-	-
	|t|	-	-	-	-	-	-	-	-	-
Konzentrationsgrad	$\hat{\beta}$	.23	.04	.01	.12	.03	.03	.05	.02	.02
	|t|	7.86**	1.50	.25	2.20*	1.08	.93	1.03	1.02	.60
Anteil Marketing-beschäftigte	$\hat{\beta}$	16.00	-1.86	-	11.36	-1.89	-	14.99	-2.63	-
	|t|	2.15*	.93	-	1.03	.76	-	1.73	1.24	-
Beschäftigte je Unternehmen	$\hat{\beta}$	-.02	.003	-	-.04	.006	-	-.03	.005	-
	|t|	2.48*	1.29	-	2.24*	1.19	-	1.99*	1.04	-
Transportkosten	$\hat{\beta}$	-	.93	-	-	.94	-	-	.54	-
	|t|	-	3.23**	-	-	2.76**	-	-	2.20*	-
Konzentrationsgrad (quadriert)(* 10000)	$\hat{\beta}$	-	.18	-	-	.17	-	-	.14	-
	|t|	-	.41	-	-	.33	-	-	.37	-
Anzahl Firmen	$\hat{\beta}$	-	-	.01	-	-	.006	-	-	.007
	|t|	-	-	1.90	-	-	1.42	-	-	2.01*
Wachstum der Beschäftigung	$\hat{\beta}$	-	-	.08	-	-	.08	-	-	.05
	|t|	-	-	1.12	-	-	1.11	-	-	.82
Konsumquote	$\hat{\beta}$	-	-	.03	-	-	.01	-	-	.02
	|t|	-	-	.20	-	-	.06	-	-	.17
Anzahl deutsche Beschäftigte (* 10000)	$\hat{\beta}$	-	-	-.33	-	-	-.35	-	-	-.28
	|t|	-	-	1.96*	-	-	1.97*	-	-	1.99*
Protektionsgrad	$\hat{\beta}$	-.40	.03	-	-.92	.17	-	-1.19	.12	-
	|t|	3.11**	.80*	-	1.96*	.87	-	3.25**	1.09	-
Direktinvestitionen	$\hat{\beta}$	.44	-	.04	2.34	-	-.30	3.57	-	.07
	|t|	1.38	-	.15	2.12*	-	.43	4.17**	-	.12
Aussenhandel (T01)	$\hat{\beta}$	-	.01	-.18	-	.06	-.22	-	.09	-.25
	|t|	-	.61	3.77**	-	.99	2.68**	-	1.79	3.37**

* Zu den Modellen vgl. Übersicht E.4. $\hat{\beta}$ = geschätzter Regressionskoeffizient, |t| = absoluter t-Wert, *(**) = signifikant für α = 0.05 (0.01)
Aus Platzgründen wird auf einen Abdruck der Koeffizienten für die Konstanten und die fixen Zeit- sowie Industrieeffekte verzichtet.

Tabelle E.10: Schätzergebnisse für Modell A.V3*

Schätzverfahren		OLS			2SLS			3SLS		
Exogene Variable / Endogene Variable		Handel (T01)	Direkt-invest.	Protek-tion	Handel (T01)	Direkt-invest.	Protek-tion	Handel (T01)	Direkt-invest.	Protek-tion
Sachkapitalintensität	$\hat{\beta}$	-8.23	-	-	-11.31	-	-	-7.16	-	-
	$\|t\|$	2.33*	-	-	2.69**	-	-	2.34*	-	-
Modernitätsgrad des Sachkapitals	$\hat{\beta}$	1.71	-	-	1.44	-	-	.96	-	-
	$\|t\|$	4.04**	-	-	2.70**	-	-	2.40*	-	-
Facharbeiteranteil	$\hat{\beta}$	.26	-	.02	.17	-	.09	.21	-	.09
	$\|t\|$	1.34	-	.17	.71	-	.63	1.14	-	.74
Beschäftigtenanteil in FuE	$\hat{\beta}$	1.23	-	-	.50	-	-	1.24	-	-
	$\|t\|$	.76	-	-	.26	-	-	.97	-	-
Innovatorenanteil	$\hat{\beta}$	-	.02	-	-	.02	-	-	.01	-
	$\|t\|$	-	2.49*	-	-	2.36*	-	-	2.08*	-
Konzentrationsgrad	$\hat{\beta}$	.23	.04	.01	.15	.04	.03	.10	.03	.02
	$\|t\|$	7.86**	1.46	.25	2.81**	1.30	.96	2.39*	1.16	.60
Anteil Marketing-beschäftigte	$\hat{\beta}$	16.00	-1.56	-	9.92	-2.00	-	10.84	-2.33	-
	$\|t\|$	2.15*	.82	-	.94	.85	-	1.34	1.15	-
Beschäftigte je Unternehmen	$\hat{\beta}$	-.02	.002	-	-.04	.003	-	-.03	.004	-
	$\|t\|$	2.48*	.99	-	2.43*	.62	-	2.32*	1.08	-
Transportkosten	$\hat{\beta}$	-	.84	-	-	.80	-	-	.72	-
	$\|t\|$	-	2.94**	-	-	2.40*	-	-	2.81**	-
Konzentrationsgrad (quadriert)(* 10000)	$\hat{\beta}$	-	.20	-	-	.13	-	-	.19	-
	$\|t\|$	-	.47	-	-	.26	-	-	.50	-
Anzahl Firmen	$\hat{\beta}$	-	-	.01	-	-	.006	-	-	.007
	$\|t\|$	-	-	1.90	-	-	1.43	-	-	2.17*
Wachstum der Beschäftigung	$\hat{\beta}$	-	-	.08	-	-	.08	-	-	.02
	$\|t\|$	-	-	1.12	-	-	1.12	-	-	.31
Konsumquote	$\hat{\beta}$	-	-	.03	-	-	.008	-	-	.03
	$\|t\|$	-	-	.20	-	-	.06	-	-	.26
Anzahl deutsche Beschäftigte (* 10000)	$\hat{\beta}$	-	-	-.33	-	-	-.35	-	-	-.23
	$\|t\|$	-	-	1.96*	-	-	1.98*	-	-	1.72
Protektionsgrad	$\hat{\beta}$	-.40	.02	-	-.98	.05	-	-1.36	.08	-
	$\|t\|$	3.11**	.70	-	2.17*	.36	-	3.90**	.73	-
Direktinvestitionen	$\hat{\beta}$	.44	-	.04	1.82	-	-.29	2.21	-	.07
	$\|t\|$	1.38	-	.15	1.89	-	.47	2.78**	-	.13
Aussenhandel (T01)	$\hat{\beta}$	-	.01	-.18	-	.04	-.22	-	.07	-.25
	$\|t\|$	-	.65	3.77**	-	.72	2.77**	-	1.47	3.64**

* Zu den Modellen vgl. Übersicht E.4. $\hat{\beta}$ = geschätzter Regressionskoeffizient, $|t|$ = absoluter t-Wert, *(**) = signifikant für α = 0.05 (0.01)
Aus Platzgründen wird auf einen Abdruck der Koeffizienten für die Konstanten und die fixen Zeit- sowie Industrieeffekte verzichtet.

Das durchgängig in den Varianten (auch in den Einzelgleichungsschätzungen) signifikante negative Vorzeichen der Protektionsvariable in den Exportquotengleichungen zeigt, daß es keine Belege für die Gültigkeit der oben referierten Überlegungen von Krugman zur Exportsteigerung durch Importbehinderung gibt. Aussagen zur Wirkung der Protektion auf die Direktinvestitionen lassen sich aus den Schätzergebnissen nicht ableiten - die Koeffizienten sind (anders als in den Einzelgleichungsschätzungen) nie statistisch gegen Null gesichert, und sie haben in V1 ein anderes Vorzeichen als in V2 bzw. V3.

Eine höhere Direktinvestitionsintensität hat nach den Schätzergebnissen in allen drei Varianten einen signifikant positiven Einfluß auf die Exportquote der Industrie. Dieser Einfluß wird erst deutlich, wenn man von der Einzelgleichungsschätzung zu einer Systemschätzung übergeht, d.h. wenn man die wechselseitigen Abhängigkeiten in das Modell einbezieht. Aussagen zu Wirkungen einer höheren Exportquote auf die Direktinvestitionsintensität lassen sich nicht ableiten - hier liegen insignifikante wechselnde Vorzeichen (wie in den Einzelgleichungsschätzungsmodellen) vor.

Wenden wir uns nun den drei Varianten des Modells B mit der Nettoexportquote als Außenhandelsvariable zu, deren Ergebnisse in den Tabellen E.11 bis E.13 abgedruckt und in Abbildung E.3 dargestellt sind:

Abbildung E.3: Zusammenhänge zwischen Nettoexportquote, Direktinvestitionen und Protektion: Ergebnisse der Modellschätzungen*

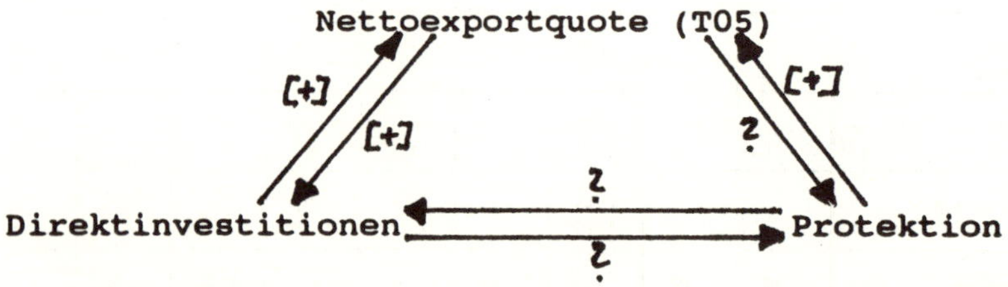

* Zu den Modellen vgl. Tab. E.11 bis E.13. Ein + (-) gibt an, daß die Koeffizienten der Variablen in allen drei Modellvarianten mindestens für α = 0.05 statistisch gegen Null gesichert sind; ein [+] bzw. [-] zeigt in allen drei Varianten übereinstimmende weniger oft statistisch gesicherte Vorzeichen, ein ? symbolisiert zwischen den Modellvarianten unterschiedliche Vorzeichen der Koeffizienten. Alle Angaben beruhen auf den 3SLS-Schätzungen.

Tabelle E.11: Schätzergebisse für Modell B.V1*

Schätzverfahren		OLS			2SLS			3SLS		
Exogene Variable / Endogene Variable		Handel (T05)	Direkt-invest.	Protek-tion	Handel (T05)	Direkt-invest.	Protek-tion	Handel (T05)	Direkt-invest.	Protek-tion
Sachkapitalintensität	$\hat{\beta}$	-2.31	-	-	-16.51	-	-	-5.21	-	-
	|t|	.62	-	-	1.78	-	-	.73	-	-
Modernitätsgrad des Sachkapitals	$\hat{\beta}$	.34	-	-	1.44	-	-	.82	-	-
	|t|	.89	-	-	1.89	-	-	1.47	-	-
Facharbeiteranteil	$\hat{\beta}$	.22	-	-.34	.66	-	-.33	.52	-	-.35
	|t|	1.00	-	2.75**	1.71	-	2.58*	1.79	-	3.01**
Beschäftigtenanteil in FuE	$\hat{\beta}$	-1.30	-.55	-	-2.29	-.54	-	-1.26	-.46	-
	|t|	.88	1.48	-	1.00	1.45	-	.68	1.39	-
Innovatorenanteil	$\hat{\beta}$	-	-	-	-	-	-	-	-	-
	|t|	-	-	-	-	-	-	-	-	-
Konzentrationsgrad	$\hat{\beta}$	.12	.02	-.09	.08	.02	-.09	.09	.01	-.08
	|t|	3.91**	.91	3.76**	1.24	.83	2.89**	1.67	.73	3.05**
Anteil Marketing-beschäftigte	$\hat{\beta}$	-2.64	-.56	-	8.03	-.35	-	6.68	-.65	-
	|t|	.38	.31	-	.69	.18	-	.71	.37	-
Beschäftigte je Unternehmen	$\hat{\beta}$	-.0001	.002	-	.02	.003	-	.02	-.00004	-
	|t|	.01	.90	-	.88	.63	-	1.18	.01	-
Transportkosten	$\hat{\beta}$	-	.49	-	-	.51	-	-	.28	-
	|t|	-	2.07*	-	-	1.93	-	-	1.43	-
Konzentrationsgrad (quadriert)(* 10000)	$\hat{\beta}$	-	.42	-	-	.43	-	-	.29	-
	|t|	-	1.36	-	-	1.16	-	-	.96	-
Anzahl Firmen	$\hat{\beta}$	-	-	.01	-	-	.01	-	-	.01
	|t|	-	-	2.94**	-	-	2.41*	-	-	1.61
Wachstum der Beschäftigung	$\hat{\beta}$	-	-	.11	-	-	.11	-	-	.10
	|t|	-	-	1.41	-	-	1.46	-	-	1.48
Konsumquote	$\hat{\beta}$	-	-	.08	-	-	.02	-	-	.23
	|t|	-	-	.61	-	-	.11	-	-	1.39
Anzahl deutsche Beschäftigte (* 10000)	$\hat{\beta}$	-	-	-.38	-	-	-.40	-	-	-.31
	|t|	-	-	2.21*	-	-	2.27*	-	-	2.10*
Protektionsgrad	$\hat{\beta}$	.08	.09	-	.68	.11	-	1.18	.07	-
	|t|	.68	3.03**	-	1.27	1.05	-	2.71**	.77	-
Direktinvestitionen	$\hat{\beta}$	-.27	-	.46	3.31	-	.17	3.97	-	.11
	|t|	1.00	-	2.37*	1.81	-	.37	2.75**	-	.27
Aussenhandel (T05)	$\hat{\beta}$	-	-.03	.03	-	-.01	.11	-	.07	.05
	|t|	-	1.47	.54	-	.17	.73	-	1.82	.38

* Zu den Modellen vgl. Übersicht E.4. $\hat{\beta}$ = geschätzter Regressionskoeffizient, |t| = absoluter t-Wert, *(**) = signifikant für α = 0.05 (0.01)
Aus Platzgründen wird auf einen Abdruck der Koeffizienten für die Konstanten und die fixen Zeit- sowie Industrieeffekte verzichtet.

Tabelle E.12: Schätzergebisse für Modell B.V2*

Schätzverfahren		OLS			2SLS			3SLS		
Exogene Variable / Endogene Variable		Handel (T05)	Direkt-invest.	Protek-tion	Handel (T05)	Direkt-invest.	Protek-tion	Handel (T05)	Direkt-invest.	Protek-tion
Sachkapitalintensität	$\hat{\beta}$	1.31	-	-	1.00	-	-	1.17	-	-
	|t|	.30	-	-	.21	-	-	.29	-	-
Modernitätsgrad des Sachkapitals	$\hat{\beta}$	-.15	-	-	.06	-	-	.05	-	-
	|t|	.28	-	-	.10	-	-	.09	-	-
Facharbeiteranteil	$\hat{\beta}$	.46	-	-.16	.54	-	.09	.52	-	.13
	|t|	1.87	-	1.32	1.97*	-	.49	2.23*	-	.83
Beschäftigtenanteil in FuE	$\hat{\beta}$	1.08	.33	-	.48	.31	-	.43	.28	-
	|t|	.53	.80	-	.22	.76	-	.23	.78	-
Innovatorenanteil	$\hat{\beta}$	-	-	-	-	-	-	-	-	-
	|t|	-	-	-	-	-	-	-	-	-
Konzentrationsgrad	$\hat{\beta}$	.14	.04	-.04	.12	.04	.05	.10	.03	.06
	|t|	3.81**	1.54	1.59	1.89	1.30	1.07	1.78	1.09	1.28
Anteil Marketing-beschäftigte	$\hat{\beta}$	15.95	-1.52	-	22.04	-1.43	-	22.32	-2.11	-
	|t|	1.70	.77	-	1.81	.60	-	2.15*	1.01	-
Beschäftigte je Unternehmen	$\hat{\beta}$	.03	.003	-	.04	.003	-	.04	.002	-
	|t|	2.69**	1.27	-	2.05*	.77	-	2.41*	.53	-
Transportkosten	$\hat{\beta}$	-	.96	-	-	.99	-	-	.92	-
	|t|	-	3.37**	-	-	3.00**	-	-	3.24**	-
Konzentrationsgrad (quadriert)(* 10000)	$\hat{\beta}$	-	.22	-	-	.28	-	-	.34	-
	|t|	-	.52	-	-	.57	-	-	.81	-
Anzahl Firmen	$\hat{\beta}$	-	-	.01	-	-	.001	-	-	.003
	|t|	-	-	2.59**	-	-	.19	-	-	.57
Wachstum der Beschäftigung	$\hat{\beta}$	-	-	.10	-	-	.16	-	-	.13
	|t|	-	-	1.46	-	-	1.75	-	-	1.51
Konsumquote	$\hat{\beta}$	-	-	.003	-	-	.58	-	-	.42
	|t|	-	-	.02	-	-	1.78	-	-	1.47
Anzahl deutsche Beschäftigte (* 10000)	$\hat{\beta}$	-	-	-.36	-	-	-.35	-	-	-.34
	|t|	-	-	2.06*	-	-	1.51	-	-	1.70
Protektionsgrad	$\hat{\beta}$	.49	.027	-	.86	.04	-	.66	-.01	-
	|t|	3.00**	.74	-	1.64	.38	-	1.50	.10	-
Direktinvestitionen	$\hat{\beta}$	-.11	-	-.12	.80	-	-.77	1.10	-	-.85
	|t|	.27	-	.51	.66	-	.96	1.06	-	1.20
Aussenhandel (T05)	$\hat{\beta}$	-	-.006	.06	-	.006	-.42	-	.05	-.42
	|t|	-	.35	1.06	-	.18	1.94	-	1.41	2.21*

* Zu den Modellen vgl. Übersicht E.4. $\hat{\beta}$ = geschätzter Regressionskoeffizient, |t| = absoluter t-Wert, *(**) = signifikant für α = 0.05 (0.01)

Aus Platzgründen wird auf einen Abdruck der Koeffizienten für die Konstanten und die fixen Zeit- sowie Industrieeffekte verzichtet.

Tabelle E.13: Schätzergebisse für Modell B.V3*

Schätzverfahren		OLS			2SLS			3SLS		
Exogene Variable / Endogene Variable		Handel (T05)	Direkt-invest.	Protek-tion	Handel (T05)	Direkt-invest.	Protek-tion	Handel (T05)	Direkt-invest.	Protek-tion
Sachkapitalintensität	$\hat{\beta}$	1.31	-	-	.95	-	-	1.60	-	-
	|t|	.30	-	-	.20	-	-	.40	-	-
Modernitätsgrad des Sachkapitals	$\hat{\beta}$	-.15	-	-	.07	-	-	.01	-	-
	|t|	.28	-	-	.11	-	-	.02	-	-
Facharbeiteranteil	$\hat{\beta}$	.46	-	-.16	.54	-	.08	.52	-	.13
	|t|	1.87	-	1.32	1.98*	-	.45	2.21*	-	.83
Beschäftigtenanteil in FuE	$\hat{\beta}$	1.08	-	-	.45	-	-	.82	-	-
	|t|	.53	-	-	.20	-	-	.44	-	-
Innovatorenanteil	$\hat{\beta}$	-	.02	-	-	.02	-	-	.02	-
	|t|	-	2.56*	-	-	2.49*	-	-	2.64**	-
Konzentrationsgrad	$\hat{\beta}$	.14	.04	.04	.12	.04	.05	.10	.03	.05
	|t|	3.81**	1.52	1.59	1.96*	1.45	.98	1.98*	1.19	1.16
Anteil Marketing-beschäftigte	$\hat{\beta}$	15.95	-1.09	-	22.17	-1.45	-	21.47	-2.16	-
	|t|	1.70	.59	-	1.83	.63	-	2.08*	1.10	-
Beschäftigte je Unternehmen	$\hat{\beta}$	.03	.002	-	.04	.001	-	.04	.0002	-
	|t|	2.69**	1.00	-	2.06*	.33	-	2.39*	.06	-
Transportkosten	$\hat{\beta}$	-	.87	-	-	.83	-	-	.78	-
	|t|	-	3.09**	-	-	2.54*	-	-	2.81**	-
Konzentrationsgrad (quadriert)(* 10000)	$\hat{\beta}$	-	.25	-	-	.20	-	-	.29	-
	|t|	-	.60	-	-	.42	-	-	.71	-
Anzahl Firmen	$\hat{\beta}$	-	-	.01	-	-	.001	-	-	.003
	|t|	-	-	2.59**	-	-	.25	-	-	.64
Wachstum der Beschäftigung	$\hat{\beta}$	-	-	.10	-	-	.16	-	-	.12
	|t|	-	-	1.46	-	-	1.72	-	-	1.41
Konsumquote	$\hat{\beta}$	-	-	.003	-	-	.59	-	-	.42
	|t|	-	-	.02	-	-	1.81	-	-	1.50
Anzahl deutsche Beschäftigte (* 10000)	$\hat{\beta}$	-	-	-.36	-	-	-.34	-	-	-.30
	|t|	-	-	2.06*	-	-	1.48	-	-	1.52
Protektionsgrad	$\hat{\beta}$	.49	.02	-	.86	.001	-	.63	-.60	-
	|t|	3.00**	.68	-	1.66	.01	-	1.44	.64	-
Direktinvestitionen	$\hat{\beta}$	-.11	-	-.12	.85	-	-.64	.92	-	-.71
	|t|	.27	-	.51	.76	-	.85	.96	-	1.06
Aussenhandel (T05)	$\hat{\beta}$	-	-.01	.06	-	-.003	-.42	-	.04	-.43
	|t|	-	.56	1.06	-	.09	1.97*	-	1.16	2.26*

* Zu den Modellen vgl. Übersicht E.4. $\hat{\beta}$ = geschätzter Regressionskoeffizient, |t| = absoluter t-Wert, *(**) = signifikant für α = 0.05 (0.01)
Aus Platzgründen wird auf einen Abdruck der Koeffizienten für die Konstanten und die fixen Zeit- sowie Industrieeffekte verzichtet.

Anders als theoretisch erwartet sind die Einflüsse einer höheren Direktinvestitionsintensität bzw. einer höheren Nettoexportquote auf die Protektion nicht durchgängig negativ, - allerdings entsprechen die Ergebnisse der Systemschätzungen eher den theoretischen Erwartungen als dies bei den Einzelgleichungsschätzungen der Fall ist, denn die positiven Vorzeichen in V1 sind hier beide insignifikant, und von den negativen Vorzeichen in V2 und V3 ist das der Nettoexportquote signifikant.

Von einem höheren Protektionsgrad geht eine positive Wirkung auf die Nettoexportquote aus, wobei der entsprechende Koeffizient allerdings in den Systemschätzungen nur in V1 als gesichert gelten kann (bei den OLS-Schätzungen ist es gerade anders: hier erscheinen die Koeffizienten in V2 und V3 als signifikant). Wie in Modell A ist auch hier ein Einfluß der Protektion auf die Direktinvestitionsintensität nicht zu erkennen.

Eine höhere Direktinvestitionsintensität ist nach den Schätzergebnissen für die simultanen Modellvarianten mit einer höheren Nettoexportquote verbunden, wobei dieser Zusammenhang allerdings nur in V1 gesichert ist - aus den Einzelgleichungsschätzungen hätte man hier wiederum einen anderen Schluß gezogen! Auch der umgekehrte Zusammenhang zwischen Nettoexportquote und Direktinvestitionen ist durchgängig positiv, allerdings nie gegen Null gesichert.

Damit bleibt noch das Modell C mit dem RCA-Wert als Außenhandelsvariable zu betrachten, dessen Schätzergebnisse in den Tabellen E.14 bis E.16 abgedruckt und in Abbildung E.4 zusammenfassend dargestellt sind:

Abbildung E.4: Zusammenhänge zwischen RCA-Wert, Direktinvestitionen und Protektion: Ergebnisse der Modellschätzungen*

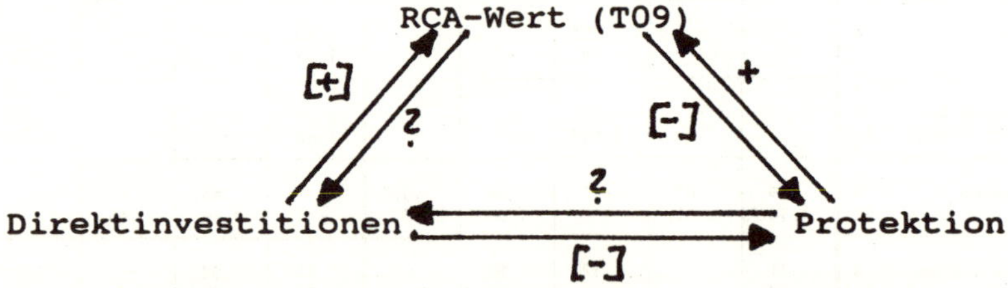

* Zu den Modellen vgl. Tab. E.14 bis E.16. Ein + (-) gibt an, daß die Koeffizienten der Variablen in allen drei Modellvarianten mindestens für α = 0.05 statistisch gegen Null gesichert sind; ein [+] bzw. [-] zeigt in allen drei Varianten übereinstimmende weniger oft statistisch gesicherte Vorzeichen, ein ? symbolisiert zwischen den Modellvarianten unterschiedliche Vorzeichen der Koeffizienten. Alle Angaben beruhen auf den 3SLS-Schätzungen.

Tabelle E.14: Schätzergebnisse für Modell C.V1*

Schätzverfahren		OLS			2SLS			3SLS		
Exogene Variable / Endogene Variable		Handel (T09)	Direkt-invest.	Protek-tion	Handel (T09)	Direkt-invest.	Protek-tion	Handel (T09)	Direkt-invest.	Protek-tion
Sachkapitalintensität	ß	-5.47	-	-	-15.22	-	-	-10.13	-	-
	$\lvert t \rvert$	1.48	-	-	1.75	-	-	1.39	-	-
Modernitätsgrad des Sachkapitals	ß	.79	-	-	1.87	-	-	1.82	-	-
	$\lvert t \rvert$	2.12*	-	-	2.61**	-	-	2.96**	-	-
Facharbeiteranteil	ß	.19	-	-.37	.63	-	-.31	.70	-	-.33
	$\lvert t \rvert$	.90	-	3.03**	1.73	-	2.37*	2.29*	-	2.77**
Beschäftigtenanteil in FuE	ß	-4.89	-.62	-	-6.11	-.64	-	-6.29	-.53	-
	$\lvert t \rvert$	3.35**	1.67	-	2.84**	1.59	-	3.45**	1.48	-
Innovatorenanteil	ß	-	-	-	-	-	-	-	-	-
	$\lvert t \rvert$	-	-	-	-	-	-	-	-	-
Konzentrationsgrad	ß	.14	.02	-.10	.15	.02	-.07	.18	.03	-.06
	$\lvert t \rvert$	4.91**	1.23	4.35**	2.44*	1.05	2.35*	3.46**	1.47	2.29*
Anteil Marketing-beschäftigte	ß	9.69	-.11	-	20.70	.05	-	21.13	-.56	-
	$\lvert t \rvert$	1.42	.06	-	1.90	.02	-	2.34*	.30	-
Beschäftigte je Unternehmen	ß	.02	.003	-	.05	.004	-	.06	.001	-
	$\lvert t \rvert$	2.14*	1.17	-	2.33*	.77	-	2.98**	.24	-
Transportkosten	ß	-	.46	-	-	.47	-	-	.34	-
	$\lvert t \rvert$	-	1.93	-	-	1.81	-	-	1.56	-
Konzentrationsgrad (quadriert)(* 10000)	ß	-	.32	-	-	.34	-	-	.15	-
	$\lvert t \rvert$	-	1.02	-	-	.92	-	-	.47	-
Anzahl Firmen	ß	-	-	.01	-	-	.01	-	-	.005
	$\lvert t \rvert$	-	-	3.45**	-	-	1.90	-	-	1.15
Wachstum der Beschäftigung	ß	-	-	.07	-	-	.12	-	-	.17
	$\lvert t \rvert$	-	-	.95	-	-	1.34	-	-	2.21*
Konsumquote	ß	-	-	.07	-	-	.13	-	-	.19
	$\lvert t \rvert$	-	-	.12	-	-	.98	-	-	1.70
Anzahl deutsche Beschäftigte (* 10000)	ß	-	-	-.39	-	-	-.39	-	-	-.45
	$\lvert t \rvert$	-	-	2.28*	-	-	2.20*	-	-	3.04**
Protektionsgrad	ß	.44	.10	-	1.34	.12	-	2.02	.10	-
	$\lvert t \rvert$	3.97**	3.27**	-	2.65**	1.17	-	4.69**	1.00	-
Direktinvestitionen	ß	-.36	-	.49	2.24	-	.14	2.84	-	-.001
	$\lvert t \rvert$	1.33	-	2.57*	1.30	-	.30	1.94	-	.02
Aussenhandel (T09)	ß	-	-.03	.13	-	-.04	-.01	-	-.01	-.03
	$\lvert t \rvert$	-	1.69	2.42*	-	.66	.07	-	.30	.24

* Zu den Modellen vgl. Übersicht E.4. ß = geschätzter Regressionskoeffizient, $\lvert t \rvert$ = absoluter t-Wert, *(**) = signifikant für α = 0.05 (0.01)
Aus Platzgründen wird auf einen Abdruck der Koeffizienten für die Konstanten und die fixen Zeit- sowie Industrieeffekte verzichtet.

Tabelle E.15: Schätzergebnisse für Modell C.V2*

Schätzverfahren		OLS			2SLS			3SLS		
Exogene Variable / Endogene Variable		Handel (T09)	Direkt-invest.	Protek-tion	Handel (T09)	Direkt-invest.	Protek-tion	Handel (T09)	Direkt-invest.	Protek-tion
Sachkapitalintensität	$\hat{\beta}$	-4.85	-	-	-6.50	-	-	-3.47	-	-
	$\lvert t \rvert$	1.16	-	-	1.08	-	-	.81	-	-
Modernitätsgrad des Sachkapitals	$\hat{\beta}$	.45	-	-	1.05	-	-	.71	-	-
	$\lvert t \rvert$	.86	-	-	1.37	-	-	1.41	-	-
Facharbeiteranteil	$\hat{\beta}$	.44	-	-.18	.69	-	.03	.36	-	.08
	$\lvert t \rvert$	1.91	-	1.45	2.01*	-	.19	1.47	-	.53
Beschäftigtenanteil in FuE	$\hat{\beta}$	-3.94	.31	-	-5.97	.50	-	-6.60	.77	-
	$\lvert t \rvert$	2.05*	.75	-	2.15*	1.10	-	2.93**	2.04*	-
Innovatorenanteil	$\hat{\beta}$	-	-	-	-	-	-	-	-	-
	$\lvert t \rvert$	-	-	-	-	-	-	-	-	-
Konzentrationsgrad	$\hat{\beta}$	.12	.04	-.04	.02	.03	.05	.05	.02	.06
	$\lvert t \rvert$	3.34**	1.53	1.79	.29	.88	1.07	.77	.88	1.56
Anteil Marketing-beschäftigte	$\hat{\beta}$	25.85	-1.51	-	43.41	-3.24	-	46.20	-5.53	-
	$\lvert t \rvert$	2.93**	.75	-	2.87**	1.10	-	3.70**	2.34*	-
Beschäftigte je Unternehmen	$\hat{\beta}$	.04	.003	-	.07	.001	-	.07	-.006	-
	$\lvert t \rvert$	4.01**	1.21	-	2.94**	.03	-	3.63**	1.33	-
Transportkosten	$\hat{\beta}$	-	.96	-	-	.90	-	-	.47	-
	$\lvert t \rvert$	-	3.36**	-	-	2.57*	-	-	1.90	-
Konzentrationsgrad (quadriert)(* 10000)	$\hat{\beta}$	-	.22	-	-	.33	-	-	.20	-
	$\lvert t \rvert$	-	.51	-	-	.65	-	-	.51	-
Anzahl Firmen	$\hat{\beta}$	-	-	.01	-	-	.003	-	-	.002
	$\lvert t \rvert$	-	-	2.84**	-	-	.49	-	-	.39
Wachstum der Beschäftigung	$\hat{\beta}$	-	-	.08	-	-	.22	-	-	.22
	$\lvert t \rvert$	-	-	1.06	-	-	2.21*	-	-	2.58**
Konsumquote	$\hat{\beta}$	-	-	.02	-	-	.17	-	-	.24
	$\lvert t \rvert$	-	-	.13	-	-	.92	-	-	1.52
Anzahl deutsche Be-schäftigte (* 10000)	$\hat{\beta}$	-	-	-.36	-	-	-.42	-	-	-.42
	$\lvert t \rvert$	-	-	2.06*	-	-	1.97*	-	-	2.33*
Protektionsgrad	$\hat{\beta}$	.73	.03	-	1.74	-.02	-	2.24	-.20	-
	$\lvert t \rvert$	4.75**	.70	-	2.69**	.16	-	4.32**	1.99**	-
Direktinvestitionen	$\hat{\beta}$	.06	-	-.10	3.19	-	-1.26	4.90	-	-1.55
	$\lvert t \rvert$	.16	-	.43	2.11*	-	1.76	4.18**	-	2.51*
Aussenhandel (T09)	$\hat{\beta}$	-	-.004	.11	-	.06	-.23	-	.12	-.21
	$\lvert t \rvert$	-	.19	2.10*	-	1.16	1.50	-	2.93**	1.58

* Zu den Modellen vgl. Übersicht E.4. $\hat{\beta}$ = geschätzter Regressionskoeffizient, $\lvert t \rvert$ = absoluter t-Wert, *(**) = signifikant für α = 0.05 (0.01)
Aus Platzgründen wird auf einen Abdruck der Koeffizienten für die Konstanten und die fixen Zeit- sowie Industrieeffekte verzichtet.

Tabelle E.16: Schätzergebnisse für Modell C.V3*

Schätzverfahren		OLS			2SLS			3SLS		
Exogene Variable / Endogene Variable		Handel (T09)	Direkt-invest.	Protek-tion	Handel (T09)	Direkt-invest.	Protek-tion	Handel (T09)	Direkt-invest.	Protek-tion
Sachkapitalintensität	$\hat{\beta}$	-4.85	-	-	-5.86	-	-	-3.40	-	-
	|t|	1.16	-	-	1.05	-	-	.79	-	-
Modernitätsgrad des Sachkapitals	$\hat{\beta}$	.45	-	-	1.00	-	-	.79	-	-
	|t|	.86	-	-	1.40	-	-	1.50	-	-
Facharbeiteranteil	$\hat{\beta}$	.44	-	-.18	.66	-	.02	.48	-	.06
	|t|	1.91	-	1.45	2.09*	-	.15	1.95	-	.45
Beschäftigtenanteil in FuE	$\hat{\beta}$	-3.94	-	-	-5.58	-	-	-4.38	-	-
	|t|	2.05*	-	-	2.18*	-	-	2.26*	-	-
Innovatorenanteil	$\hat{\beta}$	-	.02	-	-	.02	-	-	.02	-
	|t|	-	2.54*	-	-	2.42*	-	-	2.18*	-
Konzentrationsgrad	$\hat{\beta}$	.12	.04	-.04	.05	.04	.04	.01	.02	.06
	|t|	3.34**	1.52	1.79	.70	1.20	.99	.17	.97	1.42
Anteil Marketing-beschäftigte	$\hat{\beta}$	25.85	-1.06	-	41.67	-2.14	-	41.37	-3.46	-
	|t|	2.93**	.57	-	2.97**	.82	-	3.54**	1.63	-
Beschäftigte je Unternehmen	$\hat{\beta}$	.04	.002	-	.07	.00002	-	.07	-.004	-
	|t|	4.01**	1.00	-	3.07**	.004	-	3.86**	.86	-
Transportkosten	$\hat{\beta}$	-	.87	-	-	.81	-	-	.62	-
	|t|	-	3.09**	-	-	2.41*	-	-	2.46*	-
Konzentrationsgrad (quadriert)(* 10000)	$\hat{\beta}$	-	.23	-	-	.24	-	-	.28	-
	|t|	-	.57	-	-	.49	-	-	.73	-
Anzahl Firmen	$\hat{\beta}$	-	-	.01	-	-	.003	-	-	.002
	|t|	-	-	2.84**	-	-	.53	-	-	.47
Wachstum der Beschäftigung	$\hat{\beta}$	-	-	.08	-	-	.21	-	-	.21
	|t|	-	-	1.06	-	-	2.20*	-	-	2.46*
Konsumquote	$\hat{\beta}$	-	-	.02	-	-	.18	-	-	.22
	|t|	-	-	.13	-	-	.96	-	-	1.39
Anzahl deutsche Beschäftigte (* 10000)	$\hat{\beta}$	-	-	-.36	-	-	-.41	-	-	-.36
	|t|	-	-	2.06*	-	-	1.96*	-	-	2.04*
Protektionsgrad	$\hat{\beta}$	.73	.03	-	1.67	-.03	-	2.12	-.16	-
	|t|	4.75**	.68	-	2.78**	.21	-	4.29**	1.70	-
Direktinvestitionen	$\hat{\beta}$	.06	-	-.10	2.56	-	-1.15	3.56	-	-1.43
	|t|	.16	-	.43	1.98*	-	1.73	3.31**	-	2.48*
Aussenhandel (T09)	$\hat{\beta}$	-	-.01	.11	-	.02	-.23	-	.07	-.19
	|t|	-	.43	2.10*	-	.50	1.55	-	1.99*	1.45

* Zu den Modellen vgl. Übersicht E.4. $\hat{\beta}$ = geschätzter Regressionskoeffizient, |t| = absoluter t-Wert, *(**) = signifikant für α = 0.05 (0.01)
Aus Platzgründen wird auf einen Abdruck der Koeffizienten für die Konstanten und die fixen Zeit- sowie Industrieeffekte verzichtet.

Wie theoretisch erwartet - und anders als in den Einzelgleichungsschätzungen - haben eine höhere Direktinvestitionsintensität und ein höherer RCA-Wert jeweils einen negativen Einfluß auf den Protektionsgrad, der allerdings nur für die Direktinvestitionen bei den Varianten V2 und V3 statistisch gesichert ist.

Die Wirkung einer höheren Protektion auf den RCA-Wert ist in allen drei Varianten positiv und statistisch gesichert, während wie in Modell A und B keine Aussagen zum Einfluß der Protektion auf die Direktinvestitionen möglich sind.

Eine höhere Direktinvestitionsintensität führt zu einem höheren RCA-Wert, wobei dieser positive Zusammenhang erst in den Systemschätzungen deutlich zutage tritt. Über die umgekehrte Wirkungsrichtung vom RCA-Wert auf die Direktinvestitionen läßt sich keine eindeutige Aussage machten: Zwar sind die Kokeffizienten in V2 und V3 positiv und signifikant, der in V1 jedoch ist insignifikant negativ.

Betrachtet man die in diesem Abschnitt vorgestellten Schätzergebnisse zu den Zusammenhängen zwischen Außenhandel, Direktinvestition und Protektion aus den verschiedenen Varianten der Modelle A, B und C insgesamt, so wird einerseits deutlich, daß viele dieser wechselseitigen Einflüsse nicht vernachlässigt werden dürfen, da sie statistisch signifikant sind - dies gilt besonders für Wirkungen der Protektion auf den Außenhandel, aber auch für Einflüsse von Direktinvestitionen auf (Netto-) Exportquote und RCA-Wert. Andererseits haben die Ergebnisse von Einzelgleichungs- und Systemschätzungen deutlich gemacht, wie wichtig es ist, die von Außenhandel, Direktinvestitionen und Protektion jeweils auf die anderen betrachteten Größen ausgehenden Einflüsse im Kontext eines simultanen Modells zu betrachten, denn Einzelgleichungsmodelle können hier zu abweichenden (Fehl-) Schlüssen führen.

3.2.2.2 Bestimmungsgründe von Außenhandel, Direktinvestitionen und Protektion bei simultaner Betrachtung

Es ist nun im nächsten Schritt zu prüfen, inwiefern die Berücksichtigung simultaner Abhängigkeiten zwischen Protektion, Außenhandel und Direktinvestitionen auch für die Analyse der Determinanten dieser Größen von Bedeutung ist.

Diese Überprüfung kann für die *Bestimmungsgründe der Protektion* anhand einer vergleichenden Betrachtung der Ergebnisse der OLS- und der 3SLS-Schätzungen aus den Tabellen E.8 bis E.16 sowie der nach den Überlegungen aus der Neuen Politischen Ökonomie theoretisch erwarteten Vorzeichen, die in Übersicht E.2 aufgeführt sind, vorgenommen werden:

Alles in allem gesehen sind die Unterschiede zwischen OLS- und 3SLS-Schätzungen eher gering - zwar unterscheiden sich die Vorzeichen bei 17 von 72 Koeffizienten, diese sind aber nie in beiden Fällen statistisch signifikant. Die deutlichsten Abweichungen zeigen sich bei den Koeffizienten der im System endogenen Variablen Außenhandel (in den unterschiedlichen Formen T01, T05 und T09) und Direktinvestitionen, worauf bereits im vorigen Abschnitt eingegangen wurde; insbesonders für den Handel entsprechen die Ergebnisse der 3SLS-Schätzungen den theoretischen Erwartungen weit eher als die OLS-Schätzungen. Bemerkenswert ist noch, daß bei dem Konzentrationsgrad in fünf Fällen aus einem theoretisch nicht erwarteten negativen ein positives Vorzeichen wird (wobei diese allerdings auf einem üblichen Niveau nie signifikant sind), wenn man von der OLS- zur 3SLS-Schätzung übergeht, während umgekehrt in genau diesen fünf Gleichungen aus einem theoretisch erwarteten negativen (insignifikanen) Vorzeichen des Facharbeiteranteils ein (ebenfalls insignifikantes) positives Vorzeichen wird. Insgesamt liefern auch die 3SLS-Schätzungen kaum Hinweise auf die Tragfähigkeit von Überlegungen der Neuen Politischen Ökonomie zur Erklärung der Unterschiede im Protektionsgrad der Industrien - so haben insbesonders die Variablen "Anzahl Firmen", "Wachstum der Beschäftigung" und "Anzahl deutsche Beschäftigte" in allen neun hier betrachteten Systemen ein (teils statistisch signifikantes) "falsches" Vorzeichen.

Bei den *Bestimmungsgründen der Direktinvestitionsintensität* zeigen sich zwischen den Einzelgleichungsschätzungen aus Tabelle C.12 und den Systemschätzungen aus Tabellen E.8 bis E.16 kaum Unterschiede: In Modell A weichen die (in beiden Fällen insignifikanten) Vorzeichen der Produktdifferenzierungsvariable bei Variante 1 voneinander ab, in Modell C gibt es in drei Fällen Unterschiede hinsichtlich der Signifikanz von Koeffizienten bei Variante 2, und die Vorzeichen der Betriebsgrößenvariable differieren zwischen OLS und 3SLS in allen drei Varianten. Der Gesamteindruck ändert sich hierdurch jedoch nicht.

Die Ergebnisse für die *Bestimmungsgründe der Außenhandelsstruktur* stimmen, vergleicht man die Einzelgleichungsschätzungen ohne Berücksichtigung der Direktinvestitionen und der Protektion mit den Systemschätzungen, sowohl für die *Exportquote T01* (vgl. Tabelle B.27/ Variante A und die Tabellen E.14 bis E.16) stark überein: Mit einer einzigen Annahme (dem negativen Koeffizienten des Konzentrationsgrades in Variante 2 von Modell C der 3SLS-Schätzungen) sind die Vorzeichen der Variablen sowohl jeweils in allen drei 3SLS-Varianten als auch zwischen Einzelgleichungs- und Systemschätzungen identisch; Unterschiede traten jedoch bei der statistischen Signifikanz und der Größe der Koeffizienten auf. Verglichen hiermit bewirkt die Berücksichtigung der Interdependenzen von Außenhandel, Direktinvestitionen und Protektion bei der Analyse der Bestimmungsgründe der *Nettoexportqutoe T05* stärkere Veränderungen (vgl. Tabelle B.28/Variante A und die Tabellen E.11 bis E.13): Produktdifferenzierung und Skalenerträge weisen in allen drei Varianten der Systemschätzungen ein positives Vorzeichen aus, das in je zwei Varianten signifikant ist; ebenfalls positiv (allerdings insignifikant) ist in V2 und V3 der Einfluß von Kapitalintensität und FuE-Beschäftigten. Das Bild aus den Systemschätzungen entspricht damit für die Determinanten der Nettoexportquote bei den Vorzeichen eher dem Muster aus den robusten Einzelgleichungsschätzungen (vgl. Tabelle B.31) als dem der OLS-Schätzungen.

4 Fazit

Ziel des Teils E dieser Untersuchung war es, wechselseitige Abhängigkeiten zwischen Aspekten der internationalen ökonomischen Verflechtung von Industrien und Firmen zu betrachten. Aus methodischen Gründen und wegen mangelnder Daten mußte die ökonometrische Analyse hierbei bescheiden ausfallen und sich auf die Interdependenzen zwischen Außenhandel, Direktinvestitionen und Protektion beschränken.

Aus den Ergebnissen der ökonometrischen Untersuchung lassen sich drei zentrale Schlußfolgerungen ableiten:

1. "Simultaneity matters" - Einzelgleichungsschätzungen sind daher ein ungeeignetes Instrument zur Analyse der hier interessierenden Fragestellungen.
2. Besonders wichtig sind die wechselseitigen Beziehungen zwischen Protektion und Außenhandel sowie die positiven Wirkungen einer höheren Direktinvestitionsintensität auf (Netto-) Exportquote und RCA-Wert einer Industrie - der zuletzt angeführte Aspekt wird erst bei der Betrachtung in simultanen Systemen deutlich.
3. Die Schlußfolgerungen über die Wirkungsrichtung der sowohl in den Einzelgleichungsmodellen aus den Teilen B, C und E.2 als auch in den Systemen in Abschnitt E.3 enthaltenen Größen auf die jeweilige endogene Variable (Außenhandel, Direktinvestition, Protektion) unterscheiden sich kaum, wenn man Einzelgleichungs- und Systemschätzungen gegenüberstellt.

Diese Schlußfolgerungen beruhen alle auf Schätzungen mit relativ hoch aggregierten Industriedaten und aus nur wenige Aspekte endogenisierenden Modellen. Die sich hieraus ergebende Forschungsperspektive liegt auf der Hand: Sie besteht aus umfassenderen Modellen mit weiteren Formen internationaler ökonomischer Verflechtungen sowie Marktstrukturvariablen als zusätzlichen endogenen Variablen, geschätzt auf der Basis von Daten eines Firmenpanels.

"On pessimistic days I doubt that economists have learned anything from the mountains of computer print-outs that fill their offices. On especially pessimistic days, I doubt they ever will. But there are optimistic days as well."

Edward E. Leamer (1983a, 325)

F Zusammenfassende Überlegungen und Forschungsperspektiven

Am Beginn dieser Arbeit wurde als Zielsetzung formuliert, durch theoriegeleitetes Lernen aus den Daten, das sich ökonometrischer Methoden bedient, zu prüfen, in wieweit statistisch "abgesicherte" Aussagen über Bestimmungsgründe internationaler ökonomischer Verflechtungen von Industrien und Firmen möglich sind, wobei die Beziehungen zwischen theoretischen Überlegungen einerseits und Schätzergebnissen aus ökonometrischen Modellen andererseits herausgearbeitet werden sollten. Am Ende der Untersuchung bleibt zusammenzutragen, was aus den Bergen von Computerausdrucken mit den Schätz- und Testergebnissen vieler hundert Modelle, deren Destillat den Kern der vorangegangenen Teile dieser Arbeit bildet, hierzu zu lernen[1] ist.

Eine Zusammenfassung im Sinne einer Wiederholung der Ergebnisse einzelner Abschnitte erscheint hierfür ungeeignet - dazu wäre eine jeweils zu differenzierte Argumentation erforderlich, als sie in der gebotenen Kürze möglich ist, denn Aussagen zu Bestimmungsgründen von Formen internationaler ökonomischer Verflechtungen von Industrien und Firmen lassen sich auf der Basis dieser Untersuchung oft nicht ohne "wenn" und "aber" formulieren. Auf eine kurze und damit gefährlich verkürzende Ergebnispräsentation (für den vielzitierten "eiligen Leser" etwa) wird daher bewußt verzichtet. Stattdessen soll zusammenfassend auf vier Aspekte eingegangen werden:

---

[1] Da nicht auszuschließen ist, daß Vieles von dem, was im folgenden als Gelerntes genannt wird, entweder bereits zuvor in der Literatur herausgestellt wurde oder Manchem als zu offensichtlich - wenn nicht trivial - erscheint, als daß es eine Erwähnung hier verdient, sollte "lernen" als ssubjektiv (aus der Sicht des Verfassers) verstanden werden.

1.) Das Verhältnis von Theorie und ökonometrischen Analysen.
2.) Die Bedeutung der Verwendung von Panel-Daten.
3.) Die Rolle von Spezifikationstests.
4.) Die Relevanz von Beziehungen zwischen Formen der internationalen ökonomischen Verflechtung.

zu 1.) In Teil B wurde deutlich, daß die theoretische Fundierung der ökonometrischen Untersuchungen der Bestimmungsgründe der Struktur des internationalen Handels allenfalls schwach zu nennen ist, da einerseits die Faktorproportionentheorie keine rigorose Ableitung einer Regressionsfunktion erlaubt und andererseits auch ökonometrische Analysen zur Rolle der Marktstruktur hier nicht auf modelltheoretisch begründeten Hypothesen beruhen können (vgl. die Argumentation in den Abschnitten B.2.2.3 und B.3.1). Dies könnte mit den von Leamer (1984, XIII) beschriebenen Zustand erklären, wonach "(t)the micro half of international economics is surprisingly sparse in empirical work. It is difficult to name another substantive field in economics in which theorists make such great efforts to identify the unending stream of logical possibilities, and in which so little effort is made to attach empirical probabilities to their models." Aber auch wenn man die Hoffnung von Deardorff (1984, 513) teilt, "... that further developments ... will provide us with a model in which factor proportions, scale economies, and degrees of product differentiation and imperfect competition all interact to determine how much countries trade, what they trade, and with whom", so bedeutet dies nicht, daß man auf ökonometrische Untersuchungen zu den Bestimmungsgründen der Außenhandelsstruktur bis dahin verzichten muß. "At this point, however, the central problem of international trade is how to go beyond the proliferation of models to some kind of new synthesis. Probably trade theory will never be as unified as it was a decade ago, *but it would be desireable to see empirical work begin to narrow the range of things that we regard as plausible outcomes.*" (Krugman 1986, 55; Hervorhebung durch mich, J.W.) In diesem Sinne wollen die ökonometrischen Schätzungen zur Bedeutung von Faktoreinsatzgrößen und Marktstrukturvariablen in Tiel B verstanden werden.

Die Situation hier ist der bei der Untersuchung der Bestimmungsgründe von Direktinvestitionen und "Neuen Formen" internationaler Unternehmenszusammenarbeit ähnlich, denn auch dort können die ökonometrischen Analysen nicht als Theorietest im engeren Sinne gelten, da es nicht gelingt, die mit unterschiedlichen Formen der Verwertung firmenspezifischen Wissens verbundenen Transaktionskosten zu quantifizieren (vgl. die am Ende von Abschnitt C.3.3 referierten Überlegungen von Buckley 1988). Angesichts dieser fehlenden stringenten modelltheoretischen Begründung der hier geschätzten und getesteten ökonometrischen Modelle besteht mit den Worten von Leamer

(1984, 157) "a serious risk that this analysis, like many empirical studies, will degenerate into an elaborate exercise in econometric journalism." Ob es gelungen ist, dieses Risiko zu vermeiden, muß der Leser entscheiden.

Zu 2.) Die Kontrolle der von unbeobachteten (und unbeobachtbaren?) Besonderheiten der Industrien und Jahre ausgehenden Einflüsse in Modellen auf der Basis von kombinierten Querschnitts- und Längsschnittsdaten hat gezeigt, daß die Verwendung von Paneldaten wichtige neue Erkenntnisse liefern kann, denn die geschätzten Koeffizienten aus diesen Modellen unterscheiden sich in vielen Fällen deutlich von denen auf der Basis von Querschnittsschätzungen über alle Industrien mit Daten eines Jahres. Darüber hinaus sind auch an einigen Stellen (vgl. die Argumentation in den Abschnitten C.2.4 und D.4) Überlegungen im Hinblick auf eine inhaltliche Interpretation von Industrieeffekten angestellt worden, die ein weiteres Indiz dafür darstellen, daß Panel-Daten eine gegenüber Querschnittsdaten verbesserte Datenbasis darstellen.

zu 3.) In Abschnitt A.3 wurde herausgestellt, warum es notwendig ist, die zu schätzenden ökonometrischen Modelle einer Anzahl von Spezifikationstests zu unterziehen - nur so kann man sich vor (oft stromlinienförmig präsentierten!) Fehlschlüssen aus fehlspezifizierten Modellen schützen. Die sehr häufige Ablehnung der mit OLS geschätzten Modelle durch die Tests kann als Beleg dafür gelten, wie wichtig und angemessen das hier gewählte Vorgehen ist - wobei erneut darauf hingewiesen werden soll, daß die auf Firmendaten basierenden Modelle (mit Ausnahme der Logit-Schätzungen) und die simultanen Systeme wegen fehlender geeigneter Computerprogramme ungetestet präsentiert werden müssen, ohne daß sie deshalb unkritisch akzeptiert werden sollten!

Die wegen der häufigen Ablehnung der OLS-Modelle durch die Tests auf normalverteile Störgrößen, korrekt spezifizierte funktionale Form und nicht vorhandene Ausreisser durchgeführten Schätzungen gepoolter Modelle mit einem robusten Verfahren erwiesen sich als eine wichtige Sensitivitätsanalyse, da die hiermit erhaltenen Ergebnisse denen aus den OLS-Schätzungen teils widersprachen und sie teils unterstützten.

Es sei daran erinnert, daß

"... misspecification checks cannot be expected to act as simple and accurate guides to the reformulation of models that have been found to be inconsistent with the sample data. They should, however, be useful tools for the detection of inadequate models. The rejection of misspecified models with high probability will require careful use of available information on, for example, relevant economic theories, related empirical work and the nature of the data." (Godfrey 1988, 163)

Häufige Ablehnungen der Modelle durch Spezifikationstests sollten aber auch nicht dazu verleiten, eine nur resignierende Haltung einzunehmen, denn, wie Krasker/Kuh/Welsch (1983, 658) treffend in Abwandlung einer alten Ökonomen-Weisheit feststellen, "*there is not such thing as a perfectly specified econometric model*". Die ausführliche Präsentation der Schätz- und Testergebnisse hier soll dem Leser ein eigenes Urteil darüber ermöglichen, inwiefern er die daraus gezogenen Schlußfolgerungen für tragfähig hält.

zu 4.): In Teil E.3 wurde herausgearbeitet, daß wechselseitige Beziehungen zwischen Aspekten der internationalen ökonomischen Verflechtung Einzelgleichungsschätzungen zu einem ungeeigenten Instrument bei der Analyse der hier interessierenden Zusammenhänge werden lassen. Hierbei ist besonders bemerkenswert, daß der positive Einfluß einer höheren Direktinvestitionstätigkeit auf den Außenhandel erst in den simultanen Systemen deutlich wird. Andererseits unterscheiden sich die Schlußfolgerungen im Hinblick auf die Wirkungsrichtung der Determinanten von Handels- und Direktinvestitionsstruktur nur wenig zwischen Einzelgleichungs- und Systemschätzungen - wobei allerdings zu beachten ist, daß diese Schlußfolgerungen mit relativ hoch aggregierten Industriedaten aus nur wenige Aspekte endogenisierenden Modellen, die zudem weder Spezifikationstests unterzogen noch mit einem robusten Verfahren geschätzt werden konnten, gewonnen wurden. Ob sie sich auch auf der Basis umfassender und rigoros getesteter Modelle, geschätzt mit tiefer disaggregierten Daten, als tragfähig erweisen, muß sich erst noch zeigen.

Die sich aus den hier zusammenfassend angesprochenen vier Aspekten ergebenden *Forschungsperspektiven* betreffen drei Bereiche:

Erstens sollte versucht werden, eine umfassendere Theorie der international agierenden Firma zu formulieren, aus der sich empirischen Untersuchungen zugängliche Hypothesen zu Bestimmungsgründen des optimalen Mix von Formen internationaler Verflechtungen ableiten lassen.

Zweitens gilt es, auch simultane Systeme mit Gleichungen, deren endogene Variablen in unterschiedlicher Weise in ihren Wertebereichen beschränkt sind, mit Paneldaten (und auch mit robusten Verfahren) zu schätzen und Spezifikationstests zu unterziehen.

Drittens muß als Datenbasis für zukünftige empirische Untersuchungen zu Bestimmungsgründen von Ursachen und Ausmaß internationaler Verflechtungen ein umfassendes *Betriebspanel* aufgebaut werden. Daß dabei *Firmen* und nicht Industrien (auf einem tieferen als dem hier verwendeten Aggregationsniveau) die Merkmalsträger bilden sollten, hat ökonomische Gründe:

"Das know-how bei Produktion, Absatz und Service ist heute für die Wettbewerbsfähigkeit vieler Unternehmen auf dem Weltmarkt entscheidender als die relative Ausstattung ihres Heimatlandes mit Produktionsfaktoren und die Größe des heimischen Marktes. Unternehmensspezifische Wettbewerbsvorteile haben gegenüber ausstattungsbedingten Standortvorteilen bei der Erklärung der internationalen Allokation der Produktionsfaktoren an Bedeutung gewonnen." (Hesse, Keppler und Preuße 1985, 25)

Ein *Panel* ermöglicht hierbei einerseits die Kontrolle der von eventuell wichtigen und gleichzeitig nur schwer oder nicht erfaßbaren Faktoren wie "Tradition des Hauses", "Risikoneigung des Managements" oder "internationale Orientierung der Unternehmensleitung" ausgehenden Einflüsse in Form von (fixen oder zufälligen) Firmeneffekten. Andererseits sind nur auf einer solchen Basis Längsschnittanalysen möglich, etwa um die Hypothese zu überprüfen, daß die Exportquote einer Firma steigt, wenn dieses Unternehmen wächst (vgl. Hirsch/Adar 1974, 43), oder um die Bestimmungsgründe des Wechsels einer Firma aus der "Nicht-Nutzer-" in die "Nutzer"-Kategorie (und vice versa) einer Form internationaler ökonomischer Verflechtung zu untersuchen und die Determinanten der "Überlebensdauer" eines spezifischen Weltmarktengagements (etwa eines Direktinvestitionsvorhabens) herauszuarbeiten (vgl. die Überlegungen bei Anderson/Gatignon 1986, 21 f.). Ferner kann auf der Basis von Paneldaten gezeigt werden, welche Konsequenzen wirtschaftspolitische Maßnahmen - etwa die Verwirklichung eines einheitlichen europäischen Binnenmarktes oder ein spezifisches Forschungsförderungsprogramm - für das (weltmarktgerichtete) Verhalten von Firmen haben.

Ein geeigentes Firmenpanel ist schnell gefordert, doch nur unter Einsatz erheblicher finanzieller Mittel und mit großem Aufwand an - wenig prestigeträchtiger - Arbeit zu erstellen. "Theoretische Forschung, hoch zu Roß, gilt als vornehm und edel, empirische, angewandte Wirtschaftsforschung gilt als Kärrnerarbeit." (Ott 1985, 330) Diese Untersuchung, die selbst in die zweite von Ott genannte Kategorie gehört, schließt daher mit einem Plädoyer für ein weiteres Stück Kärrnerarbeit - dem Aufbau eines Betriebspanels.[2]

---

[2] Da das Prinzip der komperativen Vorteile auch die optimale Arbeitsteilung in der Wissenschaft mit bestimmt (oder bestimmen sollte), sieht der Verfasser hierin ein Arbeitsgebiet, auf das er sich zukünftig (unvollständig) spezialisieren wird. Konzeptionelle Vorarbeiten zu einem Betriebspanel laufen im Rahmen eines internationalen Forschungsprojektverbundes seit Herbst 1988, eine Pilotstudie für Niedersachsen wird Ende 1990 abgeschlossen sein. Mit ersten Ergebnissen ist sicher nicht vor Ende 1992 zu rechnen.

"There are two things you are better off not watching in the making: sausages and econometric estimates."

Ökonometriker-Sprichwort, überliefert von Edward E. Leamer (1983 b, 37)

G Anhang

Das diesem Teil der Arbeit vorangestellte Motto gibt eine (zu) weit verbreitete Einstellung wieder - ihr entschieden entgegenzuwirken ist Aufgabe jedes empirisch-ökonometrisch Arbeitenden. In diesem Sinne - und entsprechend z.B. der im September 1986 verkündeten Vorgehensweise im American Economic Review "to publish papers only where the data used in the analysis are clearly and precisely documented, are readily available to any researcher for purposes of replication, and where details of the computations sufficient to permit replication are provided" - sollen hier die Daten, die dieser Arbeit zugrundegelegt wurden, die Schätz- und Testverfahren sowie die verwendeten Computerprogramme dokumentiert werden. Auf den Abdruck aller Daten muß aus Raumgründen verzichtet werden; die Daten auf Industrieebene stellt der Verfasser zum Zweck der Replikation der Ergebnisse sowie für alternative Schätzungen auf Anfrage auf Diskette zur Verfügung. Die Firmendaten beruhen auf einer Befragung, bei der die Vertraulichkeit aller Angaben zugesichert wurde - eine Weitergabe ist daher wie im Fall der verwendeten kommerziellen Computerprogramme nicht zulässig; die Möglichkeit, alternative Spezifikationen mit den Daten und Programmen über Datenfernverarbeitung (BITNET) durchzurechnen, muß im Einzelfall geprüft werden.

1 Zu den Industriedaten

Dieser Abschnitt dokumentiert die Datenbasis der ökonometrischen Untersuchungen mit Daten auf Branchenebene; die Variablen werden hierbei in der

Reihenfolge ihrer (erstmaligen) Verwendung und in dem Gang der Studie entsprechenden Blöcken zusammengefaßt vorgestellt.[1]

1.1 Daten zur Außenhandelsverflechtung

Die in der Übersicht B.2 aufgeführten Variablen zur Außenhandelsverflechtung von Industrien wurden auf der Grundlage folgender Angaben berechnet:

- *Exporte* und *Importe* (jeweils *insgesamt* sowie *regional disaggregiert*) entnommen aus: Statistisches Bundesamt, Fachserie 7, Reihe 7, lfd. Jg. (Dort finden sich auch die exakten Abgrenzungen der Ländergruppen der regional disaggregierten Angaben.)
- *Umsatz* entnommen aus: Baumgart, Schintke und Baumann (1985, Tab. 1); diese Angaben entsprechen denen in Statistisches Bundesamt, Fachserie 4, Reihe 4.1.1.

1.2 Daten zum Faktoreinsatz

Die in Tabelle B.3 aufgeführten Faktoreinsatzgrößen auf *Branchen*ebene wurden auf der Grundlage folgender Angaben berechnet:

- *Sachkapitalintensität*: Bruttoanlagevermögen in Preisen von 1980 (Quelle: Baumgart, Schintke und Baumann 1985, Tab. 41) je geleisteter Beschäftigtenstunde (Quelle: ebenda, Tab. 26).
- *Sachkapitalintensität (Benutzerkonzept)*: Die Angaben zum Bruttoanlagevermögen nach dem Benutzerkonzept (in Preisen von 1980) entstammen der IFO-Investitionsrechnung, deren Daten von Dr. Michael Funke (WZB, Berlin) in maschinenlesbarer Form zur Verfügung gestellt wurden; zum Berechnungskonzept sowie zu Daten bis 1983 in Preisen von 1976 vgl. Gerstenberger, Heinze und Vogler-Ludwig (1984). Die Werte des Bruttoanlagevermögens nach dem Benutzerkonzept (in Preisen von 1980) geteilt

[1] Abweichend vom Vorgehen in den übrigen Teilen der Arbeit werden Veröffentlichungen des Statistischen Bundesamtes hier direkt unter Angabe der Fachserie und der Reihe angegeben - diese Quellen werden *nicht* extra im Literaturverzeichnis aufgeführt. Der Zusatz 'lfd. Jg.' verweist darauf, daß die Daten jeweils verschiedenen laufenden Jahrgängen entnommen wurden. Auf eine Wiedergabe der exakten wirtschaftsstatistischen Definitionen der Variablen wird aus Raumgründen verzichtet; hierzu wird auf die genannten Quellen sowie auf Erläuterungen im Text der Arbeit verwiesen. Die Quellen der Daten aus statistischen Veröffentlichungen der Deutschen Bundesbank werden ebenfalls nur hier und nicht im Literaturverzeichnis aufgeführt.

durch die geleisteten Beschäftigtenstunden (Quelle: Baumgart, Schintke und Baumann 1985, Tab. 41) ergeben die Sachkapitalintensität (Benutzerkonzept).

- *Modernitätsgrad des Anlagevermögens*: entnommen aus Baumgart, Schintke und Baumann (1985, Tab. 45).
- *Facharbeiteranteil*: berechnet als Anteil der Arbeiter in der Leistungsgruppe 1 an allen Arbeitern auf der Grundlage der Angaben in Statistisches Bundesamt, Fachserie 16, Reihe 1.2, lfd. Jg.
- *Beschäftigtenanteil in Forschung und Entwicklung*: berechnet auf der Grundlage von Daten, die Prof. Dr. Franz-Josef Bade (Universität Dortmund) aus seiner Sonderaufbereitung der Beschäftigtenstatistik der Bundesanstalt für Arbeit in Form von Computerausdrucken zur Verfügung gestellt hat. Basis sind die am 30. Juni eines Jahres jeweils in den Branchen sozialversicherungspflichtig Beschäftigten, wobei der Anteil der Ingenieure, Chemiker und Naturwissenschaftler an allen Beschäftigten als F&E-Beschäftigtenanteil verwendet wird. Zur Abgrenzung der einzelnen Funktionen der Beschäftigten vgl. Bade/Eickelpasch (1985, Übersicht A.1).

Die entsprechenden Faktoreinsatzgrößen auf Subsystem-Ebene wurden mit dem in Abschnitt B.2.1.1 beschriebenen Verfahren berechnet; eine ausführliche Dokumentation hierzu mit den Daten ist auf Anfrage beim Verfasser erhältlich.

Hinweis: Die Quellen der in den Modellen des Abschnitts B.2.2 bei den Tests auf Homoskedastie der Störgrößen verwendeten Variablen '*Anzahl Beschäftigte*' und '*Anzahl Unternehmen*' sind im folgenden Abschnitt bei der Variable 'Skalenerträge' dokumentiert.

1.3 Daten zur Marktstruktur

Die in der Übersicht B.6 aufgeführten Marktstruktur-Variablen für Industrien beruhen auf folgenden Grundlagen:

- *Konzentrationsgrad*: Die Werte für den (am Umsatz gemessenen) Herfindahl-Hirschman-Koeffizienten stammen für 1977 bis 1982 aus Statistisches Bundesamt, Fachserie 4, Reihe S.9 (Tab. 4.1) und für 1983 bis 1984 aus Statistisches Bundesamt, Fachserie 4, Reihe 4.2.3, lfd. Jg. (Tab. 1.2). (Die Werte für 1983 wurden bei den Industrien 11 und 17 als Mittelwert der Jahre 1982 und 1984 geschätzt, bei den Industrien 18 und 27 nach Angaben im Hauptgutachten 1984/85 der Monopolkommission ergänzt. Für 1984 wurde für die Industrie 4 der gerundete Vorjahreswert angenommen.)

- *Anteil Marketing-Beschäftigte*: berechnet auf Grundlage der (im vorigen Abschnitt beim 'Beschäftigtenanteil in Forschung und Entwicklung' näher beschriebenen) von Prof. Dr. Franz-Josef Bade zur Verfügung gestellten Daten als Anteil der (sozialversicherungspflichtig am 30.6. eines Jahres) als Werbefachleute, Publizisten, Künstler und in zugeordneten Berufen Tätigen an allen (in der Beschäftigtenstatistik der Bundesanstalt für Arbeit erfaßten) Beschäftigten.
- *Verhältnis Werbeaufwand zu Umsatz*: Die Angaben zum Werbeaufwand beruhen auf Daten, die in Form vervielfältigter Tabellen von der Schmidt & Pohlmann Gesellschaft für Werbestatistik/Hamburg zur Verfügung gestellt wurden. Diese Statistik enthält Angaben zu Werbeausgaben für rund 150 Produktgruppen; für rund 80 dieser Gruppen war eine Zuordnung zu den hier verwendeten Industrien möglich, etwa 50 betrafen hier nicht betrachtete Gütergruppen bzw. Branchen (z.B. Getränke oder Tabak); in den restlichen Fällen war eine Zuordnung unmöglich, da die Produktgruppen sehr heterogen sind (z.B.: Verpackungen aus Kunststoff, Blech, Glas, Holz usw.) und detailliertere Angaben nicht verfügbar waren. Die Systematik stimmt ferner nicht in allen Punkten für alle Jahre überein. Eine tabellarische Gegenüberstellung der Industrien und der ihnen hier zugeordneten Produktgruppen enthält die Übersicht G.1.

  (Zu den Umsatz-Angaben vgl. Abschnitt 1.1 oben.)
- *Beschäftigte je Unternehmen*: Die Skalenerträge-Proxyvariable wurde berechnet als Anzahl der Beschäftigten (Quelle: Baumgart, Schintke und Baumann (1985, Tab. 18)) geteilt durch die Anzahl der Unternehmen (Quelle: Angaben für 1977 bis 1982 aus Statistisches Bundesamt, Fachserie 4, Reihe S.9, Tab. 4.1; Daten für 1983 und 1984 aus Statistisches Bundesamt, Fachserie 4, Reihe 4.2.3, lfd. Jg., Tab. 1.2).

1.4. Daten zur Direktinvestitionsintensität

Die Angaben zur *Anzahl der Unternehmen mit Direktinvestitionen im Ausland* nach dem Wirtschaftszweig des deutschen Investors wurden aus zwei Veröffentlichungen der Deutschen Bundesbank entnommen: Für 1977 aus "Die Kapitalverflechtung der Unternehmen mit dem Ausland nach Ländern und Wirtschaftszweigen 1976 bis 1982" (Beilage zu "Statistische Beihefte zu den Monatsberichten der Deutschen Bundesbank", Reihe 3, Zahlungsbilanzstatistik, Nr. 4, April 1984), für 1978 bis 1984 aus "Die Kapitalverflechtung der Unternehmen mit dem Ausland nach Ländern und Wirtschaftszweigen 1978 bis 1984" (Beilage zu "Statistische Beihefte zu den Monatsberichten der Deutschen Bundesbank", Reihe 3, Zahlungsbilanzstatistik, Nr. 2, Februar

Übersicht G.1: Zuordnung der Schmidt & Pohlmann - Produktgruppen zu den Industrien der Untersuchung*

Produktgruppe	Industrie	Produktgruppe	Industrie
190	28	370	16
195	29	375	16
196	29	385	26
197	29	395	11
198	29	400	09
200	28	401	09
205	28	402	09
210	27	415	10
212	27	425	12
213	29	435	13
215	29	440	15
220	29	445	12
225	01	450	15
235	12	455	15
240	12	460	15
250	28	465	24
265	18/19	466	24
285	25	467	24
290	14	505	09
295	21	508	17
300	08	509	17
315	08	515	08
320	23	525	08
325	16	530	08
330	16	540	29
335	16	545	14
336	16	560	09
340	16	575	12
341	16	595	16
342	16	630	16
343	16	665	26
344	16	670	09
345	16	680	16
346	16	685	08
347	16	690	25
348	16	730	23
349	16	742	08
350	23	745	08
351	23	815	08
360	16		

* Zur Bezeichnung der Industrien vgl. Übersicht A.1, zu den Produktgruppen die Zusammenstellungen der Schmidt & Pohlmann Gesellschaft für Werbestatistik.

1986). Bei vier der 29 Industrien traten hierbei Probleme auf: Angaben für den Sektor 10 (Schiffbau) fehlen, die Sektoren 18 und 19 (Feinkeramik, Glas) werden nur zusammen ausgewiesen, für den Sektor 17 (Büromaschinen,

Datenverarbeitung) liegen Angaben erst ab 1980 vor. Diese Probleme wurden wie folgt gelöst: Da nach Auskunft der Bundesbank aus Geheimhaltungsgründen (Schreiben an den Verfasser vom 16.4.1985) die Schiffbauunternehmen unter den "sonstigen Unternehmen des Verarbeitenden Gewerbes" ausgewiesen werden, wurden für die Industrie 10 die Angaben dieser Rubrik verwendet, wobei eine geringfügige Überschätzung der Direktinvestitionsintensität des Schiffbaus in Kauf genommen werden muß. Den Sektoren 18 und 19 wurde jeweils, da Einzelangaben ebenfalls geheim sind, die Hälfte der Summe beider Sektoren zugeordnet. Angaben zur Industrie 17 sind für 1977 bis 1979 in Angaben zur Industrie 8 (Maschinenbau) und 12 (Elektrotechnik) enthalten; der Industrie 17 wurde für diese Jahre jeweils die durchschnittliche Anzahl der Unternehmen mit Direktinvestitionen aus dieser Industrie in den Folgejahren 1980 bis 1984 zugerechnet, gleichzeitig wurden die Angaben bei Industrie 8 und Industrie 12 um je 50% dieses Wertes vermindert. Die Angaben zur *Anzahl der Unternehmen in der Industrie* stammen für 1977 bis 1982 aus Statistisches Bundesamt, Fachserie 4, Reihe S.9, Tab. 4.1; Daten für 1983 und 1984 aus Statistisches Bundesamt, Fachserie 4, Reihe 4.2.3, lfd. Jg., Tab. 1.2.

1.5 Daten zur Technologie- und Innovationsintensität

- *Beschäftigtenanteil in Forschung und Entwicklung*: vgl. G.1.1 oben.
- *Anteil der Forschungs- und Entwicklungsaufwendungen am Umsatz*: Angaben der SV-Gemeinnützige Gesellschaft für Wissenschaftsstatistik, Essen; Sonderauswertung für das Institut für Quantitative Wirtschaftsforschung der Universität Hannover vom März 1986. Werte für den Sektor 15 geschätzt; - da diese Angaben bei den eigentlichen Modellschätzungen nicht verwendet werden, wird auf eine detaillierte Darstellung des Schätzverfahrens hier verzichtet - Angaben hierzu sind auf Anfrage beim Verfasser erhältlich.
- *Umsatzanteil von Produkten in der Markteinführungsphase*: Daten für 1979 - 1982 aus Schmalholz und Scholz (1985, 55), für 1983 und 1984 wurden die Werte als unveröffentlichte Angaben vom IFO-Institut für Wirtschaftsforschung zur Verfügung gestellt.
- *Anteile der Innovatoren, Produktinnovatoren und Prozessinnovatoren* an allen Firmen einer Industrie: Quellen wie 'Umsatzanteil Markteinführungsphase'.

Anmerkung: Bei den Daten aus dem IFO-Innovationstest fehlen Angaben für die Industrien 3, 11 und (für 1979, 1980, 1982, 1984) 5; diese fehlenden Werte wurden durch das arithmetrische Mittel aller Industrien ersetzt.

1.6 Daten zur Transportkostenintensität

Berechnet wurden die prozentualen Anteile der Kosten für Bezüge aus den Sektoren 45 (Dienstleistungen der Eisenbahnen), 46 (Schiffahrt, Wasserstraßen, Häfen), 47 (Post- und Fernmeldewesen) und 48 (sonstiger Verkehr) am Produktionswert der Industrie für die Jahre 1978, 1980, 1982 und 1984 aus den jeweiligen Input-Output-Tabellen für die inländische Produktion (vgl. Statistisches Bundesamt, Fachserie 18, Reihe 2, lfd. Jg.). Für 1977 wurden die Werte für 1978 verwendet, für die weiteren ungeraden Jahre jeweils die Mittelwerte aus Vor- und Folgejahr.

1.7 Daten zur Lizenzvergabe-Intensität

Die Angaben zu den "Einnahmen aus Patenten, Erfindungen und Verfahren im Lizenzverkehr mit dem Ausland" wurden den Monatsberichten der Deutschen Bundesbank entnommen, und zwar den Heften 7/1980 (für 1979), 7/1982 (für 1980 und 1981), 7/1984 (für 1982 und 1983) sowie 5/1986 (für 1984). Diese Werte wurden zur Berechnung der Lizenzvergabe-Intensität auf die Umsatzwerte (vgl. oben, Abschnitt 1.1) bezogen.

(Zu den übrigen in Abschnitt D.2.1 verwendeten Variablen vgl. oben, Abschnitt 1.2 (Beschäftigtenanteil in Forschung und Entwicklung), Abschnitt 1.3 (Beschäftigte je Unternehmen), Abschnitt 1.5 (Innovatoren-Anteil); die Angaben wurden entsprechend der Sektoreinteilung aus Übersicht D.2 aggregiert, wobei für die Innovatoren-Anteile die Umsatzanteile der Industrien an dem Sektor als Gewichte dienten.)

1.8 Daten zur Intensität der Passiven Lohnveredelung

Die vom Statistischen Bundesamt in Fachserie 7 Reihe 1 (lfd. Jahrgang) in der Gliederung nach Warengruppen und -untergruppen der Ernährungswirtschaft und der gewerblichen Wirtschaft veröffentlichten Angaben zu Importen nach Passiver Lohnveredelung wurden unter Heranziehung folgender Papiere, die dankenswerte Weise vom Statistischen Bundesamt zur Verfügung gestellt wurden, den in dieser Untersuchung betrachteten Industrien zugeordnet: Statistisches Bundesamt, VI C-291, EGW/WA/85 und GP 82/WA 85, Wiesbaden Januar bzw. Februar 1985. Zugeordnet wurden lediglich Güter aus der Gruppe II C (Fertigwaren) mit den Untergruppen II Ca (Vorerzeugnisse) und II Cb (Enderzeugnisse); der Anteil dieser Gruppen am gesamten Import nach PLV betrug 1980 (im mittleren Jahr des Untersuchungszeitraums) 98.74%. Die verwendetete Zuordnung ist in Übersicht G.2 dokumentiert.

Übersicht G.2: Bei der Ermittlung der PLV-Werte verwendete Zuordnung*

	Zugeordnete Warengruppen	
Industrie	II Ca	II Cb
01		
02	10	17
03	19,20,21,22,23,24	
04	25,26,27,28	
05	18	
06		
07		
08		26,27,28,30,31,32,33, 35,36
09		57,58,59
10		55
11		56
12		41
13		42,43
14		20,21,22,23,24,25
15	30	46,52,53
16	12,13,14,15,16,17	44,47,48,49,50,51
17		34
18		18
19	11	19
20	9	
21		15
22	8	
23		13
24		14
25		45
26		16
27	6	11,12
28	1,2,3,4,5	1,2,3,9
29	7	4,5,6,7,8,10

* Zur Erläuterung vgl. Text, zu den Industrien die Übersicht A.1

(Die Angaben zum *Anteil der Frauen* an den Beschäftigten stammen aus der WZB-Regionaldatenbank Arbeitsmarkt und wurden von PD Dr. Günter Schmid/Wissenschaftszentrum Berlin zur Verfügung gestellt; erfaßt sind nur sozialversicherungspflichtig Beschäftigte. Zum *Facharbeiteranteil* vgl. Abschnitt 1.2, zu den *Transportkosten* Abschnitt 1.6 und zu den Beschäftigten je Unternehmen (Skalenerträge) Abschnitt 1.3).

1.9 Daten zum Protektionsgrad

Die Angaben zum Protektionsgrad beruhen auf Daten zum Subventionsgrad und zur effektiven Protektionsrate sowie auf eigenen Schätzungen:

Der *Subventionsgrad* ist definiert als "Subventionen in v.H. der Nettowertschöpfung ohne Subventionen". Hierzu konnten für 1974, 1979, 1980, 1981 und 1982 Daten aus Gerken et al. (1985, Tab. 7) und für 1984 Daten aus Donges et al. (1987, Tab. A6) entnommen werden. (Vgl. für eine ausführliche Diskussion der Probleme bei der Erfassung von Subventionen Fritzsche u.a. 1988.) Für 1977, 1978 und 1983 mußten die Werte geschätzt werden, wobei die Subventionsgrade (SGR) wie folgt ermittelt wurden:

SGR (1977) = 0.4 * SGR (1974) + 0.6 * SGR (1979)
SGR (1978) = 0.2 * SGR (1974) + 0.8 * SGR (1979)
SGR (1983) = 0.5 * SGR (1982) + 0.5 * SGR (1984)

Für die *effektive Protektionsrate* (EPR) wurden die Werte für 1978 und für 1982/1985 aus Donges et al. (1987, Tab. 40) entnommen, wobei letztere für 1982, 1983 und 1984 verwendet wurden; zur Berechnungsmethode vgl. ebenda, S. 241 f. Die Angaben für 1978 wurden auch für 1977 herangezogen; für 1979, 1980 und 1981 wurden die Werte wie folgt geschätzt:

EPR (1980) = 0.5 * EPR (1978) + 0.5 * EPR (1982)
EPR (1979) = 0.5 * EPR (1978) + 0.5 * EPR (1980)
EPR (1981) = 0.5 * EPR (1980) + 0.5 * EPR (1982)

Der *Protektionsgrad* ist dann als Summe von Subventionsgrad und effektiver Protektionsrate ermittelt worden.

Von den *exogenen Variablen* der Modelle zur Erklärung des Protektionsgrades wurden die Außenhandelsgrößen in Abschnitt G.1.1, der Facharbeiteranteil in G.1.2, Anzahl Firmen und Konzentrationsgrad in G.1.3 und Direktinvestitionen in G.1.4 beschrieben. Das *Wachstum der Beschäftigung* wird als prozentuale Veränderung der Anzahl der Beschäftigten (zur Datenquelle vgl. G.1.3) zum Vorjahr berechnet. Die *Konsumquote* ist der Anteil der Lieferungen an den Sektor "Privater Verbrauch" an der gesamten Verwendung von Gütern; sie wird für 1978, 1980, 1982 und 1984 der jeweiligen Input-Output-Tabelle (inländische Produktion und Einfuhr) des Statistischen Bundesamtes (vgl. Fachserie 18, Reihe 2, lfd. Jg.) entnommen. Der Wert für 1978 wird auch für 1977 verwendet, die Werte für 1979 und 1983 werden als arithmetrisches Mittel der jeweils vorhergehenden und folgenden Jahre geschätzt. Die *Anzahl deutsche Beschäftigte* entstammt der Beschäftigtenstatistik der Bundesanstalt für Arbeit (vgl. die Ausführungen zum Beschäftigtenanteil in Forschung und Entwicklung in Abschnitt G.1.2 und zum Frauenanteil in G.1.8).

2 Zu den Firmendaten

Die in den Abschnitten B.4, C.3, D.2.2, D.3.2 und E.1 verwendeten Firmendaten wurden von Dr. Birgit Gehrke in einer postalischen Befragung erhoben; eine ausführliche Darstellung dieser Erhebung mit deskriptiven Auswertungen der Daten sowie Analysen unter der Fragestellung 'Art und Bestimmungsgründe unternehmerischen Anpassungsverhaltens im Strukturwandel' ist Gehrke (1988).

Zur Charakterisierung der Daten ist auf zwei Punkte hinzuweisen (vgl. Gehrke 1988, 171 ff.):

1. Es handelt sich nicht um eine Zufallsstichprobe; Basis ist eine Totalerhebung in allen Betrieben ab 10 Beschäftigten der drei ausgewählten Branchen im Bundesland Niedersachsen. Die Rücklaufquote von 32% (218 von 681 versandten Fragebögen) kann als sehr hoch eingestuft werden.
2. Die Stichprobe kann, gemessen an einer Reihe von Indikatoren, als repräsentativ gelten.

Aus den 218 Firmen der Stichprobe wurden für die hier vorgelegte Untersuchung diejenigen ausgewählt, für die jeweils alle benötigten Angaben vorlagen; es verblieben z.B. für die Untersuchung in B.4 133 Fälle, wovon 71 zum Maschinenbau, 33 zur Elektrotechnik und 29 zur Holzverarbeitenden Industrie zählen. Ein Vergleich der hier analysierten Teilstichprobe mit der gesamten Stichprobe anhand der Mittelwerte der Variablen Beschäftigte 1986 und Exportquote (vgl. die Angaben bei Gehrke (1988) in Tabelle F3 und F5 sowie die Tabelle B.30 oben) zeigt, daß die durchschnittliche Beschäftigtenzahl in der Teilstichprobe für die Branchen Elektroindustrie und Holzverarbeitung höher als für die gesamte Stichprobe ausgewiesen wird, während sie für den Maschinenbau (mit 204 bzw. 207 Beschäftigten) übereinstimmt. Die in der gesamten Stichprobe verglichen mit der Grundgesamtheit vorzufindende Überrepräsentation großer Betriebe ist daher in der Teilstichprobe für die genannten beiden Branchen noch stärker festzustellen. Bei einem Vergleich der Exportquoten stimmen die Mittelwerte zwischen Teilstichprobe und Gesamtstichprobe für die Holzverarbeitung überein (8.36% und 8.3%), während sie für den Maschinenbau geringfügig nach oben (34.3% bzw. 32.0%) und für die Elektroindustrie gering nach unten (19.9% bzw. 22.7%) abweichen.

Die von Birgit Gehrke aufbereiteten Daten wurden für die vorliegende Untersuchung in einer Reihe von Fällen umgerechnet oder als Grundlage zur Bildung von Indikatoren herangezogen. In Übersicht G.3 ist detailliert dokumentiert, welche Variablen aus dem Firmendatensatz von Gehrke wie verwendet werden; alle Angaben zu Variablen VA.... (z.B. VA1201) beziehen sich hierbei auf den Originaldatensatz in Form einer SPSS^x-Datei. Die Variablen sind in der Reihenfolge ihrer ersten Erwähnung im Text der Arbeit ausgeführt; dort findet sich auch die jeweilige inhaltliche Erläuterung hierzu.

Den Firmendaten wurde auf der Basis der Angaben zur SYPRO-Einordnung (4-Steller) der Wert des am Umsatz gemessenen Herfindahl-Hirschman-Koeffizienten als *Konzentrationsgrad* zugeordnet. Diese Angaben beziehen sich auf das Jahr 1984 und damit auf einen um ein Jahr früheren Zeitraum als die Exportquoten- und Umsatzwerte im Firmendatensatz - neuere Angaben lagen jedoch bei Abschluß der Datenaufbereitungsarbeiten nicht vor, und erfahrungsgemäß ist der Herfindahl-Wert eher eine sehr "langsame" Variable, die sich von Jahr zu Jahr kaum jeweils drastisch ändert. Die Werte wurden entnommen aus: Statistisches Bundesamt, Fachserie 4, Reihe 4.2.3, Konzentrationsstatistische Daten für den Bergbau und das Verarbeitende Gewerbe sowie das Baugewerbe 1983 und 1984.

Übersicht G.3: Zu den Firmendaten*

Variable	Quelle im Firmendatensatz von Gehrke
Exportquote	VA1201
Umsatz	VA1103
Beschäftigte	VA3101
Anteil qualifizierter Beschäftigter in der Produktion	(VA3203 + VA3205 + VA3207)/VA3201 * 100
Bedeutung von Produkt-innovationen	VA3204 (umkodiert: 1 = 5, 2 = 4, 4 = 2, 5 = 1)
Bedeutung von Prozeß-innovationen	VA2308 und VA2309, jeweils umkodiert (1 = 5, 2 = 4, 4 = 2, 5 = 1); dann arithmetisches Mittel beider Größen
Skalenerträge	VA2102 + VA2103
Bedeutung des Stand-ortfaktors Kundennähe	VA4606 (umkodiert: 1 = 5, 2 = 4, 4 = 2, 5 = 1)
Bedeutung des Stand-ortfaktors Verkehrs-anbindung	VA4607 (umkodiert: 1 = 5, 2 = 4, 4 = 2, 5 = 1)
Direktinvestitionen	Dummy; gebildet aus VA2405, VA2406, VA2407, VA2409 (1, wenn mindestens eine dieser Variablen einen Wert] 5 annimmt)
FuE-Intensität	(VA3233 + VA3235)/VA3101 * 100
Innovationsintensität	Arithmetisches Mittel der oben erläuterten Variablen "Bedeutung von Produktinnovationen" und "Bedeutung von Prozeßinnovationen"
Marketingintensität	VA3215/VA3101 * 100
Lizenzvergabe	Dummy; gebildet aus VA2402 (1, wenn VA2402 weder "missing value" noch 5 ist)
Passive Lohnveredelung	Dummy; gebildet aus VA2401 (1, wenn VA2401 weder "missing value" noch 5 ist)

* Zur Erläuterung der Variablen vgl. Text.

3 Zu den verwendeten ökonometrischen Verfahren

Dieser Abschnitt gibt Hinweise auf die in der vorliegenden Arbeit angewendeten ökonometrischen Verfahren sowie die hierbei benutzten Computerprogramme. Keine der Schätz- und Testmethoden wurde vom Verfasser entwickelt, viele zählen zum Standard-Handwerkszeug empirisch arbeitender Ökonometriker - auf eine ausführliche Herleitung kann daher verzichtet werden, Verweise auf Originalarbeiten und Lehrbuchdarstellungen reichen aus.

3.1 Tests für die mit OLS geschätzten Modelle auf der Basis von Querschnittsdaten

Für die mit der einfachen Methode der kleinsten Quadrate (OLS) geschätzten Modelle auf der Basis von Querschnittsdaten für 29 Industrien und jeweils ein Jahr (vgl. die Abschnitte B.2.2.1, B.3.3, C.2.2, D.3.1.2) wurden folgende Hypothesen getestet: Die Störgrößen sind normalverteilt und homoskedastisch; die funktionale Form des Modells ist korrekt spezifiziert; es liegen keine Ausreisser vor. Für eine Begründung dieser Tests sei auf den Abschnitt A.3 verwiesen; alle Berechnungen erfolgten mit dem IAS-System (vgl. Sonnberger et al. 1986). Eine ausführliche Lehrbuchdarstellung der Testverfahren findet man in Krämer und Sonnberger (1986); vgl. ferner Godfrey (1988).

3.1.1 Test auf Normalverteilung der Störgrößen

Die Hypothese normalverteilter Störgrößen wurde mit einer von Jarque und Bera (1980) hergeleiteten Teststatistik überprüft, die auf den dritten und vierten Momenten (Schiefe bzw. Wölbung) der OLS-Residuen beruht.

Auch wenn die Konsequenzen einer Verletzung dieser Normalverteilungsannahme für die OLS-Schätzergebnisse oft als nicht sehr schlimm eingeschätzt werden (vgl. z.B. Kmenta 1986, 262), so sind bei einer Ablehnung der Nullhypothese doch Modifikationen bei anderen Tests erforderlich.

3.1.2 Test auf Homoskedastie der Störgrößen

Heteroskedastie liegt vor, wenn die Varianz der Störgrößen nicht konstant ist - substantielle Argumente dafür, daß dieser Fall im Kontext der vorliegenden Untersuchung vermutet werden kann, wurden in Abschnitt A.3 vorgebracht. Sind die Störgrößen nicht homoskedastisch, dann sind die mit OLS berechneten Parameterschätzungen zwar unverzerrt und konsistent (wenn auch nicht länger effizient), die Varianzen der geschätzten Parameter werden jedoch verzerrt geschätzt und können für Signifikanztests nicht länger herangezogen werden.

Aus der Fülle bisher entwickelter Heteroskedastie-Tests (vgl. als Überblick Judge et. al. 1985, 422 ff.) wurde hier der von Breusch und Pagan (1979) vorgeschlagene Test herausgegriffen, dessen großer Vorteil darin zu sehen ist, daß keine Informationen über die genaue Form der (vermutete) Abhängigkeit der Störgrößenvarianz von der bzw. den Testvariablen erforderlich sind - im Kontext der vorliegenden Arbeit bestehen ja lediglich Vorstellungen über möglicherweise Heteroskedastie verursachende Faktoren, es fehlen jedoch Informationen über die exakte funktionale Form des (vermuteten) Zusammenhangs von Störgrößenvarianz und diesen Variablen.

Zu beachten ist, daß die übliche angegebene Teststatistik für nicht-normalverteile Störgrößen nicht länger asymptotisch χ^2-verteilt ist. Koenker (1981) hat eine in diesem Falle gültige modifizierte Teststatistik hergeleitet, die sich sehr einfach berechnen läßt. Diese Version der Breusch-Pagan-Teststatistik wird immer dann dem Test auf Homoskedastie der Störgrößen zugrunde gelegt, wenn zuvor die Nullhypothese normalverteilter Störgrößen abgelehnt wurde.

Für bekannte Formen von Heteroskedastie ist statt OLS die verallgemeinerte Methode der kleinsten Quadrate (GLS) zu verwenden. Da im Kontext der vorliegenden Untersuchung lediglich Vermutungen hinsichtlich möglicherweise Heteroskedastie verursachender Einflüsse bestehen, wird dieser Weg nicht beschritten. Die mit OLS (unverzerrt und konsistent, aber möglicherweise ineffizient) geschätzten Parameter werden auch bei Ablehnung der Nullhypothese homoskedastischer Störgrößen interpretiert - den Signifikanztests werden jedoch in diesem Falle nicht die auf den bei Heteroskedastie verzerrt geschätzten Varianzen der geschätzten Parameter beruhenden t-Werte zugrunde gelegt, sondern die nach White (1980) auf der Basis Heteroskedastie-konsistenter Varianzschätzungen berechneten 'adjusted t-values' (ATV).

Hiermit lassen sich bei heteroskedastischen Störgrößen asymptotisch gültige t- und F-Statistiken berechnen, wobei jedoch bei Stichproben der hier betrachteten Größenordnungen möglicherweise die Parametervarianzen unterschätzt werden (vgl. Kmenta 1986, 292).

3.1.3 Tests auf korrekt spezifizierte funktionale Form des Modells

Die funktionale Form aller Modelle wird als linear spezifiziert, da, worauf in Abschnitt A.3 hingewiesen wurde, dies bei fehlender theoretischer Begründung der exakten Form der Zusammenhänge zwischen endogener Variable und exogenen Größen oft eine geeignete Approximation darstellen kann. Ob diese lineare Spezifikation in den betrachteten Modellen als angemessen gelten kann, wird jeweils anhand von drei Varianten der RESET-Prozedur, dem Harvey-Collier-Test für jede exogene Variable und dem Rainbow-Test überprüft. Die Grundgedanken dieser Tests lassen sich folgendermaßen zusammenfassen:

Bei dem auf Ramsey (1969) zurückgehenden 'regression specification error test' (RESET) wird, Vorschlägen von Thursby und Schmidt (1977) folgend, das ursprüngliche Modell um Variablen ergänzt, die jeweils in spezifischer Weise nicht-lineare Einflüsse der exogenen Variablen auf die endogene modellieren. Hier werden drei verschiedene Varianten dieser Vorgehensweise herangezogen, wobei als Testgrößen folgende Variablen verwendet werden:

- Zweite Potenzen der exogenen Variablen;
- zweite und dritte Potenzen der geschätzten endogenen Variable;
- zweite und dritte Potenzen der ersten Hauptkomponente der Regressormatrix.

Mit einem F-Test wird dann geprüft, ob die Koeffizienten der Testvariablen in dem erweiterten Modell signifikant von Null verschieden sind - lehnt der Test die Nullhypothese, daß die Testvariablen im erweiterten Modell keinen Einfluß auf die endogene Variable haben, ab, so spricht dies gegen die Annahme, daß die funktionale Form des ursprünglichen Modells korrekt spezifiziert ist.

Der von Harvey und Collier (1977) vorgeschlagene -Test betrachtet als Alternativhypothese zum linearen Zusammenhang den Fall, daß für einen Regressor die wahre funktionale Form als konvex (oder konkav) zu spezifizieren ist. Ordnet man die Beobachtungen der Stichprobe in aufsteigender (bzw. fallender) Reihenfolge nach den Werten dieser Variable und summiert man die rekursiven Residuen (die ja standardisierte Prognosefehler sind), dann wird diese Summe, absolut genommen, "groß" sein, wenn der wahre funktionale Zusammenhang konvex oder konkav ist. Ob sie "zu groß" ist, um in einem konkreten Fall die Nullhypothese eines korrekt spezifizierten linearen Zusammenhangs ablehnen zu können, ist anhand einer Teststatistik zu entscheiden, auf deren Wiedergabe hier verzichtet werden soll (vgl. Harvey/Collier 1977, 105). Dieser Test wird hier für jede exogene Variable einzeln durchgeführt; hierbei ist zu beachten, daß dabei jeweils vorausgesetzt wird, daß die funktionale Form des Zusammenhangs für alle anderen Variablen korrekt spezifiziert ist - ist dies nicht der Fall, so sind die Testergebnisse nicht länger verlässlich (vgl. ebenda, 115 ff.).

Der Rainbow-Test (Utts 1982) beruht auf der Idee, daß auch im Falle nichtlinearer Zusammenhänge eine lineare Modellspezifikation in Teilen der Stichprobe zu einer guten Anpassung des Modells an die Daten führen kann. Die Nullhypothese eines linearen Zusammenhangs wird daher immer dann zurückgewiesen, wenn die Anpassung an den gesamten Datensatz "deutlich schlechter" ist als für eine nach "bestimmten Gesichtspunkten" ausgewählte Teilstichprobe. Hier soll jedoch weder auf das Auswahlkriterium für die Teilstichprobe (diejenige Hälfte aller Beobachtungen, die die kleinsten Werte für die Mahalanobis-Distanz aufweisen) noch auf die Teststatistik (die man z.B. auch bei Krämer und Sonnberger (1986, 80) oder bei Kmenta (1986, 455) findet) eingegangen werden.

Zum Abschluß dieses Abschnitts ist darauf hinzuweisen, daß Tests auf die Korrektheit der linearen Modellspezifikation auch als Tests auf die Berücksichtigung aller relevanten exogenen Variablen interpretiert werden können: "In the absence of specified alternatives, tests for linearity may just as well be used for testing for a lack of omission of relevant explanatory variables, and vice versa. In particular, ... the 'rainbow' [test is] ... very well suited for both purposes." (Kmenta 1986, 526) Ablehnungen eines Modells durch Tests auf korrekt spezifizierte funktionale Form deuten demnach auf ernstzunehmende Defekte hin - sie sind allerdings nicht konstruktiv in dem Sinne, daß sie anzeigen, welches die korrekte Form ist bzw. welche bisher unberücksichtigten Variablen in das Modell einzubeziehen sind.

3.1.4 Test auf fehlende Ausreißer

Die Hypothese, daß keine Ausreisser - im Kontext der vorliegenden Untersuchung sind dies Industrien, deren Verhalten sehr stark von dem durch das jeweilige Modell erfaßte der übrigen Industrien abweicht - vorliegen, wird anhand des "mean shift outlier" Modells (Cook und Weisberg 1982, 20 ff.) getestet. Hierbei wird das ursprüngliche Modell n-mal erneut geschätzt und dabei jeweils für einen der Fälle $i = 1, \ldots, n$ eine Dummy-Variable (mit dem Wert eins für diesen Fall, Null sonst) hinzugefügt. Ist der Koeffizient der Dummy-Variablen signifikant von Null verschieden, dann gilt der betreffende Fall als Ausreisser. Testet man nicht nur für eine Industrie, die man aus substantiellen Gründen "in Verdacht" hat, sondern für alle (oder zumindest mehrere) Fälle im Rahmen desselben Modells, dann darf dem Hypothesentest nicht der übliche Wert der t-Verteilung zugrunde gelegt werden,[2] auch wenn weiterhin nur je eine Dummy-Variable in jedem Schritt dem Ausgangsmodell hinzugefügt wurde (vgl. Cook und Weisberg 1982, 22). Kritische Werte für die theoretische Verteilung des maximalen t-Werts (von allen t-Werten der Dummy-Variablen-Koeffizienten aus allen n Testregressionen) findet man z.B. in Sonnberger u.a. (1986, 114 f.) tabelliert; diese wurden dem Ausreisser-Test hier zugrunde gelegt.

Industrien können einerseits dadurch zu Ausreissern (im hier verwendeten Sinne des Wortes) werden, daß einzelne Werte der endogenen bzw. einer oder mehrerer exogener Variablen stark fehlerbehaftet ausgewiesen oder erfaßt werden. Da es sich bei den in dieser Untersuchung verwendeten Daten nicht ausschließlich um solche handelt, die aus der amtlichen Statistik stammen und daher vielfältigen Prüfungen unterzogen wurden, ist dieser Fall nicht auszuschließen - es wurde aber alles aus der Sicht des Verfassers mögliche getan, diese Ausreisser-Ursache zu vermeiden. Die Tatsache, daß es sich bei den Industriedaten um aggregierte Daten handelt, macht es darüber hinaus weniger wahrscheinlich, daß fehlerhafte Beobachtungen einzelner Firmen stark in den Aggregatdaten durchschlagen.

Eine weitere mögliche Ursache für *im Rahmen des geschätzen Modells* als stark abweichend von den anderen Beobachtungseinheiten erscheinendes Verhalten einzelner Industrien kann darin bestehen, daß relevante Variablen unberücksichtigt blieben - oder daß die funktionale Form des Modells falsch spezifiziert wurde (vgl. Krämer und Sonnberger 1986, 84; auf Zusammenhänge zwischen fehlenden relevanten Variablen und falscher funktionaler Form wurde bereits am Ende des vorigen Abschnitts hingewiesen).

Eine Ablehnung der mit Querschnittsdaten für jeweils ein Jahr geschätzten Modelle durch den Ausreisser-Test wird hier einerseits als Hinweis auf eine defekte Modellspezifikation interpretiert, deren Ursachen weiter - im Rahmen von Modellen mit gepoolten Querschnitts-Längsschnittsdaten, die u.a. die Kontrolle von unbeobachteten zeitinvarianten Industrieeffekten erlauben (vgl. unten Abschnitt 3.2) - zu untersuchen sind;[3] sie ist andererseits der Anlaß für Sensitivitätsanalysen in Form robuster Modellschätzungen (vgl. unten Abschnitt 3.4).

---

[2] Auf diesen Punkt ist explizit hinzuweisen, da sich der Fehler auch in Lehrbüchern findet; vgl. z.B. Kockläuner (1988, 83).

[3] Der hier gewählte Weg zur Identifikation von Ausreissern und das sich daran anschließende Vorgehen ist nur eine von vielen möglichen Alternativen; sie wurde gewählt, da in dieser Studie schrittweise umfassendere Modelle betrachtet werden. Vgl. zur Ausreisser-Diagnostik Belsley, Kuh und Welsch (1980) sowie Cook und Weisberg (1982).

3.1.5 Zur Problematik multipler Tests

Jedes der Modelle wurde einer Reihe von Tests unterzogen, wobei die Nullhypothesen teils unterschiedlich, teils identisch waren. Soll das Modell abgelehnt werden, wenn mindestens einer der Tests auf dem Niveau von α = 0.05 ablehnt? Oder sind hierfür zwei, drei, vier oder mehr Ablehnungen erforderlich? Auf diese Frage gibt es keine simple Antwort, denn hier sind viele Probleme noch theoretisch ungeklärt (vgl. Krämer und Sonnberger 1986, 147 ff.): Man kennt die gemeinsame Verteilung der Teststatistiken nicht und kann daher über die Wahrscheinlichkeit für den Fehler 1. Art (falsche Ablehnung der Nullhypothese, daß das Modell allen Nullhypothesen der Tests genügt) im Falle einer Ablehnung durch einen (oder mehrere) der Tests keine Aussage machen - ein Probvalue für die Entscheidung "pro oder contra" angesichts der Ergebnisse mehrerer Tests ist also nicht angebbar.

3.2 Schätzen und Testen von Modellen mit kombinierten Querschnitts- und Längsschnittsdaten

3.2.1 Auswahl des Modelltyps

In der Übersicht B.5 sind die fünf im Rahmen dieser Untersuchung betrachteten Typen von Modellen für gepoolte Daten aufgeführt; Ziel dieses Abschnitts ist eine knappe Herleitung dieser Typen und eine Beschreibung der hier verwendeten Methode zur Auswahl des 'richtigen' Modells (vgl. hierzu Hsiao (1986), Dielman (1989) und Judge et.al. (1985, ch. 13)).

Ein lineares Regressionsmodell mit gepoolten Querschnitts- und Längsschnittsdaten für Industrien lautet in allgemeiner Form

$$(1) \quad y_{it} = ß_{1it} + \sum_{k=2}^{K} ß_{kit}\, x_{kit} + e_{it}$$

mit i = 1, 2, ..., N (Index für die Industrien);
t = 1, 2, ..., T (Index für die Jahre);
y_{it} = Wert der endogenen Variable für Industrie i in Periode t;
x_{kit} = Wert der k-ten exogenen Variable für Industrie i in Periode t (k = 1, 2, ..., K);
$ß_{kit}$ = zu schätzende Regressionskoeffizienten;
e_{it} = Störgröße.

Je nach den Annahmen über Konstanz bzw. Nicht-Konstanz des absoluten Gliedes β_1 für alle Industrien und/oder alle Jahre, über Konstanz bzw. Nicht-Konstanz der Regressionskoeffizienten β_k für alle Industrien und/oder alle Jahre, über zufällige oder nicht-zufällige Variation der genannten Parameter sowie über die Störgröße e (bezüglich Autokorrelation und Heteroskedastie) werden aus der allgemeinen Form (1) sehr unterschiedliche Modelltypen.

Ausgangspunkt ist hier das *Modell M1* (gepooltes Modell ohne Zeit- und Industrieeffekte)

$$(2) \quad y_{it} = \beta_1 + \sum_{k=2}^{K} \beta_k x_{kit} + e_{it},$$

in dem alle Koeffizienten β konstant sind und Unterschiede zwischen den Industrien und Jahren im Störterm (der den üblichen Annahmen genügen soll) erfaßt werden. Dieses Modell kann mit OLS geschätzt werden - es ist jedoch *sehr restiktiv.*

Läßt man Unterschiede zwischen Industrien und/oder Jahren zu, die sich in einem je Industrie und/oder Jahr *unterschiedlichen absoluten Glied*[4] zeigen, betrachtet man weniger restriktive Modelle:

Ein Modell mit für alle Industrien konstantem aber zwischen den Jahren unterschiedlichem absoluten Glied lautet

$$(3) \quad y_{it} = \beta_{1t} + \sum_{k=2}^{K} \beta_k x_{kit} + e_{it}.$$

Unterstellt man, daß die Unterschiede im absoluten Glied zwischen den einzelnen Perioden fixe (nicht-stochastische) Größen sind, dann kann man (3) schreiben als *Modell M2F* (gepooltes Modell mit fixen Zeiteffekten):

$$(4) \quad y_{it} = \beta_1 + \sum_{k=2}^{K} \beta_k x_{kit} + \sum_{t=2}^{T} \delta_t DJ_{ti} + e_{it}$$

$$\text{mit } DJ_{ti} = \begin{cases} 1 \text{ für das Jahr } t \\ 0 \text{ sonst.} \end{cases}$$

[4] Modelle mit variierenden Regressionskoeffizienten der exogenen Variablen werden hier nicht betrachtet.

M2F ist also ein um Dummy-Varaiblen DJ für jedes (bis auf eines) Jahr erweitertes Modell M1, das mit OLS geschätzt werden kann. Ein Test der Nullhypothese, daß diese fixen Zeiteffekte nicht vorliegen und daher alle Regressionskoeffizienten δ_t Null sind, d.h. ein Test für H_0: $\delta_2 = \delta_3 = ... = \delta_T = 0$, ist einerseits als F-Test möglich:

$$(5) \qquad \frac{(R^2_{M2F} - R^2_{M1})/(T - 1)}{(1 - R^2_{M2F})/(NT - L)} \sim F_{T-1,\ NT-L}$$

mit R^2_{M1} = R^2 aus dem restriktiven Modell M1
R^2_{M2F} = R^2 aus dem nicht-restriktiven Modell M2F
T-1 = Anzahl der Restriktionen (= Zeitdummies)
NT = Fallzahl (= Industrien * Jahre)
L = Anzahl der Parameter von M2F (= K + T-1)

H_0 wird abgelehnt, wenn der empirische Wert der Teststatistik größer als der theoretische F-Wert ist. H_0 kann ferner mit einem von Breusch und Pagan (1980) vorgeschlagenen LM-Test getestet werden; dessen Teststatistik ist

$$(6) \qquad LM_1 = \frac{NT}{2(N-1)} \left[\frac{\sum_{t=1}^{T} \left[\sum_{i=1}^{N} \hat{e}_{it}\right]^2}{\sum_{i=1}^{N} \sum_{t=1}^{I} \hat{e}_{it}^2} - 1 \right]^2 \overset{a}{\sim} \chi^2_1$$

wobei die e_{it} die OLS-Residuen aus der Schätzung des Modells M1 sind. H_0 wird abgelehnt, wenn LM_1 größer als der theoretische $\chi^2{}_1$-Wert ist.

Ein Modell mit für alle Jahre konstantem aber zwischen den Industrien variierendem absoluten Glied lautet allgemein

$$(7) \qquad y_{it} = \beta_{1i} + \sum_{k=2}^{K} \beta_k x_{kit} + e_{it}.$$

Unterstellt man, daß die Unterschiede zwischen den absoluten Gliedern für die Industrien fixe (nicht-stochastische) Größen sind, kann man (7) schreiben als *Modell M3F* (gepooltes Modell mit fixen Industrieeffekten):

$$(8) \qquad y_{it} = \beta_1 + \sum_{k=2}^{K} \beta_k x_{kit} + \sum_{n=2}^{N} \tau_n DI_{nt} + e_{it}$$

$$\text{mit } DI_{nt} = \begin{cases} 1 \text{ für die Industrie } n \\ 0 \text{ sonst.} \end{cases}$$

M3F ist also ein um Dummy-Variablen DI für jede (bis auf eine) Industrie erweitertes Modell M1, das mit OLS geschätzt werden kann. Ein Test der Nullhypothese, daß diese fixen Industrieeffekte nicht vorliegen und daher alle Regressionskoeffizienten τ_n Null sind, d.h. ein Test für H_0: $\tau_2 = \tau_3 = \ldots = \tau_N = 0$, ist einerseits als F-Test möglich:

$$(9) \qquad \frac{(R^2_{M3F} - R^2_{M1})/(N-1)}{(1 - R^2_{M3F})/(NT - M)} \sim F_{N-1,\ NT-M}$$

mit R^2_{M1} = R^2 aus dem restriktiven Modell M1
R^2_{M3F} = R^2 aus dem nicht-restriktiven Modell M3F
N-1 = Anzahl der Restriktionen (= Industrie-dummies)
NT = Fallzahl (= Industrien * Jahre)
M = Anzahl der Parameter von M3F (= K + N-1)

H_0 wird abgelehnt, wenn der empirische Wert der Teststatistik größer als der theoretische F-Wert ist. H_0 kann ferner wiederum mit einem LM-Test (Breusch und Pagan 1980) getestet werden; dessen Teststatistik ist

$$(10) \qquad LM_2 = \frac{NT}{2(T-1)} \left[\frac{\sum_{i=1}^{N} \left[\sum_{t=1}^{T} \hat{e}_{it}\right]^2}{\sum_{i=1}^{N} \sum_{t=1}^{T} \hat{e}^2_{it}} - 1 \right]^2 \overset{a}{\sim} \chi^2_1$$

mit den e_{it} als OLS-Residuen aus der Schätzung des Modells M1. H_0 wird abgelehnt, wenn LM_2 größer als der theoretische χ^2_1-Wert ist.

Ein Modell, in dem das absolute Glied sowohl zwischen den Jahren als auch zwischen den Industrien variiert, lautet allgemein

$$(11) \qquad y_{it} = \beta_{1it} + \sum_{k=2}^{K} \beta_k x_{kit} + e_{it}.$$

Das entsprechende fixed-effects *Modell M4F* (gepooltes Modell mit fixen Zeit- und Industrieeffekten) ist dann

$$(12)\quad y_{it} = \beta_1 + \sum_{k=2}^{K} \beta_k x_{kit} + \sum_{t=2}^{T} \delta_t DJ_{ti} + \sum_{n=2}^{N} \tau_n DT_{nt} + e_{it}$$

$$\text{mit } DJ_{ti} = \begin{cases} 1 \text{ für das Jahr } t \\ 0 \text{ sonst} \end{cases}$$

$$\text{und } DJ_{nt} = \begin{cases} 1 \text{ für die Industrie } n \\ 0 \text{ sonst.} \end{cases}$$

M4F ist also ein um Dummy-Varaiblen für alle Jahre und alle Industrien (mit je einer Ausnahme) erweitertes Modell M1, das mit OLS geschätzt werden kann. Der F-Test der Nullhypothese, daß weder Zeit- noch Industrieeffekte vorliegen (H_0: $\delta_2 = \delta_3 = \ldots = \delta_T = \tau_2 = \tau_3 = \tau_N = 0$) erfolgt anhand

$$(13)\quad \frac{(R^2_{M4F} - R^2_{M1})/(N + T - 2)}{(1 - R^2_{M4F})/(NT - P)} \sim F_{N+T-2,\ NT-P}$$

mit R^2_{M1} = R^2 aus dem restriktiven Modell M1
R^2_{M4F} = R^2 aus dem nicht-restriktiven Modell M4F
N+T-2 = Anzahl Restriktionen (= Zeit- und Industriedummies)
NT = Fallzahl (= Industrien * Jahre)
P = Anzahl der Parameter von M4F (= K + N + T-2).

H_0 wird abgelehnt, wenn der empirische Wert der Teststatistik größer als der theoretische F-Wert ist. Die LM-Teststatistik lautet für H_0 hier (vgl. Breusch und Pagan 1980)

$$(14)\quad LM_3 = LM_1 + LM_2 \overset{a}{\sim} \chi^2_2$$

mit LM_1 und LM_2 definiert wie in (10) und (15).

Das Modell M4F enthält neben dem Modell M1, gegen das es mit (13) und (14) getestet werden kann, auch die Modelle M2F bzw. M3F als Spezialfälle (wenn man alle Industrie- bzw. Zeitdummy-Koeffizienten als Null annimmt). Tests der Hypothese, daß es in einem Modell mit fixen Zeiteffekten keine fixen Industrieeffekte (M2F gegen M4F) bzw. in einem Modell mit fixen Industrieeffekten keine fixen Zeiteffekte (M3F gegen M4F) gibt, lassen sich daher leicht als F-Test formulieren. Der in dieser Arbeit mehrfach verwendete Test von M3F gegen M4F basiert auf

$$(15)\quad \frac{(R^2_{M4F} - R^2_{M3F})/(T-1)}{(1 - R^2_{M4F})/(NT - P)} \sim F_{T-1,\ NT-P}$$

(zur Erläuterung der Symbole vgl. (5), (9) und (13)).

Die Zeit- bzw. Industriedummies sollen unbeobachtete industrieinvariante Zeiteffekte bzw. zeitinvariante Industrieeffekte modellieren. Faßt man diese Effekte nicht als fixe, sondern als zufällige Größen auf, dann lautet ein Fehlerkomponentenmodell in allgemeiner Form

$$(16)\quad y_{it} = \beta_1 + \sum_{k=2}^{K} \beta_k x_{kit} + e_{it}$$

mit $e_{it} = u_i + v_t + w_{it}$
und $u_i \sim N(0, \sigma^2_u)$ = Querschnitts-Fehlerkomponente
$v_t \sim N(0, \sigma^2_v)$ = Zeitreihen-Fehlerkomponente
$w_{it} \sim N(0, \sigma^2_w)$ = allgemeine Fehlerkomponente.

Es sei angenommen, daß die Fehlerkomponenten untereinander unkorreliert sind und nicht zwischen Querschnitts- und Zeitreihenwerten autokorreliert sind. Um Fehlerkomponenten-Modelle (Random-Effects Modelle) schätzen zu können, ist es erforderlich, die Varianzen der Fehlerkomponenten zu schätzen. Da im Rahmen dieser Untersuchung nur Daten aus acht Jahren herangezogen werden konnten, erscheint es nicht angebracht, Modelle mit zufälligen Zeiteffekten zu betrachten, denn die entsprechende Varianzschätzung wird nicht sehr verläßlich sein können (vgl. auch die Argumentation bei Arora (1973, 452)); im folgenden wird daher die Annahme $v_t = 0$ gemacht.

Das *Modell M3R* (gepooltes Modell mit zufälligen Industrieeffekten lautet:

$$(17)\quad y_{it} = \beta_1 + \sum_{k=2}^{K} \beta_k x_{kit} + e_{it}$$

mit $e_{it} = u_i + w_{it}$
und $u_i \sim N(0, \sigma^2_u)$
$w_{it} \sim N(0, \sigma^2_w)$.

Zur Schätzung dieses Modells ist ein GLS-Ansatz zu verwenden, der einer OLS-Schätzung mit transformierten Daten entspricht, denn (22) läßt sich schreiben als

$$(18)\quad y_{it} - \alpha y_{i.} = (1-\alpha)\beta_1 + \sum_{k=2}^{K} \beta_k (x_{kit} - \alpha x_{ki.}) + e_{it}$$

$$\text{mit } y_{i.} = \frac{1}{T} \cdot \sum_{t=1}^{T} y_{it}$$

$$xk_{i.} = \frac{1}{T} \cdot \sum_{t=1}^{T} x_{kit}$$

$$\text{und} \quad \alpha = 1 - \frac{\hat{\sigma}_w}{T \cdot \hat{\sigma}_u^2 + \hat{\sigma}_w^2},$$

wobei die Varianzen der Komponenten geschätzt werden als

$$(19)\quad \hat{\sigma}^2_w = \frac{1}{N(T-1)} \sum_{i=1}^{N} \sum_{t=1}^{T} (\hat{e}_{it} - \hat{e}_{i.})^2 \quad \text{und}$$

$$(20)\quad \hat{\sigma}^2_u = \frac{1}{T} \left[\sum_{i=1}^{N} \frac{T \cdot \hat{e}^2_{i.}}{N-1} - \hat{\sigma}^2_w \right]$$

mit e_{it} als Residuen aus der OLS-Schätzung von M1 und

$$\hat{e}_{it} = \frac{1}{T} \sum_{t=1}^{T} \hat{e}_{it}$$

(vgl. Wallace und Hussain 1969; zu alternativen Varianzschätzern vgl. die einleitend angeführten Lehrbücher - der Wallace/Hussain-Schätzer schneidet bei Vergleichen üblicherweise gut ab und ist relativ einfach zu berechnen, weshalb er auch in dieser Arbeit verwendet wurde).

Der in (6), (10) und (14) angegebene LM-Test ist auch im Kontext von Random-Effects Modellen anwendbar.

Die Wahl zwischen einem Modell mit fixen und einem mit zufälligen Effekten - hier: zwischen M3F und M3R - erfolgt anhand eines von Hausman (1978) vorgeschlagenen Tests: Trifft die Nullhypothese von M3R, daß die Effekte zufällig, normalverteilt und unkorrelivert mit den x_k sind, zu, dann ist der Random-Effekts Schätzer effizient und konsistent, der Fixed-Effekts Schätzer ist nur konsistent. Trifft die genannte Nullhypothese nicht zu, sind die Effekte mit den exogenen Variablen korreliert, und M3R liefert verzerrte und inkonsistente Schätzungen, während M3F weiterhin zu konsistenten Schätzungen führt.

Dieser Test kann in Form eines RESET-Ansatzes (vgl. den Abschnitt 3.1.3) formuliert werden:

Für das *Modell MH*

$$(21)\quad y_{it} - \alpha y_{i.} = (1-\alpha)\beta_1 + \sum_{k=2}^{K} \beta_k (x_{kit} - \alpha xk_{i.}) + \sum_{k=2}^{K} \lambda_k (x_{kit} - xk_{i.}) + e_{it}$$

(vgl. zur Notation (18))

wird $H_0 = \lambda_2 = \lambda_3 = \ldots = \lambda_k = 0$ getestet, d.h. es wird geprüft, ob die Instrumente (Differenzen der exogenen Variablen von ihren Stichprobenmittelwerten über alle Perioden) in einem erweiterten Modell insgesamt einen signifikanten Einfluß haben. Dies geschieht mit einem F-Test auf der Basis von

$$(22)\quad \frac{(R^2_{MH} - R^2_{M3R})/(K-1)}{(1 - R^2_{MH})/(NT - Q)} \sim F_{K-1,\ NT-Q}$$

mit R^2_{M3R} = R^2 aus (23)
R^2_{MH} = R^2 aus (26)
K-1 = Anzahl Restriktionen (= Instrumente)
NT = Fallzahl (= Industrien * Jahre)
Q = Anzahl Parameter von MH (= 2K -1).

Die Nullhypothese, und damit die Hypothese, daß M3R korrekt ist, wird abgelehnt, wenn der Wert der Teststatistik größer als der theoretische F-Wert ist.

Die Modelle M1, M2F, M3F und M4F wurden mit $SPSS^x$ geschätzt, zur Berechnung von M3R wurde ein vom Verfasser leicht modifiziertes unveröffentlichtes FORTRAN-Programm von J. Breitung verwendet, daß auch die LM_1- und LM_2-Statistiken sowie die für den Hausman-Test notwendigen Instrumente errechnet. Der Hausman-Test selbst wurde wie oben angegeben im IAS-System durchgeführt.

3.2.2 Tests in gepoolten Modellen

Für die Modelle mit gepoolten Daten konnten nicht alle Tests, die in Abschnitt 3.1 beschrieben wurden, durchgeführt werden, da diese teilweise ausschließlich im IAS-System implementiert waren und diese Software nur Modelle mit maximal 30 exogenen Variablen bearbeiten kann. Die Fixed-Effects Modelle wurden mit SPSS^x geschätzt und damit folgenden Tests unterzogen:

- dem Test auf Normalverteilung der Störgrößen anhand des in Abschnitt 3.1.1 beschriebenen Jarque-Bera Tests, dessen Teststatistik wie in (1) angegeben auf der Basis der OLS-Residuen berechnet wurde;
- dem Test auf Homoskedastie der Störgrößen anhand des in Abschnitt 3.1.2 beschriebenen Breusch-Pagan Tests in der gegen Abweichungen von der Normalverteilung robusten Form, dessen Teststatistiken für die jeweiligen Variablen wie in (3) angegeben berechnet wurde. Die 'adjusted t-values' (ATV) auf der Basis heteroskedastie-konsistenter Varianzschätzungen gemäß (4) wurden dabei mit dem in Messer/White (1984) beschriebenen Instrumental-Variablen Ansatz mit dem Programmpaket SST (Dubin/Rivers 1986) ermittelt;
- dem Test auf korrekt spezifizierte funktionale Form anhand der ersten beiden der in 3.1.3 genannten Varianten der RESEST-Prozedur;
- schließlich dem in 3.1.4 beschriebenen Test auf fehlende Ausreisser, wobei die mit den Werten der Ausreisser-Statistik numerisch identischen Werte der mit SPSS^x zu berechnenden 'studentized deleted residuals' herangezogen wurden (vgl. Cook/Weisberg 1982, 21).

Die in Abschnitt 3.1 gemachten Aussagen über die Konsequenzen der Ablehnung der Modelle durch die Tests gelten auch hier, auf eine Wiederholung kann daher verzichtet werden.

3.3 Zur Schätzung von Modellen für die Exportquote von Firmen mit dem Two-Limit Tobit ML-Ansatz

Die Exportquote einer Firma kann definitionsgemäß nur Werte zwischen Null und 100 Prozent annehmen - die endogene Variable der ökonometrischen Modelle des Abschnitts B.4 ist daher in ihrem Wertebereich beschränkt. Solange nur ein sehr kleiner Anteil der Merkmalsträger in der Grundgesamtheit Variablenwerte aufweist, die mit den Grenzen des Wertebereichs zusammenfallen, stellt dies kein weiteres ökonometrisches Problem dar (vgl. Kmenta 1986, 561); wir konnten diesen Punkt daher bei der Schätzung von Modellen auf der Basis von Industriedaten übergehen, da z.B. dort weder Exportquoten von Null noch solche von 100 Prozent auftreten. Anders bei den Firmendaten: In unsere Stichprobe waren 11 von 71 Firmen des Maschinenbaus (rund 15.5%), 7 von 33 aus der Elektrotechnik (rund 21%) und 11 der 29 Betriebe aus der Holzverarbeitenden Industrie (rund 38%) Nicht-Exporteure. Schätzt man auf der Basis eines solchen Datensatzes ein Modell mit der Exportquote als endogener Variable und verwendet man hierfür die einfache Methode der kleinsten Quadrate (OLS), dann werden die Koeffizienten verzerrt und inkonsistent geschätzt (vgl. Amemiya 1984, 10 und Kmenta 1986, 561).

Zahlreiche Untersuchungen versuchen dieses Problem implizit - implizit deshalb, weil es nicht voll erkannt wird - zu umgehen, indem sie nur Firmen mit einer Exportquote von größer als Null betrachten (vgl. z.B. Gleijser/Jacquemin/Petit 1980, Ong/Pearson 1982, Cavusgil 1984 oder Schlegelmilch/Diamantopoulos 1986). Dieses Vorgehen ist jedoch kein gangbarer Weg, denn es führt bei Verwendung von OLS zu verzerrten und inkonsistenten Parameterschätzungen (vgl. Amemiya 1984, 10 f. und Kmenta 1986, 561).

Für im Wertebereich beschränkte endogene Variablen gibt es eine ganze Reihe jeweils für spezielle Fälle heranzuziehende Schätzverfahren, die unverzerrte Parameterschätzungen liefern (vgl. als Überblick Maddala 1983, ch. 6). In der hier vorliegenden Situation, in der die endogene Variable kontinuierlich ist und eine Untergrenze (Null) sowie eine Obergrenze (100) aufweist, ist eine verallgemeinerte Version des Standard-Tobit Modells (Type 1 Tobit in der Systematik von Amemiya 1984) heranzuziehen, die von Rosett und Nelson (1975) vorgeschlagen wurde. Dieses Modell wird mit dem Maximum Likelihood Verfahren geschätzt und daher hier als "Two-Limit Tobit ML" bezeichnet.[5] Für die Berechnungen in Abschnitt B.4.2.2 wurde das Tobit-Programm aus dem Software-Paket LIMDEP (Greene 1985) verwendet.

Wie im Fall der mit OLS geschätzten Modelle in anderen Teilen dieser Arbeit sind auch hier die Konsequenzen zu beachten, die sich aus einer Nicht-Erfüllung der Annahmen des Two-Limit Tobit ML-Schätzers ergeben. Für Tobit-Modelle gilt jedoch, daß "... there has not been much work on (a) studying the effects of violations of the different assumptions, (b) checking the adequacy of the model assumed, and (c) developing criteria for choosing between different models." (Maddala 1983, 178) Fest steht, daß Tobit ML Schätzer inkonsistent sind, wenn die Annahmen der Normalverteilung und Homoskedastie der Störgrößen nicht erfüllt sind (vgl. Amemiya 1984, 23 ff.). Über das mögliche Ausmaß der Verzerrungen in unseren Schätzungen sind begründete Aussagen kaum möglich. So könnten die Ergebnisse von

[5] Zur Darstellung vgl. Rosett/Nelson (1975) und Amemiya (1984, 29). Rosett und Nelson bezeichnen ihren Ansatz als "Two-Limit *Probit*" Modell, was aber offensichtlich eher verwirrend ist.

Arabmazar und Schmidt (1982) im Hinblick auf Abweichungen von der Normalverteilungsannahme optimistisch stimmen, da der Anteil von hier in die Schätzungen einbezogenen Firmen mit einer Exportquote von Null deutlich unter 50 Prozent liegt - allerdings betrachten Arabmazar/Schmidt den Spezialfall eines Tobit-Modells mit nur einer Konstanten als exogener Variable. Dasselbe gilt für die Ergebnisse dieser Autoren zu den Konsequenzen von Heteroskedastie (vgl. Arabmazar/Schmidt 1981).

Es wäre daher wünschenswert, wie im Fall der mit OLS geschätzten Modelle auch bei den Tobit ML Schätzungen zu testen, ob die Annahmen der Normalverteilung und Homoskedastie erfüllt sind. Hierzu werden in der Literatur in jüngerer Zeit Vorschläge diskutiert (vgl. z.B. Lee/Maddala 1985 und Newey 1987 sowie Godfrey (1988, ch. 6) und Pudney (1989, 151 ff.), die jedoch noch nicht zu allgemein anerkannten und in den mir zur Verfügung stehenden ökonometrischen Software-Paketen implementierten Prozeduren geführt haben.

Allgemeine Tests auf korrekte Spezifikation der funktionalen Form des Modells sind dem Verfasser nicht bekannt. Das in Abschnitt B.3.1.3 dargestellte RESET-Prinzip kann jedoch auch hier angewendet werden. Statt eines F-Tests ist dabei ein Likelihood-Ratio Test heranzuziehen, bei dem der maximale Wert der Likelihood-Funktion unter der Annahme der Gültigkeit von "H_0: der Zusammenhang ist linear" zum maximalen Wert der Likelihood-Funktion unter der Annahme von "H_1: der Zusammenhang ist nicht-linear" ins Verhältnis gesetzt wird. Dieser Ansatz wird in B.4.2.2 verwendet, um zu überprüfen, ob die Firmengröße linear oder nicht-linear in das Modell einzubeziehen ist (Test von Modell 2 gegen Modell 1 bzw. Modell 7 gegen Modell 8), indem die Null-Restriktion für den Koeffizienten des quadrierten Umsatzterms getestet wird.

Allgemein wird eine Nullhypothese mit dem Likelihood-Ratio Test geprüft, indem L_0 - der Wert der Likelihood-Funktion unter Gültigkeit von H_0 - und L_{max}- der Wert der Likelihood-Funktion unter H_1 - berechnet werden und die Teststatistik -2(log L_0 - logL_{max}) mit dem Wert von $\chi^2_{(k)}$ (k = Anzahl der Restriktionen) verglichen wird. Dieses Vorgehen liegt den in Tabelle B.35 berichteten Ergebnissen zugrunde; Darstellungen des Likelihood-Ratio Tests finden sich in gängigen Ökonometrielehrbüchern, z.B. bei Pindyck/Rubinfeld (1981, 311 f.).

Der verglichen mit den OLS-Modellen "unterentwickelte" Zustand der Tests für Tobit ML-Modelle impliziert, daß bei der Interpretation der Schätzergebnisse (zusätzliche) Vorsicht angebracht ist.

Zum Abschluß dieses Abschnitts soll noch eine weitere Bemerkung zum hier gewählten Schätzverfahren gemacht werden: Die Struktur des betrachteten ökonomischen Problems - man beobachtet unter den Firmen einer Industrie einerseits Nicht-Exporteure und Exporteure, andereseits bei den Exporteuren unterschiedliche Exportquoten - könnte es nahelegen, bei einem Versuch einer ökonometrischen Erklärung des beobachteten Verhaltens von Firmen einen zweistufigen Ansatz zu wählen, bei dem im ersten Schritt erklärt wird, *warum* eine Firma exportiert bzw. nicht exportiert, während ein zweiter Schritt der Frage nachgeht, *wieviel* Prozent ihres Umsatzes eine exportierende Firma durch Ausfuhren erwirtschaftet. Zweistufige Vorgehensweisen dieser Art erfreuen sich seit den bahnbrechenden Arbeiten von Heckman zur Korrektur des "sample selection bias" (vgl. z.B. Heckman 1979) hoher Beliebtheit, insbesondere in arbeitsökonomischen Untersuchungen beim Zusammenhang von Erwerbsbeteiligung und Lohnsatz von Frauen (aber nicht nur dort - vgl. z.B. Nakamura/Nakamura 1988). Allegrezza und Gailly (1988) verwenden einen solchen Ansatz bei der ökonometrischen Untersuchung der Exportquote von Firmen aus Luxembourg. Ob dies hierbei ein angebrachter Weg ist, erscheint jedoch aus zwei Gründen fraglich: Erstens ist inhaltlich nicht klar erkennbar, was die Analogie zum Reservationslohnsatz (der überschritten werden muß, damit eine Frau Arbeit anbietet und daher für sie ein gezahlter Lohn beobachtbar ist) hier sein soll - wie will man eine "Reservations-Exportquote" einer Firma begründen und, sollte es sie evtl. aufgrund von Fixkosten des Exports tatsächlich geben, warum sollte sie nicht immer auf dem Weltmarkt erreichbar sein, vorausgesetzt es gibt eine Nachfrage nach den Produkten des Unternehmens? Ökonometrisch gesehen gilt zweitens, daß nach vorliegenden Untersuchungen der zweistufige Schätzer verglichen mit dem Maximum-Likelihood Schätzer ineffizient ist (vgl. Amemiya 1984, 12 und Kmenta 1986, 564). Daher wird hier ein Tobit- statt eines Heckit-Modells verwendet.

3.4 Zur robusten Schätzung gepoolter Modelle mit Reweighted Least Squares auf Basis von Least Median of Squares Regressionen

Die gepoolten Modelle werden häufig durch den Ausreisser-Test und - damit zusammenhängend - durch den Test auf normalverteilte Störgrößen und eine korrekt spezifizierte funktionale Form abgelehnt. Nun ist bekannt, daß die Koeffizientenschätzungen mit OLS sehr stark durch einzelne Fälle beeinflußt werden können: bezieht man in einen beliebig großen Datensatz einen *einzigen* Fall mit entsprechend stark abweichenden Eigenschaften verglichen mit der übrigen Stichprobe ein (oder läßt man ihn unbeachtet), so *kann* dies die mit OLS geschätzten Koeffizienten in beliebigem Ausmaß nach Größe und Richtung beeinflussen - man spricht daher davon, daß OLS einen "breakdown point" von Null Prozent hat (vgl. Rousseeuw/Leroy 1987, 9 ff.).

Die Ablehnungen der Modelle durch den Ausreisser-Test können als Indiz dafür gelten, daß einzelne Industrien in einzelnen Jahren eine "Sonderrolle" spielen - oder anders ausgedrückt: daß ihr durch die Daten abgebildetes Verhalten nicht bzw. weit weniger adäquat als im Falle der übrigen Beobachtungen durch das geschätzte Modell erfaßt werden kann. Der Umkehrschluß gilt hier nicht: lehnt der Ausreisser-Test *nicht* ab, so *kann* dies auch daran liegen, daß sich mehrere Ausreisser gegenseitig bei dem nur jeweils einen Fall betrachtenden Test "maskieren" (vgl. hierzu Atkinson 1986 sowie Rousseeuw und Leroy 1987, ch.6).

Ausreisser der genannten Art können aufgrund sehr verschiedener Ursachen auftreten. Im hier betrachteten Kontext können z.B. falsche Meldungen der Merkmalsträger, Erfassungs- oder Berichtsfehler der die Informationen weiter verarbeitenden Stellen oder fehlerhafte Dateneingabe der Grund sein; in solchen Fällen würde man von "verschmutzten Daten" (im Englischen gibt es hierfür den anschaulichen Begriff der "contaminated data") sprechen. In einer Untersuchung, die Daten aus verschiedenen Sekundärquellen unterschiedlicher Zuverlässigkeit heranziehen muß, lassen sich die genannten Fehler nicht alle vermeiden oder korrigieren; es sollte jedoch versucht werden, ihre Auswirkungen zu erkennen. Ausreissern können aber auch substantielle Ursachen zugrunde liegen, die dazu führen, daß ein für die Mehrzahl der Fälle zutreffendes Modell sich für diese "Sonderfälle" als ungeeignet erweist: ein hochbezahlter Superstar des Profifußballs ohne abgeschlossene Volksschule erzielt z.B. ein Einkommen, das sich mit einem einfachen "schooling"-Ansatz aus der Humankapitaltheorie nicht erklären läßt; bei der Schätzung der Ertragsrate auf Schulbildung sollte er aus der Stichprobe ausgeschlossen werden, um die Ergebnisse für die überwiegende Mehrzahl der Fälle nicht zu verzerren.

Es ist daher angebracht, mit Hilfe eines gegenüber solchen Ausreissern *robusten* Verfahrens zu überprüfen, ob die Koeffizientenschätzungen von diesen so stark beeinflußt werden, daß eine andere als die auf der Basis der gepoolten OLS-Schätzungen vorgenommene Interpretation zu den Einflußrichtungen der exogenen Variablen auf die Form internationaler ökonomischer Verflechtungen angebracht ist. Hierzu eignet sich besonders gut das von Rousseeuw (1984) entwickelte Verfahren des *"Least Median of Squares"* (LMS), denn es weist den höchsten erreichbaren "breakdown point" von 50 Prozent auf.[6] Auf eine ausführliche Darstellung der Methode kann hier verzichtet werden (vgl.

---

[6] Das weitaus populärere Verfahren der "Least Absolute Deviations" (LAD) kommt nicht in Frage, da es ebenso wie OLS einen "breakdown point" von Null Prozent aufweist; vgl. Rousseeuw (1984, 871). Vgl. Wagner (1989) für eine vergleichende Anwendung beider

Rousseeuw/Leroy 1987), die Idee soll jedoch für den Fall einer einfachen linearen Regression mit einer exogenen Variable veranschaulicht werden: die Minimierung des Medians der quadrierten Residuen erfordert hier die Konstruktion zweier Parallelen mit minimalem Abstand, die die Hälfte aller Beobachtungen einschließen; die LMS-Regressionslinie liegt dann exakt in der Mitte zwischen diesen beiden Parallelen (vgl. Rousseeuw/Leroy 1987, 24).

LMS eignet sich sehr gut zur Demaskierung maskierter Ausreisser im oben angesprochenen Sinne (vgl. Atkinson 1986 sowie Rousseeuw und Leroy 1987, ch. 6), hat aber den Nachteil, daß es nicht effizient ist (vgl. Rousseeuw 1984, 876). Es wird daher lediglich als Werkzeug zur Datenanalyse - Aufdeckung von Ausreisssern - verwendet, wobei alle Fälle mit hinreichend großen (entsprechend standardisierten) LMS-Residuen (vgl. Rousseeuw/Leroy 1987, 17) als Ausreisser angesehen werden. Solche Beobachtungen gehen mit einem Gewicht von Null in eine zweite Stufe der Untersuchung ein, auf der dann mit *"Reweighted Least Squares"* (RLS) ein neuer Vektor von Koeffizienten geschätzt wird. Dieser Schätzer hat ebenfalls einen "breakdown point" von 50 Prozent, ist aber effizienter als LMS (Rousseeuw/Leroy 1987, 18). Wenn die mit OLS und RLS geschätzten Koeffizienten "deutlich" voneinander abweichen - wobei dies nicht durch einen formalen Test geprüft werden kann, sondern im Ermessen des Betrachters bleiben muß -, dann stellt LMS ein zuverlässiges Verfahren zur Aufdeckung von Ausreissern dar, die, soweit dies möglich ist, überprüft und korrigiert werden sollten. Arbeitet man, wie dies hier der Fall ist, mit Daten aus Sekundärquellen, so hat man mögliche Fehler in den Daten hinzunehmen und keine Möglichkeit, hierdurch verursachte Ausreisser von solchen aufgrund inhaltlich begründeter extremer Abweichungen einzelner Fälle vom Durchschnitt zu unterscheiden. RLS auf der Basis von LMS bietet jedoch die Möglichkeit einer Sensitivitätsanalyse der OLS-Ergebnisse, und dies ist die Form, in der robuste Schätzungen im Rahmen dieser Untersuchung eingesetzt werden.

Es ist nicht möglich, wie üblich eine Formel für den LMS-Schätzer anzugeben (vgl. Rousseeuw/Leroy 1987, 197); ein geeigneter Suchalgorithmus ist jedoch im Programm PROGRESS implementiert.[7] Die gepoolten Modelle mit fixen Zeit- und Industrieeffekten können hiermit aber nicht direkt geschätzt werden, denn "(b)oth the LMS method and its algorithm are inherently unable to deal with dummy variables, because they were

"robuster" Verfahren in einem anderen ökonomischen Kontext (Schätzung von Einkommensfunktionen).

[7] Das Programm PROGRESS wurde dankenswerter Weise von Peter J. Rousseeuw zur Verfügung gestellt.

constructed for continuous variables."[8] Für dieses Problem gibt es allerdings eine (naheliegende) Lösung, denn Fixed-Effects-Modelle lassen sich nicht nur durch Hinzufügen einsprechender Dummy-Variablen wie in Abschnitt G.3.2.1 beschrieben schätzen; es besteht vielmehr alternativ die Möglichkeit, numerisch identische Werte der Koeffizienten der exogenen Variablen zu erhalten, indem man die Ausgangsdaten transformiert. Die entsprechende Transformation im Fall des Modelltyps M4F (gepooltes Modell mit fixen Zeit- und Industrieeffekten) besteht darin, von den Werten der endogenen und exogenen Variablen die Mittelwerte der Industrie über die Jahre und des Jahres über die Industrien zu subtrahieren sowie den Mittelwert über alle Jahre und Industrien zu addieren (vgl. z.B. Judge et al. (1985, 532), Formel 13.4.11). Die so transformierten Datensätze liegen den RLS/LMS-Schätzungen der M4F-Modelle in dieser Untersuchung zugrunde.

3.5 Zu den Spezifikationstests von LOGIT-Modellen

Für die mit der LOGIT-ML-Methode geschätzten Modelle aus den Abschnitten C.3.2, D.2.2 und D.3.2 werden folgende Nullhypothesen (vgl. zur Begründung die Argumentation in Abschnitt A.3) getestet: die Störgrößen sind logistisch verteilt; sie sind homoskedastisch; die stochastische Spezifikation des Modells ist korrekt. Sämtliche Tests wurden von Dipl.-Vw. Michael Lechner (Universität Heidelberg) in GAUSS 2.0 implementiert.[9] Auf eine ausführliche Darstellung der Testverfahren kann hier verzichtet werden; vgl. dazu Lechner (1989) und die dort zitierten Originalarbeiten.

Die Null-Hypothese *logistisch verteilter Störgrößen* wurde gegen die Alternativhypothese getestet, daß die Störgröße Burr(II)-verteilt ist; die logistische Verteilung ist hierbei als Spezialfall in der Klasse der Burr(II)-Verteilungen enthalten. Unter H_1 sind die LOGIT-ML-Schätzer ineffizient - und sie können sogar inkonsistent sein.

Die Null-Hypothese *homoskedastischer Störgrößen* wird mit einem LM-Test von Davidson/MacKinnon (1984) gegen die Alternativhypothese getestet, daß die Störgrößenvarianz linear von exogenen Modellvariablen abhängt. Als Testvariablen werden hierbei *alle* in den jeweiligen Modellvarianten enthaltenen erklärenden Größen (mit Ausnahme der Konstanten) herangezogen. Unter H_1 sind die LOGIT-ML-Schätzer inkonsistent.

---

[8] Brief von Peter J. Rousseeuw an den Verfasser vom 28.10.1988.

[9] Mein besonderer Dank gilt an dieser Stelle M. Lechner für die Erlaubnis, seine Programme zu benutzen, und Prof. Dr. Gerhard Wagenhals für seine praktische Unterstützung bei der Berechnung der Teststatistiken in Heidelberg.

Die Null-Hypothese einer *korrekten stochastischen Spezifikation des Modells* wird mit dem Informations-Matrix-Test von White (1982) gegen die Alternativhypothese einer inkorrekten Spezifikation getestet; dies kann auch als Test gegen zufällige Parametervariation interpretiert werden.

Für die Interpretation der Testergebnisse ist auf zwei Punkte hinzuweisen: Erstens haben alle Tests auch "power" gegen andere als die angegebenen Alternativhypothesen, so daß aus einer Ablehnung von H_0 nicht automatisch auf die Gültigkeit von H_1 geschlossen werden darf. Zweitens ist es eine offene (und nicht zu klärende) Frage, wie zuverlässig die Tests in den hier vorliegenden nicht sehr großen Stichproben sind.

> "It is beyond the wildest stretch of the imagination to suppose that the data on resources, trade, and GNP are perfect measures of their corresponding hypotheticals. God (and very few others) knows how all these countries collect information on GNP, sav-ings flows, labor force and so on."
>
> Edward E. Leamer (1984, 127 f.)

4 Zur relativen Faktorausstattung der BRD

Die in Abbildung B.1 zusammengefaßten Informationen über die relative Faktorausstattungs-Position der Bundesrepublik Deutschland verglichen mit den Ländern der OECD und der EG beruhen auf folgenden Angaben:

Die Höhe des *Kapitalstocks* wird aus den aufsummierten Bruttoanlageinvestitionen (BAI) geschätzt, wobei eine durchschnittliche Lebensdauer von 15 Jahren bei linearer Abschreibung unterstellt wird. Für das hier verwendete Stichjahr 1981 ergibt sich der Kapitalstock damit als $1/15 \cdot BAI_{1966} + 2/15 \cdot BAI_{1967} + \ldots + 14/15 \cdot BAI_{1979} + BAI_{1980}$. Dies ist ein gebräuchliches Schätzverfahren, wobei man eine recht willkürliche Annahme hinsichtlich der Lebensdauer der Kapitalgüter treffen muß - allerdings weist Leamer (1984, 232) darauf hin, daß die Ergebnisse statistischer Analysen mit solchen Daten sich nur geringfügig unterscheiden, wenn man statt der hier angenommenen 15 Jahre alternativ 10 oder 20 Jahre unterstellt. Die so (für 1963 und 1975) ermittelten Kapitalstocks-Daten liegen auch den Arbeiten von Bowen (1980, 1983) zugrunde; sie werden von Härtel und Langer (1984, 63 ff.) in einer auf die BRD gezogenen Analyse verwendet. Datenbasis für die

Abb. B.1 sind die Angaben zu den Bruttoanlageinvestitionen (in US-$ und Preisen von 1980) für die OECD-Länder in OECD (1988a, Tab. 10). Hieraus läßt sich mit dem angegebenen Verfahren der Kapitalstock der BRD, der OECD und der EG-Länder für 1981 schätzen; die Anteile der BRD am Kapitalstock der OECD-Länder bzw. EG-Länder sind im Balken 1 der Abb. B.1.a bzw. B.1.b dargestellt.

Der Umfang des *"modernen Kapitals"* wird berechnet als Summe der mit den hier unterstellten Abschreibungsfaktoren gewichteten Bruttoanlageinvestitionen der Jahre t-5 bis t-1 (d.h. als $11/15 \cdot BAI_{1976} + 12/15 \cdot BAI_{1977} + \ldots + BAI_{1980}$); die BRD-Anteile sind im *Balken 2 der Abb. B.1.a bzw. B.1.b dargestellt.*

Als Basis für die Berechnungen zu den Anteilen an den *Erwerbstätigen*, die im *Balken 3 der Abb. B.1.a bzw. B.1.b* abgebildet sind, dienen die Werte für 1981 in OECD (1988b, Tab. V.C).

Eine Größe, die in etwa dem für bundesrepublikanische Industrien ausgewiesenen Facharbeiter-Anteil entspricht, läßt sich für internationale Vergleiche nur in einer sehr groben Annäherung schätzen. Das International Labour Office (1988, Tab. 2B) weist Werte für "professional, technical & related workers" in den einzelnen Ländern aus, die z.B. von Bowen (1980, 83) und Leamer (1984) als Grundlage eines Indikators für die Humankapitalausstattung herangezogen werden. Eine kritische Diskussion hierzu findet sich bei Leamer (1984, 91 f. und 234); Härtel und Langer (1984, 63 ff.) verwenden wiederum die von Bowen ermittelten Werte für eine auf die BRD bezogene Analyse. Aus Angaben zur Anzahl dieser Arbeitskräfte ergeben sich die *Balken 4 in Abb. B.1.a bzw. B.1.b.* Die hier zugrundeliegenden Angaben beziehen sich auf je Land unterschiedliche Jahre (zwischen 1980 und 1987 je nach Datenlage), wobei dies eher geringfügige Ungenauigkeiten zur Folge haben dürfte, da sich die Anteile in kurzer Zeit nicht stark ändern; für Island, die Schweiz und das Vereinigte Königreich waren keine Angaben vorhanden. (Ein alternativer Indikator für die Humankapitalausstattung einesLändes läßt sich aus Angaben zur Quote von Personen einer Altersgruppe in bestimmten Schultypen konstruieren; wegen der hierbei auftretenden Vergleichs- und Gewichtungsprobleme wurde hierauf verzichtet - entsprechende Angaben finden sich z.B. bei Gremmen und Vollebergh 1986.)

Als Indikatoren für die relative Ausstattung der Bundesrepublik Deutschland mit modernem technischen Wissen werden drei Indikatoren herangezogen - die *Ausgaben für Forschung und Entwicklung* (FuE), die *Beschäftigten in FuE* und die *Anzahl der Patente*. Die Anteile der genannten Größen, die von den für die OECD bzw. die EG insgesamt ausgewiesenen Werten hierbei jeweils auf die BRD im Jahr 1981 entfielen, sind in den

Balken 5, 6 und 7 der Abb. B.1.a bzw. B.1.b dargestellt. Die Zahlen zur Berechnung dieser Prozentangaben stammen aus OECD (1986, Tab. 1, Tab. 2 sowie Tab. 24 und Tab. 26).

Der als Bezugsgröße für die Beurteilung der relativen Faktorausstattungsposition der BRD herangezogene Anteil am Bruttoinlandsprodukt der EG bzw. der OECD wurde nach den Angaben in OECD (1989, Tab. 13) berechnet; eine Korrektur um den Leistungsbilanzsaldo (vgl. Leamer 1984, 104) erbrachte lediglich geringfügig hiervon abweichende Werte (8.60% statt 8.68% für OECD bzw. 24.59% statt 24.80% für EG).

Aus dem diesem Anhang-Abschnitt vorangestellten Motto sollte klar ersichtlich sein, daß alle hier ermittelten Angaben allenfalls grobe Annäherungen an die "wahren" Werte darstellen; bei der Interpretation ist daher Vorsicht (Skepsis?) angebracht.

Literaturverzeichnis

Agarwal, J.P. (1978), Zur Struktur der westdeutschen Direktinvestitionen in Entwicklungsländern - Einfluß von Außenhandelsverflechtung und relativen Lohnkosten. Die Weltwirtschaft, H.1, 114-132.

Allegrezza, S. und B. *Gailly* (1988), P.M.E. et exportation. Les determinants de l'exportation et de l'engagement dans l'exportation, le cas du Grand-Duche de Luxembourg (Premiere version). CEPS/INSTEAD, Walferdange: mimeo.

Amemiya, T. (1984), Tobit models: A survey. Journal of Econometrics 24, 3-61.

Anderson, E. und H. *Gatignon* (1986), Modes of foreign entry: A transaction cost analysis and propositions. Journal of International Business Studies 17, 1-26.

Anderson, K. und R.E. *Baldwin* (1981), The political market for protektion in industrial countries: Empirical evidence. World Bank Staff Working Paper No. 492. Washington, D.C.: World Bank.

Arabmazar, A. und P. *Schmidt* (1981), Further evidence on the robustness of the Tobit estimator to heteroskedasticity. Journal of Econometrics 17, 253-258.

Arabmazar, A. und P. *Schmidt* (1982), An investigation of the robustness of the Tobit estimator to non-normality. Econometrica 50, 1055-1063.

Arora, S.S. (1973), Error components regression models and their applications. Annals of Economic and Social Measurement 2, 451-461.

Atkinson, A.C. (1986), Masking unmasked. Biometrica 73, 533-541.

Aw, Bee-Yan (1983), The interpretation of cross-section regression tests of the Heckscher-Ohlin theorem with many goods and factors. Journal of International Economics 14, 163-167.

Bade, F.-J. und A. *Eickelpasch* (1985), Die Beschäftigungsentwicklung in den Regionen der Bundesrepublik Deutschland 1976 - 1983 (2. Zwischenbericht zum Gutachten "Die regionale Verteilung von Wirtschaftsaktivitäten" im Auftrage des Niedersächsischen Ministers für Wirtschaft und Verkehr). Berlin: mimeo.

Balassa, B. (1965), Trade liberalization and revealed comparative advantage. Manchester School of Economics and Social Studies 33, 99-123.

Balassa, B. und L. *Bauwens* (1985), Comparative advantage in manufactured goods in a multi-country, multi-industry, and multi-factor model. In: T. Peeters, P. Praet und P. Reding (eds.), International trade and exchange rates in the late eighties. Amsterdam usw.: North-Holland, 31-52.

Balassa, B. und L. *Bauwens* (1987), Intra-industry specialization in a multi-country and multi-industry framework. Economic Journal 97, 923-939.

Balassa, B. und L. *Bauwens* (1988), Inter-industry and intra-industry specialization in manufactured goods. Weltwirtschaftliches Archiv 124, 1-13.

Baldwin, R.E. (1984), Trade policies in developed countries. In: R.W. Jones und P.B. Kenen (eds.), Handbook of International Economics, Vol.I. Amsterdam usw.: North-Holland, 571-619.

Baldwin, R.E. (1985), The political economy of U.S. import policy. Cambridge, MA and London: MIT Press.

Ballance, R.H., H. *Forstner* und T. *Murray* (1987), Consistency tests of alternative measures of comparative advantage. Review of Economics and Statistics LXIX, 157-161.

Baum, C.F. und D.T. *Coe* (1978), A Logit analysis of the factor content of West German foreign trade. Weltwirtschaftliches Archiv 114, 328-338.

Baumann, H. u.a. (1977), Außenhandel, Direktinvestitionen und Industriestruktur der deutschen Wirtschaft. Berlin: Duncker & Humblot.

Baumgart, E., J. *Schintke* und P. *Baumann* (1985), Produktionsvolumen und -potential, Produktionsfaktoren des Bergbaus und des Verarbeitenden Gewerbes in der Bundesrepublik Deutschland. Statistische Kennziffern, 27. Folge (1970-1984). Berlin: Deutsches Institut für Wirtschaftsforschung.

Bellmann, L., K. *Gerlach* und O. *Hübler* (1984), Lohnstruktur in der Bundesrepublik Deutschland. Zur Theorie und Empirie der Arbeitseinkommen. Frankfurt/New York: Campus.

Bellmann, L. und J. *Wagner* (1986), Importdruck in der Bundesrepublik Deutschland. Eine ökonometrische Untersuchung für Industrien des Verarbeitenden Gewerbes (1976 - 1983). In: R. Ertel und H.-J. Heinemann (Hrsg.), Aspekte internationaler Wirtschaftsbeziehungen. Theoretische Erörterungen und empirische Befunde. Hannover: NIW.

Belsley, D.A., E. *Kuh* und R.E. *Welsch* (1980), Regression Diagnostics: Identifying influential data and sources of collinearity. New York usw.: Wiley.

Berger, M. und L. *Uhlmann* (1985), Auslandsinvestitionen kleiner und mittlerer Unternehmen. Eine Untersuchung über das Auslandsinvestitionspotential kleiner und mittlerer Unternehmen. Berlin-München: Duncker & Humblot.

Bilkey, W.J. (1978), An attempted integration of the literature on the export behavior of firms. Journal of International Business Studies 9, 33-46.

Blomström, M., *Lipsey*, R.E. und K. *Kulchycky* (1988), U.S. and Swedish direct investment and export. In: R.E. Baldwin (ed.), Trade policy issues and empirical analysis. Chicago/London: University of Chicago Press, 259-297.

Bodenhöfer, H.-J. (1976), Technischer Fortschritt, Forschung und Entwicklung und internationaler Handel: der Fall der Bundesrepublik Deutschland. Jahrbücher für Nationalökonomie und Statistik 190, 152-169.

Borner, S. (1986), Internationalization of industry. An Assessment in the light of a small open economy (Switzerland). Berlin usw.: Springer.

Borner, S. und F. *Wehrle* (1984), Die Sechste Schweiz. Überleben auf dem Weltmarkt. Zürich und Schwäbisch-Hall: Orell Füssli.

Bowden, R.J. (1986), An empirical model of bilateral trade (or its absence) in manufactured commodities. Manchester School of Economics and Social Studies LIV, 255-282.

Bowen, H.P. (1980a), U.S. comparative advantage. A review of the theoretical and empirical literature. Office of Foreign Economic Research, U.S. Department of Labor: mimeo.

Bowen, H.P. (1980b), Changes in the international pattern of factor abundance and the composition of trade: A multi-country analysis of changing comparative advantage in manufactured goods with special reference to the United States. Office of Foreign Economic Research, U.S. Department of Labor: mimeo.

Bowen, H.P. (1983), Changes in the international distribution of resources and their impact on the U.S. comparative advantage. Review of Economics and Statistics LXV, 402-414.

Branson, W.H. und N. *Monoyios* (1977), Factor inputs in U.S. trade. Journal of International Economics 7, 111-131.

Braun, G. (1988), Die Theorie der Direktinvestition. Köln: Institut für Wirtschaftspolitik.

Brecher, R.A. und E.U. *Choudhri* (1986), The factor content of consumption in Canada and the United States: A two-country test of the Heckscher-Ohlin-Vanek model. Carleton Economic Papers 86-07.

Breusch, T.S. und A. *Pagan* (1979), A simple test for heteroscedasticity and random coefficient variation. Econometrica 47, 1287-1294.

Breusch, T.S. und A. *Pagan* (1980), The Lagrange multiplier test and its applications to model specification in econometrics. Review of Economic Studies XLVII, 239-253.

Buckley, P.J. (1983), New forms of international industrial cooperation: A survey of the literature with special reference to north-south technology transfer. Aussenwirtschaft 38, 195-222.

Buckley, P.J. (1985), Testing theories of the multinational enterprise: A review of the evidence. In: P.J. Buckley und M. Casson, The economic theory of the multinational enterprise. London und Basingstoke: Macmillan, 192-211.

Buckley, P.J. (1987), The theory of the multinational enterprise. Uppsala: Acta Universitatis Upsaliensis.

Buckley, P.J. (1988), The limits of explanation: Testing the internalization theory of the multinational enterprise. Journal of International Business Studies, Summer 1988, 181-193.

Buckley, P.J. (1989), Foreign direct investment by small and medium sized enterprises: the theoretical background. Small Business Economics 1, 89-100.

Buckley, P.J. und H. *Davies* (1981), Foreign licensing in overseas operations: Theory and evidence from the U.K. . Research in International Business and Finance 2, 75-89.

Buckley, P.J. und R.D. *Pearce* (1981), Market servicing by multinational manufacturing firms: Exporting versus foreign production. Managerial and Decision Economics 2, 229-246.

Bundesministerium für Wirtschaft (Hrsg.) (1979), 30 Jahre Marktwirtschaft. Bonn: BMWi.

Bundesministerium für Wirtschaft (Hrsg.) (1985), Jahreswirtschaftsbericht der Bundesregierung. Bonn: BMWi.

Bundesministerium für Wirtschaft (Hrsg.) (1986), Jahreswirtschaftsbericht der Bundesregierung. Bonn: BMWi.

Bundesministerium für Wirtschaft (Hrsg.) (1987), Leistung in Zahlen '86. Bonn: BMWi.

Burton, F.N. und B.B. *Schlegelmilch* (1987), Profile analysis of non-exporters versus exporters grouped by export involvement. Management International Review 27, 38-49.

Casson, M. (1987), The market and the firm. Studies on multinational enterprise and the scope of the firm. Oxford: Blackwell.

Caves, R.E. (1971), Book review: Raymond Vernon (ed.), The technology factor in international trade. New York/London 1970. Journal of International Economics 1, 259-265.

Caves, R.E. (1974), Causes of direct investment: Foreign firms' shares in Canadian and UK manufacturing industries. Review of Economics and Statistics LVI, 279-293.

Caves, R.E. (1980), International trade and industrial organization: Introduction. Journal of Industrial Economics XXIX, 113-117.

Caves, R.E. (1982), Multinational enterprise and economic analysis. Cambridge usw.: Cambridge University Press.

Caves, R.E. (1985), International trade and industrial organization. Problems, solved and unsolved. European Economic Review 28, 377-395.

Caves, R.E. (1986), Exporting behavior and market structure: Evidence from the United States. In: H.W. de Jong, W.G. Shepherd (eds.), Mainstreams in industrial organization, Dordrecht: Nijhoff, 189-210.

Caves, R.E. (1987), International differences in industrial organization. Harvard Institute of Economic Research Discussion Paper No. 1321.

Caves, R.E., M.E. *Porter* und A.M. *Spence* (1980), Competition in the open economy. A model applied to Canada. Cambridge, MA and London: Harvard University Press.

Caves, R.E. und T.A. *Pugel* (1980), Intraindustry differences in conduct and performance: Viable strategies in U.S. manufacturing industries. New York: New York University.

Cavusgil, S.T. (1984), Organizational characteristics associated with export activity. Journal of Management Studies 21.1, 3-22.

Chipman, J.S. (1987), International trade. The New Palgrave. A Dictionary of Economics, Vol.2. London etc.: Macmillan u.a., 922-955.

Chou, T.-C. (1986), Concentration, profitability and trade in a simultaneous equation analysis: The case of Taiwan. Journal of Industrial Economics XXXIV, 429-443.

Clegg, J. (1987), Multinational enterprise and world competition. A comparative study of the USA, Japan, the UK, Sweden and West Germany. Houndmill and London: Macmillan.

Coase, R.H. (1937), The nature of the firm. Economica 4, 386-405.

Contractor, F.J. (1984), Choosing between direct investment and licensing. Journal of International Business Studies 15, 167-188.

Cook, R.D. und S. *Weisberg* (1982), Residuals and influence in regression. New York and London: Chapman and Hall.

Corden, W.M. (1984), The normative theory of international trade. In: R.W. Jones und P.B. Kenen (eds.), Handbook of International Economics, Vol.I. Amsterdam usw.: North-Holland, 63-130.

Cornwell, C., P. *Schmidt* und D. *Wyhowski* (1988), Simultaneous equations and panel data. University of Georgia etc.: mimeo.

Danckwerts, R.-F. u.a. (1981), Analyse der strukturellen Entwicklung der deutschen Wirtschaft. Strukturbericht 1980. Hamburg: Weltarchiv.

Das, S.P. (1982), Economies of scale, imperfect competition, and the pattern of trade. Economic Journal 92, 684-693.

Davidson, W.H. und D.G. *McFetridge* (1985), Key characteristics in the choice of international technology transfer. Journal of International Business Studies 16, 5-21.

Davidson, R. und J.G. *MacKinnon* (1984), Convenient specification tests for Logit and Probit models. Journal of Econometrics 25, 241-262.

Deardorff, A.V. (1984), Testing trade theories and predicting trade flows. In: R.W. Jones und P.B. Kenen (eds.), Handbook of International Economics, Vol.I. Amsterdam usw.: North-Holland, 467-517.

Deardorff, A.V. (1985), Major recent developments in international trade theory. In: T. Peeters, P. Praet und P. Reding (eds.), International trade and exchange rates in the late eighties. Amsterdam usw.: North-Holland, 3-27.

Deardorff, A.V. und R. M. *Stern* (1985), Methods of measurement of non-tariff barriers. Geneva: UNCTAD/ST/MD/28.

Deutsche Bundesbank (1979), Stand der Direktinvestitionen Ende 1976. Erste Ergebnisse einer neuen Statistik über die deutschen Direktinvestitionen im Ausland und die ausländischen Direktinvestitionen in der Bundesrepublik Deutschland. Monatsberichte der Deutschen Bundesbank 31.4, 26-40.

Deutsche Bundesbank (1981), Die Auslandsverflechtung der Unternehmen im Jahre 1978. Monatsberichte der Deutschen Bundesbank 33.1, 28-45.

Deutsche Bundesbank (1987), Die Entwicklung der Kapitalverflechtung der Unternehmen mit dem Ausland in den Jahren 1976 bis 1985. Monatsberichte der Deutschen Bundesbank 39.3, 21-34.

Deutsche Bundesbank (1988a), Die Kapitalverflechtung der Unternehmen mit dem Ausland nach Ländern und Wirtschaftszweigen 1980 bis 1986. Beilage zu "Statistische Beihefte zu den Monatsberichten der Deutschen Bundsbank", Reihe 3, Zahlungsbilanzstatistik, Nr.3.

Deutsche Bundesbank (1988b), Patent- und Lizenzverkehr mit dem Ausland sowie sonstiger Austausch von technischem Wissen durch Dienstleistungen in den Jahren 1986 und 1987. Monatsberichte der Deutschen Bundesbank 40.5, 39-55.

Dielman, T.E. (1989), Pooled cross-sectional and time series data analysis. New York, Basel: Marcel Dekker.

Donges, J.B., G. *Fels* , A.D. *Neu* u.a. (1973), Protektion und Branchenstruktur der westdeutschen Wirtschaft. Tübingen: Mohr.

Donges, J.B. et al. (1987), Mehr Strukturwandel für Wachstum und Beschäftigung. Die deutsche Wirtschaft im Anpassungsstau. Kiel: Institut für Weltwirtschaft.

Dubin, J.A. und R.D. *Rivers* (1986), Statistical Software Tools (SST). Pasadena, CA : Dubin/Rivers Research.

Dunning, J. H. (1981), International production and the multinational enterprise. London usw.: Allen & Unwin.

Dunning, J.H. (1988a), The theory of internatinal production. International Trade Journal III, 21-66.

Dunning, J.H. (1988b), The eclectic paradigm of international production: A restatement and some possible extensions. Journal of International Business Studies 19, 1-31.

Dunning, J.H. (1988c), Explaining international production. London: Unwin Hyman.

Eckert, G. (1978), Eine Überprüfung von Ansätzen zur Erklärung von Direktinvestitionen. Diss. Universität Mannheim.

Ethier, W.J. (1984), Higher dimensional issues in trade theory. In: R.W. Jones und P.B. Kenen (eds.), Handbook of International Economics, Vol.I. Amsterdam usw.: North-Holland, 131-184.

Ethier, W.J. (1987), The theory of international trade. In: L.H. Officer (ed.), International economics. Boston usw.: Kluwer, 1-63.

Ethier, W.J. (1988), Modern international economics. Second ed. New York/London: Norton.

Fels, G. (1972), The choice of industry mix in the division of labour between developed and developing countries. Weltwirtschaftliches Archiv 108, 71-121.

Fels, G., K.-D. *Schmidt* u.a. (1980), Die deutsche Wirtschaft im Strukturwandel. Tübingen: Mohr.

Finger, J.M. und A. *Olechowski* (1987), Trade barriers: Who does what to whom. In: H. Giersch (ed.), Free trade in the world economy. Towards an opening of markets. Tübingen: Mohr, 37-71.

Frey, B.S. (1984), The public choice view of international political economy. International Organization 38, 199-223.

Frey, B.S. (1985), Internationale Politische Ökonomie. München: Vahlen.

Frey, B.S. und F. *Schneider* (1984), International political economy: A rising field. Economia Internazionale 37, 308-347.

Fritsch, M. (1988), Einzelwirtschaftliche Analyse der Arbeitsplatzdynamik - Theoretische Ansätze und empirische Befunde. Berlin: Technische Universität, mimeo.

Fritzsche, B. u.a. (1988), Subventionen. Probleme der Abgrenzung und Erfassung. München: Ifo.

Furno, M. und C. *Baum* (1989), Computational aspects of robust estimators for linear regressions. Universita di Napoli: mimeo.

Gaspari, K.C. (1983), Foreign market operations and domestic market power. In: C.P. Kindleberger und D.B. Audretsch (eds.), The multinational corporation in the 1980s. Cambridge, MA / London: MIT Press, 77-102.

Gehrke, B. (1988), Unternehmerisches Anpassungsverhalten im Strukturwandel. Theoretische Überlegungen und empirische Befunde für ausgewählte niedersächsische Betriebe in den Jahren 1980 - 1985. Diss. Universität Hannover.

Gerken, E. et al. (1985), Mehr Arbeitsplätze durch Subventionsabbau. Kiel: Institut für Weltwirtschaft.

Geroski, P.A. (1976), An industry characteristics analysis of UK direct investment. Warwick Economic Research Papers No.85.

Gerstenberger, W., J. *Heinze* und K. *Vogler-Ludwig* (1984), Investitionen und Anlagevermögen der Wirtschaftszweige nach Eigentümer- und Benutzerkonzept. München: Ifo.

Glejser, H., A. *Jacquemin* und J. *Petit* (1980), Exports in an imperfect competition framework: An analysis of 1446 small country exporters. Quarterly Journal of Economics 94, 507-524.

Glismann, H.H. (1981), Einige politische Determinanten der Protektion - Eine Fallstudie. In: O. Issing (Hrsg.), Zukunftsprobleme der Sozialen Marktwirtschaft. Berlin: Duncker und Humblot, 615-632.

Glismann, H.H. und F. D. *Weiss* (1980), On the political economy of protection in Germany. Kiel: Institute of World Economics.

Godfrey, L.G. (1988), Misspecification tests in econometrics. The Lagrange multiplier principle and other approaches. Cambridge usw.: Cambridge University Press.

Goedde, A.G. (1978), U.S. multinational manufacturing firms: The determinants and effects of foreign investment. Duke University, Ph.D. thesis.

Gray, H.P. (1965), Factor proportions in international trade with non-competitive imports redefined. Weltwirtschaftliches Archiv 95, 156-163.

Gray, H.P. und I. *Walter* (1987), The issue of protection. In: L.H. Officer (ed.), International Economics. Boston usw.: Kluwer, 65-117.

Greeneway, D. (1984), The measurement of product differentiation in empirical studies of trade flows. In: H. Kierzkowski (ed.), Monopolistic competition and international trade. Oxford: Clarendon Press, 230-249.

Greene, W.H. (1985), LIMDEP. New York: Greene Econometric Software.

Gremmen, H.J. und A.H.J. *Vollebergh* (1986), An input approach to European comparative advantange in advanced products: A study with special emphasis on the Netherlands. Weltwirtschaftliches Archiv 122, 270-280.

Grimwade, N. (1989), International trade: New patterns of trade, production and investment. London/New York: Routledge.

Grubaugh, S.G. (1987), Determinants of direct foreign investment. Review of Economics and Statistics LXIX, 149-153.

Grubel, H.G. und P.J. *Lloyd* (1975), Intra-industry trade. The theory and measurement of international trade in differentiated products. London and Basingstoke: Macmillan.

Grupp, H. und H. *Legler* (1987), Spitzentechnik, Gebrauchstechnik, Innovationspotential und Preise. Trends, Positionen und Spezialisierung der westdeutschen Wirtschaft im internationalen Wettbewerb. Köln: TÜV Rheinland.

Hämisegger, K. (1986), Neue Formen des Auslandsengagements. Erhöhte Interdependenzen in einer fragmentierten Weltwirtschaft. Bern usw.: Peter Lang.

Härtel, H.-H. und C. *Langer* (1984), Internationale Wettbewerbsfähigkeit und strukturelle Anpassungserfordernisse. Hamburg: Weltarchiv.

Hamilton, C. und L.E.O. *Svensson* (1983), Should direct or total factor intensities be used in tests of the factor proportions hypothesis? Weltwirtschaftliches Archiv 119, 453-463.

Harkness, J. (1978), Factor abundance and comparative advantage. American Economic Review 68, 784-800.

Harkness, J. (1981), Cross-section tests of the Heckscher-Ohlin theorem: Reply. American Economic Review 71, 1044-1048.

Harkness, J. und J. F. *Kyle* (1975), Factors influencing United States comparative advantage. Journal of International Economics 5, 153-165.

Harvey, A.C. und P. *Collier* (1977), Testing for functional misspecification in regression analysis. Journal of Econometrics 6, 103-119.

Hausman, J.A. (1978), Specification tests in econometrics. Econometrica 46, 1251-1271.

Heckman, J.J. (1979), Sample selection bias as a specification error. Econometrica 47, 153-161.

Heinemann, H.-J., D. *Knies* und J. *Wagner* (1989), Die Integration der Bundesrepublik Deutschland in die Weltwirtschaft zwischen freihändlerischen Anspruch und protektionistischer Realität, erscheint in: W. Fischer (Hrsg.), Währungsreform und Soziale Marktwirtschaft. Erfahrungen und Perspektiven nach 40 Jahren. Berlin: Duncker & Humblot.

Heinrich, H. (1986), Warenverkehr mit der Deutschen Demokratischen Republik und Berlin (Ost) 1961 bis 1985. Wirtschaft und Statistik, Heft 2, 113-117.

Helmschrott, H. (1987), Zusammenarbeit deutscher Industrieunternehmen mit Entwicklungsländern: Wachsende Bedeutung von Kooperationen ohne Kapitalbeteiligung. IFO-Schnelldienst, H.8, 3-4.

Helpman, E. (1984), Increasing returns, imperfect markets, and trade theory. In: R.W. Jones und P.B. Kenen (eds.), Handbook of International Economics, Vol.I. Amsterdam usw.: North-Holland, 325-365.

Helpman, E. (1987), Imperfect competition and international trade: Evidence from fourteen industrial countries. Journal of the Japanese and International Economies 1, 62-81.

Helpman, E. und P.R. *Krugman* (1985), Market structure and foreign trade. Increasing returns, imperfect competition, and the international economy. Brighton: Wheatsheaf.

Hendry, D.F. (1980), Econometrics - Alchemy or science? Economica 47, 387-406.

Hesse, H. (1977), Außenhandel I: Determinanten. In: Handwörterbuch der Wirtschaftswissenschaft, 7./8. Lieferung, Stuttgart usw.: G. Fischer u.a., 364-388.

Hesse, H. (1982), Weltwirtschaft und Strukturwandel. In: B. Gahlen (Hrsg.), Strukturberichterstattung der Wirtschaftsforschungsinstitute. Tübingen: Mohr, 69-93.

Hesse, H. (1987), Comment on Gernot Klepper, Frank D. Weiss, Doris Witteler, "Protection in Germany: Towards industrial selectivity". In: H. Giersch (ed.), Free trade in the world economy. Towards an opening of markets. Tübingen: Mohr, 192-203.

Hesse, H., H. *Keppler* und H.G. *Preuße* (1985), Internationale Interdependenzen im weltwirtschaftlichen Entwicklungsprozeß. Göttingen: Schwartz.

Hillman, A.L. (1989), The political economy of protection. Chur usw.: Harwood.

Hirsch, S. und A. *Adar* (1984), Firm size and export performance. World Development 2, 41-46.

Hirsch, S. und I. *Bijaouni* (1985), R & D intensity and export performance: A micro view. Weltwirtschaftliches Archiv 121, 238-251.

Hirschey, M. (1981), R & D intensity and multinational involvement. Economics Letters 7, 87-93.

Horn, E.-J. (1985), Positive and defensive strategies in sectoral adjustment. In: K. Jungenfeld und D. Hague (eds.), Structural adjustment in developed open economies. Basingstoke and London: Macmillan, 533-570.

Horst, T. O. (1972), Firm and industry determinants of the decision to invest abroad: An empirical study. Review of Economics and Statistics LIV, 258-266.

Hühne, H.-G. (1985), Analyse der deutschen Patent- und Lizenzbilanz. In: G. Schmitt-Rink (Hrsg.), Die Technologieintensität von Handelsströmen. Bochum: Brockmeyer, 188-234.

Hughes, K. (1986), Exports and technology. Cambridge usw.: Cambridge University Press.

Hsiao, C. (1986), Analysis of panel data. Cambridge usw.: Cambridge University Press.

International Labour Office (1988), Yearbook of Labour Statistics 1988. Geneva: ILO.

Jahrreiß, W. (1984), Zur Theorie der Direktinvestitionen im Ausland. Versuch einer Bestandsaufnahme, Weiterführung und Integration partialanalytischer Forschungsansätze. Berlin: Duncker & Humblot.

Jarque, C.M. und A.K. *Bera* (1980), Efficient tests for normality, homoscedasticity and serial interdependence of regression residuals. Economics Letters 6, 225-259.

Jones, R.W. und J.P. *Neary* (1984), The positive theory of international trade. In: R.W. Jones und P.B. Kenen (eds.), Handbook of International Economics, Vol.I. Amsterdam usw.: North-Holland, 1-62.

Judge, G.G. et al. (1985), The theory and practice of econometrics. Second edition. New York: Wiley.

Judge, G.G. et al. (1988), Introduction to the theory and practice of econometrics. Secon edition. New York: Wiley.

Juhl, P. (1979), On the sectoral pattern of West German manufacturing investment in less developed countries: The impact of firm size, factor intensities, and protection. Weltwirtschaftliches Archiv 115, 508-521.

Juhl, P. (1980), Industrielle Vorwärtsverflechtungen und grenzüberschreitende Follow-up-Investitionen. Aggregierte und branchenspezifische Analysen am Beispiel westdeutscher Direktinvestitionen in der Verarbeitenden Industrie Brasiliens. Konjunkturpolitik 26, 308-320.

Juhl, P. (1981), Forward linkages and follow-up investment abroad: An input-output-analytical approach. Management International Review 21, 64-74.

Juhl, P. (1985), The Federal Republic of Germany. In: J.H. Dunning (ed.), Multinational enterprises, economic structure and international competitiveness. Chichester usw.: Wiley, 127-154.

Jungnickel, R. (1981), Aussenhandel und Direktinvestitionen im Ausland. In: R. Jungnickel und A. Schneider, Analyse der strukturellen Entwicklung der deutschen Wirtschaft. Strukturbericht 1980. Ergänzungsband: Technologietransfer und deutsche Direktinvestitionen im Ausland. Hamburg: Weltarchiv, 73-127.

Jungnickel, R. und A. Schneider (1979), Angebotsorientierte Determinanten der sektoralen Aussenhandelsstruktur. Hamburg: HWWA.

Kappich, L. (1988), Theorie der internationalen Unternehmenstätigkeit. Betrachtung der Grundformen des internationalen Engagements aus koordinationskostentheoretischer Perspektive. Diss. Universität Hannover.

Kierzkowski, H. (1987), Recent advances in international trade theory: A selective survey. Oxford Review of Economic Policy 3, 1-19.

Klepper, G., F.D. Weiss und D. Witteler (1987), Protection in Germany: Toward industrial selectivity. In: H. Giersch (ed.), Free trade in the world economy. Towards an opening of markets. Tübingen: Mohr, 171-191.

Kmenta, J. (1976), Elements of econometrics. Second edition. New York/London: Macmillan.

Knickerbocker, F.T. (1973), Oligopolistic reaction and multinational enterprise. Boston: Division of Research, Graduate School of Business Administration, Harvard University.

Kockläuner, G. (1988), Angewandte Regressionsanalyse mit SPSS. Braunschweig/Wiesbaden: Viehweg.

Koenker, R. (1981), A note on studentizing a test for heteroskedasticity. Journal of Econometrics 17, 107-112.

Kohler, W.K. (1988), Faktorproportionen und Internationaler Handel. Theorie und empirische Untersuchungen am Beispiel Österreichs. Tübingen: Mohr.

Krämer, W. und H. *Sonnberger* (1986), The linear regression model under test. Heidelberg/Wien: Physica.

Krämer, W. et al. (1985), Diagnostic checking in practice. Review of Economics and Statistics LXVII, 118-123.

Krasker, W.S., E. Kuh und R.E. Welsch (1983), Estimation for dirty data and flawed models. In: Z. Griliches und M.D. Intriligator (eds.), Handbook of Econometrics, Vol.I. Amsterdam: North-Holland, 651-698.

Krasker, W.S. und *Welsch*, R.E. (1985), Restistant estimation for simultaneous-equations models using weighted instrumental variables. Econometrica 53, 1475-1488.

Kriegsmann, K.-P. und A. D. *Neu* (1982), Globale, regionale und sektorale Wettbewerbsfähigkeit der deutschen Wirtschaft - Konzepte und Ergebnisse. Frankfurt am Main/Bern: Peter Lang.

Krist, H. (1985), Bestimmungsgründe industrieller Direktinvestitionen. Berlin: Sigma.

Krugman, P. (1983), New theories of trade among industrial countries. American Economic Review, Papers and Proceedings 73, 343-347.

Krugman, P. (1984), Import protection as export promotion: International competition in the presence of oligopoly and economies of scale. In: H. Kierzkowsky (ed.), Monopolistic competition and international trade. Oxford: Clarendon Press, 180-193.

Krugman, P. (1986), Industrial organization and international trade. National Bureau of Economic Research Working Paper No. 1957. Cambridge, MA : NBER.

Krugman, P. (1987), Is free trade passé? Journal of Economic Perspectives 1, 131-144.

Kumar, N. (1987), Intangible assets, internationalisation and foreign production: Direct investments and licensing in Indian manufacturing. Weltwirtschaftliches Archiv 123, 325-345.

Lane, J. (1985), An empirical estimate of the effects of labor-market distortions on the factor content of U.S. trade. Journal of International Economics 18, 187-193.

Lavergne, R.P. (1983), The political economy of U.S. tariffs. An empirical analysis. Toronto usw.: Academic Press.

Leamer, E.E. (1974), The commodity composition of international trade in manufactures: An empirical analysis. Oxford Economic Papers 26, 350-374.

Leamer, E.E. (1980), The Leontief paradox, reconsidered. Journal of Political Economy 88, 495-503.

Leamer, E.E. (1983a), Model choice and specification analysis. In: Z. Griliches und M.D. Intriligator (eds.), Handbook of Econometrics, Vol.I. Amsterdam usw.: North-Holland, 285-330.

Leamer, E.E. (1983b), Let's take the con out of econometrics. American Economic Review 73, 31-43.

Leamer, E.E. (1984), Sources of international comparative advantage. Theory and evidence. Cambridge, MA und London: MIT Press.

Leamer, E.E. (1988), Cross-section estimation of the effects of trade barriers. In: R.C. Feenstra (ed.), Empirical methods for international trade. Cambridge, MA und London: MIT Press, 51-82.

Leamer, E.E. und H.P. *Bowen* (1981), Cross-section tests of the Heckscher-Ohlin theorem: Comment. American Economic Review 71, 1040-1043.

Lechner, M. (1989), Testing Logit models in practice. Universität Heidelberg: mimeo.

Lee, L.-F. und G.S. *Maddala* (1985), The common structure of tests for selectivity bias, serial correlation, heteroscedasticity and non-normality in the Tobit model. International Economic Review 26, 1-20.

Leontief, W. (1966), Input-Output Economics. New York: Oxford University Press.

Maddala, G.S. (1983), Limited-dependent and qualitative variables in econometrics. Cambridge usw.: Cambridge University Press.

Marvel, H.P. (1980), Foreign trade and domestic competition. Economic Inquiry XVIII, 103-122.

Messer, K. und H. *White* (1984), A note on computing the heteroskedasticity consistent covariance matrix using instrumental variable techniques. Oxford Bulletin of Economics and Statistics 46, 181-184.

Nakamura, A. und M. *Nakamura* (1988), Selection bias: More than a female phenomenon. Faculty of Business, The University of Alberta, Edmonton: mimeo.

Nakao, T. (1986), Industrial organization in an international framework. In: H.W. de Jong und W.G. Shepherd (eds.), Mainstreams in industrial organization. Dordrecht: Nijhoff, 159-187.

Neumann, M. und A. *Haid* (1985), Concentration and economic performance: A cross-section analysis of West German Industries. In: J. Schwalbach (ed.), Industry structure and performance. Berlin: Sigma, 61-84.

Newey, W.K. (1987), Specification tests for distributional assumptions in the Tobit model. Journal of Econometrics 34, 125-145.

Norman, G. und J.H. *Dunning* (1984), Intra-industry foreign direct investment: It's rationale and trade effects. Weltwirtschaftliches Archiv 120, 522-540.

OECD (1985), Costs and benefits of protection. Paris: OECD.

OECD (1986), OECD science and technology indicators. No.2. R&D, invention and competitiveness. Paris: OECD.

OECD (1988a), National accounts. Main aggregates. Volume I, 1960-1987. Paris: OECD.

OECD (1988b), Main science and technology indicators 1981-87. Paris: OECD.

OECD (1989), National accounts. Main aggregates. Volume I, 1960-1988. Paris: OECD.

Ohlin, B. (1933), Interregional and international trade. Cambridge, MA: Harvard University Press.

Olle, W. (1983), New forms of foreign investment in developing countries. Determinant features, characteristics and prospects. Intereconomics 18, 191-197.

Olle, W. und W. *Oesterheld* (1985), Tabellen zu Struktur und Größenordnung Multinationaler Konzerne. In: P.H. Mettler (Hrsg.), Multinationale Konzerne in der Bundesrepublik Deutschland. Frankfurt am Main: Haag + Herchen, A19-A32.

Olson, M. (1985), Aufstieg und Niedergang von Nationen. Ökonomisches Wachstum, Stagflation und soziale Starrheit. Tübingen: Mohr.

Oman, C. (1984), New forms of international investment in developing countries. Paris: OECD.

Ong, C.H. und A.W. *Pearson* (1982), The impact of technical characteristics on the export activity: A study of small and medium-sized UK electronic firms. R&D Management 12, 189-196.

Ott, A.E. (1985), Industrieökonomik (Einleitungsreferat zur Generaldiskussion). In: G. Bombach, B. Gahlen und A.E. Ott (Hrsg.), Industrieökonomik: Theorie und Empirie. Tübingen: Mohr.

Pagoulatos, E. und R. *Sorensen* (1976), Domestic market structure and international trade: An empirical analysis. Quarterly Review of Economics and Business 16, 45-59.

Pasinetti, L.L. (1973), The notion of vertical integration in economic analysis. Metroeconomica 25, 1-29.

Pavitt, K. und P. *Patel* (1988), The international distribution and determinants of technological activities. Oxford Review of Economic Policy 4.4, 35-55.

Pindyck, R.S. und D.L. *Rubinfeld* (1981), Econometric models and economic forecasts. Second edition. Auckland usw.: McGraw-Hill.

Pollak, C. (1982), Neue Formen internationaler Unternehmenszusammenarbeit ohne Kapitalbeteiligung. München usw.: Weltforum.

Pollak, C. und J. *Riedel* (1984), Industriekooperation mit Schwellenländern. Bedeutung - Hindernisse - Förderung. München usw.: Weltforum.

Pudney, S. (1989), Modelling individual choice. The econometrics of corners, kinks and holes. Oxford: Blackwell.

Pugel, T.A. (1981), Determinants of foreign direct investment: An analysis of U.S. manufacturing industries. Managerial and Decision Economics 2, 220-228.

Pugel, T.A. (1985), The United States. In: J.H.Dunning (ed.), Multinational enterprises, economic structure and international competitiveness. Chichester usw.: Wiley, 57-90.

Ramsey, J.B. (1969), Tests for specification errors in classical linear least-squares regression analysis. Journal of the Royal Statistical Society, Series B, 31, 350-371.

Reid, S. (1982), The impact of size on export behavior in small firms. In: M.R. Czinkota und G. Tesar (eds.), Export Management. An international context. New York: Praeger, 18-38.

Ricardo, D. (1951), On the principles of political economy and taxation. In: P. Sraffa (ed.), The works and correspondence of David Ricardo. Vol.I. Cambridge etc.: Cambridge University Press.

Riedel, J. (1977), Tariff concessions in the Kennedy round and the structure of protection in West Germany. Journal of International Economics 7, 133-143.

Roskamp, K.W. (1963), Factor proportions and foreign trade: The case of West Germany. Weltwirtschaftliches Archiv 91, 318-326.

Roskamp, K.W. und C.G. *McMeekin* (1968), Factor proportions and foreign trade: The case of West Germany reconsidered. Quarterly Journal of Economics 82, 152-160.

Rosett, R.N. und F.D. *Nelson* (1975), Estimation of the two-limit Probit regression model. Econometrica 43, 141-146.

Rousseeuw, P. (1984), Least median of squares regression. Journal of the American Statistical Association 79, 871-880.

Roesseeuw, P.J. und A.M. *Leroy* (1987), Robust regression and outlier detection. New York usw.: Wiley.

Rugman, A.M. (1980), Internalization as a general theory of foreign direct investment: A reappraisal of the literature. Weltwirtschaftliches Archiv 116, 365-379.

Rugman, A.M. (1982), Internalization and non-equity forms of international involvement. In: A.M. Rugman (ed.), New theories of the multinaional enterprise. London & Canberra: Croom Helm, 9-23.

Rugman, A.M. (1986), New theories of the multinational enterprise: An assessment of internalization theory. Bulletin of Economic Research 38, 101-118.

Runge, J. und A. *Steinherr* (1977), Die Entwicklung der Außenhandelsstruktur in der Bundesrepublik Deutschland von 1962 bis 1972. Berlin: WZB (IIM-dp 77-71).

Sachverständigenrat zur Begutachtung der gesamtwirtschaftlichen Entwicklung (1987), Jahresgutachten 1987/88 des Sachverständigenrates zur Begutachtung der gesamtwirtschaftlichen Entwicklung. Deutscher Bundestag, Drucksache 11/1317 vom 24.11.87. Bonn: Heger.

Sachverständigenrat zur Begutachtung der gesamtwirtschaftlichen Entwicklung (1988), Jahresgutachten 1988/89 des Sachverständigenrates zur Begutachtung der gesamtwirtschaftlichen Entwicklung. Deutscher Bundestag, Drucksache 11/3478 vom 24.11.88, Bonn: Heger.

Samuelson, P.A. und W.D. *Nordhaus* (1989), Economics. Thirteenth edition. New York etc.: McGraw-Hill.

Sautter, H. (1983), Regionalisierung und komparative Vorteile im internationalen Handel. Tübingen: Mohr.

Schlegelmilch, B.B. (1986a), Controlling country-specific and industry-specific influences on export behaviour. European Journal of Marketing 20.2, 54-71.

Schlegelmilch, B.B. (1986b), Can export performance be explained by attitudinal differences? Managerial and Decision Economics 7, 249-254.

Schlegelmilch, B.B. (1988), Der Zusammenhang zwischen Innovationsneigung und Exportorientierung. Ergebnisse einer empirischen Untersuchung in der deutschen Maschinenbauindustrie. Zeitschrift für betriebswirtschaftliche Forschung 40, 227-242.

Schlegelmilch, B.B. und A. *Diamantopoulos* (1986), Innovativeness and export performance: An empirical analysis. Department of Business Studies, University of Edinburgh, Working Paper 86/13.

Schmalholz, H. und L. *Scholz* (1985), Innovation in der Industrie. Struktur und Entwicklung der Innovationsaktivitäten 1979 - 1982. München: Ifo.

Schmidt, J. (1981), Faktorgehalt von Exporten und Importen. In: Deutsches Institut für Wirtschaftsforschung. Materialband 2 zur Strukturberichterstattung 1980. Berlin: DIW, 135-152.

Sharpston, M. (1976), International subcontracting. World Development 4, 333-337.

Shepherd, W.G. (1985), The economics of industrial organization. Englewood Cliffs, N.J.: Prentice-Hall.

Siebert, H. (1989), Außenwirtschaft. 4. Auflage. Stuttgart: G. Fischer.

Smith, A. (1976), An inquiry into the nature and causes of the wealth of nations. In: R.H. Campbell und A.S. Skinner (eds.), The Glasgow edition of the works and correspondence of Adam Smith. Vol. II. Oxford: Clarendon Press.

Sonnberger, H. et al. (1986), IAS - System user reference manual. Part two: Econometric methods. Vienna: Institute for Advanced Studies.

Sprietsma, H.B. (1978), International subcontracting and developing countries. De Economist 126, 220-242.

Sraffa, P. (1960), Production of commodities by means of commodities. Cambridge: Cambridge University Press.

Staiger, R.W. (1986), Measurement of the factor content of foreign trade with traded intermediate goods. Journal of International Economics 21, 361-368.

Statistisches Bundesamt (1983), Fachserie 18, Reihe 2. Input-Output-Tabellen 1978. Stuttgart/Mainz: Kohlhammer.

Statistisches Bundesamt (1984), Fachserie 18, Reihe 2. Input-Output-Tabellen 1980. Stuttgart/Mainz: Kohlhammer.

Statistisches Bundesamt (1987), Fachserie 18, Reihe 2. Input-Output-Tabellen 1982. Stuttgart/Mainz: Kohlhammer.

Steinherr, A. und J. *Runge* (1978), The evolution of West Germany's structure of foreign trade from 1962 to 1972. Zeitschrift für die gesamte Staatswissenschaft 134, 301-326.

Steinherr, A., E. *deSouza* und J.P. *Lemaître* (1978), Factor contents can explain West Germany's foreign trade. Berlin: WZB (IIM-dp 78-48).

Stern, R.M. (1975), Testing trade theories. In: P.B. Kenen (ed.), International trade and finance. Frontiers for research. London usw.: Cambridge University Press, 3-49.

Stern, R.M. (1976), Some evidence on the factor content of West Germany's foreign trade. Journal of Political Economy 84, 131-141.

Stern, R.M. und K.E. *Maskus* (1981), Determinants of the structure of U.S. foreign trade, 1958-1976. Journal of International Economics 11, 207-224.

Swedenborg, B. (1979), The multinational operations of Swedish firms. An analysis of determinants and effects. Stockholm: Almquist & Wiksell.

Telesio, P. (1979), Technology licensing and multinational enterprises. New York: Praeger.

Tharakan, P.K.M. (1979), Political economy of protection. An empirical investigation of the Belgian case. Stockholm: Institute for International Economic Studies, Seminar Paper No. 134.

Tharakan, P.K.M. (1983), The economics of intra-industry trade: A survey. In: P.K.M. Tharakan (ed.), Intra-industry trade. Empirical and methodological aspects. Amsterdam usw.: North-Holland, 1-34.

Tharakan, P.K.M. (1985), Empirical analyses of the commodity composition of trade. In: D. Greeneway (ed.), Current issues in international trade. Theory and policy. Basingstoke and London: Macmillan, 63-79.

Thursby J.G. und P. *Schmidt* (1977), Some properties of tests for specification error in a linear regression model. Journal of the American Statistical Association 72, 635-641.

UNCTAD (1983), Trade-related industrial collaboration between firms of developing and developed countries: Forms and policy issues. Geneva: UNCTAD/TD/B/C.2/212.

U.S. Congress (1987), International Competition in Services. (Office of Technology Assesment - OTA-ITE 328) Washington, D.C.: U.S. Government Printing Office.

Utts, J. (1982), The Rainbow test for lack of fit in regression. Communications in Statistics - Theory and Methods 11, 2801-2815.

Wagner, J. (1985), Weltmarkt und Arbeitsmarkt. Internationale Wirtschaftsbeziehungen, Beschäftigung und Arbeitsmarktsegmentation in der Bundesrepublik Deutschland. Frankfurt/New York: Campus.

Wagner, J. (1986), Zur Technologieintensität der Produktion in der Bundesrepublik Deutschland. IFO-Studien 32, 297-307.

Wagner, J. (1987), Zur Politischen Ökonomie der Protektion in der Bundesrepublik Deutschland. KYKLOS 40, 548-567.

Wagner, J. (1988), Ökonometrische Untersuchungen zur Politischen Ökonomie der Protektion im Verarbeitenden Gewerbe der Bundesrepublik Deutschland. Fachbereich Wirtschaftswissenschaften Universität Hannover, Diskussionspapier Nr. 126.

Wagner, J. (1989), Robust estimation of earnings functions: Least absolute deviations vs. reweighted least squares based on least median of squares regression. Fachbereich Wirtschaftswissenschaften Universität Hannover, Diskussionspapier Nr. 137.

Wagner, J. und W. *Lorenz* (1988), The earnings function under test. Economics Letters 27, 95-99.

Wallace, T.D. und A. *Hussain* (1969), The use of error components models in combining cross section with time series data. Econometrica 37, 55-72.

Weiss, F.D. (1985), Importrestriktionen der Bundesrepublik Deutschland. Die Weltwirtschaft, H.1, 88-100.

Weiss, F.D. (1987), A political economy of European Community trade policy against the less developed countries? European Economic Review 31, 457-465.

Weiss, F.D. et al. (1988), Trade policy in West Germany. Tübingen: Mohr.

Weiss, F.D. und F. *Wolter* (1979), Testing hypotheses for the volume and commodity composition of east-west trade. In: H. Giersch (ed.), International economic development and resource transfer. Tübingen: Mohr, 229-256.

Werner, H. und D. *Willms* (1984), Zollstruktur und Effektivzölle nach der Tokio-Runde. Die Auswirkungen der Tokio-Runde auf die Tarifeskalation und die Effektivzölle der Bundesrepublik Deutschland und der EG. Köln: Institut für Wirtschaftspolitik.

White, H. (1980), A heteroscedasticity-consistent covariance matrix estimator and a direct test for heteroscedasticity. Econometrica 48, 817-838.

White, H. (1982), Maximum likelihood estimation of misspecified models. Econometrica 50, 1-25.

White, K.J. et al. (1988), SHAZAM econometrics computer program. User's reference manual version 6.1. New York etc.: McGraw-Hill.

Wilkens, H. und M. *Hackenbruch* (1988), Direktinvestitionen als Element der weltwirtschaftlichen Verflechtung der Wirtschaft der Bundesrepublik Deutschland. Aussenwirtschaft 43, 505-548.

Witteler, D. (1986), Tarifäre und nichttarifäre Handelshemmnisse in der Bundesrepublik Deutschland - Ausmaß und Ursachen. Die Weltwirtschaft, H.1 , 136-155.

Wolter, F. (1977), Factor proportions, technology and West German industry's international trade patterns. Weltwirtschaftliches Archiv 113, 250-267.

Yamawaki, H. (1985), International trade and foreign direct investment in West German manufacturing industries. In: J. Schwalbach (ed.), Industry structure and performance. Berlin: Sigma, 247-286.

Yamawaki, H. (1989), Exports and direct investment in distribution: evidence on Japanese firms in the United States. Discussion papers FS IV89-3, Wissenschaftszentrum Berlin für Sozialforschung. Berlin: WZB.

Yamawaki, H., L.W. *Weiss* und L. *Sleuwaegen* (1986), Industry competition and the formation of the European common market. Berlin: WZB (IIM/IP 86-14).

Yoshida, M. (1987), Japanese direct manufacturing investment in the United States. New York etc.: Praeger.